MORTE E VIDA DE GRANDES CIDADES

MORTE E VIDA DE GRANDES CIDADES

Jane Jacobs

Tradução: Carlos S. Mendes Rosa
Revisão da tradução: Maria Estela Heider Cavalheiro
Revisão técnica: Cheila Aparecida Gomes Bailão

wmf **martinsfontes**

1ª edição *2000*
3ª edição *2011*
9ª tiragem *2024*

Tradução
CARLOS S. MENDES ROSA

Revisão da tradução
Maria Estela Heider Cavalheiro
Revisão técnica
Cheila Aparecida Gomes Bailão
Revisões
Ivete Batista dos Santos
Ana Maria de O. M. Barbosa
Dinarte Zorzanelli da Silva
Produção gráfica
Geraldo Alves
Paginação
Studio 3 Desenvolvimento Editorial
Capa
Casa Rex

Dados Internacionais de Catalogação na Publicação (CIP)
(Câmara Brasileira do Livro, SP, Brasil)

Jacobs, Jane, 1916-2006.
Morte e vida de grandes cidades / Jane Jacobs ; tradução Carlos S. Mendes Rosa ; revisão da tradução Maria Estela Heider Cavalheiro ; revisão técnica Cheila Aparecida Gomes Bailão. – 3ª ed. – São Paulo : Editora WMF Martins Fontes, 2011. – (Coleção cidades)

Título original: The death and life of great American cities.
ISBN 978-85-7827-421-4

1. Planejamento urbano 2. Política urbana 3. Reurbanização I. Título. II. Série.

11-05427 CDD-307.1216

Índice para catálogo sistemático:
1. Planejamento urbano : Sociologia 307.1216

Rua Prof. Laerte Ramos de Carvalho, 133 01325-030 São Paulo SP Brasil
Tel. (11) 3293.8150 e-mail: info@wmfmartinsfontes.com.br
http://www.wmfmartinsfontes.com.br

PARA A CIDADE DE NOVA YORK
para onde vim em busca da sorte
que achei ao encontrar
Bob, Jimmy, Ned e Mary,
a quem também dedico este livro

ILUSTRAÇÕES

"Todas as cenas que ilustram este livro nos dizem respeito. Para ilustrações, por favor observe atentamente as cidades reais. Ao fazer isso, escute, concentre-se e reflita sobre o que está vendo."

ÍNDICE

PARTE 3 *Forças de decadência e de recuperação*

PARTE 4 *Táticas diferentes*

APRESENTAÇÃO DA EDIÇÃO BRASILEIRA

"Este livro é um ataque." São essas as primeiras palavras de Jane Jacobs neste livro que completa meio século como um dos mais influentes estudos urbanos de todos os tempos. Lançado nos Estados Unidos em 1961, o livro veio somar-se às críticas aos princípios funcionalistas do urbanismo que foram se intensificando ao longo da década de 1950 e acabaram levando à dissolução do CIAM/Congressos Internacionais de Arquitetura Moderna, instituição criada na Europa três décadas antes com o objetivo de defender e difundir o ideário da arquitetura e do urbanismo modernos.

Na verdade, o livro é escrito naquele momento-limite em que Brasília está sendo construída – com base num plano urbanístico fundado em muitos dos princípios formulados no âmbito do CIAM – ao mesmo tempo que na Europa e nos Estados Unidos vão se adensando as críticas ao que Jacobs chama aqui de "urbanismo ortodoxo". Não por acaso, o foco deste livro está justamente na ofensiva aberta a um dos princípios básicos da Carta de Atenas, documento-síntese do pensamento urbanístico do CIAM: a ideia de setorização, ou organização espacial da cidade segundo funções predeterminadas. Contra esse princípio, Jacobs defende a diversidade (mescla de usos e usuários, bem como de edificações de idades e estados de conservação variados) como único meio capaz de garantir a vitalidade urbana. E o que é mais importante: chega a isso não por meio de esquemas teórico-conceituais ou diagnósticos exaustivos e pretensamente científicos, mas sim observando a cidade do ponto de vista de quem a pratica cotidianamente.

A beleza maior deste livro está justamente na capacidade mostrada pela autora – uma jornalista autodidata – para observar de perto, "com o mínimo de expectativa possível", as "coisas comuns e cotidianas" que compõem o seu dia a dia em Nova York. É a moradora do Greenwich Village, afinal, que escreve um dos trechos mais cativantes do livro, descrevendo a movimentação das pessoas na calçada da sua rua (a Hudson Street, na quadra recentemente rebatizada como Jane Jacobs Way). Feito de gestos pequenos, anônimos e rotineiros – as crianças que vão para a escola, o comerciante que abre a loja, os estranhos que frequentam o bar, a senhora (a própria Jacobs) que põe o lixo na rua –, esse "balé da calçada" é executado dia e noite, sem nunca se repetir, e torna-se em grande parte responsável pela segurança da rua, nota Jacobs. Aparentemente despretensiosos e aleatórios, os contatos nas ruas também são decisivos para o florescimento da vida pública, diz ela, pois forçam o aparecimento da diferença e acabam estimulando a tolerância e a convivência pacífica entre estranhos.

Sob o elogio da rua e do espírito comunitário a autora não guarda, porém, nenhum sentimentalismo, e muito menos lembranças nostálgicas de um mundo pré-industrial, baseado no campo. Jacobs recusa e ridiculariza o modelo das Cidades-jardins, idealizado por Ebenezer Howard no final do século XIX e transplantado com entusiasmo – e muitas adaptações oportunas – aos subúrbios surgidos na periferia das grandes cidades americanas no pós-guerra. Tampouco aceita a perspectiva "mórbida" de Lewis Munford, com a sua condenação drástica, mas um tanto ingênua, da megalópolis/necrópolis. Nada, em suma, de descentralização, reintegração com a natureza, nem de um provincianismo que condena a cidade e só contribui para a sua desvitalização. E menos ainda o "planejamento anticidade" de Le Corbusier, expresso em seu projeto para a *Ville Radieuse,* uma cidade imaginária verticalizada, compondo um gigantesco parque ainda tributário, segundo Jacobs, do bucolismo ilusório da Cidade-jardim.

É uma vida autenticamente e intensamente urbana que Jacobs defende; e, mais que isso, a "vida das grandes cidades americanas", conforme explicitado no título original. Assim, se a sua perspectiva pode ser estendida a outras cidades, é para a metrópole americana que Jacobs olha, efetivamente. Isto é, não para a cidade europeia, formada com base numa tradição urbana a ser eventualmente recuperada, e sim para uma cidade jovem, dinâmica e a-histórica por excelência, como Nova York, Baltimore ou Chicago. E por isso mesmo o automóvel, de efeitos indiscutivelmente tão nocivos sobre a cidade, é considerado pela autora "menos a causa que um sintoma". No caso, da incompetência dos planejadores urbanos, que "não sabem o que fazer com os automóveis nas cidades porque não têm a mínima ideia de como projetar cidades funcionais e saudáveis – com ou sem automóveis".

O fato é que com este texto seminal, associado a seu ativismo político, Jacobs contribuiu de maneira decisiva para o desenvolvimento de alternativas a projetos de renovação urbana baseados no arrasamento de áreas consolidadas e sua substituição por viadutos, vias expressas e conjuntos habitacionais de baixa qualidade (que tiveram como paradigma os projetos de Robert Moses para Nova York). E se, nas últimas décadas, novas configurações, conflitos e dinâmicas urbanas emergiram, acirrando ainda mais a crise do urbanismo e exigindo uma contínua redefinição do próprio conceito de cidade, vários argumentos contidos neste livro continuam se mostrando espantosamente ricos, e resistentes.

ANA LUIZA NOBRE
junho de 2011

AGRADECIMENTOS

É tão grande o número de pessoas que me ajudaram neste livro, consciente ou inconscientemente, que nunca serei capaz de manifestar inteiramente o apreço que tenho e sinto. Sou particularmente grata às informações, ao auxílio e à crítica que obtive das seguintes pessoas: Saul Alinsky, Norris C. Andrews, Edmund Bacon, June Blythe, John Decker Butzner, Jr., Henry Churchill, Grady Clay, William C. Crow, Vernon De Mars, Monsenhor John J. Egan, Charles Farnsley, Carl Feiss, Robert B. Filley, Sra. Rosario Folino, Chadbourne Gilpatric, Victor Gruen, Frank Havey, Goldie Hoffman, Frank Hotchkiss, Leticia Kent, William H. Kirk, Sr. e Sra. George Kostritsky, Jay Landesman, Rev. Wilbur C. Leach, Glennie M. Lenear, Melvin F. Levine, Edward Logue, Ellen Lurie, Elizabeth Manson, Roger Montgomery, Richard Nelson, Joseph Passonneau, Ellen Perry, Rose Porter, Ansel Robison, James W. Rouse, Samuel A. Spiegel, Stanley B. Tankel, Jack Volkman, Robert C. Weinberg, Erik Wensberg, Henry Whitney, William H. Whyte, Jr., William Wilcox, Mildred Zucker, Beda Zwicker. Claro que nenhuma dessas pessoas é responsável pelo que escrevi; aliás, muitas discordam visceralmente de meu ponto de vista, mas mesmo assim me ajudaram generosamente.

Agradeço também à Rockefeller Foundation o apoio financeiro, que me deu condições de pesquisar e escrever; à New School for Social Research [Nova Escola de Pesquisa Social], a hospitalidade; e a Douglas Haskell, editor de *Architectural Forum*, o encorajamento e a paciência. Acima de tudo, agradeço a meu marido, Robert H. Jacobs, Jr. – já não sei dizer quais ideias no livro são minhas e quais são dele.

JANE JACOBS

Até pouco tempo atrás, a melhor coisa que eu fui capaz de pensar em favor da civilização, afora a aceitação irrestrita da ordem do universo, foi que ela tornou possível a existência do artista, do poeta, do filósofo e do cientista. Mas acho que isso não é o melhor. Hoje acredito que o melhor é aquilo que entra direto em nossa casa. Quando se diz que estamos muito ocupados com os meios de vida para conseguir viver, respondo que o principal valor da civilização é simplesmente que ela torna os meios de vida mais complexos; que ela exige grande combinação de esforços intelectuais, em vez de esforços simples e descoordenados, para que a população possa ser alimentada, vestida, abrigada e transportada de um lugar a outro. Esforços intelectuais mais complexos e mais intensos significam uma vida mais plena e mais rica. Significam mais vida. A vida é um fim em si mesmo, e a única questão sobre o valor da vida é tirar dela o máximo proveito.

Só mais uma palavra. Estamos todos muito próximos do desespero. A proteção que nos faz flutuar sobre as ondas de desespero compõe-se de esperança, fé no valor inexplicável e no desfecho certeiro do esforço e profunda e subconsciente satisfação que advém do exercício de nosso potencial.

OLIVER WENDELL HOLMES, JR

1. INTRODUÇÃO

Este livro é um ataque aos fundamentos do planejamento urbano e da reurbanização ora vigentes. É também, e principalmente, uma tentativa de introduzir novos princípios no planejamento urbano e na reurbanização, diferentes daqueles que hoje são ensinados em todos os lugares, de escolas de arquitetura e urbanismo a suplementos dominicais e revistas femininas, e até mesmo conflitantes em relação a eles. Meu ataque não se baseia em tergiversações sobre métodos de reurbanização ou minúcias sobre modismos em projetos. Mais que isso, é uma ofensiva contra os princípios e os objetivos que moldaram o planejamento urbano e a reurbanização modernos e ortodoxos.

Ao apresentar princípios diferentes, escreverei principalmente sobre coisas comuns e cotidianas, como, por exemplo, que tipos de ruas são seguros e quais não são; por que certos parques são maravilhosos e outros são armadilhas que levam ao vício e à morte; por que certos cortiços continuam sendo cortiços e outros se recuperam mesmo diante de empecilhos financeiros e governamentais; o que faz o centro urbano deslocar-se; o que é – se é que existe – um bairro, e que função – se é que há alguma – desempenham os bairros nas grandes cidades. Resumindo, escreverei sobre o funcionamento das cidades na prática, porque essa é a única maneira de saber que princípios de planejamento e que iniciativas de reurbanização conseguem promover a vitalidade socioeconômica nas cidades e quais práticas e princípios a inviabilizam.

Há um mito nostálgico de que bastaria termos dinheiro suficiente – a cifra geralmente citada fica em torno de uma centena de bilhões de dólares – para erradicar todos os nossos cortiços em dez anos, reverter a decadência dos grandes bolsões apagados e monótonos que foram os subúrbios de ontem e de anteontem, fixar a classe média itinerante e o capital circulante de seus impostos e talvez até solucionar o problema do trânsito.

Mas veja só o que construímos com os primeiros vários bilhões: conjuntos habitacionais de baixa renda que se tornaram núcleos de delinquência, vandalismo e desesperança social generalizada, piores do que os cortiços que pretendiam substituir; conjuntos habitacionais de renda média que são verdadeiros monumentos à monotonia e à padronização, fechados a qualquer tipo de exuberância ou vivacidade da vida urbana; conjuntos habitacionais de luxo que atenuam sua vacuidade, ou tentam atenuá-la, com uma vulgaridade insípida; centros culturais incapazes de comportar uma boa livraria; centros cívicos evitados por todos, exceto desocupados, que têm menos opções de lazer do que as outras pessoas; centros comerciais que são fracas imitações das lojas de rede suburbanas padronizadas; passeios públicos que vão do nada a lugar nenhum e nos quais não há gente passeando; vias expressas que evisceram as grandes cidades. Isso não é reurbanizar as cidades, é saqueá-las.

Sob as aparências, essas façanhas mostram-se ainda mais pobres que suas pobres pretensões. Raramente favorecem as áreas urbanas à sua volta, como teoricamente deveriam. Essas áreas amputadas são normalmente acometidas de gangrena fulminante. Para alojar pessoas desse modo planejado, pregam-se etiquetas de preço na população, e cada coletividade etiquetada e segregada passa a viver com suspeição e tensão crescentes em relação à cidade circundante. Quando duas ou mais dessas ilhas hostis são justapostas, denomina-se o resultado “bairro equilibrado”. Os *shopping centers* monopolistas e os monumentais centros culturais, com o espalhafato das relações públicas, encobrem a exclusão do comércio – e também da cultura – da vida íntima e cotidiana das cidades.

Para que tais maravilhas sejam executadas, as pessoas estigmatizadas pelos planejadores são intimidadas, expropriadas e desenraizadas, como se eles fossem o poder dominante. Milhares e milhares de pequenos negócios são destruídos, e seus proprietários, arruinados, e dificilmente recebem qualquer compensação. Comunidades inteiras são arrasadas e lançadas ao vento, colhendo um cinismo, um ressentimento e um desespero difíceis de acreditar. Um grupo de sacerdotes de Chicago, escandalizados com os frutos da reurbanização planejada da cidade, perguntou:

Estaria Jó pensando em Chicago quando escreveu:

> Há os que violam os limites do próximo (...)
> ignoram os necessitados, conspiram para oprimir os desamparados. Ceifam o campo que não lhes pertence, esbulham a vinha injustamente tomada ao seu dono (...)
> Um clamor eleva-se das ruas da cidade, onde gemem, deitados os feridos (...)?

Se assim fosse, ele também teria em mente Nova York, Filadélfia, Boston, Washington, St. Louis, São Francisco e vários outros lugares. O raciocínio econômico da reurbanização atual é um embuste. A economia da reurbanização não se baseia unicamente no investimento racional através de subsídios públicos, como proclama a teoria da renovação urbana, mas também em vastos e involuntários subsídios, arrancados de vítimas locais indefesas. E os resultados da elevação de impostos nesses lugares, auferidos pelas municipalidades em resultado desse "investimento", são uma miragem, um gesto lamentável e contraditório em relação às somas de dinheiro público cada vez maiores necessárias para combater a desintegração e a instabilidade que emanam da cidade cruelmente abalada. Os meios que a reurbanização planejada utiliza são tão deploráveis quanto seus fins.

Ao mesmo tempo, toda a arte e a ciência do planejamento urbano são incapazes de conter a decadência – e a falta de vitalidade que a precede – de porções cada vez maiores das cidades. Essa decadência não pode nem mesmo ser atribuída, como consolo, à falta de oportunidade de aplicar a arte do planejamento. Parece não importar muito se ela é ou não aplicada. Considere o exemplo da área de Morningside Heights, na cidade de Nova York. De acordo com a teoria do planejamento urbano, ela não deveria ter problema algum, já que possui áreas verdes em abundância, *campus*, *playgrounds* e outras áreas livres. Dispõe de muitos gramados. Ocupa um terreno elevado e agradável, com magnífica vista do rio. É um núcleo educacional renomado, com instituições esplêndidas – a Universidade de Colúmbia, o Union Theological Seminary, a Juilliard School of Music e mais meia dúzia de outras tantas, que gozam de grande respeitabilidade. Desfruta de bons hospitais e igrejas. Não tem indústrias. Suas ruas são zoneadas com o objetivo de evitar que "usos incompatíveis" invadam a privacidade dos sólidos e espaçosos apartamentos de classe média e alta. Ainda assim, no início dos anos 50, Morningside Heights transformou-se com tal rapidez em zona de cortiços – do tipo no qual as pessoas sentem medo de andar nas ruas – que a situação desencadeou uma crise para as instituições. Elas e os setores de planejamento da prefeitura reuniram-se, aplicaram um pouco mais da teoria urbanística, demoliram a maior parte da área degradada local e construíram em seu lugar um empreendimento cooperativado de renda média dotado de *shopping center* e um conjunto habitacional, tudo entremeado de áreas livres, luz, sol e paisagismo. Ele foi aclamado como uma excelente demonstração de recuperação urbana.

Depois disso, o Morningside Heights decaiu ainda mais depressa.

Esse exemplo não é nem injusto nem absurdo. Num número cada vez maior de cidades, tornam-se decadentes justamente as regiões onde menos se espera que isso aconteça, à luz da teoria do planejamento urbano. Fenômeno menos percebido mas igualmente significativo, num número cada vez maior de cidades, as regiões mais suscetíveis à decadência, segundo a mesma teoria, recusam-se a decair.

As cidades são um imenso laboratório de tentativa e erro, fracasso e sucesso, em termos de construção e desenho urbano. É nesse laboratório que o planejamento urbano deveria aprender, elaborar e testar suas teorias. Ao contrário, os especialistas e os professores dessa disciplina (se é que ela pode ser assim chamada) têm ignorado o estudo do sucesso e do fracasso na vida real, não têm tido curiosidade a respeito das razões do sucesso inesperado e pautam-se por princípios derivados do comportamento e da aparência de cidades, subúrbios, sanatórios de tuberculose, feiras e cidades imaginárias perfeitas – qualquer coisa que não as cidades reais.

Não é de estranhar a sensação de que os segmentos reurbanizados das cidades e os infindáveis novos empreendimentos que se espalham para além delas reduzem a área urbana e a rural a uma papa monótona e nada nutritiva. Em primeira, segunda, terceira e quarta mão, tudo provém da mesma gororoba intelectual, uma gororoba em que as qualidades, as necessidades, as vantagens e o comportamento das grandes cidades têm sido inteiramente confundidos com as qualidades, as necessidades, as vantagens e o comportamento de outros tipos de assentamentos menos ativos.

Não há nada que seja econômica ou socialmente inevitável tanto em relação ao declínio das cidades tradicionais, como em relação à recém-inventada decadência da nova urbanização inurbana. Ao contrário, nenhum outro aspecto da nossa economia e da nossa sociedade tem sido mais intencionalmente manipulado por todo um quarto de século com o fim de atingir exatamente o que conseguimos. Tem-se exigido um volume extraordinário de incentivos financeiros governamentais para obter esse nível de monotonia, esterilidade e vulgaridade. As várias décadas de discursos, textos e exortações de peritos serviram para convencer a nós e aos legisladores de que uma gororoba dessas deve fazer-nos bem, desde que esteja coberta de gramados.

Os automóveis costumam ser convenientemente rotulados de vilões e responsabilizados pelos males das cidades e pelos insucessos e pela inutilidade do planejamento urbano. Mas os efeitos nocivos dos automóveis são menos a causa do que um sintoma de nossa incompetência no desenvolvimento urbano. Claro que os planejadores, inclusive os engenheiros de tráfego, que dispõem de fabulosas somas em dinheiro e poderes ilimitados, não conseguem compatibilizar automóveis e cidades. Eles não sabem o que fazer com os automóveis nas cidades porque não têm a mínima ideia de como projetar cidades funcionais e saudáveis – com ou sem automóveis.

As necessidades dos automóveis são mais facilmente compreendidas e satisfeitas do que as complexas necessidades das cidades, e um número crescente de urbanistas e projetistas acabou acreditando que, se conseguirem solucionar os problemas de trânsito, terão solucionado o maior problema das cidades. As cidades apresentam preocupações econômicas e sociais muito mais complicadas do que o trânsito de automóveis. Como saber que solução dar ao trânsito antes de saber como funciona a própria cidade e de que mais ela necessita nas ruas? É impossível.

Talvez tenhamos nos tornado um povo tão displicente, que não mais nos importamos com o funcionamento real das coisas, mas apenas com a impressão exterior imediata e fácil que elas transmitem. Se for assim, há pouca esperança para nossas cidades e provavelmente para muitas coisas mais em nossa sociedade. Mas não acho que seja assim.

Especificamente no caso do planejamento urbano, é óbvio que uma grande quantidade de pessoas sérias e sinceras se preocupa profundamente com construção e renovação. Apesar de alguma corrupção e da considerável cobiça pela vinha do próximo, as intenções em meio às trapalhadas são, no cômputo geral, exemplares. Planejadores, arquitetos do desenho urbano e aqueles que os seguem em suas crenças não desprezam conscientemente a importância de conhecer o funcionamento das coisas. Ao contrário, esforçaram-se muito para aprender o que os santos e os sábios do urbanismo moderno ortodoxo disseram a respeito de como as cidades *deveriam* funcionar e o que *deveria* ser bom para o povo e os negócios dentro delas. Eles se aferram a isso com tal devoção, que, quando uma realidade contraditória se interpõe, ameaçando destruir o aprendizado adquirido a duras penas, eles colocam a realidade de lado.

Analise, por exemplo, a reação do planejamento urbano ortodoxo a um distrito de Boston chamado North End[1]. Trata-se de uma área tradicional, de baixa renda, que se mistura à indústria pesada da orla e é considerada pelas autoridades como a pior zona de cortiços de Boston e uma vergonha municipal. Possui características que todas as pessoas esclarecidas sabem ser nocivas porque diversos eruditos disseram que o são. O North End não somente se encontra colado à indústria como também, o que é pior, tem todos os tipos de atividades de trabalho e comércio complexamente misturados com as residências. Apresenta a mais alta densidade habitacional de Boston, considerando o solo destinado ao uso residencial, na verdade uma das mais altas concentrações entre todas as cidades americanas. Tem poucas áreas verdes. As crianças brincam na rua. Em lugar de superquadras, ou mesmo de quadras suficientemente longas, possui quadras curtas; no jargão urbanístico, a região é "maltraçada, com ruas em excesso". Os edifícios são antigos. Tudo o que se possa imaginar está presumivelmente errado no North End. Em termos do planejamento urbano ortodoxo, trata-se do manual em três dimensões, de uma "megalópole" nos últimos estágios da deterioração. O North End é, portanto, uma tarefa recorrente dos estudantes de urbanismo e arquitetura do MIT e de Harvard, os quais invariavelmente se lançam, sob a orientação de seus professores, ao estudo da conversão do bairro em superquadras e passeios arborizados, extinguindo seus usos discrepantes, transformando-o num ideal de ordem e refinamento tão simples que poderia ser gravado na cabeça de um alfinete.

Há vinte anos, quando vi pela primeira vez o North End, suas construções – casas geminadas de tipos e tamanhos diferentes convertidas em apartamentos e edifícios residenciais de quatro ou cinco pavimentos, construídos para abrigar as levas de imigrantes vindos primeiro da Irlanda, depois da Europa Oriental e por fim da Sicília – eram superpovoadas, e o panorama geral era de um distrito muito maltratado e miseravelmente pobre.

1. Por favor, não se esqueça de North End. Farei frequentes referências a ele neste livro.

Quando visitei o North End novamente em 1959, fiquei espantada com a mudança. Dezenas e mais dezenas de prédios haviam sido reformados. No lugar de colchões encostados às janelas havia venezianas e a aparência de tinta fresca. Muitas das casinhas reformadas acolhiam então apenas uma ou duas famílias, em vez das três ou quatro que as lotavam antes. Algumas das famílias desses prédios (como vim a saber mais tarde, ao conhecê-los por dentro) abriram mais espaço juntando dois dos antigos apartamentos, e tinham instalado banheiros, cozinhas novas e similares. Espiei por uma viela estreita, esperando encontrar pelo menos aí o velho e combalido North End, mas não: mais alvenaria de tijolos com acabamento esmerado, cortinas novas e som de música quando uma porta se abriu. Sem dúvida, esse foi o único distrito que já vi – pelo menos até hoje – no qual as laterais dos prédios junto a estacionamentos não ficaram sem acabamento ou mutiladas, mas foram rebocadas e pintadas com capricho, como que para serem admiradas. Misturadas aos prédios residenciais havia uma quantidade incrível de excelentes mercearias, assim como casas de estofamento, serralheria, carpintaria e processamento de alimentos. As ruas tinham vida com crianças brincando, gente fazendo compras, gente passeando, gente falando. Não fosse um frio dia de janeiro, certamente haveria pessoas sentadas às portas.

A atmosfera de alegria, companheirismo e bem-estar nas ruas era tão contagiante que comecei a indagar o endereço de pessoas só pelo prazer de puxar conversa. Eu tinha visitado vários lugares de Boston nos últimos dias, a maioria deles muito deprimentes, e esse me surpreendeu, com alívio, como o lugar mais sadio da cidade. Mas eu não conseguia imaginar de onde tinha vindo o dinheiro para a revitalização, porque hoje é quase impossível obter qualquer financiamento hipotecário considerável em distritos de cidades norte-americanas que não sejam de alta renda ou então arremedos de subúrbios. Para saber a resposta, fui a um bar-restaurante (onde acontecia uma conversa animada sobre pescaria) e chamei um planejador de Boston meu conhecido.

"Como é que você veio parar no North End?", perguntou ele. "Dinheiro? Não houve nem dinheiro nem obras no North End.

Não acontece nada por aqui. Quem sabe vá acontecer, mas até agora nada. Isto aqui é uma zona de cortiços!"

"A mim não parece", disse eu.

"Ora, é a pior zona de cortiços da cidade! Tem sessenta e sete moradias em cada mil metros quadrados! É terrível admitir que temos uma coisa assim em Boston, mas é verdade."

"Você tem outros dados sobre o bairro?", perguntei.

"Sim, que engraçado! Figura entre os bairros da cidade que têm os menores índices de delinquência, doenças e mortalidade infantil. Puxa, esse pessoal deve estar fazendo barganhas. Vejamos... a população infantil está quase na média da cidade. A taxa de mortalidade é baixa, 8,8 por mil, contra uma taxa média da cidade de 11,2. O índice de mortes por tuberculose é bem baixo, menos de uma por 10 mil – não entendo como, é ainda mais baixa que a de Brookline. Nos velhos tempos, o North End era o lugar da cidade em que mais havia tuberculose, mas isso mudou. Bom, vai ver que são pessoas fortes. Claro que é uma zona de cortiços horrível."

"Vocês precisavam ter mais zonas de cortiços como esta", disse eu. "Não me diga que planejam demolir tudo. Você devia ficar aqui para aprender o máximo possível."

"Eu sei o que você quer dizer", disse ele. "Costumo vir até aqui só para andar pelas ruas e sentir esse clima maravilhoso das ruas, alegre. Olhe, se gostou daqui agora, precisa voltar no verão. Você ficaria doida por este lugar no verão. Mas claro que a gente vai ter de acabar reurbanizando o bairro. Temos de tirar essas pessoas das ruas."

Aí está o curioso da coisa. Os instintos do meu amigo lhe diziam que o North End é um ótimo lugar, e suas estatísticas sociais reafirmavam isso. Porém, tudo o que ele havia aprendido como urbanista sobre o que é bom para o povo e bom para os bairros, tudo o que fazia dele um especialista, dizia-lhe que o North End tinha de ser um lugar ruim.

O principal banqueiro de crédito imobiliário de Boston, "um homem lá no topo da estrutura de poder", a quem fui indicada por meu amigo para realizar uma entrevista sobre dinheiro, confirmou-me o que eu soube, nesse ínterim, das pessoas do North

End. O dinheiro não tinha vindo pela graça do grande sistema bancário norte-americano, que atualmente sabe distinguir um cortiço tão bem quanto os urbanistas. "Não tem sentido emprestar dinheiro no North End", disse o banqueiro. "É um cortiço! E ainda está recebendo imigrantes! Além do mais, na época da Depressão houve um número enorme de hipotecas protestadas; uma ficha ruim." (Eu também ouvira falar disso, nesse meio-tempo, e de como as famílias tinham trabalhado e juntado recursos para comprar de novo alguns desses prédios hipotecados.)

O mais alto empréstimo hipotecário concedido nesse distrito de cerca de 15 mil habitantes, no quarto de século a contar da Grande Depressão, foi de 3 mil dólares, revelou o banqueiro, "e para bem poucos deles". Houve outros de mil e de 2 mil dólares. A obra de revitalização foi quase toda financiada com a renda de negócios e aluguéis do próprio distrito, que foi reinvestida, e com o trabalho de mutirão dos moradores e seus parentes.

Nesse momento eu já sabia que a impossibilidade de pedir empréstimos para melhorias era um problema que exasperara os moradores do North End e que, além do mais, alguns deles se sentiam incomodados pelo fato de parecer impossível construir prédios novos no local, a não ser ao preço de eles próprios, e toda a comunidade, serem expulsos, de acordo com o sonho dos estudantes de um Éden urbano, destino que eles sabiam não ser só teórico, pois quase havia destruído completamente um distrito vizinho com características sociais similares – embora fisicamente maior –, chamado West End. Eles estavam preocupados também por saber que a tática de remendar não podia durar eternamente. "Existe alguma possibilidade de empréstimo para novas construções no North End?", perguntei ao banqueiro.

"Não, absolutamente nenhuma!", respondeu, denotando impaciência com minha estupidez. "Aquilo é uma zona de cortiços!"

Os banqueiros, assim como os planejadores, agem de acordo com as teorias que têm sobre as cidades. Eles chegaram a elas pelas mesmas fontes intelectuais dos planejadores. Os banqueiros e os oficiais administrativos que garantem hipotecas não inventam teorias de planejamento, nem mesmo, surpreendentemente, uma doutrina econômica a respeito das cidades. Hoje eles são esclarecidos e tiram suas ideias dos idealistas, com uma geração de atraso. Já que a teoria do planejamento urbano não assimilou ideias novas importantes por bem mais que uma geração, urbanistas, financistas e burocratas praticamente se equiparam hoje em dia.

Falando em termos mais diretos, todos eles se encontram no mesmo estágio de elaborada superstição em que se encontrava a medicina no começo do último século, quando os médicos acreditavam na sangria como recurso para purgar os humores nocivos, os quais, achava-se, provocavam a doença. Com relação à sangria, foram necessários anos de aprendizado para determinar precisamente quais veias, com quais procedimentos, deveriam ser abertas, de acordo com quais sintomas. Montou-se uma complexa superestrutura técnica, e detalhada com tal cinismo, que a literatura a respeito ainda parece quase plausível. Todavia, devido ao fato de as pessoas, ainda que inteiramente imersas em descrições da realidade que a contradigam, estarem ainda mais raramente privadas do poder de observação e discernimento, a ciência da sangria, durante a maior parte de seu longo domínio, parece ter sido temperada em geral com certa dose de bom senso. Ou foi temperada até que atingisse o auge da técnica nos jovens Estados Unidos, mais que em outros lugares. A sangria foi uma febre aqui. Teve no Dr. Benjamin Rush um defensor de enorme influência, ainda reverenciado como o maior estadista médico do nosso período revolucionário e federalista e um gênio na gestão da saúde: o Dr. Rush-Faz. Entre as coisas que ele fez, algumas boas e úteis, estão aprimorar, praticar, ensinar e difundir o costume da sangria nos casos em que a prudência e a compaixão tinham restringido seu uso. Ele e seus alunos drenavam o sangue de crianças bem pequenas, de tuberculosos, dos muito idosos, de quase todos aqueles que tivessem a infelicidade de adoecer em sua área de influência. Suas práticas radicais provocaram alarme e horror nos médicos flebotomistas europeus. Apesar disso, ainda em 1851, uma comissão designada pela Assembleia Legislativa de Nova York corroborou o uso intensivo da sangria. Com contundência, a comissão ridicularizou e censurou um médico, William Turner, que teve a audácia de escrever um panfleto criticando os métodos do Dr. Rush e definindo "o procedimento de tirar sangue de doentes como contrário ao senso comum, à experiência geral, às mentes esclarecidas e às leis manifestas da Divina Providência". Os doentes precisavam ganhar forças e não perder sangue, afirmou o Dr. Turner, posteriormente obrigado a calar-se.

Analogias médicas, transpostas para os organismos sociais, tendem ao artificialismo, e não há como confundir a química dos mamíferos com o que acontece numa cidade. Mas são válidas, sim, as analogias sobre o que se passa no cérebro de pessoas sérias e cultas que lidam com fenômenos complexos, não os compreendem e tentam contentar-se com uma pseudociência. Como na pseudociência da sangria, também na pseudociência da reurbanização e do planejamento urbano, anos de aprendizado e uma infinidade de dogmas misteriosos e intrincados apoiaram-se num alicerce de absurdos. Os instrumentos técnicos foram constantemente aperfeiçoados. Naturalmente, com o tempo, homens dedicados e capazes, administradores admirados, depois de engolir as premissas falaciosas e dispondo dos instrumentos e da confiança pública, cometem logicamente excessos o mais destrutivos possível, que teriam sido anteriormente desaconselhados pela prudência e pela compaixão. A sangria só curava por acaso ou na medida em que desrespeitasse as regras, até que foi substituída pela difícil e complexa atividade de reunir, usar e comprovar pouco a pouco descrições verdadeiras da realidade, baseadas não em como ela deveria ser, mas em como ela é. A pseudociência do planejamento urbano e sua companheira, a arte do desenho urbano, ainda não se afastaram do conforto ilusório das vontades, das superstições conhecidas, do simplismo e dos símbolos e ainda não se lançaram na aventura de investigar o mundo real.

Assim, neste livro deveremos começar a aventurar-nos nós mesmos no mundo real, ainda que modestamente. A maneira de decifrar o que ocorre no comportamento aparentemente misterioso e indomável das cidades é, em minha opinião, observar mais de perto, com o mínimo de expectativa possível, as cenas e os acontecimentos mais comuns, tentar entender o que significam e ver se surgem explicações entre eles. É isso o que procuro fazer na primeira parte deste livro.

Um dos princípios mostra-se tão onipresente, e em formas tão variadas e tão complexas, que volto minha atenção para sua natureza na segunda parte deste livro, a qual constitui o cerne da minha argumentação. Esse princípio onipresente é a necessidade que as cidades têm de uma diversidade de usos mais complexa e densa, que propicie entre eles uma sustentação mútua e constante, tanto econômica quanto social. Os componentes dessa diversidade podem diferir muito, mas devem complementar-se concretamente.

Acho que as zonas urbanas malsucedidas são as que carecem desse tipo de sustentação mútua complexa e que a ciência do planejamento urbano e a arte do desenho urbano, na vida real e em cidades reais, devem tornar-se a ciência e a arte de catalisar e nutrir essas relações funcionais densas. Pelas evidências de que disponho, concluo que existem quatro condições primordiais para gerar diversidade nas grandes cidades e que o planejamento urbano, por meio da indução deliberada dessas quatro condições, pode estimular a vitalidade urbana (coisa que os planos dos urbanistas e os desenhos dos projetistas em si nunca conseguirão). Enquanto a Parte 1 enfoca principalmente o comportamento social da população urbana e é imprescindível para compreender as seguintes, a Parte 2 aborda principalmente o desempenho econômico das cidades e é a mais importante deste livro.

As cidades são locais fantasticamente dinâmicos, o que se aplica inteiramente a suas zonas prósperas, que propiciam solo fértil para os planos de milhares de pessoas. Na terceira parte do livro, examino alguns aspectos da decadência e da revitalização, à luz de como as cidades são usadas e como elas e sua população se comportam, na vida real.

A última parte deste livro sugere mudanças nas práticas de habitação, trânsito, projeto, planejamento e administração, e discute, por fim, o *tipo* de problema que as cidades apresentam – um problema de manejar a complexidade ordenada.

A aparência das coisas e o modo como funcionam estão inseparavelmente unidos, e muito mais nas cidades do que em qualquer outro lugar. Porém, quem está interessado apenas em como uma cidade "deveria" parecer e desinteressado de como funciona ficará desapontado com este livro. É tolice planejar a aparência de uma cidade sem saber que tipo de ordem inata e funcional ela possui. Encarar a aparência como objetivo primordial ou como preocupação central não leva a nada, a não ser a problemas.

No East Harlem de Nova York há um conjunto habitacional com um gramado retangular bem destacado que se tornou alvo da ira dos moradores. Uma assistente social que está sempre no conjunto ficou abismada com o número de vezes que o assunto do gramado veio à baila, em geral gratuitamente, pelo que ela podia perceber, e com a intensidade com que os moradores o detestavam e exigiam que fosse retirado. Quando ela perguntava qual a causa disso, a resposta comum era: "Para que serve?", ou "Quem foi que pediu o gramado?" Por fim, certo dia uma moradora mais bem articulada que os outros disse o seguinte: "Ninguém se interessou em saber o que queríamos quando construíram este lugar. Eles demoliram nossas casas e nos puseram aqui e puseram nossos amigos em outro lugar. Perto daqui não há um único lugar para tomar um café, ou comprar um jornal, ou pedir emprestado alguns trocados. Ninguém se importou com o que precisávamos. Mas os poderosos vêm aqui, olham para esse gramado e dizem: 'Que maravilha! Agora os pobres têm de tudo!' "

Essa moradora estava dizendo o que os moralistas disseram por milhares de anos: as aparências enganam. Nem tudo o que reluz é ouro.

E dizia mais: há um aspecto ainda mais vil que a feiura ou a desordem patentes, que é a máscara ignóbil da pretensa ordem, estabelecida por meio do menosprezo ou da supressão da ordem verdadeira que luta para existir e ser atendida.

Na tentativa de explicar a ordem subjacente das cidades, utilizo muito mais exemplos de Nova York porque é aí que moro. Contudo, a maioria das ideias básicas presentes neste livro vem de particularidades que percebi em outras cidades ou que me foram contadas. Por exemplo, meu primeiro vislumbre sobre os poderosos efeitos de certos tipos de combinações funcionais nas cidades deve-se a Pittsburgh; minhas primeiras especulações sobre a segurança nas ruas, a Filadélfia e Baltimore; minhas primeiras noções dos meandros do centro urbano, a Boston; minhas primeiras pistas sobre erradicação de cortiços, a Chicago. A maior parte do material para essas reflexões estava diante da porta de casa, mas talvez seja mais fácil perceber as coisas primeiro onde elas não são familiares. A ideia fundamental – tentar entender a intrincada ordem social e econômica sob a aparente desordem das cidades – não era minha, mas de William Kirk, chefe do Núcleo Comunitário Union, no East Harlem, Nova York, o qual, ao me mostrar o East Harlem, mostrou-me uma maneira de observar também outros bairros e centros urbanos. Em todos os casos, tentei cotejar o que vi ou ouvi nas cidades ou nos bairros para descobrir a relevância dessas lições em outros contextos.

Concentrei-me nas cidades grandes e em suas áreas internas porque essa é a questão mais constantemente negligenciada na teoria urbanística. Acredito que isso possa ter uma utilidade ainda maior à medida que o tempo passar, já que várias das áreas urbanas de hoje com os piores problemas – e nitidamente os mais embaraçosos – eram subúrbios e áreas residenciais nobres e tranquilas há não muito tempo; é provável que muitos dos novos subúrbios ou semissubúrbios venham a ser engolidos pelas cidades e tenham sucesso ou não enquanto tais, de acordo com sua adaptação ou não à função de distritos urbanos. Além do mais, para ser franca, prefiro as cidades densamente povoadas e me importo mais com elas.

No entanto, espero que o leitor não entenda minhas observações como um guia do que ocorre nas cidades, nas pequenas cidades ou nos subúrbios que se mantêm periféricos. Cidades, subúrbios e até mesmo cidadezinhas são organismos totalmente diferentes das metrópoles. Já estamos numa enrascada enorme por tentar entender as cidades grandes com base no comportamento e no suposto funcionamento das cidades menores. Se tentarmos entender as cidades menores com base nas metrópoles, a confusão será ainda maior.

Espero que todos os leitores deste livro comparem constante e ceticamente o que digo com seu próprio conhecimento acerca das cidades e de seu funcionamento. Caso haja imprecisões nas observações ou erros nas inferências e conclusões a que cheguei, espero que tais falhas sejam rapidamente retificadas. O cerne da questão é que precisamos urgentemente adquirir e aplicar o mais rápido possível todo conhecimento sobre as cidades que seja útil e verdadeiro.

Tenho feito afirmações ásperas a respeito da teoria urbanística ortodoxa e devo voltar a fazê-las quando isso se mostrar necessário. Hoje em dia, essas ideias ortodoxas fazem parte do nosso folclore. Elas são prejudiciais porque as encaramos como naturais. Para mostrar como surgiram e evidenciar sua parca relevância, exporei aqui as linhas gerais das ideias mais influentes que contribuíram para as verdades do planejamento e do desenho arquitetônico urbano ortodoxos modernos[2].

A vertente mais importante dessa influência começa mais ou menos com Ebenezer Howard, repórter britânico de tribunais, cujo passatempo era o urbanismo. Howard observou as condições de vida dos pobres na Londres do final do século XIX e com toda razão não gostou do que cheirou, viu e ouviu. Ele detestava não só os erros e os equívocos da cidade, mas a própria cidade, e considerava uma desgraça completa e uma afronta à natureza o fato de tantas pessoas terem de conviver aglomeradas. Sua receita para a salvação das pessoas era acabar com a cidade.

Ele propôs, em 1898, um plano para conter o crescimento de Londres e também repovoar a zona rural, onde as vilas estavam

2. Os leitores que quiserem um relato mais completo e uma abordagem mais concordante, o que a minha não é, devem ir direto às fontes, que são bem interessantes, principalmente: *Garden Cities of Tomorrow* [As Cidades-Jardins de amanhã], de Ebenezer Howard; *The Culture of Cities* [A cultura das cidades], de Lewis Mumford; *Cities in Evolution* [Cidades em evolução], de Sir Patrick Geddes; *Modern Housing* [Habitação moderna], de Catherine Bauer; *Toward New Towns for America* [Por novas cidades nos EUA], de Clarence Stein; *Nothing Gained by Overcrowding* [Não há vantagens na superlotação], de Sir Raymond Unwin; e *The City of Tomorrow and Its Planning* [A cidade do amanhã e seu planejamento], de Le Corbusier. O melhor apanhado que conheço é um conjunto de textos sob o título "Assumptions and Goals of City Planning" [Premissas e metas do planejamento urbano], reunidos em *Land-Use Planning, A Casebook on the Use, Misuse and Re-use of Urban Land* [Planejamento do uso do solo – estudos de casos sobre uso, mau uso e reuso do solo urbano], de Charles M. Haar.

em decadência, construindo um novo tipo de cidade, a Cidade-Jardim, onde os pobres da cidade poderiam voltar a viver em contato com a natureza. Assim, eles ganhariam a vida; a indústria se instalaria na Cidade-Jardim, visto que Howard não projetava cidades, nem cidades-dormitórios. Sua meta era criar cidadezinhas autossuficientes, cidades realmente muito agradáveis se os moradores fossem dóceis, não tivessem projetos de vida próprios e não se incomodassem em levar a vida em meio a pessoas sem projetos de vida próprios. Como em todas as utopias, o direito de possuir projetos de qualquer significado cabia apenas aos urbanistas de plantão. A Cidade-Jardim deveria ser rodeada por um cinturão agrícola. A indústria ficaria em território predeterminado; as escolas, as moradias e as áreas verdes, em territórios residenciais predeterminados; e no centro ficariam os estabelecimentos comerciais, esportivos e culturais, partilhados por todos. O conjunto da cidade e do cinturão verde deveria ser permanentemente gerido pela administração pública sob a qual a cidade tivesse nascido, de modo a evitar a especulação ou mudanças supostamente descabidas no uso da terra, e também a afastar a tentação de aumentar sua densidade – resumindo, a evitar que ela se tornasse uma cidade grande. A população máxima não deveria ultrapassar 30 mil habitantes.

Nathan Glazer resumiu bem essa visão em *Architectural Forum*: "A aparência era a de uma cidade rural inglesa, com a mansão senhorial e seus jardins substituídos por um centro comunitário e algumas fábricas escondidas atrás de uma cortina de árvores para gerar trabalho."

O equivalente norte-americano mais próximo talvez seja o da cidade empresarial modelo, com distribuição de lucros, e a gestão da vida político-cívica cotidiana a cargo da Associação de Pais e Mestres. Howard vislumbrava não apenas um novo ambiente e uma nova vida social, mas uma sociedade política e economicamente paternalista.

Todavia, como Glazer assinalou, a Cidade-Jardim foi "concebida como uma alternativa à cidade e como uma solução para os problemas urbanos; esse foi, e ainda é, o alicerce de seu imenso poder como conceito de planejamento urbano". Howard conseguiu que se construíssem duas Cidades-Jardins, Letchworth e Welwyn, e é claro que a Inglaterra e a Suécia erigiram, depois da Segunda Guerra Mundial, várias cidades-satélites baseadas nos princípios da Cidade-Jardim. Nos Estados Unidos, o subúrbio de Radburn, Nova Jersey, e as cidades de cinturões verdes (na verdade, subúrbios), financiadas pelo governo e construídas durante a Depressão, foram todas adaptações incompletas daquela ideia. Porém, a influência do plano de Howard, que teve aceitação expressa, ou razoavelmente expressa, não era nada em comparação com sua influência nos conceitos subjacentes a todo o planejamento urbano norte-americano atual. Planejadores urbanos e projetistas sem interesse pelo modelo da Cidade-Jardim ainda se pautam intelectualmente por seus princípios fundamentais.

Howard trouxe à baila ideias efetivas para a destruição das cidades: ele compreendeu que a melhor maneira de lidar com as funções da cidade era selecionar e separar do todo os usos simples e dar a cada um deles uma independência relativa. Concentrou-se na oferta de moradias adequadas como questão prioritária, à qual todas as outras se subordinavam; além do mais, definiu uma moradia adequada de acordo com as características físicas dos núcleos suburbanos e com as características sociais das cidades de pequeno porte. Ele achava que o comércio deveria fazer o fornecimento rotineiro e padronizado de mercadorias e atender a um mercado restrito. Concebia o planejamento como uma série de ações estáticas; em cada caso, o plano deveria prever tudo o que fosse necessário e, depois de posto em prática, deveria ser protegido contra quaisquer alterações, ainda que mínimas. Também entendia o planejamento como essencialmente paternalista, quando não autoritário. Não se interessava pelos aspectos urbanos que não pudessem ser abstraídos para servir à sua utopia. Descartou particularmente a complexa e multifacetada vida cultural da metrópole. Não tinha interesse em questões como segurança pública, troca de ideias, funcionamento político ou criação de novas saídas econômicas nas grandes cidades, nem dava atenção à criação de novas maneiras de fortalecer essas atribuições, porque, afinal, esse tipo de vida não estava em seus planos.

Tanto em suas preocupações quanto em suas omissões, Howard era justificável sob seu ponto de vista, mas não sob o ponto de vista urbanístico. Ainda assim, praticamente todo o planejamento urbano moderno é uma adaptação ou um remendo desse material absurdo.

A influência de Howard no planejamento urbano norte-americano chegou à cidade por duas vertentes: de um lado, urbanistas regionais e de cidades menores e, de outro, arquitetos. Na trilha do urbanismo, Sir Patrick Geddes, biólogo e filósofo escocês, via a ideia da Cidade-Jardim não como um modo fortuito de assimilar o crescimento populacional que de outra forma se dirigiria a uma grande cidade, mas como ponto de partida para um modelo muito mais grandioso e abrangente. Ele imaginava o planejamento de cidades em termos do planejamento de regiões inteiras. Com o planejamento regional, as Cidades-Jardins poderiam ser distribuídas racionalmente por amplos territórios, imbricando-se com recursos naturais, em equilíbrio com a agricultura e os bosques, formando um todo lógico e esparso.

As ideias de Howard e Geddes foram adotadas com entusiasmo nos Estados Unidos durante os anos 20 e ampliadas por um grupo de pessoas extremamente eficientes e dedicadas, entre elas Lewis Mumford, Clarence Stein, o falecido Henry Wright e Catherine Bauer. Embora se definissem como planejadores regionais, mais recentemente Catherine Bauer denominou esse grupo os "descentralizadores", nome mais acertado, uma vez que o resultado imediato do planejamento regional, segundo a visão deles, deveria ser descentralizar as grandes cidades, reduzi-las, e dispersar as empresas e a população em cidades menores e separadas. Naquela época, tinha-se a impressão de que a população norte-americana estava envelhecendo e parando de crescer, e o problema parecia ser não acomodar uma população em rápido crescimento, mas redistribuir uma população estática.

Como ocorreu com o próprio Howard, a influência desse grupo materializou-se menos na obtenção da aceitação expressa a seu plano – que não deu em nada – do que no planejamento urbano e na legislação referente a habitação e a recursos financeiros habitacionais. Os projetos residenciais modelo de Stein e

Wright, feitos principalmente para ambientes suburbanos ou para a periferia das cidades, juntamente com apontamentos e diagramas, esboços e fotografias fornecidos por Mumford e Bauer, demonstraram e popularizaram ideias como estas, que hoje são inquestionáveis no urbanismo ortodoxo: a rua é um lugar ruim para os seres humanos; as casas devem estar afastadas dela e voltadas para dentro, para uma área verde cercada. Ruas numerosas são um desperdício e só beneficiam os especuladores imobiliários, que determinam o valor pela metragem da testada do terreno. A unidade básica do traçado urbano não é a rua, mas a quadra, mais particularmente, a superquadra. O comércio deve ser separado das residências e das áreas verdes. A demanda de mercadorias de um bairro deve ser calculada "cientificamente", e o espaço destinado ao comércio deve ater-se a isso, e a nada mais. A presença de um número maior de pessoas é, na melhor das hipóteses, um mal necessário, e o bom planejamento urbano deve almejar pelo menos a ilusão de isolamento e privacidade, como num subúrbio. Os descentralizadores também insistiram nas premissas de Howard de que uma comunidade planejada deve ser ilhada, como uma unidade autossuficiente, deve resistir a mudanças futuras, e todos os detalhes significativos devem ser controlados pelos planejadores desde o início e mantidos dessa maneira. Em suma, o bom planejamento era o planejamento previamente projetado.

Para reforçar e intensificar a necessidade de uma nova ordem das coisas, os descentralizadores continuaram martelando na tecla do desprezo às cidades antigas. Não tinham curiosidade acerca dos sucessos das metrópoles. Interessavam-se apenas pelos fracassos. Tudo era fracasso. Um livro como *The Culture of Cities*, de Mumford, era em grande parte um catálogo mórbido e tendencioso de mazelas. A cidade grande era a Megalópole, a Tiranópole, a Necrópole, uma monstruosidade, uma tirania, uma morta-viva. Deve desaparecer. A área central de Nova York era o "caos petrificado" (Mumford). A forma e a aparência das cidades não era senão "um acidente caótico (...) um apanhado dos caprichos fortuitos e antagônicos de pessoas individualistas e mal avisadas" (Stein). Os centros urbanos resumiam-se "à preponderância de barulho, sujeira, mendigos, suvenires e anúncios competitivos e insistentes" (Bauer).

Como pode valer a pena tentar compreender uma coisa tão ruim? As análises dos descentralizadores, os projetos arquitetônicos e habitacionais que acompanhavam essas análises e derivavam delas, a legislação federal de habitação e de financiamento habitacional diretamente influenciada por essa visão – nenhum deles tinha relação alguma com a compreensão das cidades ou a manutenção de metrópoles prósperas, nem tinham tal intenção. Eram justificativas e meios para descartar as cidades, e os descentralizadores eram francos a esse respeito.

Contudo, nas escolas de arquitetura e urbanismo, e também no Congresso, nas assembleias legislativas e nas prefeituras, as ideias dos descentralizadores foram sendo gradativamente assimiladas como as linhas-mestras de uma abordagem construtiva das próprias metrópoles. Esse é o acontecimento mais espantoso de toda essa lamentável história: as pessoas que queriam sinceramente fortalecer as cidades grandes acabaram adotando as receitas nitidamente arquitetadas para minar sua economia e destruí-las.

O homem que teve a ideia mais espantosa a respeito de como colocar todo esse planejamento anticidade diretamente dentro das próprias cidadelas da iniquidade foi o arquiteto europeu Le Corbusier. Ele planejou nos anos 20 uma cidade imaginária que denominou Ville Radieuse, composta não dos prédios baixos, tão caros aos descentralizadores, mas principalmente de arranha-céus dentro de um parque. "Imagine que estamos entrando na cidade pelo Grande Parque", escreveu Le Corbusier. "Nosso carro veloz toma a rodovia elevada especial entre os majestosos arranha-céus; ao chegar mais perto, vemos contra o céu a sucessão de vinte e quatro arranha-céus; à esquerda e à direita, no entorno de cada área específica, ficam os edifícios municipais e administrativos; e circundando esse espaço, os prédios universitários e os museus. A cidade inteira é um Parque." Na cidade vertical de Le Corbusier, a massa da população seria alojada a uma taxa de 296 habitantes por mil metros quadrados, uma densidade urbana sem dúvida fantasticamente alta, mas, em virtude das construções altas, 95 por cento do solo permaneceria livre.

Os arranha-céus ocupariam apenas 5 por cento do solo. As pessoas de alta renda ficariam nas moradias mais baixas e luxuosas, ao redor de pátios, com 85 por cento de área livre. Aqui e acolá haveria restaurantes e teatros.

Le Corbusier planejava não apenas um ambiente físico; projetava também uma utopia social. A utopia de Le Corbusier era uma condição do que ele chamava de liberdade individual máxima, com o que ele aparentemente se referia não à liberdade de fazer qualquer coisa, mas à liberdade em relação à responsabilidade cotidiana. Em sua Ville Radieuse, supostamente ninguém teria mais a obrigação de sustentar o irmão. Ninguém teria de se preocupar com planos próprios. Ninguém deveria ser tolhido.

Os descentralizadores e outros leais defensores da Cidade-Jardim ficaram pasmos com a cidade de Le Corbusier – espigões num parque – e ainda estão. A reação deles foi, e continua sendo, muito parecida com a de professores de uma escola maternal progressista diante de um orfanato profundamente burocrático. E apesar disso, ironicamente, a Ville Radieuse provém diretamente da Cidade-Jardim. Le Corbusier assimilou a imagem fundamental da Cidade-Jardim, ao menos superficialmente, e empenhou-se em torná-la prática em locais densamente povoados. Definiu sua criação como uma Cidade-Jardim factível. "A Cidade-Jardim é uma quimera", escreveu. "A natureza desintegra-se com a invasão de ruas e casas, e o prometido isolamento transforma-se numa comunidade superlotada (...). A solução está na 'Cidade-Jardim vertical'."

Também em outro sentido, na acolhida relativamente fácil do público, a Ville Radieuse de Le Corbusier dependia da Cidade-Jardim. Os planejadores da Cidade-Jardim e um séquito cada vez maior de reformadores habitacionais, estudantes e arquitetos popularizavam sem descanso os conceitos de superquadra, bairro projetado, plano imutável, e gramados, gramados, gramados; além do mais, estavam conseguindo firmar esses aspectos como símbolos de um urbanismo humano, socialmente responsável, funcional e magnânimo. Le Corbusier não precisava de forma alguma justificar sua visão com argumentos humanos ou funcionais. Se o grande propósito do planejamento urbano era Christopher Robin poder dar pulinhos no gramado, qual era o erro de Le Corbusier? Os protestos dos descentralizadores contra a padronização, a mecanização, a despersonificação soaram para alguns como um sectarismo tolo.

A cidade dos sonhos de Le Corbusier teve enorme impacto em nossas cidades. Foi aclamada delirantemente por arquitetos e acabou assimilada em inúmeros projetos, de conjuntos habitacionais de baixa renda a edifícios de escritórios. Além de tornar pelo menos os princípios superficiais da Cidade-Jardim superficialmente aplicáveis a cidades densamente povoadas, o sonho de Le Corbusier continha outras maravilhas. Ele procurou fazer do planejamento para automóveis um elemento essencial de seu projeto, e isso era uma ideia nova e empolgante nos anos 20 e início dos anos 30. Ele traçou grandes artérias de mão única para trânsito expresso. Reduziu o número de ruas, porque "os cruzamentos são inimigos do tráfego". Propôs ruas subterrâneas para veículos pesados e transportes de mercadorias, e claro, como os planejadores da Cidade-Jardim, manteve os pedestres fora das ruas e dentro dos parques. A cidade dele era como um brinquedo mecânico maravilhoso. Além do mais, sua concepção, como obra arquitetônica, tinha uma clareza, uma simplicidade e uma harmonia fascinantes. Era muito ordenada, muito clara, muito fácil de entender. Transmitia tudo num lampejo, como um bom anúncio publicitário. Essa visão e seu ousado simbolismo eram absolutamente irresistíveis para urbanistas, construtores, projetistas e também para empreiteiros, financiadores e prefeitos. Ela deu enorme impulso aos "progressistas" do zoneamento, que redigiram normas elaboradas para encorajar os construtores a reproduzir ainda que parcialmente o sonho. Não importava quão vulgar ou acanhado fosse o projeto, quão árido ou inútil o espaço, quão monótona fosse a vista, a imitação de Le Corbusier gritava: "Olhem o que eu fiz!" Como um ego visível e enorme, ela representa a realização de um indivíduo. Mas, no tocante ao funcionamento da cidade, tanto ela como a Cidade-Jardim só dizem mentiras.

Embora os descentralizadores, devotados ao ideal de uma vida cômoda de cidade do interior, nunca tenham concordado com a visão de Le Corbusier, a maioria de seus discípulos concordou. Hoje, praticamente todos os projetistas urbanos requintados harmonizam vários aspectos das duas concepções. A técnica de reurbanização que leva nomes variados, como "remoção seletiva" ou "revitalização localizada" ou "plano de revitalização" ou "conservação planejada" – querendo referir-se à proibição de erradicação total de uma área degradada – é principalmente uma artimanha para ver quantos prédios antigos serão mantidos em pé e ainda assim converter o local numa versão aceitável da Cidade-Jardim Radieuse. Técnicos em zoneamento, engenheiros de tráfego, legisladores, técnicos do uso do solo urbano e planejadores de parques e *playgrounds* – nenhum dos quais vive num vazio ideológico – utilizam constantemente, como pontos de referência fixos, essas duas concepções influentes e a concepção mista, mais sofisticada. Eles podem ir de uma visão à outra, podem usar um meio-termo, podem vulgarizá-las, mas elas são os pontos de partida.

Vamos abordar rapidamente outra vertente do planejamento urbano ortodoxo, menos importante. Ela teve início mais ou menos na Columbian Exposition de Chicago, em 1893, quase na mesma época em que Howard formulava as ideias da Cidade-Jardim. A exposição de Chicago desconsiderou a sugestiva arquitetura moderna que despontara na cidade e preferiu colocar em cena uma imitação retrógrada do estilo renascentista. No pavilhão da exposição, alinhavam-se monumentos pesados e grandiosos, como folhados congelados dispostos numa bandeja, numa espécie de premonição decorada e esparramada das ultimamente repetitivas fileiras de espigões de Le Corbusier num parque. Essa reunião orgiástica do opulento e do monumental atraiu a atenção tanto dos planejadores quanto do público. Deu impulso a um movimento chamado City Beautiful, e, aliás, a organização da exposição foi comandada pelo homem que se tornaria o principal planejador do City Beautiful, Daniel Burnham, de Chicago.

A meta do City Beautiful era a Cidade Monumental. Foram traçados projetos de um complexo de bulevares barrocos, a maioria dos quais não resultou em nada. O que resultou do movimento foi o Centro Monumental, apresentado em maquete na exposição. Cidade após cidade construía seu centro administrativo ou seu centro cultural. Esses edifícios foram dispostos ao longo de bulevares, como o Benjamin Franklin Parkway, em Filadélfia, ou em esplanadas, como o Government Center, de Cleveland, ou eram ladeados por um parque, como o Civic Center de St. Louis, ou se misturavam a uma espécie de parque, como o Civic Center de São Francisco. Não importa onde estivessem, o cerne da questão era que esses edifícios monumentais haviam sido apartados do resto da cidade e agrupados para criar um efeito o mais grandioso possível, dando ao conjunto um tratamento de unidade completa, separada e bem definida.

A população orgulhava-se deles, mas esses conjuntos não tiveram sucesso. Em primeiro lugar, invariavelmente a cidade normal à volta deles decaía em vez de prosperar, e eles sempre atraíam uma vizinhança incongruente de salões de tatuagem sujos e lojas de roupas usadas, quando não apenas uma decadência indescritível e deprimente. Em segundo lugar, as pessoas ficavam visivelmente longe deles. Quando a exposição se tornou parte da cidade, por alguma razão as coisas não funcionaram como na exposição.

A arquitetura dos centros monumentais da City Beautiful saiu de moda. Mas a concepção não foi questionada e nunca teve tanta força quanto hoje. A ideia de separar certas funções públicas e culturais e descontaminá-las da cidade real casava-se bem com os preceitos da Cidade-Jardim. Os conceitos fundiram-se harmoniosamente, quase como a Cidade-Jardim e a Ville Radieuse se fundiram, numa espécie de Cidade-Jardim Beautiful Radieuse, como o imenso empreendimento da Lincoln Square de Nova York, no qual o monumental centro cultural do City Beautiful integra uma série de construções vizinhas residenciais, comerciais e universitárias nos moldes da Ville Radieuse e da Cidade-Jardim Radieuse.

Analogamente, o pressuposto da separação – e da obtenção da ordem por meio da repressão a quaisquer planos, menos os dos urbanistas – foi transposto com facilidade para todos os tipos de funções urbanas; até hoje o plano diretor de uso do solo das metrópoles constitui-se basicamente de propostas de localização de atividades – geralmente levando em conta os transportes – de várias dessas escolhas "descontaminadas".

De uma ponta a outra, de Howard e Burnham à mais recente emenda à lei de renovação urbana, toda a trama é absurda para o funcionamento das cidades. Não estudadas, desprezadas, as cidades têm servido de cobaia.

PARTE 1
A NATUREZA PECULIAR DAS CIDADES

2. OS USOS DAS CALÇADAS: SEGURANÇA

As ruas das cidades servem a vários fins além de comportar veículos; e as calçadas – a parte das ruas que cabe aos pedestres – servem a muitos fins além de abrigar pedestres. Esses usos estão relacionados à circulação, mas não são sinônimos dela, e cada um é, em si, tão fundamental quanto a circulação para o funcionamento adequado das cidades.

A calçada por si só não é nada. É uma abstração. Ela só significa alguma coisa junto com os edifícios e os outros usos limítrofes a ela ou a calçadas próximas. Pode-se dizer o mesmo das ruas, no sentido de servirem a outros fins, além de suportar o trânsito sobre rodas em seu leito. As ruas e suas calçadas, principais locais públicos de uma cidade, são seus órgãos mais vitais. Ao pensar numa cidade, o que lhe vem à cabeça? Suas ruas. Se as ruas de uma cidade parecerem interessantes, a cidade parecerá interessante; se elas parecerem monótonas, a cidade parecerá monótona.

Mais do que isso, e retornando ao primeiro problema, se as ruas da cidade estão livres da violência e do medo, a cidade está, portanto, razoavelmente livre da violência e do medo. Quando as pessoas dizem que uma cidade, ou parte dela, é perigosa ou selvagem, o que querem dizer basicamente é que não se sentem seguras nas calçadas.

Contudo, as calçadas e aqueles que as usam não são beneficiários passivos da segurança ou vítimas indefesas do perigo. As calçadas, os usos que as limitam e seus usuários são protagonistas ativos do drama urbano da civilização *versus* a barbárie. Manter a segurança urbana é uma função fundamental das ruas das cidades e suas calçadas.

Essa função é completamente diferente de qualquer atribuição que se exija das calçadas e das ruas de cidades pequenas ou de subúrbios verdadeiros. As metrópoles não são apenas maiores que as cidades pequenas. As metrópoles não são apenas subúrbios mais povoados. Diferem das cidades pequenas e dos subúrbios em aspectos fundamentais, e um deles é que as cidades grandes estão, por definição, cheias de desconhecidos. Qualquer pessoa sente que os desconhecidos são muito mais presentes nas cidades grandes que os conhecidos – mais presentes não apenas nos locais de concentração popular, mas diante de qualquer casa. Mesmo morando próximas umas das outras, as pessoas são desconhecidas, e não poderiam deixar de ser, devido ao enorme número de pessoas numa área geográfica pequena.

O principal atributo de um distrito urbano próspero é que as pessoas se sintam seguras e protegidas na rua em meio a tantos desconhecidos. Não devem se sentir ameaçadas por eles de antemão. O distrito que falha nesse aspecto também fracassa em outros e passa a criar para si mesmo, e para a cidade como um todo, um monte de problemas.

A barbárie hoje tomou conta de várias ruas, ou as pessoas sentem dessa maneira, o que dá no mesmo. "Eu moro num bairro residencial maravilhoso, tranquilo", me diz um amigo que está procurando outro local para morar. "O único barulho desagradável durante a noite, de vez em quando, são os gritos de alguém sendo assaltado." Não é preciso haver muitos casos de violência numa rua ou num distrito para que as pessoas temam as ruas. E, quando temem as ruas, as pessoas as usam menos, o que torna as ruas ainda mais inseguras.

Para se sentirem seguras, algumas pessoas criam fantasmas na cabeça e nunca se sentirão seguras independentemente das circunstâncias reais. Mas essa é uma questão diferente do medo que persegue as pessoas normalmente prudentes, tolerantes e alegres, que demonstram nada mais do que o bom-senso de evitar, depois de escurecer – ou, certos lugares, de dia –, ruas onde possam ser assaltadas, sem que ninguém as veja ou socorra.

A violência e a insegurança real, não a imaginária, que desencadeiam tais medos não podem ser rotuladas como um problema característico dos cortiços. O problema é mais sério, na verdade, em "bairros residenciais tranquilos" que parecem distintos, como aquele que meu amigo estava deixando.

Não pode ser rotulado como um problema das áreas mais antigas das cidades. O problema atinge dimensões alarmantes em certas áreas da cidade que foram reurbanizadas, incluindo supostamente os melhores exemplos de reurbanização, como os conjuntos habitacionais de renda média. O chefe do distrito policial de um empreendimento desse tipo, elogiado em todo o país (pelos urbanistas e pelos financiadores) não só censurou recentemente alguns moradores por ficarem fora de casa depois do anoitecer, como também recomendou que nunca abrissem a porta para desconhecidos. A vida nesse caso tem muito em comum com a dos três porquinhos e a dos sete anões das histórias infantis. O problema da insegurança nas ruas e na porta de casa é tão sério em cidades que empreenderam iniciativas de revitalização conscientes quanto naquelas que ficaram para trás. E também não resolve nada atribuir a grupos minoritários, aos pobres ou aos marginalizados a responsabilidade pelos perigos urbanos. Há variações enormes no nível de civilidade e de segurança entre tais grupos e entre as zonas urbanas onde eles vivem. Algumas das ruas mais seguras de Nova York, por exemplo, a qualquer hora do dia ou da noite, são as habitadas pelos pobres e pelas minorias. E algumas das mais perigosas são aquelas ocupadas pelos mesmos tipos de pessoas. O mesmo pode ser dito de outras cidades.

Há males sociais profundos e complexos por trás da delinquência e da criminalidade, tanto nos subúrbios e nas cidades de pequeno porte quanto nas metrópoles. Este livro não irá explorar as razões profundas da questão. É suficiente, por enquanto, dizer que, se pretendemos preservar uma sociedade urbana capaz de diagnosticar problemas sociais profundos e mantê-los sob controle, o ponto de partida deve ser, em qualquer circunstância, encorajar as forças viáveis para a preservação da segurança e da civilização – nas cidades que temos. Construir distritos onde comumente são praticados crimes banais é idiotice. Ainda assim, é isso o que fazemos.

A primeira coisa que deve ficar clara é que a ordem pública – a paz nas calçadas e nas ruas – não é mantida basicamente pela polícia, sem com isso negar sua necessidade. É mantida fundamentalmente pela rede intrincada, quase inconsciente, de controles e padrões de comportamento espontâneos presentes em meio ao próprio povo e por ele aplicados. Em certas áreas urbanas – conjuntos habitacionais mais antigos e ruas com grande rotatividade populacional são exemplos sempre famosos –, a manutenção da lei e da ordem pública fica quase inteiramente a cargo da polícia e de guardas particulares. Esses locais são selvagens. Força policial alguma consegue manter a civilidade onde o cumprimento normal e corriqueiro da lei foi rompido.

A segunda coisa que se deve entender é que o problema da insegurança não pode ser solucionado por meio da dispersão das pessoas, trocando as características das cidades pelas características dos subúrbios. Se isso solucionasse o problema do perigo nas ruas, Los Angeles deveria ser uma cidade segura, porque superficialmente é quase um subúrbio. Ela praticamente não tem distritos concentrados o suficiente para serem considerados zonas de alta densidade. Mesmo assim, da mesma forma que qualquer outra cidade grande, Los Angeles não pode furtar-se à verdade de que, como cidade, *é* composta de desconhecidos, e nem todos eles são confiáveis. Os índices de criminalidade de Los Angeles são assustadores. Situada entre as dezessete áreas metropolitanas com população acima de um milhão de pessoas, Los Angeles destaca-se de tal maneira no que se refere à criminalidade, que constitui uma categoria à parte. E isso diz respeito especialmente a crimes contra a pessoa, o tipo de crime que leva a população a temer as ruas.

Los Angeles tem, por exemplo, um índice funesto de estupros de 31,9 por 100 mil habitantes (dados de 1958), mais que o dobro do índice das cidades seguintes, que são St. Louis e Filadélfia; três vezes o índice de 10,1 de Chicago, e mais de quatro vezes o índice de 7,4 de Nova York.

Em assaltos à mão armada, Los Angeles detém um índice de 185, comparado com 149,5 de Baltimore e 139,2 de St. Louis (as cidades seguintes com taxas altas) e com 90,9 de Nova York e 79 de Chicago.

O índice total de crimes graves em Los Angeles é de 2.507,6 por 100 mil habitantes, muito à frente de St. Louis e Houston, que vêm a seguir com 1.634,5 e 1.541,1, e Nova York e Chicago, com índices de 1.145,3 e 943,5.

Os motivos dos altos índices de criminalidade de Los Angeles são sem dúvida complexos e, ao menos em parte, desconhecidos. De uma coisa podemos ter certeza: reduzir o adensamento de uma cidade não garante a segurança contra o crime nem previne o temor ao crime. Essa é uma das conclusões a que se pode chegar também em cidades menores, onde os pseudossubúrbios ou os subúrbios de aposentados são o cenário ideal para estupros, roubos, espancamentos, assaltos à mão armada e similares.

Estamos aqui diante de uma questão sumamente importante a respeito de qualquer rua: que oportunidades ela oferece para o crime? Pode ser que haja uma latência de criminalidade em toda cidade que encontrará alguma válvula de escape (não acredito nisso). Seja como for, ruas de tipos diferentes encerram modalidades diferentes de violência e medo da violência.

Certas vias públicas não dão oportunidade alguma à violência urbana. As ruas do North End de Boston são exemplos patentes. Nesse aspecto, nelas talvez haja tanta segurança quanto em qualquer lugar da Terra. Embora a maioria dos moradores do North End sejam italianos e descendentes de italianos, as ruas desse distrito são constantemente usadas por um grande número de pessoas de todas as raças e ascendências. Alguns dos desconhecidos trabalham no distrito ou próximo dele; outros vão lá a passeio ou para fazer compras; muitos, inclusive integrantes de minorias que herdaram os distritos perigosos deixados por outras pessoas, fazem questão de descontar o cheque do salário em lojas do North End e em seguida fazer as grandes compras semanais em ruas onde sabem que seu dinheiro não será mal-empregado.

Frank Havey, diretor da União do North End, associação comunitária local, afirma: "Moro no North End há 28 anos, e em todo esse tempo não ouvi falar de um só caso de estupro, roubo, abuso de criança ou outro crime urbano desse tipo. Se tivesse havido algum, eu teria sabido mesmo que os jornais não tivessem publicado." Meia dúzia de vezes, nas três últimas décadas, diz Havey, supostos molestadores tentaram seduzir uma criança ou, altas horas da noite, atacar uma mulher. Em todos os casos, a tentativa foi frustrada por transeuntes, pessoas nas janelas e comerciantes.

Ao mesmo tempo, na região da Avenida Elm Hill, em Roxbury, bairro da zona urbana de Boston que superficialmente parece um subúrbio, os assaltos nas ruas e a constante possibilidade de outros assaltos, sem ninguém que defenda as vítimas, induziram as pessoas prudentes a não andar de noite nas ruas. Por esses e outros motivos correlatos (desalento e monotonia), não é de surpreender que a maior parte de Roxbury se tenha degradado. Tornou-se um lugar para não morar.

Não tenho intenção de particularizar Roxbury ou a outrora distinta região da Avenida Elm Hill como locais especialmente vulneráveis. Suas deficiências, e principalmente sua Grande Praga da Monotonia, são bastante comuns também em outras cidades. Porém, são dignas de nota as diferenças de segurança da população numa mesma cidade, como as citadas. Os problemas fundamentais da região da Avenida Elm Hill não se devem a uma população com tendências criminosas, discriminada ou depauperada. Seus problemas provêm do fato de ela não ter condições físicas de funcionar com a segurança e a consequente vitalidade de um distrito urbano.

Existem diferenças drásticas na segurança da população até mesmo em áreas supostamente parecidas de lugares supostamente parecidos. Um incidente ocorrido nas Washington Houses, conjunto habitacional de Nova York, ilustra essa situação. Um grupo de moradores do conjunto, na tentativa de marcar presença, promoveu comemorações em meados de dezembro de 1958 e ergueu três árvores de Natal. A árvore maior, muito pesada e difícil de transportar, plantar e enfeitar, ficou numa "rua" dentro do conjunto: uma calçada e uma esplanada central ajardinada. As outras duas árvores, cada uma com menos de dois metros de altura, ambas fáceis de transportar, foram plantadas em canteiros num canto extremo do terreno do conjunto, por onde passam uma avenida movimentada e ruas agitadas da cidade tradicional. Na primeira noite, a árvore maior e toda a sua ornamentação foram roubadas. As duas árvores menores ficaram intactas, com as luzes, os enfeites e tudo o mais, até que foram retiradas no ano-novo. "O local de onde a árvore foi roubada, *teoricamente* o mais seguro e protegido de todo o conjunto, é o mesmo lugar em que as pessoas não têm segurança, especialmente as crianças", diz uma assistente social que atendia o grupo de moradores. "Naquela esplanada, as pessoas não têm mais segurança do que a árvore de Natal. Por outro lado, o local onde as outras árvores ficaram intactas, que vem a ser uma das quatro esquinas do conjunto, mostra-se o mais seguro para as pessoas."

É uma coisa que todos já sabem: uma rua movimentada consegue garantir a segurança; uma rua deserta, não. Mas como é que isso ocorre, na verdade? E o que faz uma rua ser movimentada ou evitada? Por que se evita a esplanada das Washington Houses, que deveria ser uma atração? Por que as calçadas da cidade tradicional, logo na face oeste do conjunto, não são evitadas? E por que certas ruas são movimentadas num período do dia e de repente se esvaziam?

Uma rua com infraestrutura para receber desconhecidos e ter a segurança como um trunfo devido à presença deles – como as ruas dos bairros prósperos – precisa ter três características principais:

Primeira, deve ser nítida a separação entre o espaço público e o espaço privado. O espaço público e o privado não podem misturar-se, como normalmente ocorre em subúrbios ou em conjuntos habitacionais.

Segunda, devem existir olhos para a rua, os olhos daqueles que podemos chamar de proprietários naturais da rua. Os edifícios de uma rua preparada para receber estranhos e garantir a segurança tanto deles quanto dos moradores devem estar voltados para a rua. Eles não podem estar com os fundos ou um lado morto para a rua e deixá-la cega.

E terceira, a calçada deve ter usuários transitando ininterruptamente, tanto para aumentar na rua o número de olhos atentos quanto para induzir um número suficiente de pessoas de dentro dos edifícios da rua a observar as calçadas. Ninguém gosta de ficar na soleira de uma casa ou na janela olhando uma rua vazia. Quase ninguém faz isso. Há muita gente que gosta de entreter-se, de quando em quando, olhando o movimento da rua.

Em assentamentos urbanos de pequeno porte, mais simples do que as metrópoles, o controle sobre o comportamento aceitável em público, quando não sobre a criminalidade, parece funcionar com mais ou menos êxito por meio de um emaranhado de condutas, comentários, aprovação, desaprovação e sanções – todos aspectos importantes quando as pessoas se conhecem e as notícias correm de boca em boca. Contudo, as ruas da cidade, que precisam controlar não só o comportamento dos habitantes, mas também o de visitantes dos subúrbios ou de cidades de pequeno porte que queiram aproveitar-se porque estão distantes dos comentários e das repreensões do local onde residem, devem atuar com métodos mais diretos e objetivos. É estranho que as cidades tenham conseguido solucionar por completo um problema tão difícil. Mesmo assim, em várias ruas elas dão conta dele magnificamente.

É inútil tentar esquivar-se da questão da insegurança urbana tentando tornar mais seguros outros elementos da localidade, como pátios internos ou áreas de recreação cercadas. Por definição, mais uma vez, as ruas da cidade devem ocupar-se de boa parte da incumbência de lidar com desconhecidos, já que é por elas que eles transitam. As ruas devem não apenas resguardar a cidade de estranhos que depredam: devem também proteger os inúmeros desconhecidos pacíficos e bem-intencionados que as utilizam, garantindo também a segurança deles. Além do mais, nenhuma pessoa normal pode passar a vida numa redoma, e aí se incluem as crianças. Todos precisam usar as ruas.

Por alto, parece que temos algumas metas simples: tentar dar segurança às ruas em que o espaço público seja inequivocamente público, fisicamente distinto do espaço privado e daquilo que nem espaço é, de modo que a área que necessita de vigilância tenha limites claros e praticáveis; e assegurar que haja olhos atentos voltados para esses espaços públicos da rua o maior tempo possível.

Todavia, não é tão simples atingir essas metas, especialmente a última. Não se podem forçar as pessoas a utilizar as ruas sem motivo. Não se podem forçar as pessoas a vigiar ruas que não querem vigiar. Pode parecer inconveniente manter a segurança das ruas com a vigilância e o policiamento mútuos, mas na realidade não é. A segurança das ruas é mais eficaz, mais informal e envolve menos traços de hostilidade e desconfiança exatamente quando as pessoas as utilizam e usufruem espontaneamente e estão menos conscientes, de maneira geral, de que estão policiando.

O requisito básico da vigilância é um número substancial de estabelecimentos e outros locais públicos dispostos ao longo das calçadas do distrito; deve haver entre eles sobretudo estabelecimentos e espaços públicos que sejam utilizados de noite. Lojas, bares e restaurantes, os exemplos principais, atuam de forma bem variada e complexa para aumentar a segurança nas calçadas.

Em primeiro lugar, dão às pessoas – tanto moradores quanto estranhos – motivos concretos para utilizar as calçadas onde esses estabelecimentos existem.

Em segundo lugar, fazem com que as pessoas percorram as calçadas, passando por locais que, em si, não têm interesse para uso público, mas se tornam frequentados e cheios de gente por serem caminho para outro lugar. Essa influência não vai muito longe geograficamente; portanto, devem existir muitos estabelecimentos comerciais no distrito para preencher com pedestres os trechos da rua que não dispõem de espaços públicos ao longo das calçadas. Deve haver, além do mais, um comércio bem variado, para levar as pessoas a circular por todo o local.

Em terceiro lugar, os próprios lojistas e outros pequenos comerciantes costumam incentivar a tranquilidade e a ordem; detestam vidraças quebradas e roubos; detestam que os clientes fiquem preocupados com a segurança. Se estiverem em bom número, são ótimos vigilantes das ruas e guardiões das calçadas.

Em quarto lugar, a movimentação de pessoas a trabalho ou que procuram um lugar para comer e beber constitui em si um atrativo para mais pessoas.

Este último item, de que a presença de pessoas atrai outras pessoas, é uma coisa que os planejadores e projetistas têm dificuldade em compreender. Eles partem do princípio de que os habitantes das cidades preferem contemplar o vazio, a ordem e o sossego palpáveis. O equívoco não poderia ser maior. O prazer das pessoas de ver o movimento e outras pessoas é evidente em todas as cidades. Esse hábito chega a um extremo quase absurdo na alta Broadway, em Nova York, onde a avenida é dividida por uma estreita ilha central, bem no meio do tráfego. Nas esquinas das ruas transversais a essa ilha, que fica no sentido norte–sul, foram colocados bancos atrás de enormes defensas de concreto, e em qualquer dia, mesmo quando o clima beira o insuportável, esses bancos enchem-se de pessoas em todas as quadras, que ficam olhando os pedestres que atravessam a avenida diante delas, olhando o tráfego, olhando as pessoas nas calçadas repletas, olhando-se umas às outras. Pela Broadway se alcança a Universidade de Colúmbia e o Barnard College – um à direita, outro à esquerda. Aí, tudo transpira a ordem e a serenidade palpáveis. Já não há estabelecimentos comerciais, já não há o movimento gerado por eles, quase nenhum pedestre de passagem – e nenhum espectador. Há bancos, mas ficam vazios, mesmo com tempo bom. Sentei-me neles e entendi por quê. Não existe lugar mais entediante. Até os estudantes dessas instituições fogem da solidão. Eles matam o tempo ao ar livre, fazem a lição de casa ao ar livre e acompanham o movimento sentados nas escadarias que se voltam para a via mais movimentada do *campus*.

A mesma coisa acontece nas vias públicas de qualquer lugar. Uma rua viva sempre tem tanto usuários quanto meros espectadores. No ano passado estive numa rua dessas, no Lower East Side de Manhattan, esperando um ônibus. Não fiquei lá mais que um minuto, pouco tempo para começar a perceber a movimentação de transeuntes, crianças brincando e desocupados sentados diante de casa, quando minha atenção foi atraída por uma mulher que abriu a janela do terceiro andar de um prédio do outro lado da rua e gritou um "Ei!" bem alto para mim. Quando percebi que era comigo e respondi, ela berrou de volta: "O ônibus não passa aqui aos sábados!" Depois, com uma mistura de gritos e mímica, me mandou virar a esquina. Essa mulher era uma de milhares e milhares de pessoas em Nova York que tomam conta das ruas, sem compromisso. Elas notam os desconhecidos. Elas observam tudo o que acontece. Se precisarem intervir, seja para orientar um estranho esperando no lugar errado, seja para chamar a polícia, elas intervêm. Sem dúvida, a intervenção sempre requer certa autoconfiança, por parte de quem age, sobre sua convicção como coproprietário da rua e sobre o auxílio que terá em caso de necessidade – assuntos presentes no final deste livro. No entanto, ainda mais fundamental do que a intervenção e imprescindível a ela é a própria vigilância.

Nem todo o mundo nas cidades ajuda a tomar conta das ruas, e muitos moradores ou trabalhadores não têm consciência do motivo pelo qual seu bairro é seguro. Outro dia ocorreu um incidente na rua onde moro que me interessou justamente por isso.

Minha quadra, é bom explicar, é pequena, mas possui extraordinária diversidade de construções, variando de prédios de apartamentos de diferentes épocas a casas de três ou quatro pavimentos convertidas em apartamentos de baixa renda, com estabelecimentos comerciais no térreo, ou utilizadas por apenas uma família, como a nossa. Do outro lado da rua havia prédios de apartamentos de quatro andares, de tijolos aparentes, com comércio no térreo. Há doze anos, contudo, vários prédios, da esquina até a metade da quadra, foram transformados num único edifício, com pequenos apartamentos de alta renda, equipados com elevador.

O incidente que me chamou a atenção foi uma discussão abafada entre um homem e uma menina de oito ou nove anos de idade. Aparentemente, o homem tentava convencer a menina a ir com ele. Por vezes, era todo lisonjeiro com ela, às vezes demonstrava indiferença. A menina tinha ficado dura contra o muro de um dos prédios de apartamentos do outro lado da rua, como as crianças fazem ao resistir.

Enquanto eu observava da janela do nosso segundo andar, tentando imaginar como intervir se precisasse, percebi que não seria necessário. Do açougue de baixo do prédio, saiu a mulher que cuida do estabelecimento com o marido; ficou parada a curta distância do homem, com os braços cruzados e expressão muito decidida. Joe Cornacchia, que cuida da confeitaria com seus genros, saiu quase ao mesmo tempo e ficou firme, do outro lado. Várias cabeças despontaram nas janelas mais altas do prédio; uma delas saiu rápido da janela, e essa mesma pessoa reapareceu um momento depois na porta, atrás do homem. Dois homens do bar vizinho ao açougue vieram à porta e ficaram olhando. Do meu lado da rua, vi que o chaveiro, o quitandeiro e o dono da lavanderia tinham saído de seus estabelecimentos e que a cena também era acompanhada de várias janelas vizinhas à nossa. O homem não percebera, mas estava cercado. Ninguém ia permitir que uma garotinha fosse levada, ainda que ninguém soubesse quem era ela.

Sinto muito – digo isso só como força de expressão – ter de contar que a menina era filha daquele homem.

Enquanto durou esse pequeno drama, talvez uns cinco minutos, ninguém apareceu nas janelas do prédio de apartamentos de alta renda. Foi o único prédio em que isso aconteceu. Quando mudamos para esse quarteirão tinha grandes esperanças de que logo todos os prédios fossem revitalizados como aquele. Hoje tenho outra opinião, e só posso encarar com tristeza e mau pressentimento a notícia recente de que todo o resto da quadra vizinha ao prédio de alta renda sofrerá exatamente a mesma transformação. Os inquilinos de alta renda, a maioria dos quais é tão passageira que nem conseguimos guardar sua fisionomia[1], não têm a menor ideia de quem toma conta da rua nem de como isso é feito. Um bairro como o nosso consegue atrair e proteger grande quantidade dessas aves migratórias. Mas, se e quando o bairro for *igual* a esses moradores, eles acharão as ruas cada vez me-

1. Segundo os comerciantes, alguns deles vivem a pão e água e passam o tempo inteiro procurando um lugar para morar em que não gastem toda a renda no aluguel.

nos seguras, sentirão um mal-estar indefinido e, se as coisas ficarem muito feias, migrarão para outro bairro que seja inexplicavelmente mais seguro.

Em alguns bairros ricos, onde existe pouca vigilância do tipo faça-você-mesmo, como a parte residencial da Park Avenue ou o trecho de cima da Quinta Avenida, em Nova York, são contratados vigilantes de rua. As calçadas monótonas do trecho residencial da Park Avenue, por exemplo, são incrivelmente pouco utilizadas; seus supostos usuários lotam as atraentes calçadas cheias de lojas, bares e restaurantes das avenidas Lexington e Madison, a leste e a oeste, e as travessas que levam a elas. Uma profusão de porteiros e zeladores, entregadores e babás, numa espécie de rede de vizinhança, mantém a faixa residencial da Park Avenue bem provida de olhos. De noite, com a proteção dos porteiros servindo de barricada, as pessoas saem em segurança com seu cachorro e complementam a função dos porteiros. Mas essa rua é tão desprovida de olhos próprios, tão destituída de motivos concretos para ser utilizada e observada, em vez de se dobrar a primeira esquina para ir embora, que, se seus aluguéis caíssem a ponto de não mais ser possível sustentar essa rede de porteiros e ascensoristas, ela sem dúvida se tornaria uma rua lamentavelmente perigosa.

Desde que a rua esteja bem preparada para lidar com estranhos, desde que possua uma demarcação boa e eficaz de áreas privadas e públicas e um suprimento básico de atividades e olhos, quanto mais estranhos houver, mais divertida ela será.

Os estranhos são um trunfo enorme na rua onde moro, sem contar a consequente motivação, principalmente de noite, quando a segurança é mais necessária. Temos muita sorte de existir em nossa rua um bar frequentado por moradores e outro, virando a esquina, além de um bar famoso que atrai uma freguesia constante de estranhos dos bairros vizinhos e até de fora da cidade. Ele é famoso porque o poeta Dylan Thomas costumava frequentá-lo e o citou em sua obra. Esse bar, aliás, tem dois turnos distintos. De manhã e no começo da tarde é, como sempre foi, um ponto de encontro dos estivadores da antiga colônia irlandesa e de outros trabalhadores da região. Mas, a partir do meio da tarde, o bar ganha uma vida diferente, que faz lembrar uma mistura de bate-papo de universitários regado a cerveja com coquetel literário, e isso vai até o começo da madrugada. Numa noite fria de inverno, quando se passa pelo White Horse e as portas se abrem, somos atingidos por uma onda compacta de conversas e risadas, muito acolhedor. O entra e sai desse bar contribui em muito para manter nossa rua razoavelmente movimentada até as três da manhã, e não há perigo em voltar tarde para casa. Que eu saiba, a única vez que ocorreu uma briga na nossa rua foi no período entre o fechamento do bar e a aurora. A briga foi interrompida por um de nossos vizinhos, que a viu pela janela e interveio, inconscientemente convencido de integrar a sólida rede da lei e da ordem urbana.

Tenho um amigo que mora numa rua afastada do centro, onde uma congregação de jovens e uma associação comunitária que promovem bailes noturnos e outras atividades atuam da mesma forma que o White Horse na nossa rua. O planejamento urbano ortodoxo está muito imbuído de concepções puritanas e utópicas acerca de como as pessoas devem gastar seu tempo livre, e, na área do planejamento, esse moralismo sobre a vida pessoal confunde-se com os conceitos referentes ao funcionamento das cidades. O bar White Horse e a congregação de jovens mantida pela igreja, tão diferentes como sem dúvida são, prestam quase o mesmo serviço na manutenção da civilidade nas ruas. As cidades não apenas têm espaço para essas diferenças e outras mais em relação a gostos, propósitos e ocupações; também precisam de pessoas com todas essas diferenças de gostos e propensões. As preferências dos utopistas – e de outros gestores compulsivos do lazer de terceiros – por um tipo de empreendimento justo em detrimento de outros são mais do que absurdas. São daninhas. Quanto maior e mais diversificado o leque de interesses legítimos (no estrito sentido legal) que a cidade e as empresas possam satisfazer, melhor para as ruas, para a segurança e para a civilidade das cidades.

Os bares e, na verdade, todo o comércio, são malvistos em vários bairros precisamente porque atraem estranhos, e estes de forma alguma são encarados como uma vantagem.

Essa triste circunstância aplica-se especialmente aos bolsões apagados e desvitalizados das metrópoles e às áreas residenciais internas outrora atraentes, ou ao menos sólidas, que entraram em decadência. Como esses bairros são perigosos, e as ruas caracteristicamente tão escuras, costuma-se acreditar que o problema se deva à falta de iluminação. A boa iluminação é importante, mas não se pode atribuir apenas à escuridão a enfermidade grave e funcional das áreas apagadas, a Grande Praga da Monotonia.

O valor da iluminação forte nas ruas de áreas apagadas e desvitalizadas vem do reconforto que ela proporciona às pessoas que precisam andar nas calçadas, ou gostariam de andar, as quais não o fariam se não houvesse boa iluminação. Assim, as luzes induzem essas pessoas a contribuir com seus olhos para a manutenção da rua. Além do mais, como é óbvio, a boa iluminação amplia cada par de olhos – faz com que os olhos valham mais porque seu alcance é maior. Cada par de olhos a mais e qualquer aumento em seu alcance representam um trunfo para as áreas apagadas e desvitalizadas. Porém, as luzes não têm efeito algum se não houver olhos e não existir no cérebro por trás dos olhos a quase inconsciente reconfirmação do apoio geral na rua para a preservação da civilidade. Quando não há olhos atentos, podem ocorrer crimes horrorosos em público, e ocorrem, nas bem iluminadas estações do metrô. Quase nunca ocorrem crimes em salas de espetáculos escuras, onde muitas pessoas e muitos olhos estão presentes. As luzes da rua podem ser comparadas àquela famosa pedra que cai num deserto onde não há ouvidos para ouvi-la. Será que faz barulho? Sem olhos atentos para enxergar, a luz ilumina? Para fins práticos, não.

Para explicar o efeito perturbador dos estranhos nas ruas de áreas urbanas apagadas, destacarei primeiro, como analogia, as peculiaridades de outra espécie típica de rua – os corredores dos conjuntos habitacionais em prédios de apartamentos, aqueles derivados da Ville Radieuse. Em certo sentido, os elevadores e os corredores desses conjuntos são ruas. São ruas empilhadas em direção ao céu, de forma que sejam eliminadas as ruas no chão, e do chão se façam parques desérticos, como a esplanada das Washington Houses de onde roubaram a árvore de Natal.

Essas áreas internas dos edifícios não só são ruas no sentido de que servem à circulação dos moradores, a maioria dos quais não deve conhecer os vizinhos nem saber quem é ou não morador do prédio. São ruas também no sentido de serem acessíveis ao público. Foram projetadas como uma imitação dos prédios de apartamentos de alto padrão sem o dinheiro correspondente para custear porteiros e ascensoristas. Qualquer um pode entrar nesses edifícios sem se identificar e usar a rua móvel, que é o elevador, e as calçadas, que são os corredores. Essas ruas internas, embora inteiramente acessíveis ao uso público, são fechadas à vista das pessoas, carecendo, portanto, da vigilância e da inibição exercidas pelos olhos que policiam as ruas.

Menos incomodado, tanto quanto eu possa depreender, com os perigos amplamente comprovados que os seres humanos correm nessas ruas cegas do que com o vandalismo contra a propriedade que nelas ocorre, o Departamento de Habitação da Cidade de Nova York fez uma experiência há alguns anos com corredores abertos à visão do público, num projeto do Brooklyn que chamarei de Blenheim Houses, embora o nome não seja esse. (Não quero aumentar seus problemas, identificando-os.)

Como os edifícios das Blenheim Houses possuem dezesseis andares e sua altura cria uma extensão generosa de áreas no solo que são evitadas, a vigilância dos corredores abertos, a partir do chão ou de outros edifícios, tem pouco mais que um efeito psicológico, embora esse devassamento psicológico aparentemente tenha alguma eficácia. Mais importantes e eficazes, os corredores foram todos projetados para induzir a vigilância de dentro dos próprios edifícios. Ganharam outros usos além da circulação. Foram feitos para servir de área de recreação e construídos com espaço suficiente para funcionar como pequenos pátios, assim como vias de passagem. Isso tudo teve um efeito tão instigante e interessante que os inquilinos lhes deram outra utilidade, de longe a favorita: área de piquenique – isso a despeito das frequentes queixas e ameaças da administradora, que não havia *planejado* a utilização dos corredores-saguões como área de piquenique. (Esperava-se que o planejamento previsse tudo e não se permitissem alterações.) Os inquilinos adoram os corredores-

-saguões; e, por serem intensamente utilizados, permanecem sob intensa vigilância. Não houve nenhuma ocorrência grave nesses corredores especificamente, nem vandalismo. Nem sequer as lâmpadas são roubadas ou quebradas, ainda que em condomínios de tamanho similar, com corredores cegos, a troca de lâmpadas em consequência apenas de roubos e vandalismo costume atingir por mês a casa dos milhares.

Até aqui tudo bem. Trata-se de uma comprovação surpreendente da correlação direta entre vigilância e segurança urbana!

Entretanto, as Blenheim Houses têm um problema alarmante de vandalismo e conduta inconveniente. Os saguões iluminados, que são, como diz o síndico, "a paisagem mais resplandecente e mais atraente para os olhos", atraem estranhos, especialmente adolescentes, de todo o Brooklyn. E esses estranhos, atraídos pelo magnetismo dos corredores visíveis ao público, não ficam nesses corredores devassados. Eles vão para outras "ruas" dos edifícios, às quais falta vigilância. Entre elas estão os elevadores e, mais importante nesse caso, as escadas de incêndio e seus patamares. A guarda do condomínio corre para cima e para baixo atrás dos desordeiros – que se comportam de modo bárbaro, perverso, na escadaria cega de dezesseis andares –, e eles a despistam. É fácil levar os elevadores para um andar alto, obstruir as portas de modo que eles não possam descer e depois fazer o diabo com o prédio e com qualquer pessoa que apareça. O problema é tão sério e aparentemente tão incontrolável, que a prioridade dos corredores seguros mantém-se de pé – pelo menos aos olhos atormentados do síndico.

O que acontece nas Blenheim Houses é meio parecido com o que acontece nas áreas apagadas e desvitalizadas das cidades. Nessas áreas, as manchas de luz e vida lamentavelmente escassas e esparsas são como os corredores devassados das Blenheim Houses. Também atraem estranhos. Mas as ruas cegas relativamente desertas e sombrias que saem desses lugares são como as escadas de incêndio das Blenheim Houses. Não estão preparadas para lidar com estranhos, e a presença deles é uma ameaça automática.

Em tais casos, a tentação é culpar as galerias – ou o comércio ou os bares que funcionam como ímãs. Esse raciocínio típico tem como exemplo o projeto de reforma do Hyde Park-Kenwood, em Chicago. Esse trecho cinzento, vizinho à Universidade de Chicago, possui várias casas e terrenos esplêndidos, mas durante trinta anos foi assolado por um problema assustador de criminalidade nas ruas, acompanhado nos últimos anos por uma decadência física considerável. A "causa" do declínio de Hyde Park-Kenwood foi brilhantemente identificada pelos planejadores herdeiros dos médicos flebotomistas como a existência de uma "praga". Praga, para eles, significa que muitos professores universitários e outras famílias de classe média debandaram em grande número dessa área desvitalizada e perigosa, e suas moradias foram quase sempre ocupadas, como era de esperar, por pessoas com pouca opção econômica ou social de moradia. O plano identifica e extingue esses nichos infestados e os substitui por nichos de Cidade-Jardim Radieuse, projetados, como sempre, para reduzir ao mínimo o uso das ruas. O projeto também acrescenta outros espaços vazios aqui e ali, apaga ainda mais a distinção, já pobre no distrito, entre espaço privado e público e elimina o comércio existente, que não é lá grande coisa. Os primeiros planos dessa reforma incluíam uma cópia relativamente ampliada de um *shopping center* de subúrbio. Mas essa ideia provocou uma vaga consciência de realidade e um lampejo de apreensão no processo de planejamento. Um núcleo comercial amplo, maior que o necessário para os hábitos de consumo dos moradores do próprio distrito revitalizado, "poderia atrair pessoas de fora para o local", como afirmou um dos arquitetos. Então se decidiu por um *shopping center* pequeno. Grande ou pequeno, pouco importa.

Pouco importa porque Hyde Park-Kenwood, como qualquer distrito urbano, é, na realidade, circundado por pessoas "de fora". Essa área está incrustada em Chicago. Não pode negar sua localização. Não pode recuperar sua antiga condição de semissubúrbio, há muito extinta. Um planejamento que ignore isso e desconsidere as profundas deficiências funcionais do local só pode provocar uma de duas consequências.

Primeira, as pessoas de fora continuarão a frequentar o local quando quiserem e, sendo assim, haverá entre elas estranhos que não são nem um pouco bem-comportados. Quanto à segurança, nada terá mudado, a não ser que talvez haja mais oportunidades para cometer delitos nas ruas, em virtude da ampliação dos vazios. Ou, segunda consequência, o plano pode conter medidas rígidas e insólitas para manter as pessoas de fora afastadas do local, como fez a Universidade de Chicago, instituição que foi fonte de inspiração para a consecução do plano, que tomou a medida insólita, conforme anunciou a imprensa, de soltar cães policiais todas as noites para patrulhar o *campus* e intimidar qualquer ser humano que entre nessa perigosa cidadela inurbana. Sem dúvida as barreiras formadas por novos conjuntos residenciais no perímetro de Hyde Park-Kenwood, mais o policiamento insólito, atingem plenamente o objetivo de manter afastadas as pessoas de fora. O preço disso será a hostilidade da cidade ao redor e uma sensação ainda maior de prisão dentro da fortaleza. E quem pode garantir que todos os milhares que por direito estão dentro do forte sejam confiáveis no escuro?

Repito, não é minha intenção definir como condenável a utilização de uma área ou, neste caso, um plano. Hyde Park-Kenwood é significativo principalmente porque o diagnóstico e as medidas corretivas do plano são típicas – apenas ligeiramente mais ambiciosas – de planos concebidos como experimentos de revitalização de áreas apagadas em cidades de todo o país. Trata-se do Planejamento Urbano que carrega todas as marcas da ortodoxia, e não de uma aberração da arbitrariedade local.

Suponhamos que continuemos a construir cidades inseguras e a reurbanizá-las deliberadamente. Como conviveremos com essa insegurança? Pelas evidências que temos até hoje, parece haver três maneiras de conviver com ela; talvez com o tempo sejam inventadas outras, mas suspeito de que estas três venham a ser apenas aperfeiçoadas, se é que tal termo se aplica.

A primeira maneira é deixar o perigo reinar absoluto e deixar que os infelizes que defrontarem com ele sofram as consequências. Essa é a política adotada atualmente com relação aos conjuntos habitacionais de baixa renda e vários outros, de renda média.

A segunda maneira é refugiar-se em veículos. Esse recurso é utilizado nas grandes reservas de animais selvagens da África, nas quais os turistas são advertidos a não sair do carro em hipótese alguma até que cheguem ao alojamento. Essa prática é também empregada em Los Angeles. Os visitantes dessa cidade não se cansam de contar, surpresos, que a polícia de Beverly Hills os parou, pediu que justificassem por que estavam a pé e os advertiu do perigo. Esse recurso de segurança do público parece ainda não funcionar bem em Los Angeles, como demonstram os índices de criminalidade, mas talvez, com o tempo, venha a funcionar. Imaginem quais não seriam as taxas de criminalidade se pessoas sem carapaças metálicas se expusessem na vasta e desguarnecida reserva de Los Angeles.

As pessoas que se encontram em locais perigosos de outras cidades também costumam utilizar automóveis como proteção, é claro, ou pelo menos tentam. Uma carta endereçada ao editor do *New York Post* diz: "Moro numa rua escura, travessa da Avenida Utica, no Brooklyn, e por isso decidi tomar um táxi para chegar à minha casa, embora não fosse tarde. O motorista pediu que eu descesse na esquina da Utica, dizendo que não queria entrar na rua escura. E eu precisaria dele se quisesse andar por uma rua escura?"

A terceira maneira, que já mencionei ao abordar o Hyde Park-Kenwood, foi criada por bandos de arruaceiros e abertamente adotada pelos criadores da cidade reurbanizada. Essa modalidade consiste em cultivar a instituição do Território.

Segundo a modalidade tradicional do sistema do Território, uma gangue apropria-se de certas ruas e conjuntos habitacionais ou parques – geralmente uma combinação dos três. Os integrantes de outras gangues não podem entrar nesse Território sem a permissão de seus proprietários, e se o fizerem correm o risco de ser espancados ou enxotados. Em 1956, o Conselho Juvenil da cidade de Nova York, desesperado com a guerra de gangues, obteve, por meio de seus funcionários, uma série de tréguas entre os grupos rivais. Diz-se que as tréguas estipulavam, entre outras condições, o reconhecimento mútuo das gangues a respeito das fronteiras do Território e um acordo de respeitá-las.

O comissário de polícia, Stephen P. Kennedy, declarou-se logo em seguida ultrajado com os acordos sobre os territórios. A polícia, disse ele, procurava garantir o direito de qualquer pessoa de transitar em segurança em qualquer local da cidade, tendo por direito fundamental a imunidade. Os pactos sobre os territórios, assinalou ele, subvertiam intoleravelmente os direitos do cidadão e a segurança pública.

Acho que o comissário Kennedy tinha toda a razão. Porém, precisamos refletir sobre o problema que os funcionários do Conselho Juvenil enfrentavam. Era um problema real, e eles estavam tentando resolvê-lo da melhor maneira possível, com os meios empíricos de que dispunham. Nas ruas, nos parques e nos conjuntos habitacionais malsucedidos dominados por essas gangues, faltava segurança pública, da qual fundamentalmente dependem o direito e a liberdade de ir e vir da população. Sob tais circunstâncias, a liberdade do cidadão não era senão um conceito teórico.

Considere agora os projetos de reurbanização das cidades: residências de renda média e alta que ocupam grande extensão do solo urbano, vários quarteirões antigos, com terrenos e ruas próprias para atender a essas “ilhas urbanas”, “cidades dentro da cidade” e esse “novo conceito de vida urbana”, como dizem os anúncios sobre eles. Aqui, a prática é também demarcar o Território e deixar do lado de fora das cercas as outras gangues. Antes, as cercas nem eram visíveis. Os guardas eram suficientes para garantir a fronteira. Nos últimos anos, contudo, as cercas tornaram-se concretas.

Talvez a primeira tenha sido o alambrado alto em torno de um conjunto residencial no estilo Cidade-Jardim Radieuse, vizinho ao Hospital Johns Hopkins de Baltimore (as grandes instituições educacionais parecem ser deploravelmente criativas em termos de aparatos territoriais). Caso alguém não entendesse o que a cerca significava, as placas na rua do conjunto reafirmavam: “Mantenha distância. Entrada proibida.” É esquisito ver um bairro, numa cidade com população civil, murado desse jeito. Não é apenas feio, na acepção da palavra, mas surrealista. Vocês podem imaginar como é que isso repercute nos vizinhos, apesar da mensagem-antídoto no quadro de avisos da igreja do conjunto: "O amor de Cristo é o melhor de todos os tônicos."

Nova York copiou rapidamente o exemplo de Baltimore, à sua moda. Na verdade, na parte de trás das Amalgamated Houses, no Lower East Side, Nova York foi mais longe. Na face norte do passeio central ajardinado do conjunto residencial, um portão de ferro encontra-se permanentemente fechado a cadeado e tem no topo não um simples rendilhado de ferro, mas um emaranhado de arame farpado. Será que esse passeio cercado se abre para a velha megalópole depravada? Definitivamente, não. Tem por vizinhos um *playground* público e, atrás dele, outro conjunto residencial para uma classe social diferente.

Na cidade reurbanizada é necessário haver uma série de cercas para instalar uma vizinhança equilibrada. A "junção" de duas populações com etiquetas de preço diferentes – a da cooperativa de renda média de Corlears Hook com a de renda baixa das Vladeck Houses, ainda no Lower East Side – é particularmente notável. A Corlears Hook protege seu Território dos vizinhos mais próximos com um amplo estacionamento, que ocupa toda a extensão da superquadra, junto a uma cerca viva com espinhos e um alambrado de dois metros de altura, ao lado de um terreno devoluto de cerca de 95 metros de largura, todo murado, que contém apenas papéis sujos levados pelo vento e é propositadamente inacessível a qualquer outra coisa. Depois tem início o Território Vladeck.

Num caso similar, no Upper West Side, o corretor de imóveis do Park West Village – "Um mundo só seu no coração de Nova York" –, de quem me aproximei como pretensa inquilina, disse-me em tom confortador: "Senhora, assim que o *shopping center* ficar pronto, todo o terreno será cercado."

"Alambrados?"

"Exatamente, senhora. E no fim" – apontando com a mão para a cidade à volta dos seus domínios – "tudo isso vai sumir. Essas pessoas vão sumir. Somos os pioneiros daqui."

Presumo que isso realmente se pareça com a vida dos pioneiros numa vila cercada, a não ser pelo fato de que os pioneiros buscavam uma segurança maior para sua civilização, não menor.

Alguns membros das gangues dos novos Territórios acham difícil engolir esse tipo de vida. Um deles escreveu uma carta para o *New York Post* em 1959: "Outro dia, pela primeira vez meu orgulho de ser morador de Stuyvesant Town e de Nova York deu lugar à indignação e à vergonha. Vi dois garotos de uns 12 anos de idade sentados num banco de Stuyvesant Town. Estavam entretidos na conversa, eram tranquilos, bem-comportados – e porto-riquenhos. De repente, dois guardas de Stuyvesant Town se aproximaram – um vindo do norte, e o outro, do sul. Um fez sinal ao outro apontando os dois garotos. Um deles foi até os garotos e, depois de os dois lados dizerem alguma coisa em voz baixa, os garotos se levantaram e foram embora. Eles tentaram aparentar indiferença (...). Como podemos esperar que as pessoas tenham dignidade e amor-próprio se nós os tiramos delas antes que sejam adultas? Quão pobre somos nós, de Stuyvesant Town e Nova York, que não podemos nem ceder um banco a dois garotos."

O editor de Cartas deu a esse relato o seguinte título: "Permaneçam em seu Território."

Porém, em geral, as pessoas parecem acostumar-se rapidamente com a vida num Território que tenha ou uma cerca metafórica ou uma cerca concreta, imaginando como tinham conseguido viver sem ela. Antes de as cercas de territórios terem sido adotadas na cidade, o *New Yorker* referiu-se a esse fenômeno mencionando não uma metrópole cercada, mas uma cidadezinha pequena cercada. Parece que, quando Oak Ridge, no Tennessee, foi desmilitarizada depois da guerra, a perspectiva de perder a cerca colocada pelos militares provocou protestos exaltados dos temerosos moradores e ocasionou acaloradas reuniões comunitárias. Não muitos anos antes, todos em Oak Ridge haviam vindo de cidadezinhas e metrópoles sem cercas, mas, mesmo assim, a vida cercada se tornara normal e, sem ela, eles temiam perder a segurança.

Da mesma forma, David, meu sobrinho de dez anos, nascido e criado em Stuyvesant Town, "uma cidade dentro da cidade", comenta abismado como as pessoas podem andar pela rua diante da minha casa. "Ninguém verifica se elas pagam aluguel pela rua?", perguntou ele. "Se elas não são daqui, quem as manda embora?"

A prática de dividir a cidade em Territórios não é uma solução nova-iorquina apenas. É uma solução da Cidade Norte-Americana Reurbanizada. Na Conferência de Harvard sobre Projetos de 1959, um dos tópicos abordados pelos projetistas arquitetônicos era o do quebra-cabeça do Território, embora não tenham usado essa expressão. Os exemplos debatidos acabaram sendo os do conjunto habitacional de renda média de Lake Meadows, em Chicago, e do conjunto de alta renda do Lafayette Park, em Detroit. Mantém-se o resto da cidade fora desses arrabaldes cegos? É difícil e desagradável. Convida-se o resto da cidade para o local? É difícil e inviável.

Assim como os trabalhadores do Conselho Juvenil, também os construtores e os moradores da Ville Radieuse e da Cidade-Jardim Radieuse e da Cidade-Jardim Beautiful Radieuse têm um impedimento genuíno e precisam lidar com ele da melhor maneira possível com os recursos empíricos de que dispõem. Têm pouca escolha. Onde quer que surja uma cidade reurbanizada, o conceito do Território vem junto, porque a cidade reurbanizada despreza a função fundamental da rua e, com ela, necessariamente, a liberdade da cidade.

Sob a aparente desordem da cidade tradicional, existe, nos lugares em que ela funciona a contento, uma ordem surpreendente que garante a manutenção da segurança e a liberdade. É uma ordem complexa. Sua essência é a complexidade do uso das calçadas, que traz consigo uma sucessão permanente de olhos. Essa ordem compõe-se de movimento e mudança, e, embora se trate de vida, não de arte, podemos chamá-la, na fantasia, de forma artística da cidade e compará-la à dança – não a uma dança mecânica, com os figurantes erguendo a perna ao mesmo tempo, rodopiando em sincronia, curvando-se juntos, mas a um balé complexo, em que cada indivíduo e os grupos têm todos papéis distintos, que por milagre se reforçam mutuamente e compõem um todo ordenado. O balé da boa calçada urbana nunca se repete em outro lugar, e em qualquer lugar está sempre repleto de novas improvisações.

O trecho da Rua Hudson onde moro é todo dia cenário de um complexo balé de calçada. Eu mesma entro em cena pouco depois das oito, quando coloco do lado de fora a lata de lixo, sem dúvida uma tarefa prosaica, mas gosto do meu papel, do barulhinho metálico que produzo, na hora em que passam as levas de colegiais pelo meio do palco, deixando cair papel de bala. (Como eles conseguem comer tanta bala logo de manhãzinha?)

Enquanto varro os papéis de bala, observo os outros rituais matinais: o Sr. Halpert soltando o carrinho de mão da lavanderia de seu lugar, à porta do depósito, o genro de Joe Cornacchia empilhando caixotes vazios fora da confeitaria, o barbeiro colocando na calçada sua cadeira dobrável, o Sr. Goldstein arrumando os rolos de arame, o que indica que a loja de ferragens está aberta, a mulher do síndico do prédio largando seu parrudinho de três anos com um bandolim de brinquedo à porta de casa, posto privilegiado no qual ele aprende o inglês que sua mãe não consegue falar. Depois as crianças do primário, em direção à Escola São Lucas, desfilam para o sul; os alunos da Santa Verônica cruzam no sentido oeste, e os da Escola Primária 41 dirigem-se para leste. Duas novas entradas em cena são preparadas nos bastidores: bem-vestidos e até elegantes, mulheres e homens com pastas emergem de portas e ruas vizinhas. A maioria vai tomar ônibus ou metrô, alguns se detêm no meio-fio e param táxis que por milagre apareceram no momento exato, mesmo porque os táxis fazem parte de um ritual matinal mais amplo: depois de levar passageiros vindos da zona central de Manhattan para o distrito financeiro da zona sul, eles levam os moradores da zona sul para a zona central. Ao mesmo tempo surgem várias mulheres com vestidos caseiros e, quando cruzam umas com as outras, param para uma conversa rápida cheia de risadas ou de indignação solidária, parece que nunca um meio-termo. Está na hora de eu também me apressar para o trabalho, e troco um cumprimento ritual com o Sr. Lofaro, o quitandeiro, baixo, atarracado, sempre de avental branco, que se posta do lado de fora da porta, um pouco acima na rua, braços cruzados, pés fincados no chão, dando a impressão de ser tão sólido quanto o solo. Acenamos; nós dois olhamos rápido para baixo e para cima da rua, daí nos entreolhamos de novo e sorrimos. Temos feito isso inúmeras manhãs durante mais de dez anos, e sabemos o que significa: está tudo em ordem.

Raramente vejo o balé do sol a pino, pois faz parte dele o fato de a maioria dos trabalhadores que moram lá, como eu, estarem fora, desempenhando o papel de estranhos em outras calçadas. Mas eu o conheço bem nos dias de descanso, o suficiente para saber que ele se torna cada vez mais complexo. Os estivadores que estão de folga reúnem-se no White Horse, no Ideal ou no International para beber e conversar. Os executivos e os comerciários das indústrias próximas, logo a oeste, amontoam-se no restaurante Dorgene e na cafeteria Lion's Head; trabalhadores de frigoríficos e especialistas em comunicações lotam a lanchonete da padaria. Surgem os dançarinos excêntricos, uma senhora esquisita com cadarços de sapato velhos sobre os ombros, homens de barba comprida em cima de lambretas com as namoradas sacolejando na garupa, cabelos longos tanto sobre o rosto quanto atrás da cabeça, bêbados que seguem a recomendação do Conselho do Chapéu e sempre se apresentam de chapéu, mas não com chapéus que o Conselho aprovaria. O Sr. Lacey, o chaveiro, fecha sua loja por um tempinho para ir bater papo com o Sr. Slube, da charutaria. O Sr. Koochagian, o alfaiate, rega a exuberante floresta de plantas que tem na janela, lança um olhar crítico para elas pelo lado de fora, concorda com o elogio que dois transeuntes lhes fazem, passa os dedos pelas folhas do plátano diante de nossa casa com a apreciação de um jardineiro pensativo e atravessa a rua para uma refeição rápida no Ideal, de onde pode espiar a chegada de fregueses e sinalizar que já está indo. Os carrinhos de bebê saem à rua, e grupos de todo tipo, de criancinhas com bonecas a adolescentes com lição de casa, reúnem-se na porta de casa.

Quando volto para casa depois do trabalho, o balé está chegando ao auge. Chegou a hora dos patins e das pernas de pau e dos triciclos, das brincadeiras ao pé da escada com tampinhas de garrafa e caubóis de plástico; é hora dos pacotes e dos embrulhos, do ziguezaguear da farmácia para a banca de frutas e para o açougue; é a hora em que moças e rapazes, todos arrumados, param para perguntar se a anágua está aparecendo ou se o colarinho está direito; é a hora em que as garotas bonitas descem de carros MG; é a hora em que os carros de bombeiros passam; é a hora em que vai passar todo o mundo que a gente conhece da vizinhança da Rua Hudson.

Quando o dia vira noite e o Sr. Halpert encosta de novo o carrinho da lavanderia à porta do depósito, o balé continua sob as luzes, rodopiando para cá e para lá, mais forte nas poças brilhantes das luzes da barraca de pizzas do Joe, dos bares, da confeitaria, do restaurante e da farmácia. Os trabalhadores noturnos param na confeitaria para levar salame e uma garrafa de leite. Com a noite, tudo sossega, mas a rua e seu balé não param.

Conheci melhor o balé da noite alta andando bem depois da meia-noite para acalmar um bebê e, sentada no escuro, observando os vultos e ouvindo os sons da calçada. É um som semelhante a fragmentos de conversa de festa infinitamente repetidos e, perto das três da manhã, cantoria, cantoria da boa. Às vezes há rispidez e raiva ou um choro triste, muito triste, ou então agitação para encontrar as contas de um colar que se rompeu. Certa noite apareceu um jovem que urrava, berrava, numa linguagem terrível, com duas moças que ele aparentemente tinha encontrado e o estavam desapontando. Portas se abriram, formou-se um círculo desconfiado ao redor dele, até que a polícia chegou. Também despontaram rostos, por toda a Rua Hudson, dando opiniões: "Bêbado... Louco... Um arruaceiro de subúrbios."[2]

Não sei exatamente quantas pessoas estão na rua tarde da noite, a não ser que alguma coisa provoque uma aglomeração, como uma gaita de foles. Não faço a mínima ideia de quem era o gaiteiro e por que ele escolheu nossa rua. A gaita de foles começou a soar numa noite de fevereiro, e, como se fosse um chamado, a movimentação escassa e ocasional da calçada ganhou rumo. Rápida, silenciosa, quase magicamente, uma pequena multidão se reuniu, formando um círculo em torno da impetuosa dança escocesa. Era possível ver a multidão nas sombras da cal-

2. Descobriu-se por fim que ele era um arruaceiro de subúrbio. Às vezes, na Rua Hudson, tendemos a acreditar que os subúrbios devem ser um lugar complicado para criar os filhos.

çada, os dançarinos, mas o próprio gaiteiro era quase imperceptível, pois seu brilhantismo estava todo na música. Era um homem baixo, dentro de um casacão marrom. Quando ele terminou e foi embora, os dançarinos e espectadores aplaudiram, e os aplausos vieram também das galerias, uma meia dúzia das cem janelas da Rua Hudson. Então as janelas se fecharam, e a pequena multidão se misturou à movimentação ocasional da rua à noite.

Os desconhecidos da Rua Hudson, aliados cujos olhos ajudam nós mesmos, os moradores, a manter a paz na rua, são tantos que sempre parecem ser pessoas diferentes de um dia para o outro. Não importa. Não sei se são realmente tantas pessoas diferentes como aparentam ser. Parece que sim. Quando Jimmy Rogan atravessou uma janela envidraçada (ele tentava apartar dois amigos que brigavam) e quase perdeu o braço, surgiu um estranho do bar Ideal com uma camiseta velha, que providenciou rapidamente um habilidoso torniquete e, segundo o pessoal da emergência do hospital, salvou a vida de Jimmy. Ninguém se lembrava de ter visto o sujeito antes e ninguém o viu depois. O hospital foi avisado da seguinte maneira: uma mulher sentada numa escada perto do local do acidente correu até o ponto do ônibus; sem dizer uma palavra, pegou uma das moedas que estavam na mão de um desconhecido que esperava a condução com o dinheiro trocado para a passagem e correu até a cabine telefônica do Ideal. O desconhecido correu atrás dela para oferecer a outra moeda. Ninguém se lembra de tê-lo visto antes e ninguém o viu de novo. Na Rua Hudson, depois de se ver o mesmo desconhecido três ou quatro vezes, já se começa a cumprimentá-lo. Chega quase a ser um conhecido, um conhecido da rua, é claro.

Fiz o balé diário da Rua Hudson parecer mais frenético do que é porque, ao escrever sobre ele, as cenas ficam mais compactadas. Na vida real não é assim. Na vida real, com certeza, há sempre alguma coisa acontecendo, o balé não tem intervalo, mas a sensação geral é serena, e a cadência geral, bem mais pausada. Quem conhece bem essas ruas movimentadas vai entender como é. Receio que quem não conhece venha a ter uma ideia errada – como as velhas gravuras de rinocerontes feitas segundo o relato dos viajantes.

Na Rua Hudson, e igualmente no North End de Boston ou em qualquer outra vizinhança animada das cidades grandes, não somos mais intrinsecamente capazes de manter a segurança nas calçadas do que as pessoas que tentam sobreviver à trégua hostil do Território numa cidade cega. Somos os felizardos detentores de uma ordem urbana que torna a manutenção da paz relativamente simples, por haver olhos de sobra na rua. Não existe porém simplicidade alguma na ordem em si ou no atordoante número de elementos que a compõem. A maior parte desses componentes são, de certa maneira, específicos. Eles provocam um efeito conjugado sobre a calçada, contudo, que não é de modo algum específico. Aí reside sua força.

3. OS USOS DAS CALÇADAS: CONTATO

Há muito tempo, os responsáveis pela reurbanização observam os moradores da cidade passando o tempo em esquinas movimentadas, parando em bares e confeitarias e bebendo refrigerante junto à porta de casa, e já deram um veredicto, que em essência é: "Que coisa mais deplorável! Se essas pessoas tivessem um lar decente ou um lugar mais próprio e arborizado, não estariam na rua!"

Esse julgamento representa um equívoco profundo a respeito das cidades. Não faz mais sentido do que comparecer a um jantar comemorativo num hotel e concluir que, se aquelas pessoas tivessem mulheres que cozinhassem, dariam a festa em casa.

O ponto fundamental tanto do jantar comemorativo quanto da vida social nas calçadas é precisamente o fato de serem públicos. Reúnem pessoas que não se conhecem socialmente de maneira íntima, privada, e muitas vezes nem se interessam em se conhecer dessa maneira.

Ninguém pode manter a casa aberta a todos numa cidade grande. Nem ninguém deseja isso. Mesmo assim, se os contatos interessantes, proveitosos e significativos entre os habitantes das cidades se limitassem à convivência na vida privada, a cidade não teria serventia. As cidades estão cheias de pessoas com quem certo grau de contato é proveitoso e agradável, do seu, do meu ou do ponto de vista de qualquer indivíduo. Mas você não vai querer que elas fiquem no seu pé. E elas também não vão querer que você fique no pé delas.

Ao falar a respeito da segurança nas calçadas, mencionei a necessidade de haver, no cérebro por trás dos olhos atentos à rua, um pressuposto inconsciente do apoio geral da rua quando a situação é adversa – quando um cidadão tem de escolher, por exemplo, se quer assumir a responsabilidade, ou abrir mão dela, de enfrentar a violência ou defender desconhecidos. Existe uma palavrinha para esse pressuposto de apoio: confiança. A confiança na rua forma-se com o tempo a partir de inúmeros pequenos contatos públicos nas calçadas. Ela nasce de pessoas que param no bar para tomar uma cerveja, que recebem conselhos do merceeiro e dão conselhos ao jornaleiro, que cotejam opiniões com outros fregueses na padaria e dão bom-dia aos garotos que bebem refrigerante à porta de casa, de olho nas meninas enquanto esperam ser chamados para jantar, que advertem as crianças, que ouvem do sujeito da loja de ferragens que há um emprego e pegam um dólar emprestado com o farmacêutico, que admiram os bebês novos e confirmam que um casaco realmente desbotou. Os hábitos variam: em certas vizinhanças, as pessoas trocam impressões sobre seus cachorros; em outras, trocam impressões sobre seu senhorio.

Grande parte desses contatos é absolutamente trivial, mas a soma de tudo não é nem um pouco trivial. A soma desses contatos públicos casuais no âmbito local – a maioria dos quais é fortuita, a maioria dos quais diz respeito a solicitações, a totalidade dos quais é dosada pela pessoa envolvida e não imposta a ela por ninguém – resulta na compreensão da identidade pública das pessoas, uma rede de respeito e confiança mútuos e um apoio eventual na dificuldade pessoal ou da vizinhança. A inexistência dessa confiança é um desastre para a rua. Seu cultivo não pode ser institucionalizado. E, acima de tudo, *ela implica não comprometimento pessoal*.

Constatei uma diferença surpreendente entre a existência e a inexistência de confiança pública informal dos dois lados de uma mesma rua larga do East Harlem, composta de moradores basicamente de mesma renda e raça. Do lado da cidade tradicional, repleto de locais públicos e com a vida mansa das calçadas tão deplorada pelos utopistas vigilantes do lazer alheio, as crianças estavam sob controle. Bem em frente, do lado do conjunto habitacional, as crianças, que haviam aberto um hidrante de incêndio localizado ao lado da área de recreação, comportavam-se selvagemente, lançando água pelas janelas abertas, espirrando-a em adultos desavisados que andavam pela calçada do conjunto, jogando-a pelas janelas de carros que passavam. Ninguém ousava detê-las. Eram crianças anônimas, e sua identidade era uma incógnita. O que aconteceria se você as repreendesse ou as fizesse parar? Quem o apoiaria naquele Território cego? Ou, ao contrário, quem se voltaria contra você? Melhor não se envolver. Ruas impessoais geram pessoas anônimas, e não se trata da qualidade estética nem de um efeito emocional místico no campo da arquitetura. Trata-se do tipo de empreendimento palpável que as calçadas possuem e, portanto, de como as pessoas utilizam as calçadas na vida diária, cotidiana.

A vida pública informal das calçadas está diretamente relacionada com outras modalidades da vida pública, as quais ilustrarei com um exemplo, embora a variedade seja infinita.

Planejadores e até alguns assistentes sociais costumam entender que as modalidades formais de associações numa cidade derivam direta e consensualmente de convocações de encontros, da disponibilidade de locais de encontro e da existência de questões de interesse público óbvio. Talvez isso aconteça em subúrbios e cidades de pequeno porte, mas não nas cidades grandes.

As associações públicas formais em cidades requerem uma vida pública informal subjacente, interpondo-se entre elas e a privacidade da população urbana. Podemos ter uma ideia do que ocorre comparando, mais uma vez, uma região urbana que possua vida nas calçadas com uma região que não a tenha, com base no parecer de um pesquisador social de uma associação comunitária que estava estudando questões relativas a escolas públicas numa área da cidade de Nova York:

> O Sr. W – [diretor de uma escola primária] foi indagado sobre o efeito das J – Houses na escola e o despejo da comunidade vizinha

> à escola. Ele acha que foram várias as consequências e que a maioria delas era negativa. Ele mencionou o fato de o conjunto habitacional ter demolido numerosas instituições de socialização. O ambiente vigente no conjunto não se comparava com a alegria nas ruas existente antes de sua construção. Ele observou que, no geral, parecia haver menos pessoas nas ruas por causa da menor quantidade de locais para reunião. Sustentou ainda que, antes da construção do conjunto, a Associação de Pais era muito ativa e agora poucos membros atuavam.

O Sr. W– errou num aspecto. Não havia menos lugares (nem menos espaço, sob quaisquer parâmetros) para as pessoas se reunirem no conjunto, se computarmos os locais propositadamente projetados para uma socialização construtiva. Claro que não havia bares, confeitarias, botequins e restaurantes no conjunto. Mas o conjunto em questão possuía salas de reunião, salas de trabalhos manuais, arte e jogos, bancos ao ar livre, esplanadas etc., suficientes para alegrar o espírito até mesmo dos defensores da Cidade-Jardim.

Por que esses locais se tornam mortos e improdutivos e sem iniciativas e investimentos mais firmes para atrair frequentadores e depois manter controle sobre eles? Quais serviços a calçada pública e seus estabelecimentos proporcionam que esses locais de reunião planejados não conseguem proporcionar? E por quê? Como a vida pública informal da calçada impulsiona uma vida pública mais formal e associativa?

Para compreender tais questões – para compreender a diferença entre beber refrigerante na porta de casa e beber refrigerante na sala de jogos e a diferença entre receber um conselho do merceeiro ou do balconista do bar e receber um conselho tanto do vizinho mais próximo quanto de um representante oficial que pode ser unha e carne com o locador oficial –, devemos analisar a questão da privacidade urbana.

A privacidade na zona urbana é preciosa. É indispensável. Talvez seja preciosa e indispensável em todos os lugares, mas na maioria deles não se consegue obtê-la. Em coletividades pequenas, todo o mundo sabe da vida de todo o mundo. Na cidade grande, nem todos sabem, a não ser aqueles que você escolhe para revelar segredos. Essa é uma característica das cidades grandes preciosa para a maioria da população, seja ela de renda alta ou de renda baixa, seja ela branca ou negra, seja ela de moradores antigos ou novos, e se trata de uma das dádivas da vida nas grandes cidades mais intensamente apreciadas e zelosamente preservadas.

A literatura sobre a arquitetura e planejamento urbano aborda a privacidade como uma questão de janelas, vistas, ângulos de visão. A ideia é que, se ninguém consegue enxergar pelo lado de fora o lugar em que você vive... você tem privacidade. É simplista demais. A privacidade por meio de janelas é a coisa mais fácil de conseguir no mundo. Basta fechar as cortinas ou ajustar a persiana. No entanto, a privacidade de revelar assuntos particulares a pessoas escolhidas e a privacidade de ter razoável controle sobre quem pode usar do seu tempo e quando fazê-lo são coisas raras na maior parte do mundo e não têm relação alguma com a disposição das janelas.

A antropóloga Elena Padilla, autora de *Up from Puerto Rico* [Direto de Porto Rico], que descreve a vida dos porto-riquenhos num distrito pobre e depauperado de Nova York, conta quanto cada pessoa sabe da outra – em quem se deve ou não confiar, quem desafia a lei e quem a cumpre, quem é capaz e bem informado e quem é inepto e ignorante – e como a vida pública nas calçadas e seus estabelecimentos revelam essas coisas. São assuntos públicos. Mas a autora também fala a respeito da escolha das pessoas que podem aparecer na cozinha de casa para beber um café, da força desses laços e do número limitado de verdadeiros confidentes das pessoas, aqueles que partilham sua vida e seus assuntos pessoais. Ela afirma que não se considera digno que todos saibam da vida de outra pessoa. Nem se considera digno bisbilhotar os outros para além da imagem apresentada em público. Isso viola a privacidade e os direitos individuais. Nesse aspecto, as pessoas que ela descreve são essencialmente as mesmas pessoas da rua misturada, americanizada em que moro, e essencialmente as mesmas pessoas que vivem em apartamentos de alta renda e em belas residências.

Uma boa vizinhança urbana consegue um equilíbrio e tanto entre a determinação das pessoas de ter um mínimo de privacidade e seu desejo concomitante de poder variar os graus de contato, prazer e auxílio mantidos com as pessoas que as rodeiam. Esse equilíbrio é em grande parte constituído de pequenos detalhes manejados com sensibilidade e aceitos e praticados de maneira tão informal que normalmente nem são percebidos.

Talvez eu consiga explicar melhor esse equilíbrio sutil mas de suma importância com o exemplo dos estabelecimentos onde as pessoas deixam as chaves para amigos, um costume comum em Nova York. Conosco, por exemplo, quando um amigo quer usar nossa casa enquanto estamos fora, no fim de semana, ou quando todos estão fora durante o dia, ou um visitante que não podemos esperar vai passar a noite, dizemos a esse amigo que pegue as chaves na confeitaria do outro lado da rua. Joe Cornacchia, o dono da confeitaria, geralmente guarda consigo umas doze chaves para entregar. Possui uma gaveta exclusiva para elas.

Agora, por que será que eu e muitos outros escolhemos Joe como guardador natural de chaves? Primeiro, porque achamos que ele é responsável, mas – igualmente importante –, porque sabemos que ele consegue conciliar a boa vontade com o não envolvimento nos assuntos pessoais alheios. Para Joe, não é da conta dele saber a quem emprestamos nossa casa e por que o fazemos.

Do outro lado do nosso quarteirão, as pessoas deixam as chaves na mercearia de um espanhol. Do outro lado do quarteirão do Joe, as pessoas as deixam na doceria. Uma quadra abaixo, deixam-nas na cafeteria, e dobrando a esquina, a uns trezentos metros, na barbearia. No Upper East Side, virando a esquina depois de duas quadras de sobrados e apartamentos elegantes, as pessoas deixam as chaves no açougue e na livraria; uma esquina depois, numa lavanderia e numa farmácia. No pobre East Harlem, as chaves são deixadas com pelo menos um florista, em padarias, lanchonetes e mercearias de espanhóis e italianos.

Seja onde for que fiquem as chaves, o importante não é o tipo de serviço que esses estabelecimentos prestam, mas o tipo de proprietário que possuem.

Um serviço como esse não pode ser formalizado. Identificação... perguntas... seguro contra imprevistos. O limite fundamental entre o serviço público e a privacidade seria desrespeitado com a formalização. Ninguém em sã consciência deixaria sua chave num lugar desses. O serviço deve ser prestado como um favor por alguém que possui uma compreensão inabalável da diferença entre a chave de uma pessoa e a vida particular dessa pessoa, ou nem adianta ser prestado.

Vejamos, também, o limite traçado pelo Sr. Jaffe na doceria, dobrando a esquina – um limite tão bem assimilado por seus fregueses e por outros comerciantes, que eles podem conviver com tal limite a vida inteira sem pensar nele conscientemente. Numa manhã como outra qualquer do inverno passado, o Sr. Jaffe, que é tratado por Bernie, e sua mulher, chamada Ann, acompanharam atentos as crianças atravessando a esquina a caminho da Escola Primária 41, como Bernie sempre faz, porque acha necessário; emprestou um guarda-chuva a um freguês e um dólar a outro; aceitou ficar com duas chaves; guardou pacotes que seriam entregues aos moradores do prédio vizinho, que estavam fora; passou um sermão em dois adolescentes que pediram cigarros; deu indicações de ruas; aceitou ficar com um relógio para entregar ao relojoeiro quando ele abrisse, mais tarde; deu informação a uma pessoa sobre o preço dos aluguéis no bairro; ouviu uma história de problemas domésticos e deu apoio; disse a uns arruaceiros que não poderiam entrar se não se comportassem e depois explicou o que significa bom comportamento (e o obteve); promoveu um debate casual de meia dúzia de reuniões entre fregueses que foram comprar miudezas; separou alguns jornais e revistas recém-chegados para fregueses constantes que precisam deles; aconselhou uma mãe que fora comprar um presente de aniversário a não levar o navio de montar porque outra criança que ia à mesma festa já daria isso; e conseguiu um jornal do dia anterior (este foi para mim), em meio aos exemplares devolvidos, quando o distribuidor passou na mercearia.

Depois de refletir sobre essa multiplicidade de serviços não comerciais, perguntei a Bernie: “Você apresenta seus fregueses uns aos outros?”

Ele pareceu ficar espantado, até assombrado. "Não", disse, pensativo. "Isso não seria apropriado. Às vezes, se sei que dois fregueses que estão aqui ao mesmo tempo têm interesses em comum, puxo o assunto e deixo que eles decidam se o levam adiante. Não, eu não os apresentaria."

Quando contei isso a uma conhecida minha do subúrbio, ela logo concluiu que o Sr. Jaffe achava que fazer a apresentação significaria dar um passo além de sua classe social. Nada disso. No nosso bairro, lojistas como os Jaffes desfrutam uma posição social excelente, a de comerciantes. Quanto à renda familiar, eles conseguem igualar-se à média dos fregueses e, quanto à independência, estão bem acima. O conselho deles, como homem e mulher de bom-senso e experiência, é procurado e respeitado. São bem conhecidos mais como indivíduos do que como representantes de uma classe. Não. Trata-se daquele limite bem traçado, imposto quase inconscientemente, o limite entre o mundo urbano público e o mundo privado.

Esse limite pode ser mantido, sem que ninguém estranhe, pela grande variedade de oportunidades para contato público nos negócios instalados ao longo das calçadas ou nas próprias calçadas, já que as pessoas se movimentam para lá e para cá ou param quando sentem vontade, e também pela presença de muitos anfitriões públicos, por assim dizer, os proprietários de locais de encontro, como o de Bernie, onde se tem a liberdade de ficar mais tempo ou de entrar e sair rápido, sem amarras.

Com um relacionamento assim, é possível conhecer na vizinhança todo tipo de pessoa sem estabelecer laços indesejados, sem haver chateação, necessidade de desculpas, explicações, receio de ofender, constrangimentos com imposições ou compromissos e toda a parafernália de obrigações dessa espécie que vem junto com os relacionamentos menos restritos. É possível conviver bem nas calçadas com pessoas que são bastante diferentes entre si e, com o passar do tempo, é possível até a convivência pública familiar com elas. Tais relacionamentos podem durar, e duram, anos a fio, décadas; nunca poderiam ter se formado sem aquele limite, muito menos ser prolongados. Formam-

-se exatamente porque estão ao alcance das pessoas em suas saídas costumeiras.

Compartilhar é um termo legitimamente aversivo para um velho ideal da teoria do planejamento urbano. Esse ideal é o de que, se há algo a dividir entre as pessoas, deve-se dividir ainda mais. O compartilhar, aparentemente um recurso espiritual dos novos subúrbios, tem um efeito destrutivo nas cidades. A exigência de partilhar mais afasta os moradores das cidades.

Quando uma área da cidade carece de vida nas calçadas, os moradores desse lugar precisam ampliar sua vida privada se quiserem manter com seus vizinhos um contato equivalente. Devem decidir-se por alguma forma de compartilhar, pela qual se divida mais do que na vida das calçadas, ou então decidir-se pela falta de contato. O resultado é inevitavelmente ou um ou outro; tem de ser assim, e ambos têm consequências penosas.

Quanto ao primeiro resultado, em que se partilha mais, as pessoas tornam-se excessivamente exigentes em relação a quem são seus vizinhos ou com quem eles se relacionam. Elas precisam tornar-se exigentes. Uma amiga minha, Penny Kostritsky, que mora numa rua de Baltimore, encontra-se nesse dilema, com relutância e a contragosto. A rua onde vive, que não tem nada além de residências e está em meio a uma área que não tem nada além de residências, ganhou em caráter experimental um simpático calçadão arborizado. A calçada foi ampliada e recebeu um bonito pavimento; os veículos passaram a evitar a rua estreita; plantaram-se árvores e flores e pretende-se colocar lá uma escultura. Todas são ideias esplêndidas, mas não passam disso.

Todavia, não há estabelecimentos comerciais. As mães que moram em quadras próximas e saem com seus filhos pequenos vão aí para manter algum contato com outras pessoas. Elas obrigatoriamente entram na casa de conhecidos na rua para se aquecer no inverno, telefonar, levar as crianças necessitadas ao banheiro. As donas das casas oferecem-lhes café, pois não há onde comprar um café, e surgiu naturalmente à volta do calçadão uma vida social considerável desse tipo. Partilha-se muito.

Penny Kostritsky, que mora numa das casas com boa localização e tem duas crianças pequenas, está mergulhada nessa vida social próxima e casual. "Perdi a vantagem de morar na cidade", conta ela, "sem usufruir as vantagens de morar num subúrbio." Mais penoso que isso, quando mães de renda familiar, raça ou escolaridade diferentes trazem os filhos para o calçadão, elas e as crianças são discriminadas com rudeza. Não se enquadram direito no modo suburbano de convivência na vida privada que nasceu da falta de vida urbana nas calçadas. Propositadamente, o calçadão não tem bancos; o pessoal que defende o compartilhar desistiu deles porque poderiam ser interpretados como um convite para pessoas que não se enquadram.

"Poderíamos pelo menos ter algumas lojas na rua", lamenta-se Penny Kostritsky. "Pelo menos uma mercearia ou uma farmácia ou um barzinho. Daí os telefonemas e as visitas de inverno e os encontros poderiam ocorrer naturalmente em público, e as pessoas agiriam com mais decência com as outras porque todas teriam o direito de estar lá."

Quase a mesma coisa que ocorre nesse calçadão sem vida pública urbana acontece às vezes em conjuntos e núcleos residenciais de classe média, como, por exemplo, a Chatham Village, de Pittsburgh, famoso modelo do conceito de Cidade-Jardim.

As casas aí são reunidas em núcleos em torno de gramados e áreas de recreação centrais, e todo o empreendimento possui outras instalações para uma convivência próxima, como um clube de moradores que promove festas, bailes, reuniões, atividades femininas coletivas, como jogo de *bridge* e bordado, e realiza ainda bailes e festas infantis. Aí não existe vida pública em nenhuma das acepções urbanas. Há graus variados de uma vida privada ampliada.

O sucesso da Chatham Village como bairro "modelo", onde se compartilha muito, exigiu que os moradores tivessem padrão de vida, interesses e formação parecidos. São, na maioria, profissionais de classe média e suas famílias[1]. Isso obrigou os mo-

1. Neste exato momento, um núcleo representativo abriga, por exemplo, quatro advogados, dois médicos, dois engenheiros, um dentista, um vendedor, um banqueiro, um executivo ferroviário, um executivo de planejamento urbano.

radores a se instalarem bem longe das pessoas diferentes que habitam a cidade ao redor; essas pessoas são, na maioria, também de classe média, mas classe média baixa, e isso é uma diferença e tanto segundo o nível de camaradagem que a boa vizinhança da Chatham Village impõe.

O inevitável isolamento (e homogeneidade) da Chatham Village tem consequências práticas. Para citar um exemplo, o colégio secundário que atende a região tem problemas, como todas as escolas. A Chatham Village é suficientemente grande para ser majoritária na escola primária que suas crianças frequentam e, portanto, para ajudar a solucionar seus problemas. No entanto, com relação à escola secundária, os moradores da Chatham Village precisam relacionar-se com bairros inteiramente diferentes. Mas não existe relacionamento público, nem confiança pública informal, nem relacionamento com as pessoas certas – e também não há a prática ou a desenvoltura de lançar mão dos recursos mais banais da vida pública urbana num nível mínimo. Sentindo-se impotentes, como sem dúvida são, algumas famílias da Chatham Village mudam-se quando os filhos chegam à idade da escola secundária; outras dão um jeito de mandá-los para colégios particulares. Ironicamente, esses mesmos bairros ilhados como Chatham Village é que são incentivados pelo urbanismo ortodoxo nos locais específicos em que as cidades necessitam do talento e da atuação estabilizadora da classe média. Essas qualidades – presume-se – devem ser assimiladas por osmose.

As pessoas que não se enquadram de boa vontade em tais núcleos acabam indo embora, e com o tempo os corretores tornam-se mais exigentes na escolha dos pretendentes que se enquadram. Junto com as semelhanças básicas de padrão de vida, valores e formação, esse esquema parece exigir uma enorme dose de paciência e tato.

Um planejamento residencial urbano que dependa de uma classificação individual desse tipo e a cultive, para que exista relacionamento entre vizinhos, em geral não funciona bem socialmente; funciona, quando muito, de maneira restrita, *com pessoas de classe média alta autosselecionadas em seu meio*. Apenas soluciona problemas simples de uma população dócil. Até onde pude averiguar, no entanto, não funciona, mesmo em seus próprios termos, *com nenhum outro tipo de população*.

O resultado mais comum nas cidades, onde as pessoas se veem diante da opção de compartilhar muito ou nada, é o nada. Em lugares da cidade que careçam de uma vida pública natural e informal, é comum os moradores manterem em relação aos outros um isolamento extraordinário. Se o mero contato com os vizinhos implica que você se envolva na vida deles, ou eles na sua, e se você não puder selecionar seus vizinhos como a classe média alta costuma fazer, a única solução lógica que resta é evitar a amizade ou o oferecimento de ajuda eventual. É melhor manter-se bem afastado. O resultado disso na prática é que se deixam de realizar as obrigações públicas comuns – como cuidar das crianças –, nas quais as pessoas precisam ter um pouco de iniciativa pessoal, ou aquelas em que é preciso associar-se por um propósito comum. O fosso que essa situação abre atinge proporções incríveis.

Por exemplo, num conjunto residencial de Nova York projetado, como todo projeto habitacional ortodoxo, para compartilhar ou tudo ou nada, uma mulher muito comunicativa gabava-se de ter conhecido, por iniciativa própria, todas as mães de cada uma das noventa famílias de seu prédio. Telefonava para elas. Segurava todas elas para conversar, na porta ou no saguão. Para puxar assunto, bastava estar sentada no mesmo banco.

Um dia, o filho dela de oito anos ficou preso no elevador e não foi acudido por mais de duas horas, apesar de ter gritado, chorado e esmurrado a porta. No dia seguinte, a mãe contou, abismada, a uma de suas noventa conhecidas. “Ah, era *seu* filho?”, disse a outra mulher. “Eu não sabia de quem ele era filho. Se eu soubesse que era *seu* filho, eu o teria socorrido.”

Essa senhora, que não se comportava desse modo insensível e insensato na via pública tradicional – à qual, aliás, ela costumava retornar para sua vida pública –, tinha receio de um possível envolvimento que não fosse fácil de restringir à esfera pública.

Há dezenas de exemplos desse tipo nos lugares em que a opção é compartilhar ou tudo ou nada. A assistente social Ellen

Lurie fez um relatório amplo e detalhado sobre a vida num conjunto habitacional de baixa renda do East Harlem, que diz o seguinte:

> É (...) extremamente importante reconhecer que, por motivos consideravelmente complexos, muitos adultos não querem se envolver em nenhum relacionamento de amizade com os vizinhos ou, se tiverem de se render à necessidade de algum tipo de vida social, limitam-se a um ou dois amigos, a não mais do que isso. As mulheres repetem vezes sem conta a advertência dos maridos:
>
> "Não devo me tornar muito amiga de ninguém. Meu marido não confia em amizades."
>
> "As pessoas são muito fofoqueiras, e podem nos meter num monte de encrencas."
>
> "É melhor cada um cuidar da sua vida."
>
> Uma das mulheres, Sra. Abraham, sempre sai pela porta dos fundos do prédio porque não quer contato com as pessoas que ficam na parte da frente. E também um homem, Sr. Colan (...), não permite que sua mulher faça amizades no prédio, por não confiar nas pessoas que lá residem. Eles não deixam que seus quatro filhos, de 8 a 14 anos, desçam sozinhos, receosos de que alguém os machuque[2]. A consequência disso é que várias famílias colocam todo tipo de barreira para garantir a segurança pessoal. Elas mantêm os filhos dentro do apartamento para protegê-los de uma vizinhança que desconhecem. Para proteger-se, fazem poucas amizades, quando fazem. Alguns têm medo de que os amigos fiquem zangados ou invejosos e inventem um caso para contar à administradora, trazendo-lhes problemas. Se o marido consegue uma bonificação (que ele decide não contar a ninguém) e a mulher compra cortinas novas, as visitas podem contar à administradora, que, por sua vez, investiga e lança um aumento de aluguel. A desconfiança e o temor de problemas geralmente adquirem mais importância que qualquer necessidade de aconselhamento ou ajuda dos vizinhos. Para essas famílias, o significado de privacidade já foi bastante deturpado. Os maiores segredos, todas as confidências familiares, são bem conhecidos não só da administradora, mas geralmente também dos órgãos públicos, como o Departamento de Bem-Estar Social. Para preservar o que

2. Isso é muito comum em conjuntos habitacionais de Nova York.

> resta de privacidade, as famílias preferem evitar relacionamentos próximos. Esse mesmo fenômeno pode ser percebido, em grau bem menor, em cortiços, porque também neles se torna necessário, por outras razões, criar formas de autoproteção. Todavia, é sem dúvida verdade que esse afastamento da vida social é muito mais intenso nos conjuntos habitacionais planejados. Até mesmo na Inglaterra, essa desconfiança com relação aos vizinhos e o consequente isolamento foram relatados em estudos sobre cidades planejadas. Talvez esse comportamento não seja senão um mecanismo grupal complexo de proteção e preservação da dignidade pessoal diante de tantas pressões externas para a adaptação.

No entanto, pode-se encontrar, ao lado do isolamento, um nível considerável de partilha nesses lugares. A assistente Lurie aborda esse tipo de relacionamento:

> É comum duas mulheres de prédios diferentes se encontrarem e se reconhecerem na lavanderia. Ainda que anteriormente não tenham trocado uma palavra na Rua 99, nesse outro local se tornam, de repente, "amigas de infância". Se uma delas já tem uma ou duas amigas no prédio, a outra muito provavelmente será recebida nesse círculo e começará a fazer amizades próprias, não com mulheres moradoras de seu andar, mas no andar da amiga.
>
> Essas amizades não se ampliam indefinidamente. Há certos trajetos definidos dentro do conjunto, e depois de algum tempo não se encontram mais pessoas diferentes.

Ellen Lurie, que faz um bem-sucedido trabalho de organização comunitária no East Harlem, pesquisou a história das várias tentativas antigas de reunir moradores de conjuntos habitacionais. Ela me revelou que o partilhar é que dificulta esse tipo de associação. "Não faltam líderes natos nessas moradias", diz ela. "Há nelas pessoas com muita capacidade, algumas delas maravilhosas, mas o que ocorre normalmente é que, no processo de organização, os líderes se conhecem, se envolvem na vida social dos outros e acabam conversando apenas entre si. Eles não encontram seguidores. A tendência é limitar-se a grupos reduzidos, como se fosse um processo natural. Não existe uma vida pública normal. Já é difícil as pessoas perceberem o que está acontecendo. Tudo isso torna o mais simples retorno social excessivo para essas pessoas."

Ao se verem diante da alternativa de partilhar ou muito ou nada, os habitantes de zonas residenciais urbanas não planejadas sem comércio e sem vida nas calçadas parecem às vezes passar por processo idêntico ao dos moradores de conjuntos habitacionais. Assim, os pesquisadores que saíram à caça dos segredos da estrutura social de um distrito apagado e desvitalizado de Detroit chegaram à conclusão de que não havia estrutura social alguma.

A estrutura social da vida nas calçadas depende em parte do que pode ser chamado de uma figura pública autonomeada. A figura pública é aquela que tem contato frequente com um amplo círculo de pessoas e interesse em tornar-se uma figura pública. Ela não precisa ter nenhum talento ou conhecimento especial para desempenhar sua função, embora quase sempre os tenha. Precisa apenas estar presente, e é necessário que possua um número adequado de pares. Sua principal qualificação é *ser* pública, conversar com várias pessoas diferentes. É assim que se transmitem as notícias que são do interesse das ruas.

A maioria das personagens de rua está estabelecida em locais públicos. São pessoas que cuidam de lojas ou de bares ou coisa parecida. Essas são as figuras públicas fundamentais. Todas as outras figuras públicas das ruas dependem delas – ainda que indiretamente, pela existência de caminhos na calçada em direção a esses empreendimentos e seus proprietários.

Os funcionários e os sacerdotes das associações comunitárias, dois tipos mais formais de figuras públicas, normalmente dependem dos sistemas de transmissão de informações boca a boca de rua, que têm ramificações nas lojas. O diretor de uma associação comunitária do Lower East Side de Nova York, por exemplo, faz uma ronda regular pelos estabelecimentos comerciais. O tintureiro que lhe lava os ternos revela a ele que há traficantes de drogas no bairro. O merceeiro revela a ele que os Dragões estão aprontando alguma e é preciso ficar atento. Na confeitaria, toma conhecimento de que duas garotas estão insuflando os Esportistas para uma briga de gangues. Um de seus pontos de informação mais importantes é a caixa de pão da Rua Rivington, que não é utilizada para essa finalidade. Fica diante de uma mercearia, entre a associação comunitária, uma confeitaria e um pátio com espelho d'água, e é usada para sentar ou se encostar. Um recado dado ali para qualquer adolescente num perímetro de várias quadras chega aos ouvidos dele infalivelmente e com rapidez surpreendente, e em sentido contrário, através das informações boca a boca, os recados também chegam rapidamente até a caixa de pão.

Blake Hobbs, diretor da escola de música do Núcleo Comunitário Union, no East Harlem, observa que, quando ele recebe um primeiro aluno de uma quadra próxima da velha rua movimentada, chegam logo depois pelo menos mais três ou quatro alunos e às vezes todas as crianças da quadra. Mas, quando se trata de um aluno dos conjuntos habitacionais próximos – talvez depois de indicações em conversas na escola pública ou no *playground* –, ele quase nunca consegue imediatamente outros alunos. As notícias não correm nos locais onde faltam figuras públicas e vida nas calçadas.

Além das figuras públicas ancoradas na calçada e de outras bem conhecidas que ficam circulando, é bem capaz de haver muitas outras figuras públicas mais diferenciadas numa rua urbana. Curiosamente, algumas delas ajudam a criar uma identidade não só para elas mesmas, mas também para outras. É o que indica uma reportagem de São Francisco sobre a vida cotidiana de um tenor aposentado em lugares públicos, como um restaurante ou uma quadra de bocha: "Conta-se que por causa de sua vivacidade, de seu jeito dramático e de seu eterno interesse pela música, Meloni passa para seus vários amigos a sensação de também serem importantes." É exatamente isso.

Não é necessário ter a arte ou a personalidade de um homem como esse para tornar-se uma figura diferenciada da rua, apenas possuir alguma particularidade adequada. É fácil. Sou uma figura pública diferenciada de menor importância na minha rua, por causa, é claro, da presença fundamental das figuras públicas essenciais, ancoradas. A razão de eu ter-me tornado tal figura deve-se ao fato de que o Greenwich Village, onde moro, travava uma batalha horrenda interminável para evitar que seu principal parque fosse cortado por uma via expressa. Durante essa luta, sob o comando do organizador do comitê que ficava do outro lado do Greenwich Village, assumi a tarefa de deixar em lojas dos quarteirões vizinhos à minha rua abaixo-assinados protestando contra a via expressa proposta. Os fregueses assinavam os documentos quando iam às lojas e eu passava periodicamente para apanhá-los[3]. A consequência do meu engajamento nesse trabalho de mensageiro foi tornar-me automaticamente uma figura pública com relação à estratégia do abaixo-assinado. Logo depois, por exemplo, o Sr. Fox, da loja de bebidas, consultou-me, enquanto embrulhava uma garrafa, sobre o que poderíamos fazer para a prefeitura remover um monstrengo, há muito abandonado e perigoso – um banheiro público fechado próximo à esquina. Se eu me responsabilizasse pela redação da petição e conseguisse entregá-la à prefeitura, propôs o Sr. Fox, ele e seus sócios se encarregariam de imprimir cópias, distribuí-las e recolhê-las. Não demorou para os estabelecimentos vizinhos receberem os abaixo-assinados para a remoção do banheiro público. Atualmente, nossa rua tem vários peritos públicos em táticas de petição, inclusive crianças.

As figuras públicas não só espalham notícias e sabem as notícias, por assim dizer, no varejo; elas se relacionam e espalham as novidades por atacado, de fato.

A vida na rua, tanto quanto eu possa perceber, não nasce de um dom ou de um talento desconhecido deste ou daquele tipo de população. Só surge quando existem as oportunidades concretas, tangíveis, de que necessita. Coincidentemente, são as mesmas oportunidades, com a mesma abundância e constância, necessárias para cultivar a segurança nas calçadas. Se elas não existirem, os contatos públicos nas ruas também não existirão.

3. Esse recurso é, aliás, bastante eficaz: realiza com um esforço ínfimo o que seria um trabalho enorme porta a porta. Também provoca mais conversas e a opinião pública do que as visitas de porta em porta.

Os ricos têm muito mais maneiras de satisfazer necessidades do que os mais pobres, que dependem mais da vida nas ruas – desde saber de empregos até serem reconhecidos pelo *maître* do restaurante. Mesmo assim, muitos dos ricos ou quase ricos das cidades parecem apreciar a vida nas ruas tanto quanto qualquer pessoa. Eles fazem de tudo, até pagar aluguéis fabulosos, para mudar-se para locais com uma vida de rua exuberante e variada. Eles até tomam o lugar das classes média e baixa em áreas alegres, como Yorkville ou o Greenwich Village, em Nova York, ou Telegraph Hill, vizinho da área de North Beach, em São Francisco. Depois de uma moda que dura no máximo duas décadas, abandonam por capricho as ruas monótonas das "áreas residenciais tranquilas", deixando-as para os menos afortunados. Basta conversar com os moradores de Georgetown, no Distrito de Colúmbia, que na segunda ou terceira frase eles já estarão falando entusiasmados dos restaurantes agradáveis – "mais restaurantes bons que em qualquer parte da cidade" –, a singularidade e o bom atendimento do comércio, o prazer de encontrar pessoas quando se sai para dar uma volta – tudo não passa de orgulho pelo fato de Georgetown ter-se tornado um distrito exclusivo de compras em toda a área metropolitana. Falta ainda descobrir a parte da cidade – rica ou pobre ou meio-termo – que seja prejudicada por tal vivacidade instigante e tal profusão de contatos nas ruas.

A eficiência das figuras públicas diminui drasticamente se a pressão sobre elas for muito grande. Uma loja, por exemplo, pode sofrer uma reviravolta em seus contatos, ou contatos potenciais, que se tornam tão amplos e superficiais, que ela própria perde sua utilidade social. Um exemplo disso é a doceria e banca de jornais da cooperativa habitacional de Corlears Hook, no Lower East Side de Nova York. Essa loja planejada do condomínio tomou o lugar de pelo menos quarenta estabelecimentos mais ou menos parecidos, que foram demolidos no local e em áreas adjacentes (sem que os proprietários fossem indenizados). O lugar parece uma fábrica. Os balconistas ficam tão preocupados em largar o serviço e gritar ameaças inócuas para os desordeiros, que não ouvem nada, exceto "Quero isto". Um desinteresse profundo como esse é o clima que predomina nos lugares em que um centro comercial planejado ou um zoneamento repressivo inventam artificialmente monopólios comerciais nos bairros. Um estabelecimento como aquele seria um fracasso se tivesse concorrência. Ao mesmo tempo, embora o monopólio lhe garanta o sucesso financeiro previsto, socialmente ele não atende à cidade.

O contato público e a segurança nas ruas, juntos, têm relação direta com o mais grave problema social do nosso país: segregação e discriminação racial.

Não estou dizendo que o planejamento e o desenho de uma cidade, ou seus tipos de ruas e de vida urbana, possam vencer automaticamente a segregação e a discriminação. Várias outras iniciativas são imprescindíveis para corrigir essas injustiças.

Todavia, afirmo, sim, que urbanizar ou reurbanizar metrópoles cujas ruas sejam inseguras e cuja população deva optar entre partilhar muito ou não partilhar nada *pode* tornar *muito mais difícil* para as cidades norte-americanas superar a discriminação, sejam quais forem as iniciativas empreendidas.

Levando em consideração a intensidade do preconceito e do medo que acompanham a discriminação e a encorajam, superar a segregação espacial é também muito difícil se as pessoas se sentem de algum modo inseguras nas ruas. É difícil superar a discriminação espacial onde as pessoas não tenham como manter uma vida pública civilizada sobre uma base pública fundamentalmente digna e uma vida privada sobre uma base privada.

Sem dúvida podem ser executados aqui e ali planos-modelo de integração habitacional em áreas da cidade prejudicadas pelo perigo e pela falta de vida pública – executados mediante grande empenho e a instituição de uma seleção incomum (nas cidades) de novos vizinhos. Isso é uma fuga em relação à dimensão do problema e à sua premência.

A tolerância, a oportunidade para aparecerem grandes diferenças entre vizinhos – diferenças que frequentemente são mais profundas do que as raciais –, as quais são possíveis e normais numa vida intensamente urbana mas tão estranhas a subúrbios e pseudossubúrbios, são possíveis e normais só quando as ruas das grandes cidades dispõem de uma infraestrutura que permita uma convivência pacífica com estranhos, em condições civilizadas mas fundamentalmente dignas e reservadas.

Aparentemente despretensiosos, despropositados e aleatórios, os contatos nas ruas constituem a pequena mudança a partir da qual pode florescer a vida pública exuberante da cidade.

Los Angeles é um exemplo extremo de metrópole com vida pública escassa, que depende principalmente de uma natureza social mais privada.

De um lado, por exemplo, uma conhecida minha de lá comenta que, apesar de viver na cidade há dez anos e saber que há mexicanos entre os habitantes, ela nunca viu um mexicano ou uma peça da cultura mexicana, e muito menos trocou uma palavra com algum deles.

Por outro lado, Orson Welles escreveu que Hollywood é o único centro de artes cênicas do mundo que não conseguiu abrir um bistrô para o pessoal de artes cênicas.

E, em outro aspecto ainda, um dos mais influentes homens de negócios de Los Angeles deparou com uma falha nas relações públicas que seria inaceitável em outras cidades desse porte. Esse executivo, dizendo espontaneamente que a cidade estava "culturalmente atrasada", como ele próprio se expressou, contou-me que ao menos ele estava trabalhando para remediar isso. Chefiava uma comissão de coleta de recursos para um museu de arte de primeira classe. Mais adiante na conversa, depois de me revelar como é a vida no clube dos homens de negócios de Los Angeles, no qual ele despontava como um dos líderes, perguntei-lhe como e em que local a população de Hollywood tinha encontros semelhantes. Ele não foi capaz de responder. Acrescentou então que não conhecia ninguém ligado à indústria do cinema nem sabia de ninguém que conhecesse. "Sei que parece estranho", argumentou. "Estamos felizes de a indústria do cinema estar aqui, mas os que pertencem a ela não são pessoas com quem se tenha contato social."

Aí aparece de novo o partilhar ou isolar-se. Imagine a desvantagem desse sujeito na tentativa de abrir um museu metropolitano de arte. Ele não tem como se aproximar com desembaraço, destreza ou confiança dos melhores contribuintes potenciais de sua comissão.

Nos altos escalões econômicos, políticos e culturais, Los Angeles obedece às mesmas premissas provincianas de isolamento social que as ruas com o calçadão ajardinado de Baltimore ou da Chatham Village de Pittsburgh. Faltam a uma metrópole como essa os meios para reunir as ideias necessárias, o entusiasmo necessário, o dinheiro necessário. Los Angeles lançou-se numa empreitada estranha: tentar administrar não apenas conjuntos habitacionais, não apenas áreas apagadas, mas uma metrópole inteira à força do ou partilhar ou isolar-se. Entendo que essa seja uma consequência inevitável nas grandes cidades cuja população careça de vida pública urbana na vida e no trabalho cotidianos.

4. OS USOS DAS CALÇADAS: INTEGRANDO AS CRIANÇAS

Entre as superstições do planejamento urbano e do planejamento habitacional existe uma fantasia sobre a transformação das crianças. Ela é assim: a população infantil é condenada a brincar nas ruas. Essas crianças pálidas e raquíticas, num ambiente moral funesto, contam umas às outras mentiras sobre sexo, abafando o riso maldoso e aprendendo novas formas de degradação de modo tão eficiente como se estivessem num reformatório. Essa situação é chamada de "preço moral e físico pago por nossas crianças nas ruas", às vezes denominada apenas "sarjeta".

Pudera essas crianças carentes serem retiradas das ruas e colocadas em *playgrounds*, com equipamentos para se exercitar, espaço para correr, gramados para lhes encantar a alma! Lugares limpos e alegres, cheios de risos de crianças correspondendo a um ambiente saudável. É demais para uma fantasia.

Vejamos uma história real, registrada por Charles Guggenheim, documentarista de St. Louis. Guggenheim estava fazendo um filme a respeito das atividades numa creche de período integral em St. Louis. Ele observou que no final da tarde quase a metade das crianças ia embora com muita relutância.

Guggenheim ficou tão curioso, que decidiu investigar. Sem exceção, as crianças que iam embora a contragosto vinham de um conjunto habitacional próximo. E, também sem exceção, todas as que saíam de boa vontade vinham dos cortiços antigos de ruas próximas. O mistério, concluiu Guggenheim, era simples. Ao voltar para o conjunto habitacional, com seus generosos gramados e *playgrounds*, as crianças passavam por um corredor polonês formado por valentões, que as faziam esvaziar os bolsos ou então as espancavam, às vezes ambas as coisas. Essas crianças pequenas não conseguiam voltar para casa todos os dias sem sofrer essa provação aterrorizante. Guggenheim descobriu que as crianças que voltavam para as ruas tradicionais não corriam o risco de extorsão. Elas tinham uma quantidade enorme de ruas para escolher e, espertas, escolhiam as mais seguras. "Se alguém implicasse com elas, havia sempre um comerciante a quem podiam recorrer ou alguém que as ajudasse", relata Guggenheim. "Tinham também várias rotas de fuga, caso alguém tentasse emboscá-las. Esses garotinhos sentiam-se seguros e cheios de si e gostavam de voltar para casa." Guggenheim notou que o terreno ajardinado e o *playground* do conjunto habitacional eram extremamente desinteressantes; pareciam sempre desertos, em comparação com as ruas tradicionais da vizinhança, cheias de coisas interessantes, diversidade e elementos tanto para a máquina fotográfica quanto para a imaginação.

Vejamos outra história real, uma guerra de gangues juvenis durante o verão de 1959, em Nova York, que culminou com a morte de uma garota de quinze anos que não tinha relação alguma com a briga, e estava apenas no espaço do conjunto habitacional onde morava. Os acontecimentos que levaram à tragédia desse dia e o palco onde ocorreram foram descritos da seguinte maneira pelo *New York Post*, mais tarde, durante o julgamento:

> O primeiro tumulto ocorreu por volta do meio-dia, quando os Esportistas invadiram o território dos Garotos da Rua Forsyth, no Parque Sara Delano Roosevelt[1] (...). De tarde, os Garotos da Rua

1. A Rua Forsyth margeia o Parque Sara Delano Roosevelt, que ocupa várias quadras; o reverendo Jerry Oniki, pastor de uma igreja vizinha, foi citado pelo *New York Times* com referência à influência do parque sobre as crianças: "No parque há todo tipo de imoralidade que se possa imaginar." Contudo, o próprio parque já havia recebido elogios de especialistas; entre os exemplos utilizados num artigo de 1942 sobre o barão Haussmann, que reurbanizou Paris, escrito por Robert Moses, que reurbanizou Nova York, o recém-construído Parque Sara Delano Roosevelt foi considerado um feito comparável à Rue de Rivoli de Paris!

> Forsyth decidiram utilizar suas armas mais poderosas, uma espingarda e bombas de gasolina (...). Em meio à batalha, também no Parque Sara Delano Roosevelt (...) um garoto de 14 anos da Rua Forsyth foi morto a facadas, e dois outros meninos, um de 11 anos, ficaram gravemente feridos (...). Por volta das 9 horas da noite [sete ou oito garotos da Rua Forsyth] apareceram de repente no reduto dos Esportistas, perto do conjunto habitacional Lillian Wald, e, da terra de ninguém da Avenida D [limite do terreno do conjunto], lançaram as bombas de gasolina sobre o grupo, ao mesmo tempo que Cruz se agachava e disparava a espingarda.

Onde ocorreram essas três batalhas? Num parque e numa espécie de parque do conjunto habitacional. Após revoltas desse tipo, um dos paliativos a que invariavelmente se recorre são mais parques e *playgrounds*. Ficamos desnorteados pela força dos símbolos.

As "gangues de rua" travam suas "brigas de rua" principalmente em parques e *playgrounds*. Quando o *New York Times*, em setembro de 1959, fez uma retrospectiva das piores batalhas de gangues juvenis durante a década na cidade, absolutamente todas ocorreram num parque. Além do mais, e cada vez com maior frequência, não só em Nova York como também em outras cidades, as crianças que participam desses horrores são identificadas como moradoras dos conjuntos habitacionais das superquadras, onde se conseguiu tirar das ruas as brincadeiras cotidianas (as próprias ruas foram eliminadas na maioria). A área de maior criminalidade no Lower East Side de Nova York, onde ocorreu a guerra de gangues descrita acima, é exatamente uma espécie de parque existente nos conjuntos habitacionais. As duas gangues mais famosas do Brooklyn estão enraizadas nos dois conjuntos mais antigos. Ralph Whelan, diretor do Conselho Juvenil de Nova York, revela, segundo o *New York Times*, "um aumento constante nos índices de delinquência" onde quer que se construa um novo conjunto habitacional. A mais temida gangue de garotas de Filadélfia nasceu no segundo mais antigo conjunto habitacional, e a região de maior delinquência coincide com a região dos maiores conjuntos habitacionais. Em St. Louis, o conjunto onde Guggenheim descobriu a prática de extorsão é considerado relativamente seguro em comparação com o maior conjunto da cidade – 230 mil metros quadrados ocupados na maioria por gramados, pontilhados de *playgrounds* e despojados de ruas urbanas, o principal ninho de delinquência daquela cidade[2]. Esses conjuntos habitacionais mostram, entre outras coisas, a intenção de tirar as crianças das ruas. Esse objetivo faz parte de sua concepção.

Os resultados decepcionantes não surpreendem. As mesmas normas de segurança urbana e vida pública que servem para os adultos servem para as crianças, a não ser pelo fato de que as crianças são bem mais vulneráveis ao perigo e à violência que os adultos.

Na vida real, que mudança significativa ocorre *de fato* se as crianças são transferidas de uma rua cheia de vida para os parques ou para os *playgrounds* públicos ou de conjuntos habitacionais?

Na maioria dos casos (não em todos, felizmente), a mudança mais significativa é esta: as crianças saem de sob os olhos vigilantes de uma grande quantidade de adultos para um lugar onde a proporção de adultos é baixa ou inexistente. Achar que isso representa um progresso em termos de educação infantil urbana é pura ilusão.

As próprias crianças da cidade sabem disso, e há muitas gerações. "Quando queríamos fazer alguma coisa proibida, sempre íamos ao Parque Lindy, porque lá não havia adultos para nos vigiar", diz Jesse Reichek, artista que cresceu no Brooklyn. "A maior parte do tempo brincávamos na rua, onde não conseguíamos driblar a vigilância."

A vida de hoje é igual. Meu filho, ao contar como escapou de quatro garotos que tentaram bater nele, disse: "Tive medo que eles me pegassem ao atravessar o parquinho. Se eles me pegassem *lá*, eu estaria ferrado!"

Poucos dias depois do assassinato de dois garotos de dezesseis anos num *playground* do West Side, na região central de

2. Este também ganhou elogios de especialistas; foi muito reverenciado nos círculos habitacionais e arquitetônicos ao ser construído, entre 1954 e 1956, e recebeu ampla divulgação como um esplêndido exemplo de planejamento habitacional.

Manhattan, fiz uma visita melancólica ao local. As ruas vizinhas tinham evidentemente voltado ao normal. Centenas de crianças, sob a vigilância dos olhos de inúmeros adultos, que também usavam as calçadas ou estavam nas janelas, estavam entretidas numa variedade enorme de brincadeiras de rua e pega-pegas barulhentos. As calçadas eram sujas, estreitas demais para o que se exigia delas e careciam da sombra de árvores. Mas aí não se via nenhum incêndio criminoso, nem violência contra pessoas, nem a proliferação de armas perigosas. No parquinho onde ocorrera o assassinato de noite, aparentemente tudo também voltara ao normal. Três garotinhos estavam acendendo uma fogueira sob um banco de madeira. Alguém batia a cabeça de outro garoto contra o concreto. O zelador estava compenetrado em arriar do mastro, solene e vagarosamente, a bandeira norte-americana.

Ao voltar para casa e passar pelo relativamente pacífico *playground* próximo do local onde moro, percebi que seus únicos frequentadores, no final da tarde, após a saída de todas as mães e do zelador, eram dois meninos pequenos ameaçando golpear com seus patins uma garotinha, e também um bêbado, que se tinha recomposto para balançar a cabeça e resmungar que eles não deviam fazer aquilo. Mais adiante na rua, num quarteirão cheio de imigrantes porto-riquenhos, havia outra cena contrastante. Vinte e oito crianças de todas as idades brincavam na calçada, e nada de violência, incêndios criminosos ou qualquer ocorrência mais séria que uma disputa por um saco de balas. Elas estavam sob a vigilância ocasional de adultos que se encontraram e conversavam na calçada. A vigilância era só aparentemente ocasional, como ficou provado quando estourou a disputa pelas balas, e a paz e a justiça foram restabelecidas. Os adultos nem sempre eram os mesmos, porque outros apareciam nas janelas e outros passavam para lá e para cá, ou se detinham um pouco. Mas a quantidade de adultos permaneceu praticamente constante – entre oito e onze – durante a hora em que fiquei observando. Chegando a minha casa, notei que do nosso lado da quadra, defronte do prédio de apartamentos, da alfaiataria, de casa, da lavanderia, da pizzaria e da quitanda, doze crianças brincavam na calçada sob as vistas de catorze adultos.

Sem dúvida, nem todas as calçadas têm essa espécie de vigilância, e esse é um dos problemas urbanos que o planejamento deveria ajudar a corrigir. Calçadas pouco usadas não oferecem vigilância adequada para a educação de crianças. E as calçadas também não podem ser seguras, mesmo com olhos voltados para elas, se tiverem uma vizinhança que troca de endereço constante e rapidamente – outro problema premente do planejamento urbano. Mas os *playgrounds* e os parques próximos dessas ruas são ainda menos saudáveis.

Nem todos os *playgrounds* e os parques são perigosos ou têm vigilância insuficiente, como veremos no próximo capítulo. Porém, os que são saudáveis normalmente se situam em vizinhanças de ruas movimentadas e seguras e onde prevalece nas calçadas um forte espírito de vida pública civilizada. Sejam quais forem as diferenças de segurança e salubridade que existam entre os *playgrounds* e as calçadas de qualquer local, elas invariavelmente favorecem as tão difamadas ruas.

As pessoas que têm a responsabilidade real, não teórica, de criar crianças nas cidades sabem disso muito bem. "Pode sair", dizem as mães nas cidades, "mas fique na calçada". Eu mesma digo isso a meus filhos. E com isso queremos dizer mais do que "não vá para a rua porque lá há carros".

Ao descrever o resgate milagroso de um menino de nove anos que foi empurrado para dentro de uma vala de esgoto por um agressor não identificado – num parque, é claro –, o *New York Times* relatou: "A mãe dissera no mesmo dia aos garotos que não brincassem no Parque High Bridge (...). Depois, ela disse que podiam." Os amigos do garoto, assustados, tiveram a presença de espírito de correr do parque e voltar para as ruas maléficas, onde conseguiram ajuda rapidamente.

Frank Havey, diretor da associação comunitária do North End, em Boston, diz que os pais toda vez comentam esse problema com ele: "Dizemos aos nossos filhos que brinquem na calçada depois do jantar. Mas temos ouvido falar que as crianças não devem brincar na rua. Será que estamos errados?" Havey diz que estão certos. Ele atribui boa parte dos baixos índices de criminalidade do North End à excelente vigilância das pessoas sobre as crianças que estão brincando no lugar em que a comunidade se faz mais presente – as calçadas.

Os planejadores da Cidade-Jardim, em seu ódio pelas ruas, acharam que a solução para manter as crianças longe das ruas *e* sob uma vigilância salutar seria construindo para elas pátios no centro das superquadras. Essa conduta foi herdada pelos projetistas da Cidade-Jardim Radieuse. Hoje, várias amplas áreas reformadas estão sendo replanejadas segundo o princípio dos parques encravados no meio dos quarteirões.

O problema desse arranjo, como se pode constatar nos exemplos existentes de Chatham Village, em Pittsburgh, e Baldwin Hills Village, em Los Angeles, e em núcleos menores com quintais em Nova York e Baltimore, é que nenhuma criança com iniciativa e perspicácia vai permanecer voluntariamente num lugar tão entediante depois dos seis anos de idade. A maioria, antes ainda. Esses mundos "para partilhar" protegidos servem e são utilizados na prática durante três ou quatro anos da vida de uma criança pequena, em vários sentidos os mais fáceis de lidar com elas. Nem mesmo os moradores adultos desses lugares querem desempenhar o papel de crianças mais velhas nesses pátios protegidos. Na Chatham Village e na Baldwin Hills Village, isso é expressamente proibido. Os pequerruchos são decorativos e relativamente dóceis, mas as crianças mais velhas são barulhentas e vigorosas e interferem no ambiente em vez de deixar que ele mexa com elas. Quando o ambiente já é "perfeito", isso não dá certo. Além do mais, como se pode verificar em exemplos concretos e em plantas de construção, esse tipo de planejamento exige que os prédios estejam voltados para a parte de dentro do pátio. Não fosse assim, a graça do pátio não seria aproveitada e se perderia a facilidade de vigilância e acesso. Dessa forma, os fundos dos prédios, quase sem uso, e, pior ainda, as paredes cegas voltam-se para as ruas. A segurança das calçadas, que não têm um fim específico, é substituída por uma forma de segurança específica para uma parcela específica da população, durante um curto período de sua vida. Quando as crianças ousarem ir mais longe, como se espera que façam e farão, elas estarão mal servidas, como todas as outras pessoas.

Tenho insistido num aspecto negativo da criação das crianças nas cidades: o da segurança – a segurança das crianças contra sua própria perversidade, contra adultos perversos e contra outras crianças. Tenho insistido nisso porque minha intenção é demonstrar, por meio do problema de mais fácil compreensão, a absoluta falta de sentido da fantasia de que os *playgrounds* e os parques sejam locais naturalmente bons para as crianças e as ruas sejam locais naturalmente maus para elas.

Porém as calçadas movimentadas têm também aspectos positivos para a diversão das crianças, e esses aspectos são no mínimo tão importantes quanto a segurança e a proteção.

As crianças da cidade precisam de uma boa quantidade de locais onde possam brincar e aprender. Precisam, entre outras coisas, de oportunidades para praticar todo tipo de esporte e exercitar a destreza física – e oportunidades mais acessíveis do que aquelas de que desfrutam na maior parte dos casos. Ao mesmo tempo, no entanto, precisam de um local perto de casa, ao ar livre, sem um fim específico, onde possam brincar, movimentar-se e adquirir noções do mundo.

É essa espécie de recreação informal que as calçadas propiciam, e as calçadas movimentadas da cidade têm ótimas condições de fazê-lo. Quando se transfere esse divertimento quase caseiro para *playgrounds* e parques, ele não só é garantido com certo risco como há também um esbanjamento de funcionários contratados, equipamentos e espaço que poderiam ser mais bem empregados na forma de novos rinques de patinação, piscinas, lagos com botes e diversas outras atividades específicas ao ar livre. O uso genérico e ruim da recreação consome recursos que poderiam ser utilizados para uma recreação específica e saudável.

É uma enorme leviandade desprezar a presença normal de adultos em calçadas cheias de vida e, ao contrário, apostar (idealisticamente) na contratação de substitutos para ela. É uma leviandade não só do ponto de vista social como também econômico, porque as cidades sofrem de uma escassez drástica de dinheiro e de pessoal para utilizar o espaço de maneira mais interessante que com *playgrounds* – e de dinheiro e pessoal para outros aspectos da vida das crianças. Por exemplo, atualmente as redes municipais de educação têm em média de trinta a quarenta crianças por sala de aula – às vezes mais –, e entre elas se encontram crianças com todo tipo de problema, de desconhecimento do idioma a sérios desequilíbrios emocionais. As escolas públicas necessitam de um aumento em torno de 50 por cento no número de professores para enfrentar problemas graves e também precisam reduzir o tamanho das turmas para proporcionar melhor ensino. Em 1959, os hospitais municipais de Nova York tinham 58 por cento das vagas de enfermagem não preenchidas, e em muitas outras cidades a falta de enfermeiras tornou-se alarmante. As bibliotecas, e mais ainda os museus, têm reduzido o período de funcionamento, principalmente o horário das seções destinadas a crianças. Faltam recursos financeiros para o aumento imprescindível do número de instituições comunitárias nos novos cortiços e nos novos conjuntos habitacionais urbanos. Até mesmo as instituições existentes não dispõem de recursos para a expansão e a alteração necessárias em seus programas, em poucas palavras, mais pessoal. Esse tipo de necessidade deveria ter prioridade máxima nos recursos públicos e filantrópicos – não apenas nos recursos tristemente escassos de hoje, mas em recursos substancialmente maiores.

As pessoas das cidades que têm outros trabalhos e afazeres e, além disso, não dispõem da formação necessária, não podem aventurar-se como professores, enfermeiras, bibliotecários, guardas de museu ou assistentes sociais. Mas, como já o fazem nas calçadas vivas e diversificadas, elas têm condições ao menos de supervisionar a recreação informal das crianças e incorporá-las à sociedade. Elas fazem isso *enquanto se ocupam de suas outras atividades*.

Os urbanistas parecem não perceber quão grande é a quantidade de adultos necessária para cuidar de crianças brincando. Parecem também não entender que espaço e equipamentos não cuidam de crianças. Estes podem ser complementos úteis, mas só pessoas cuidam de crianças e as incorporam à sociedade civilizada.

É uma insanidade urbanizar cidades de modo a desperdiçar esse potencial humano de cuidar das crianças e deixar incompleta essa tarefa essencial – com consequências terríveis – ou obrigar à contratação de substitutos. O mito de que os *playgrounds* e os gramados e os guardas ou supervisores contratados são inerentemente benéficos para as crianças, enquanto as vias públicas, cheias de pessoas comuns, são inerentemente nocivas, revela um profundo desdém pelas pessoas comuns.

Na prática, é só com os adultos das calçadas que as crianças aprendem – se é que chegam a aprender – o princípio fundamental de uma vida urbana próspera: as pessoas devem assumir um pouquinho de responsabilidade pública pelas outras, mesmo que não tenham relações com elas. Trata-se de uma lição que ninguém aprende por lhe ensinarem. Aprende-se a partir da experiência de *outras pessoas sem laços de parentesco ou de amizade íntima ou responsabilidade formal para com você*, que assumem um pouquinho da responsabilidade pública por você. Quando o Sr. Lacey, o chaveiro, dá uma bronca num de meus filhos que correu para a rua e mais tarde relata a desobediência a meu marido quando ele passa pela loja, meu filho recebe mais que uma lição clara sobre segurança e obediência. Recebe também, indiretamente, a lição de que o Sr. Lacey, com quem não temos outras relações que não a de vizinhos, sente-se em certo sentido responsável por ele. O garoto que ficou preso no elevador sem ajuda no conjunto habitacional do "partilhar" ou isolar-se aprende lições diferentes com essa experiência. O mesmo acontece com as crianças que espirram água para dentro das janelas das casas e em transeuntes e não são repreendidas, porque são crianças anônimas num local anônimo.

O ensinamento de que os moradores da cidade devem assumir responsabilidade pelo que acontece nas ruas é dado continuamente a crianças que usufruem a vida pública nas calçadas. Elas conseguem assimilá-lo surpreendentemente cedo. Mostram que o assimilaram ao reconhecer que também fazem parte desse processo. Elas dão indicações (antes de elas serem solicitadas) a pessoas que estão perdidas; advertem um sujeito de que ele levará uma multa se estacionar o carro naquele lugar; sugerem espontaneamente ao síndico do prédio que use sal grosso em vez de talhadeira para partir o gelo. A existência ou a ausência desse tipo de comportamento nas crianças da cidade é uma indicação muito boa da existência ou da ausência do comportamento responsável de adultos em relação à calçada e às crianças que a utilizam. As crianças imitam as atitudes dos adultos. E isso não tem relação alguma com a renda familiar. Em certas áreas, das mais pobres das cidades, as crianças demonstram que se faz por elas o que há de melhor; em outras, o que há de pior.

Trata-se de uma lição de urbanidade que as pessoas contratadas para cuidar de crianças não têm condições de ensinar, porque a essência dessa responsabilidade é que ela seja exercida sem a necessidade de um contrato. Trata-se de um ensinamento que os pais, por si sós, são incapazes de dar. Se os pais assumem uma pequena responsabilidade por estranhos ou vizinhos numa sociedade em que ninguém a assume, isso vem a significar que esses pais são embaraçosamente diferentes e intrometidos, e não que essa seja a conduta correta. Tal ensinamento deve emanar da própria sociedade, e nas cidades, quando isso ocorre, é quase sempre no período em que as crianças estão brincando espontaneamente nas calçadas.

A diversão em calçadas movimentadas e diversificadas difere de praticamente todos os outros tipos de lazer de que as crianças norte-americanas dispõem hoje: é uma recreação que não se encontra sob as rédeas do matriarcado.

Planejadores e projetistas são, em sua maioria, homens. Estranhamente, eles criam projetos e planos que desconsideram os homens como integrantes da vida diária e normal de onde quer que haja moradias. Ao planejar a vida residencial, o objetivo deles é satisfazer as pretensas necessidades cotidianas de donas de casa ociosas e criancinhas em idade pré-escolar. Resumindo, eles fazem projetos estritamente para sociedades matriarcais.

O ideal do matriarcado está inevitavelmente presente em todo planejamento urbano em que as residências estejam isoladas dos outros aspectos da vida. Está presente em todo planejamento para crianças em que a recreação informal esteja isolada em seus próprios domínios. Qualquer sociedade adulta presente na vida diária das crianças atingidas por tal projeto tem de ser um matriarcado. A Chatham Village, aquele modelo de Pittsburgh da vida na Cidade-Jardim, tem uma concepção e um funcionamento tão cabalmente matriarcais quanto a mais recente das cidades-dormitórios. Todos os conjuntos habitacionais são assim.

Localizar o trabalho e o comércio *próximos* das residências, mas mantê-los afastados, de acordo com a tradição imposta pela teoria da Cidade-Jardim, é uma solução tão matriarcal quanto situar as residências a quilômetros de distância do trabalho e dos homens. Os homens não são uma abstração. Ou estão por perto, em pessoa, ou não estão. Os locais de trabalho e o comércio devem mesclar-se às residências se se tiver a intenção de que os homens, como, por exemplo, os que trabalham na Rua Hudson ou próximo dela, estejam perto das crianças na vida diária – homens que participem da vida cotidiana normal, em contraposição aos homens que fazem uma aparição ocasional no parquinho quando tomam o lugar das mulheres ou imitam as ocupações femininas.

A oportunidade (que na vida moderna se tornou um privilégio) de brincar e crescer num mundo cotidiano composto tanto de homens como de mulheres é possível e comum para crianças que brincam em calçadas diversificadas cheias de vida. Não consigo entender por que essa situação deva ser desencorajada pelo planejamento urbano e pelo zoneamento. Ao contrário, deveria ser induzida a partir da análise das condições que estimulam a mescla e a mistura do trabalho e do comércio com as residências, assunto que retomarei mais adiante neste livro.

A fascinação das crianças pela vida nas ruas foi constatada há muito tempo por especialistas em recreação, geralmente com desaprovação. Já em 1928, a Associação de Planejamento Regional de Nova York, em relatório que é até hoje o mais exaustivo estudo norte-americano sobre recreação nas metrópoles, diz:

> A análise detida em várias cidades num raio de 400 metros ao redor de *playgrounds*, sob um espectro amplo de situações, mostra que cerca de 1/7 da população infantil de cinco a quinze anos de idade se encontra nesses locais (...). O chamariz da rua é um concorrente

forte (...). O *playground* deve ser bem administrado para ter êxito na competição com as ruas, cheias de vida e aventura. A capacidade de tornar as atividades do *playground* tão irresistivelmente atraentes a ponto de tirar as crianças da rua e manter seu interesse dia após dia é uma qualidade rara nos recreadores, e ela deve associar personalidade e especialização de alto nível.

Mais adiante, o mesmo relatório deplora a tendência inflexível das crianças de "vadiar", em vez de jogar "jogos reconhecidos" (reconhecidos por quem?). Esse anseio pela Organização Criança por parte daqueles que encarcerariam a recreação informal e a preferência teimosa das crianças pela vadiagem nas ruas da cidade, cheias de vida e aventura, são tão característicos hoje como em 1928.

"Conheço o Greenwich Village como a palma da minha mão", gaba-se meu filho mais velho ao levar-me para ver uma "passagem secreta" que descobriu sob uma rua, descendo uma escada do metrô e subindo por outra, e um esconderijo secreto de uns 20 centímetros de largura, entre dois edifícios, onde ele guarda os tesouros que encontra no caminho para a escola – coisas que as pessoas jogaram fora para o lixeiro levar – para pegá-los na volta da escola. (Eu também tinha um esconderijo assim, com a mesma finalidade, quando era da idade dele, mas o meu era uma fenda num barranco no caminho da escola, em vez de uma fenda entre dois prédios, e ele encontra tesouros mais inusitados e valiosos.)

Por que as crianças acham, com tanta frequência, que perambular por calçadas cheias de vida é mais interessante do que ficar nos quintais ou nos parquinhos? Porque as calçadas são mais interessantes. É uma pergunta tão sensata quanto: por que os adultos acham as ruas cheias de vida mais interessantes que os parquinhos?

A extraordinária comodidade das calçadas é um trunfo importante também para as crianças. As crianças estão à mercê da comodidade mais do que ninguém, exceto os idosos. Boa parte da diversão das crianças ao ar livre, principalmente depois da idade escolar e de elas terem descoberto algumas atividades organizadas (esportes, artes, trabalhos manuais ou aquilo que seus interesses ou as oportunidades existentes ditarem), ocorre em horários imprevistos e deve adequar-se a isso. Grande parte da vida das crianças fora de casa desenvolve-se aos poucos. Acontece no pequeno intervalo depois do almoço. Acontece depois da escola, no momento em que as crianças podem estar pensando no que fazer e imaginando quem vai aparecer. Acontece enquanto elas esperam ser chamadas para o jantar. Acontece em breves intervalos entre o jantar e a lição de casa, ou entre a lição de casa e a hora de dormir.

Nesses momentos, as crianças dispõem e utilizam de todos os meios para exercitar-se e divertir-se. Batem com os pés em poças d'água, escrevem com giz, pulam corda, patinam, jogam bolas de gude, exibem o que têm, conversam, trocam figurinhas, jogam *stoopball**, andam em pernas de pau, enfeitam patinetes feitos de caixa de sabão, desmontam carros de bebê velhos, sobem em grades, correm de um lado para o outro. Não tem sentido valorizar demais essas atividades. Não tem sentido ir a algum lugar formalmente para fazê-las de acordo com um plano formal. Parte do seu atrativo reside na sensação que as acompanha, de liberdade de vaguear para cá e para lá nas calçadas, situação diferente de estar fechado dentro de um espaço. Se for impossível desempenhá-las informal e convenientemente, elas raramente são realizadas.

À medida que as crianças crescem, essa atividade informal fora de casa – por exemplo, enquanto esperam ser chamadas para a refeição – passa a exigir menos do físico e acarreta um tempo mais prolongado com os outros, formando opinião sobre eles, flertando, conversando, provocando, empurrando, lutando. Os adolescentes são quase sempre criticados por essa maneira de matar o tempo, mas é quase impossível amadurecer sem ela. O problema aparece quando ela é praticada não na sociedade, mas como uma forma de vida marginal.

O requisito para qualquer uma dessas variedades de recreação informal não é a existência de nenhum tipo de equipamento

* Jogo baseado no beisebol que consiste em jogar a bola contra um muro e contar o número de vezes que ela pula no chão. Esse número indica a quantidade de bases percorridas. (N. do T.)

rebuscado, mas sim de espaço num local conveniente e interessante. A brincadeira é prejudicada se as calçadas forem muito estreitas em relação ao que se exige delas. É prejudicada principalmente se as calçadas não tiverem pequenas irregularidades no alinhamento das construções. Uma parte considerável do ócio e da recreação ocorre em reentrâncias da calçada, fora do trajeto dos pedestres.

Não há sentido em planejar a recreação nas calçadas, a menos que elas sejam utilizadas para uma grande variedade de outros fins e também por uma grande variedade de outras pessoas. Esses usos são interdependentes, tanto para uma vigilância adequada, quanto para uma vida pública de certa vitalidade e interesse geral. Se as calçadas de uma rua movimentada tiverem largura suficiente, a recreação surge com força junto com os outros usos. Se as calçadas forem acanhadas, a brincadeira de pular corda é a primeira a ser prejudicada. Depois vêm os patins, os triciclos e as bicicletas. Quanto mais estreitas forem as calçadas, mais sedentária se torna a recreação informal. E mais frequentes as escapadas das crianças para a rua.

Calçadas com nove ou dez metros de largura são capazes de comportar praticamente qualquer recreação informal – além de árvores para dar sombra e espaço suficiente para a circulação de pedestres e para a vida em público e o ócio dos adultos. Há poucas calçadas com largura tão farta. Invariavelmente, a largura delas é sacrificada em favor da largura da rua para os veículos, em parte porque as calçadas são tradicionalmente consideradas um espaço destinado ao trânsito de pedestres e ao acesso a prédios e continuam a ser desconsideradas e desprezadas na condição de únicos elementos vitais e imprescindíveis da segurança, da vida pública e da criação de crianças nas cidades.

Ainda podem ser encontradas calçadas de seis metros, que geralmente impossibilitam a brincadeira de pular corda mas permitem a diversão com patins e outros brinquedos de rodas, embora os que gostam de alargar as ruas as abocanhem ano após ano (geralmente segundo a crença de que as desprezadas esplanadas e os "passeios públicos" as substituem adequadamente). Quanto mais movimentadas e atraentes forem as calçadas e quanto maior o número e a variedade de usuários, maior deverá ser a largura total para comportar seus usos satisfatoriamente.

Contudo, mesmo com a falta de espaço adequado, a localização conveniente das ruas e o interesse despertado por elas são tão importantes para as crianças – e a boa vigilância, tão importante para os pais – que elas se adaptam ao acanhado espaço da calçada. Isso não significa que seja correto tirar vantagem dessa adaptabilidade inescrupulosamente. Na verdade, é errado tanto com relação às calçadas quanto com relação às cidades.

Algumas calçadas são sem dúvida ruins para a criação das crianças. São ruins para qualquer pessoa. Nesses lugares, precisamos promover as virtudes e as instalações que propiciam segurança, vitalidade e estabilidade nas ruas. Trata-se de um problema complexo e fundamental no planejamento urbano. Em bairros com tais deficiências, enxotar as crianças para parques ou *playgrounds* é, além de improdutivo, uma solução ainda pior para os problemas das ruas e para as crianças.

A ideia de se livrar das ruas, desde que isso seja possível, e depreciar e menosprezar sua função social e econômica na vida urbana é uma das mais nocivas e destrutivas do planejamento urbano ortodoxo. É o máximo da ironia que ela seja posta em prática com tanta frequência em nome de fantasias nebulosas sobre a criação de crianças nas cidades.

5. OS USOS DOS PARQUES DE BAIRRO

Os parques de bairro ou espaços similares são comumente considerados uma dádiva conferida à população carente das cidades. Vamos virar esse raciocínio do avesso e imaginar os parques urbanos como locais carentes que precisem da dádiva da vida e da aprovação conferida a *eles*. Isso está mais de acordo com a realidade, pois as pessoas dão utilidade aos parques e fazem deles um sucesso, ou então não os usam e os condenam ao fracasso.

Os parques são locais efêmeros. Costumam experimentar extremos de popularidade e impopularidade. Seu desempenho nada tem de simples. Podem constituir elementos maravilhosos dos bairros e também um trunfo econômico para a vizinhança, mas infelizmente poucos são assim. Com o tempo, podem tornar-se mais apreciados e valorizados, mas infelizmente poucos duram tanto. Para cada Rittenhouse Square, na Filadélfia, ou Rockefeller Plaza ou Washington Square, em Nova York, ou Boston Common, ou ainda seus amados equivalentes em outras cidades, há dúzias de vazios urbanos desvitalizados chamados parques, destruídos pela decadência, sem uso, desprezados. Como me disse uma mulher em Indiana, quando lhe perguntei se gostava da praça da cidade: "Lá só ficam uns velhos indecentes, que cospem uma gosma de tabaco e tentam olhar por baixo da saia da gente."

No planejamento urbano ortodoxo, as áreas livres dos bairros são veneradas de uma maneira surpreendentemente acrítica, quase como os selvagens veneravam fetiches[1]. Se perguntarmos a um construtor como fazer para melhorar seu projeto na cidade tradicional, ele responderá, como se fosse uma virtude patente: Mais Áreas Livres. Se perguntarmos a um técnico sobre os avanços nos códigos de zoneamento progressistas, ele mencionará, mais uma vez como uma virtude patente, os incentivos a Mais Áreas Livres. Se andarmos com um planejador por um bairro desvitalizado, já marcado por parques vazios e jardins descuidados cheios de papéis velhos, ele vislumbrará um futuro de Mais Áreas Livres.

Mais Áreas Livres para quê? Para facilitar assaltos? Para haver mais vazios entre os prédios? Ou para as pessoas comuns usarem e usufruírem? Porém, as pessoas não utilizam as áreas livres só porque elas estão lá, e os urbanistas e planejadores urbanos gostariam que utilizassem.

Em certos aspectos de seu desempenho, todo parque urbano é um caso particular e desafia as generalizações. Além do mais, os parques grandes, como o Fairmount, em Filadélfia, o Central, o Bronx e o Prospect, em Nova York, o Forest, em St. Louis, o Golden Gate, em São Francisco, e o Grant, em Chicago – ou mesmo o Boston Common, menor –, diferem muito, de trecho para trecho, dentro de si próprios, e também recebem influências diversas das diferentes partes da cidade no seu entorno. Alguns dos fatores que interferem no desempenho dos grandes parques metropolitanos são muito complexos para que os abordemos na primeira parte deste livro; nós os analisaremos adiante, no Capítulo 14, A maldição das zonas de fronteira desertas.

Não obstante, embora seja ilusório considerar um parque urbano uma duplicata real ou potencial de outro ou acreditar que as generalizações explicam inteiramente todas as peculiaridades de cada um deles, pode-se generalizar acerca de alguns princí-

1. P. ex.: "O Sr. Moses concordou que alguns dos novos conjuntos residenciais podem ser 'feios, padronizados, prosaicos, idênticos, homogêneos, inexpressivos'. Mas argumentou que esses conjuntos poderiam ser circundados por parques" – de uma reportagem do *New York Times* de janeiro de 1961.

pios básicos que afetam profundamente quase todos os parques urbanos. Além do mais, a compreensão desses princípios ajuda a entender um pouco as influências presentes em parques urbanos de todo tipo – de espaços que funcionam como extensão de ruas a parques amplos com as grandes atrações de uma metrópole, como zoológicos, lagos, bosques e museus.

Os parques de bairro revelam certos princípios gerais do desempenho dos parques com mais clareza do que os parques específicos exatamente porque são o tipo mais numeroso de parque urbano que possuímos. Normalmente se destinam ao uso trivial geral, como pátios públicos, seja a localidade predominantemente ligada ao trabalho, predominantemente residencial, ou uma grande mistura. A maioria das praças enquadra-se nessa categoria de uso geral como pátio público; o mesmo ocorre com a maioria dos usos do solo projetados; e o mesmo ocorre com boa parte das áreas verdes que se aproveitam de acidentes naturais, como margens de rios ou topos de morros.

A primeira precondição para compreender como as cidades e seus parques influenciam-se mutuamente é acabar com a confusão entre os usos reais e os fantasiosos – por exemplo, a baboseira de ficção científica de que os parques são "os pulmões da cidade". São necessários cerca de doze mil metros quadrados de árvores para absorver a quantidade de dióxido de carbono que quatro pessoas geram ao respirar, cozinhar e aquecer a casa. São as correntes de ar que circulam à nossa volta, e não os parques, que evitam que as cidades sufoquem[2].

2. Los Angeles, que precisa da ajuda de um pulmão mais do que qualquer outra cidade dos Estados Unidos, possui mais áreas livres que qualquer outra cidade grande; sua poluição atmosférica deve-se em parte a peculiaridades locais de circulação do ar, mas também ao fato de ser uma cidade muito espalhada e à extensão das áreas livres. As grandes distâncias urbanas implicam um tráfego intenso de automóveis, e este, por sua vez, contribui com cerca de dois terços dos poluentes atmosféricos. Das mil toneladas de poluentes liberadas diariamente pelos três milhões de veículos licenciados de Los Angeles, cerca de 600 toneladas são hidrocarbonetos, que podem ser eliminados em grande parte com a instalação de dispositivos nos escapamentos nos automóveis. Porém, cerca de 400 toneladas são óxidos de nitrogênio, e, no momento em que escrevo, nem se iniciou a pesquisa de dispositivos capazes de reduzir a emissão dessas substâncias. O paradoxo do ar e das áreas livres – e não se trata, obviamente, de um paradoxo temporário – é este: nas cidades modernas, a copiosa distribuição de áreas livres propicia a poluição do ar, em lugar de combatê-la. Ebenezer Howard dificilmente poderia ter previsto esse efeito. Mas a previsão não é mais necessária; só a percepção tardia.

Além disso, certa metragem de áreas verdes não fornece mais ar a uma cidade do que uma metragem equivalente em ruas. Subtrair as ruas e adicionar sua metragem quadrada a parques ou esplanadas em conjuntos habitacionais não tem o mínimo efeito sobre a quantidade de ar fresco que uma cidade recebe. O ar não tem conhecimento algum dos fetiches das áreas verdes e é incapaz de atuar de acordo com eles.

Para compreender o desempenho dos parques é também necessário descartar a falsa convicção de que eles são capazes de estabilizar o valor de bens imóveis ou funcionar como âncoras da comunidade. Os parques, por si sós, não são nada e menos ainda elementos efêmeros de estabilização de bens ou de sua vizinhança ou distrito.

Filadélfia serve quase como uma experiência controlada nesse aspecto. Quando Penn* projetou a cidade, colocou em seu centro uma praça, hoje ocupada pela Prefeitura, e, equidistantes do centro, quatro praças residenciais. O que aconteceu com essas quatro, todas da mesma idade, do mesmo tamanho, com a mesma destinação e praticamente as mesmas supostas vantagens de localização?

O destino de cada uma é muitíssimo diferente.

A mais conhecida das quatro praças de Penn é a Rittenhouse Square, um parque adorado, bem-sucedido e muito frequentado, atualmente um dos maiores patrimônios de Filadélfia, núcleo de um bairro elegante – na verdade, o único dos bairros tradicionais de Filadélfia que está revitalizando espontaneamente sua área periférica e valorizando seus imóveis.

O segundo dos pequenos parques de Penn é a Franklin Square, um parque de submundo, onde se juntam os sem-teto, os desempregados e os indigentes, em meio a cortiços, pensões, estabelecimentos religiosos, lojas de roupas usadas, salas de leitura, casas de penhores, agências de emprego, estúdios de tatuagem, casas de *shows* e lanchonetes. O parque e seus frequentado-

* William Penn (1644-1718) governou a colônia da Pensilvânia por dois anos, entre 1682 e 1684, a qual lhe havia sido concedida pelo rei inglês Carlos II como pagamento de uma dívida. Penn projetou e batizou a cidade de Filadélfia. O plano consistia de uma malha ortogonal de 22 por oito quadras. (N. do T.)

res têm má fama, mas o local não é perigoso, nem há crimes. Entretanto, o parque nunca funcionou como âncora do valor de imóveis ou da estabilidade social. Planeja-se desocupar inteiramente a vizinhança.

O terceiro é a Washington Square, no meio de uma região que foi centro de comércio mas hoje é uma área de escritórios – companhias de seguros, editoras, empresas de publicidade. Há várias décadas, a Washington Square tornou-se um local de perversão, a ponto de ser evitado pelo pessoal dos escritórios na hora do almoço e constituir um problema insolúvel de tráfico e crime para os funcionários do parque e a polícia. Em meados dos anos 50, o parque foi revolvido, ficou fechado por mais de um ano e foi reprojetado. Durante esse período, seus frequentadores se dispersaram, e era essa a intenção. Hoje, tem uso escasso e aleatório e está quase sempre vazio, a não ser na hora do almoço, nos dias de tempo bom. O bairro da Washington Square, como o da Franklin Square, não conseguiu preservar os imóveis, quanto mais valorizá-los. Hoje se planeja reurbanizar inteiramente toda a área à volta do perímetro dos escritórios.

A quarta das praças de Penn foi reduzida a uma pequena ilha de tráfego, Logan Circle, no Benjamin Franklin Boulevard, um exemplo do modelo do City Beautiful. A rotatória foi adornada com um chafariz que jorra alto e um jardim bem cuidado. Ainda que não seja convidativo ir lá a pé e se trate mais de um local para ser visto para quem passa de automóvel, a rotatória recebe um punhado de pessoas nos dias claros. O bairro vizinho ao centro cultural monumental que ela integrou deteriorou-se incrivelmente, teve seus cortiços removidos e foi transformado em Ville Radieuse.

Os destinos diferentes dessas quatro praças – principalmente as três que continuam sendo praças – ilustram o desempenho inconstante que caracteriza os parques urbanos. Elas também ilustram boa parte dos princípios fundamentais que norteiam o desempenho dos parques, e eu pretendo retomá-los e a suas lições em breve.

O desempenho instável dos parques e de sua vizinhança chega a extremos. Um dos parques pequenos mais encantadores de todas as cidades norte-americanas, o Plaza de Los Angeles, circundado por imensas magnólias, um lugar adorável, cheio de sombras e história, está hoje infelizmente rodeado, em três faces, por prédios abandonados e uma imundície tão deplorável que o mau cheiro se espalha pelas calçadas. (Na quarta face há uma loja para turistas que está indo bem.) O Madison Park de Boston, área verde gramada de uma área residencial com casas geminadas, exatamente o tipo de parque que está surgindo atualmente em muitos dos projetos de revitalização sofisticados, constitui o núcleo de um bairro que parece ter sido bombardeado. As casas à sua volta – bastante parecidas com aquelas que são muito procuradas no entorno da vizinhança da Rittenhouse Square, de Filadélfia – perderam o valor e estão desmoronando com o consequente descaso. Quando uma das casas de uma série sofre uma rachadura, ela é demolida, e a família da casa ao lado é retirada por segurança; poucos meses depois, esta também se vai, e a seguinte é evacuada. Não existe um plano por trás disso; nada senão espaços escancarados, entulho e abandono não intencionais, com o pequeno parque fantasma, teoricamente uma ótima âncora de áreas residenciais, no centro da devastação. O Federal Hill, em Baltimore, é um parque lindíssimo e tranquilo, que proporciona a melhor vista da cidade e da baía. A vizinhança, embora respeitável, está agonizante, como o próprio parque. Não conseguiu, geração após geração, atrair o interesse de novos moradores. Um dos fracassos mais amargos da história dos conjuntos habitacionais é que parques e áreas livres nesses locais não foram capazes de valorizar a vizinhança ou ao menos estabilizá-la, quem diria melhorá-la. Observe o entorno de qualquer parque urbano, praça pública ou área verde de conjunto habitacional: é muito raro encontrar uma área livre com um entorno que espelhe convenientemente o propalado magnetismo ou a influência estabilizadora que os parques possuiriam.

E lembre-se também dos parques que ficam vazios a maior parte do tempo, como ocorre com o lindo Federal Hill, de Baltimore. Nos dois melhores parques de Cincinnati, voltados para o rio, consegui contar, numa tarde esplêndida e quente de setembro, um total de cinco pessoas (três garotas adolescentes e um casal de jovens); ao mesmo tempo, na cidade, uma rua após a outra fervilhava de gente passeando, mesmo sem dispor das mais insignificantes instalações para apreciar a cidade e a ínfima generosidade de uma sombra. Numa tarde parecida, com a temperatura acima de 30 ºC, consegui contar no parque de Corlears Hook – um oásis ajardinado diante do rio, com brisa fresca, no superpovoado Lower East Side de Manhattan – só dezoito pessoas, a maioria delas homens sozinhos, aparentemente indigentes[3]. Não havia crianças. Mãe alguma, com a cabeça no lugar, permitiria que seu filho ficasse lá sozinho, e as mães do Lower East Side não perderam a cabeça. Um passeio de barco à volta de Manhattan transmite a errônea impressão de que é uma cidade composta principalmente de áreas verdes – e quase desprovida de habitantes. Por que é tão frequente não haver ninguém onde há parques e nenhum parque onde há gente?

Os parques impopulares preocupam não só pelo desperdício e pelas oportunidades perdidas que implicam, mas também pelos efeitos negativos constantes. Eles sofrem do mesmo problema das ruas sem olhos, e seus riscos espalham-se pela vizinhança, de modo que as ruas que os margeiam ganham fama de perigosas e são evitadas.

Além do mais, os parques de pouco uso e seus equipamentos são alvo de vandalismo, o que é bem diferente do desgaste por uso. Esse fato foi reconhecido indiretamente por Stuart Constable, então diretor do Departamento de Parques da cidade de Nova York, quando a imprensa lhe perguntou sobre a proposta feita em Londres de instalar televisores nos parques. Depois de afirmar que os televisores não eram adequados para parques, Constable acrescentou: "Acho que [os aparelhos] sumiriam em meia hora."

Em todas as noites agradáveis de verão veem-se televisores fora de casa, usados em público, nas velhas calçadas movimentadas do East Harlem. Cada aparelho, com uma extensão elétrica

3. Coincidentemente, quando cheguei a minha casa, encontrei um número equivalente ao dos frequentadores desse parque, dezoito pessoas (de ambos os sexos e de todas as idades), reunidos à volta da entrada do prédio de apartamentos vizinho. Não havia aí nenhum dos atrativos de um parque, a não ser aquele que mais conta: o prazer do lazer, com os outros e com a cidade que passa.

estendida ao longo da calçada até a tomada de algum estabelecimento, transforma-se em um quartel-general informal de mais ou menos uma dúzia de homens que dividem a atenção entre a televisão, as crianças das quais devem cuidar, as latas de cerveja, os comentários dos outros e os cumprimentos de quem passa. Desconhecidos param quando querem e se juntam à plateia. Ninguém está preocupado com danos aos aparelhos. Porém, o ceticismo de Constable quanto à segurança dos aparelhos nas jurisdições do Departamento de Parques era plenamente justificável. Ele é um homem experiente, que tem sido responsável por inúmeros parques impopulares, perigosos e maltratados, além de alguns poucos bons.

Espera-se muito dos parques urbanos. Longe de transformar qualquer virtude inerente ao entorno, longe de promover as vizinhanças automaticamente, os próprios parques de bairro é que são direta e drasticamente afetados pela maneira como a vizinhança neles interfere.

As cidades são lugares absolutamente concretos. Ao tentar entender seu desempenho, as boas informações vêm da observação do que ocorre no plano palpável e concreto, e não no plano metafísico. As três praças de Penn, em Filadélfia, são parques urbanos comuns, prosaicos. Vejamos o que elas revelam a respeito de suas interações triviais concretas com a vizinhança.

Rittenhouse Square, a bem-sucedida, possui entorno variado e bairros vizinhos também variados. Junto a seus limites, existe, na sequência, neste exato momento, um clube de arte com restaurante e galerias, um conservatório de música, um edifício de escritórios do Exército, um prédio de apartamentos, um clube, um antigo boticário, um edifício de escritórios da Marinha que foi hotel, apartamentos, uma igreja, uma escola mantida por igrejas, apartamentos, uma seção da biblioteca pública, um prédio de apartamentos, um terreno vazio de onde foram demolidos casarões com a intenção de construir apartamentos, uma associação cultural, apartamentos, um terreno vazio onde se pretende construir uma casa, outra casa, apartamentos. Logo depois desse entorno, nas ruas que o cortam em ângulo reto e nas ruas seguintes, paralelas às laterais do parque, há abundância de estabelecimentos e serviços de todo tipo no andar térreo de casas antigas ou de prédios de apartamentos novos, misturados a grande variedade de escritórios.

Essa disposição física afeta concretamente o parque de alguma maneira? Sim. A variedade de usos dos edifícios propicia ao parque uma variedade de usuários que nele entram e dele saem em horários diferentes. Eles utilizam o parque em horários diferentes porque seus compromissos diários são diferentes. Portanto, o parque tem uma sucessão complexa de usos e usuários.

Joseph Guess, jornalista da Filadélfia que mora na Rittenhouse Square e se delicia acompanhando o balé da praça, conta que ele obedece a esta sequência: "Primeiro, uns poucos andarilhos madrugadores que moram ao lado do parque fazem caminhadas em passo firme. Logo depois, juntam-se a eles, e fazem o mesmo, moradores que atravessam o parque para ir trabalhar em outros bairros. Pouco depois de essas pessoas terem saído da praça, começam a passar pessoas a trabalho, muitas delas retardando o passo, e no meio da manhã surgem as mães com os filhos pequenos, junto com um número crescente de comerciantes. Antes do meio-dia, as mães e as crianças se vão, mas o movimento da praça continua a crescer com os empregados em horário de almoço e pessoas que vêm não se sabe de onde para almoçar no clube de arte e em restaurantes próximos. De tarde, as mães e as crianças aparecem de novo, os comerciantes e as pessoas a trabalho demoram-se mais, e eventualmente escolares juntam-se a eles. No fim da tarde, as mães já se foram, mas surgem os trabalhadores que vão para casa – primeiro, os que estão saindo do bairro; depois, os que estão retornando. Alguns destes permanecem na praça por algum tempo. Daí em diante, noite adentro, a praça recebe muitos jovens com encontro marcado, uns que vieram para jantar fora por perto, outros que moram perto, outros que parecem vir só por gostar dessa mistura de animação e lazer. Durante o dia inteiro, aparecem alguns idosos que dispõem de tempo, outros que são mendigos e vários ociosos anônimos."

Em resumo, a Rittenhouse Square tem quase sempre um movimento contínuo pelas mesmas razões que uma calçada viva tem uso contínuo: pela diversidade física funcional de usos adjacentes, e pela consequente diversidade de usuários e seus horários.

A Washington Square de Filadélfia – aquela que se tornou um local de perversão – constitui um contraste extremo nesse aspecto. Em seu entorno predominam enormes edifícios de escritórios, e tanto nela quanto na região vizinha não há nenhuma semelhança com a diversidade da Rittenhouse Square – serviços, restaurantes, atrativos culturais. A região vizinha tem baixa densidade de moradias. Assim, nas últimas décadas, a Washington Square só teve um contingente de usuários potenciais: os funcionários de escritórios.

Há alguma coisa relacionada a esse fato que afete a praça concretamente? Sim. Esse contingente principal de usuários usa a praça diariamente quase nos mesmos horários. Todos chegam ao bairro de uma vez. Ficam ocupados durante toda a manhã, até o horário do almoço, e de novo presos depois do almoço. Após o expediente, nem sinal deles. Portanto, a Washington Square, inevitavelmente, está vazia na maior parte do dia e da noite. Nela se instalou o que normalmente preenche os vazios urbanos – uma espécie de praga.

Aqui é necessário discordar de uma crença comum a respeito das cidades – a crença de que os usos de baixo *status* expulsam os usos de alto *status*. Não é assim que as cidades se comportam, e a convicção de que o seja (Combate à Praga!) torna inócua toda a energia despendida no ataque aos sintomas e no desprezo às causas. As pessoas ou os usos que dispõem de mais dinheiro ou de maior respeitabilidade (para uma firma de crédito, as duas coisas estão sempre juntas) podem dominar com muita facilidade aqueles menos prósperos ou de *status* menor, o que geralmente acontece nos bairros que ganham fama. Raramente ocorre o contrário. As pessoas ou os usos com menos dinheiro à disposição, menos alternativas ou respeitabilidade claramente menor mudam-se para áreas urbanas já deterioradas, bairros que não são mais cobiçados pelas pessoas que dispõem do luxo do poder de escolha, ou bairros que só podem almejar algum financiamento com dinheiro vivo, capital especulativo ou dinheiro de agiotas. Os recém-chegados, portanto, precisam tentar se arranjar num lugar que, por esta ou aquela razão – ou, mais comumente, por uma série delas –, já perdeu a popularidade. Superpopulação, degradação, crime e outras formas de decadência urbana são sintomas superficiais de um fracasso econômico e funcional mais profundo do bairro.

Os degenerados que durante décadas ocuparam inteiramente a Washington Square de Filadélfia eram uma manifestação em escala reduzida desse comportamento urbano. Eles não aniquilaram um parque que era apreciado e cheio de vida. Eles não expulsaram frequentadores respeitáveis. Eles se mudaram para um lugar abandonado e se entrincheiraram. No momento em que escrevo, os frequentadores indesejados já foram enxotados para outros vazios urbanos, mas esse ato não rendeu ao parque um número suficiente de frequentadores bem-vindos.

Num passado longínquo, a Washington Square teve boa quantidade de frequentadores. Mas, embora seja ainda a "mesma" praça, seu uso e sua essência mudaram inteiramente quando a vizinhança se transformou. Como todos os parques urbanos, ela é fruto de sua vizinhança *e da maneira como a vizinhança gera uma sustentação mútua por meio de usos diferentes ou deixa de gerar essa sustentação.*

Não necessariamente foram os escritórios que despovoaram essa praça. Qualquer uso específico e esmagadoramente predominante que impusesse um horário limitado aos frequentadores teria provocado efeito similar. A mesma situação se repete em parques onde o uso residencial predomina. Nesse caso, o único grande contingente potencial diário de frequentadores adultos são as mães. Os parques urbanos e os *playgrounds* não podem ser continuamente frequentados apenas por mães, nem apenas por funcionários de escritório. Ao utilizar os parques em momentos alternados, as mães podem povoá-los significativamente no máximo por cerca de cinco horas – mais ou menos duas horas de manhã e três à tarde –, e isso só se houver mistura de classes[4]. O

4. As famílias de operários, por exemplo, jantam mais cedo que as de funcionários de escritório porque o expediente dos maridos que trabalham em tempo integral começa e termina mais cedo. Assim, no parquinho perto de onde moro, as mães das famílias operárias vão embora antes das quatro horas; as mães das famílias de "colarinhos-brancos" chegam mais tarde e saem antes das cinco.

predomínio diário das mães nos parques não apenas é curto como também depende do horário das refeições, do trabalho doméstico, da soneca das crianças e, muito claramente, do tempo.

Um parque de bairro genérico, que esteja preso a qualquer tipo de inércia funcional de seu entorno, fica inexoravelmente vazio por boa parte do dia. E aí se estabelece um círculo vicioso. Mesmo que o vazio não seja atingido por várias espécies de praga, ele exerce pouca atração devido ao número restrito de frequentadores potenciais. Chega a entediá-los terrivelmente, porque a agonia é enfadonha. Nas cidades, a animação e a variedade atraem mais animação; a apatia e a monotonia repelem a vida. E esse é um princípio crucial não apenas para o desempenho social das cidades, mas também para seu desempenho econômico.

Há, no entanto, uma exceção importante à regra de que é necessária uma mistura funcional ampla de frequentadores para povoar e dar vida a um parque de bairro o dia inteiro. Existe nas cidades um grupo que, sozinho, é capaz de usufruir e povoar os parques prolongada e satisfatoriamente, embora raramente atraia outros tipos de frequentadores. Esse grupo é formado pelas pessoas que têm tempo para o lazer, e não têm responsabilidades domésticas; em Filadélfia são essas as pessoas do terceiro parque de Penn, a Franklin Square, o parque do submundo.

Existe uma grande aversão aos parques de submundo, o que é natural, já que é difícil engolir a decadência humana em doses tão cavalares. Também é comum fazer pouca distinção entre esses e os parques em que há crimes, embora sejam bastante diferentes. (É claro que, com o tempo, um pode se transformar no outro, como ocorreu com a Franklin Square, inicialmente um parque em área residencial que acabou tornando-se um parque de submundo, depois que ele e sua vizinhança deixaram de atrair pessoas abastadas.)

Deve-se fazer um comentário a respeito de um bom parque de submundo, como a Franklin Square. Aí já houve oferta e procura, e a má sorte é claramente apreciada por aqueles que foram deserdados por si próprios ou pelas circunstâncias. Na Franklin Square, quando o tempo está bom, realiza-se durante o dia todo uma reunião ao ar livre. Os bancos do centro do encontro ficam lotados, com uma procissão constante à volta. Sempre se formam rodas de conversa, que se desfazem para formar outras. Os convidados tratam bem a todos e são amáveis mesmo com os intrometidos. Tão imperceptivelmente quanto o ponteiro de um relógio, essa reunião heterogênea arrasta-se ao redor do espelho d'água do centro da praça. E ela é, de fato, um ponteiro de relógio, porque acompanha o Sol, buscando calor. Quando o Sol se põe, o relógio para; a reunião é suspensa até o dia seguinte[5].

Nem todas as cidades têm parques de submundo desenvolvidos. Nova York, por exemplo, não tem, embora tenha muitos parques pequenos e *playgrounds* utilizados principalmente por mendigos, e o deteriorado parque Sara Delano Roosevelt acolha grande quantidade de mendigos. O maior parque de submundo dos Estados Unidos – com alta frequência em comparação com a da Franklin Square – talvez seja a principal praça do centro de Los Angeles, a Pershing Square. Ela também mantém uma relação interessante com a vizinhança. As atividades fundamentais de Los Angeles são tão espalhadas e descentralizadas que o único elemento do centro da cidade que se destaca em proporção e força bem metropolitanas é o indigente desocupado. A Pershing Square lembra mais uma conferência do que uma reunião, um seminário composto de várias mesas-redondas, cada uma com seu palestrante ou moderador. As confabulações estendem-se por toda a orla da praça, onde ficam os bancos e os muros, e aumentam proporcionalmente nas esquinas. Em alguns bancos está inscrito "Reservado para senhoras", e essa delicadeza é respeitada. Los Angeles tem sorte de o vazio urbano do centro degradado não ter sido ocupado por predadores, mas foi ocupado, de modo relativamente respeitoso, por um submundo crescente.

Porém, não podemos contar com a cortesia do submundo na recuperação dos parques impopulares das nossas cidades. Um parque de bairro genérico que não seja quartel-general de indigentes desocupados pode vir a ser frequentado natural e infor-

5. Aí não se encontram de manhã bêbados jogados ao lado de garrafas. É mais provável encontrá-los o grande Independence Mall, um novo vazio urbano, despovoado de qualquer espécie reconhecível de coletividade, mesmo a do submundo.

malmente só por estar situado bem próximo de onde se concentram diferentes modos de vida e atividade. Se for no centro da cidade, deve ter lojistas, visitantes e transeuntes, além de funcionários. Se não for no centro, deve situar-se onde a vida pulse, onde haja movimentação de escritórios, atividades culturais, residências e comércio – o máximo possível de toda a diversidade que as cidades podem propiciar. O principal problema do planejamento de parques de bairro resume-se ao problema de alimentar uma vizinhança diversificada capaz de utilizá-los e mantê-los.

Muitos bairros, contudo, já possuem exatamente esses pontos de concentração humana ignorados que anseiam por parques e praças públicas próximos. É fácil identificar tais locais de aglomeração e de atividade, porque estão onde se encontram as pessoas que distribuem folhetos de mão em mão (se a polícia permitir).

No entanto, não há por que levar os parques aonde as pessoas estão se, ao fazê-lo, as *razões* que motivam as pessoas a estar lá forem eliminadas e o parque tornar-se um *substituto* para elas. Esse é um dos erros fundamentais dos projetos de conjuntos residenciais e centros administrativos e culturais. Os parques urbanos não conseguem de maneira alguma substituir a diversidade urbana plena. Os que têm sucesso nunca funcionam como barreira ou obstáculo ao funcionamento complexo da cidade que os rodeia. Ao contrário, ajudam a alinhavar as atividades vizinhas diversificadas, proporcionando-lhes um local de confluência agradável; ao mesmo tempo, somam-se à diversidade como um elemento novo e valorizado e prestam um serviço ao entorno, como a Rittenhouse Square e qualquer outro bom parque.

Não é possível mentir para um parque de bairro nem argumentar com ele. "Concepções artísticas" e plantas persuasivas podem compor imagens vivas nos parques de bairro ou nas esplanadas arborizadas, e a argumentação pode invocar frequentadores que deveriam apreciá-los, mas na realidade somente uma vizinhança diversificada tem o poder efetivo de induzir uma fluência natural e permanente de vida e de usos. A variação arquitetônica superficial pode parecer diversidade, mas só uma conjuntura genuína de diversidade econômica e social, que resulta em pessoas com horários diferentes, faz sentido para um parque e tem o poder de conceder-lhe a dádiva da vida.

Se for bem localizado, qualquer parque de bairro pode tirar proveito de seus trunfos, mas pode também desperdiçá-los. É óbvio que um lugar que lembre um pátio de prisão não vai atrair frequentadores nem interagir com a vizinhança do mesmo modo que um lugar que lembre um oásis. Contudo, também existem vários tipos de oásis, e algumas de suas importantes características para ter êxito não são tão óbvias.

Os parques de bairro bem-sucedidos raramente têm a concorrência de outras áreas livres. Isso é compreensível, pois as pessoas da cidade, com seus interesses e deveres, dificilmente conseguem dar vida a uma quantidade ilimitada de parques locais de uso genérico. A população urbana teria de dedicar-se ao uso dos parques como se tratasse de um negócio (ou como os pobres ociosos fazem) para justificar, por exemplo, a profusão de esplanadas, passeios públicos, *playgrounds*, parques e terrenos infindáveis aceita nos planos típicos da Cidade-Jardim Radieuse e impostas pelo governo na reurbanização, por meio de exigências rigorosas de deixar livre grande porção de terreno.

Já podemos concluir que nos bairros que dispõem de uma quantidade relativamente grande de parques genéricos, como Morningside Heights ou o Harlem, em Nova York, é raro a população concentrar-se com intensidade num deles ou ter adoração por algum, como a adoração que a população do North End, em Boston, dedica ao Prado, ou a população do Greenwich Village devota ao Washington Square, ou a população do distrito de Rittenhouse Square nutre pelo seu parque. Os parques de bairro apreciados levam vantagem por serem raros.

A capacidade de um parque de bairro de estimular uma ligação apaixonada ou, ao contrário, a apatia parece ter pouca ou nenhuma relação com a renda ou a ocupação da população do bairro. Pode-se inferir isso pelos grupos de renda, ocupação e cultura inteiramente diferentes que estão ao mesmo tempo profundamente vinculados a um parque como a Washington Square de Nova York. A ligação de classes de renda diferentes com determinados parques pode ser às vezes percebida numa sequência cronológica, tanto positiva quanto negativamente. Com o tempo, a condição econômica da população do North End, em Boston, aumentou significativamente. Tanto na época de pobreza como na época de prosperidade, o Prado, um parque diminuto mas central, foi o núcleo do bairro. O Harlem, em Nova York, é exemplo de uma atuação sempre contrária. Através dos anos, o Harlem passou de um bairro residencial elegante de classe média alta para um bairro de classe média baixa e para um bairro com predominância de pobres e discriminados. Nessa sucessão de populações diferentes, o Harlem, com profusão de parques locais em comparação com o Greenwich Village, por exemplo, nunca viveu uma época em que um de seus parques tenha se tornado um ponto crucial de vida e identidade comunitária. A mesma triste observação pode ser feita com relação a Morningside Heights. E também se aplica especialmente aos espaços livres dos conjuntos habitacionais, aí incluídos os que tiveram um projeto cuidadoso.

Essa incapacidade da vizinhança ou do bairro de vincular-se com paixão a um parque local – e o enorme poder simbólico resultante – deve-se, penso eu, a uma associação de fatores negativos: primeiro, os parques que são candidatos potenciais têm a desvantagem da diversidade de usos insuficiente na vizinhança próxima; segundo, a diversidade e a vida que existam são dispersadas e dissipadas entre muitos parques com características bastante similares.

Certos traços do projeto podem também fazer diferença. Se o objetivo de um parque urbano de uso genérico e comum é atrair o maior número de tipos de pessoas, com os mais variados horários, interesses e propósitos, é claro que o projeto do parque deve promover essa generalização de frequência, em vez de atuar em sentido contrário. Parques muito usados como áreas públicas genéricas costumam incluir quatro elementos em seu projeto, que eu identificaria como complexidade, centralidade, insolação e delimitação espacial.

A complexidade diz respeito à multiplicidade de motivos que as pessoas têm para frequentar os parques de bairro. Uma pessoa vai a um parque por motivos diferentes e em horários diferentes:

às vezes para descansar, às vezes para jogar ou assistir a um jogo, às vezes para ler ou trabalhar, às vezes para se mostrar, às vezes para se apaixonar, às vezes para atender a um compromisso, às vezes para apreciar a agitação da cidade num lugar sossegado, às vezes na esperança de encontrar conhecidos, às vezes para ter um pouquinho de contato com a natureza, às vezes para manter uma criança ocupada, às vezes só para ver o que ele tem de bom e quase sempre para se entreter com a presença de outras pessoas.

Se o espaço puder ser apreendido num relance, como um bom cartaz, e se cada um de seus segmentos for igual aos outros e transmitir a mesma sensação em todos os lugares, o parque será pouco estimulante para usos e estados de espírito diversificados. Nem haverá motivo para frequentá-lo várias vezes.

Uma mulher talentosa e competente que mora ao lado da Rittenhouse Square afirma: "Fui lá quase todos os dias durante quinze anos, mas uma noite dessas eu tentei desenhar de cabeça um mapa da praça e não consegui. Achei muito complicado." O mesmo fenômeno acontece com a Washington Square de Nova York. Durante a luta da comunidade para evitar que a cortassem com uma via expressa, os estrategistas sempre tentavam esboçar a praça durante as reuniões para esclarecer um ponto de vista. Era muito difícil.

Apesar disso, nenhum desses parques tem uma planta assim tão complicada. A complexidade que está em jogo é a complexidade visual, mudanças de nível no piso, agrupamentos de árvores, espaços que abrem perspectivas variadas – resumindo, diferenças sutis. As diferenças sutis da paisagem são acentuadas pelas diferenças de usos que nela proliferam. Os parques bem-sucedidos sempre parecem mais complexos quando estão em uso do que quando estão vazios.

Mesmo as praças muito pequenas que são bem-sucedidas compõem-se de uma variação engenhosa nos cenários que proporcionam aos usuários. O Rockefeller Center apresenta tal variação por meio de quatro mudanças de nível. A Union Square, no centro de São Francisco, tem uma planta que parece extremamente sem graça no papel ou olhada do alto de um edifício, mas ela tem tantas mudanças no nível do piso, como a pintura dos relógios derretendo de Dalí, que se torna bastante variada. (Essa é, sem dúvida, exatamente a mudança que ocorre, em escala maior, na malha regular e ortogonal das ruas de São Francisco, quando elas sobem e descem os morros.) As plantas de praças e parques são enganadoras – às vezes estão cheias de variações aparentes que quase nada significam porque estão todas abaixo do ângulo de visão ou são ignoradas pelo olho por serem muito repetitivas.

Talvez o elemento mais importante da complexidade seja a centralidade. Os parques pequenos e bons geralmente têm um lugar reconhecido por todos como sendo o centro – no mínimo, um cruzamento principal e ponto de parada, num local de destaque. Certos parques e certas praças pequenas são quase que unicamente um centro, e sua complexidade deve-se a diferenças menores na periferia.

As pessoas se esforçam por criar um centro e um local de destaque nos parques, mesmo remando contra a maré. Às vezes é impossível. Os parques que são uma faixa longa, como o tristemente fracassado Sara Delano Roosevelt, em Nova York, e muitos parques à beira de rios são quase sempre desenhados como se tivessem saído de uma estamparia de tecidos. O parque Sara Delano Roosevelt tem quatro construções idênticas com alvenaria para "recreação" encravados ao longo de sua extensão a intervalos regulares. O que os frequentadores podem achar disso? Andem para cá ou para lá, estão sempre no mesmo lugar. É como fazer girar penosamente uma roda de suplícios. Esse é também um erro comum dos conjuntos habitacionais, e nesse caso quase inevitável, já que a maioria dos conjuntos constitui um projeto modular padrão feito para atividades padronizadas.

As pessoas são inventivas ao utilizar o centro dos parques. O chafariz rebaixado da Washington Square, em Nova York, tem uso intenso e inventivo. Há muito, muito tempo, a depressão no piso teve um ornamento central de ferro com um chafariz. Só restou a depressão circular de concreto, seca na maior parte do ano, margeada por quatro degraus que levam a uma mureta de pedra, que forma uma borda externa de mais ou menos um metro acima do nível do piso. Na verdade, trata-se de uma arena circular, um teatro de arena, e é assim que é usado, sem nenhuma distinção entre quem são os espectadores e quem são os atores. Todos são ambas as coisas, mas alguns são mais que isso: tocadores de violão, cantores, grupos de crianças atirando dardos, dançarinos improvisados, pessoas tomando sol, conversando, exibicionistas, fotógrafos, turistas e, bem misturado a todos eles, um punhado esparso de leitores absortos, que não estão aí sentados por falta de opção, já que os bancos que estão a leste, em local sossegado, ficam praticamente vazios.

Os funcionários municipais estão sempre maquinando esquemas de aprimoramento para esse centro do parque, como plantar grama e flores e circundá-lo com uma cerca. A frase invariável usada para descrever isso é "recuperar o local para uso como parque".

Esta é uma forma diversa de uso de parques, apropriada em certos lugares. Mas, em parques de bairro, os centros mais agradáveis servem de palco às pessoas.

O sol faz parte do cenário para as pessoas, claro que sob uma sombra no verão. Um edifício alto que corte a passagem da luz do sol no lado sul de um parque pode comprometê-lo seriamente. A Rittenhouse Square, a despeito de todas as suas qualidades, tem esse problema. Numa tarde gostosa de outubro, por exemplo, quase um terço da praça fica completamente vazio; o manto da grande sombra de um prédio de apartamentos recente funciona como um enorme apagador de seres humanos.

Embora os edifícios não devessem tirar o sol dos parques – desde que a meta seja encorajar o uso irrestrito –, a existência de construções à volta deles é importante nos projetos. Elas os envolvem. Criam uma forma definida de espaço, de modo que ele se destaca como um elemento importante no cenário urbano, um aspecto positivo, e não um excedente supérfluo. Em vez de se sentirem atraídas por pedaços indefinidos de terreno que sobram à volta de edifícios, as pessoas agem como se fossem repelidas por eles. Até atravessam a rua quando defrontam com um desses, o que se pode comprovar, por exemplo, nos lugares em que os conjuntos habitacionais limitam com uma rua movimentada.

Richard Nelson, analista do mercado imobiliário de Chicago que observa o comportamento das pessoas em busca de pistas sobre valor econômico, declara: "Numa tarde quente de setembro, a Mellon Square, no centro de Pittsburgh, tinha tantos frequentadores que era impossível contá-los. Mas naquela mesma tarde, por um período de duas horas, só três pessoas – uma senhora idosa tricotando, um mendigo e um sujeito indefinível dormindo com um jornal sobre o rosto – estavam no Gateway Center, no centro da cidade."

O Gateway Center é um conjunto de escritórios e hotel no estilo Ville Radieuse, com os edifícios dispostos aqui e acolá num terreno vazio. Falta a ele o nível de diversidade da vizinhança da Mellon Square, mas sua diversidade não é assim tão pequena a ponto de atrair apenas quatro pessoas (contando o próprio Nelson) no melhor horário de uma tarde gostosa. Os frequentadores de parques urbanos não procuram um cenário feito para os edifícios; eles procuram um cenário feito para eles mesmos. Para eles, os parques são o primeiro plano, e os edifícios, o pano de fundo, e não o contrário.

As cidades estão cheias de parques genéricos que não se justificam, mesmo que o bairro seja bastante movimentado. Isso ocorre porque alguns parques são por si sós incapazes, pela localização, pelo tamanho ou pelo traçado, de proporcionar esse modelo de área pública que tenho discutido. Eles nem mesmo têm condições, pelo tamanho ou pela variação intrínseca de cenários, de transformar-se em parques metropolitanos de maior destaque. O que fazer com eles?

Alguns, se forem bem pequenos, podem muito bem prestar outro serviço: ser visualmente agradáveis. São Francisco é boa nisso. Um pequeno triângulo formado pela intersecção de ruas, do mesmo tipo que muitas cidades nivelariam com asfalto ou no qual colocariam uma cerca viva, alguns bancos e se tornaria uma bobagenzinha empoeirada, em São Francisco é um mundo em miniatura cercado, um mundo recôndito, sereno, com água e plantas exóticas, habitado por pássaros que se sentiram atraídos por ele. Não se pode entrar nele. Nem é preciso, porque os olhos o penetram e nos levam a um lugar mais distante do que os pés o fariam. São Francisco transmite uma impressão de frescor e refrigério na selva de pedra urbana. Ainda assim, é uma cidade densamente povoada e, para transmitir essa impressão, usam-se espaços reduzidos. A sensação provém principalmente de pequenos espaços com muitas plantas e se multiplica porque boa parte do verde de São Francisco está na vertical – floreiras em janelas, árvores, trepadeiras, uma cobertura espessa nos canteiros de ladeiras sem outros usos.

O Gramercy Park, em Nova York, supera a localização desagradável por agradar aos olhos. Esse parque vem a ser uma área particular cercada num local público; a propriedade pertence aos edifícios residenciais das ruas vizinhas. Só se pode entrar aí com chave. Por ser dotado de árvores esplêndidas, manutenção primorosa e um ar de magia, é um lugar que agrada bastante aos olhos de quem passa e, no que diz respeito à população, isso já o justifica.

Todavia, os parques que existem em princípio apenas para agradar aos olhos, sem outras finalidades, têm de estar necessariamente onde os olhos os vejam; e devem ser necessariamente pequenos, porque para cumprir bem sua função, devem fazê-lo com beleza e intensidade, não superficialmente.

Os parques mais problemáticos localizam-se exatamente nos locais onde as pessoas não passam e provavelmente nunca vão passar. Um parque urbano nessa situação, agravada (porque nesses casos é uma desvantagem) por um terreno de bom tamanho, encontra-se, comparativamente, na mesma situação que uma loja enorme num local comercialmente ruim. Se uma loja dessas puder ser recuperada e fizer jus a isso, será por força da concentração total no que os comerciantes chamam de “artigos de primeira necessidade”, e não na confiança nas “compras por impulso”. Se esses produtos indispensáveis conseguirem atrair fregueses, é possível que, em seguida, se obtenha um bom lucro com as compras por impulso.

Da perspectiva de um parque, quais seriam os artigos de primeira necessidade?

Podemos obter algumas dicas observando alguns desses parques problemáticos. O Jefferson Park, no East Harlem, é um exemplo. Ele é constituído de várias partes, e a que é claramente a principal está voltada para uso genérico da vizinhança – equivalente às compras por impulso do jargão mercadológico. Mas tudo o que há nele contraria esse propósito. Ele se situa na ponta extrema do bairro, limitado de um lado pelo rio. Fica ainda mais isolado por uma rua larga de tráfego pesado. Seu traçado interno tende para caminhos longos e isolados, sem um centro efetivo. Uma pessoa de fora vai achá-lo misteriosamente deserto; para quem é do bairro, é um foco de brigas, violência e medo. Desde que adolescentes assassinaram brutalmente um visitante, numa noite de 1958, todos se esquivam do parque e o evitam.

Contudo, entre as várias partes distintas do Jefferson Park, uma conseguiu impor-se bem. É uma piscina ampla ao ar livre, claro que não ampla o suficiente. Em certos dias há mais gente que água.

Pensemos em Corlears Hook, aquele trecho de parques do Rio East onde só consegui ver dezoito pessoas espalhadas em meio aos gramados e bancos num dia bonito. Corlears Hook possui, num canto, uma quadra de esportes, nada especial, e mesmo assim, naquele mesmo dia, toda a animação do parque, ainda que pouca, concentrava-se na quadra. Corlears Hook também contém, entre seus extensos gramados inúteis, uma concha acústica. Seis vezes por ano, nas noites de verão, milhares de pessoas do Lower East Side apinham-se no parque para assistir a um programa de concertos. Num total de dezoito horas por ano, o parque de Corlears Hook ganha vida e é muito bem aproveitado.

Nesse caso se trata de mercadoria de primeira necessidade, ainda que em quantidade obviamente muito limitada e muito esparsa no tempo. Fica claro, no entanto, que as pessoas realmente vão a esses parques em busca de certos produtos indispensáveis especiais, embora elas simplesmente não apareçam pelo seu uso genérico ou por impulso. Em síntese, se um parque de bairro genérico não pode ser sustentado pelos usos derivados de uma diversidade natural e intensa da vizinhança, precisa ser convertido de parque genérico em parque específico. Uma diversidade de usos verdadeira, que atraia naturalmente uma sucessão de frequentadores diferentes, deve ser introduzida deliberadamente dentro do próprio parque.

Só a vivência e a tentativa e o erro podem indicar que combinações variadas de atividades realmente operam como artigos de primeira necessidade em qualquer parque problemático. Porém, podemos arriscar algumas hipóteses genéricas e úteis sobre esses elementos. Primeiro, uma generalização negativa: vista magnífica e paisagismo bonito não funcionam como artigos de primeira necessidade; talvez "devessem", mas evidentemente não funcionam. Podem funcionar apenas como complemento.

Por outro lado, a natação funciona como um artigo de primeira necessidade. E também a pescaria, se houver conjuntamente iscas à venda e barcos. Quadras de esportes também. E ainda festas, ou atividades que tenham esse caráter[6].

Música (inclusive a gravada) e peças de teatro também servem como artigo de primeira necessidade. É curioso que se faça muito pouco uso dos parques para esse fim, já que a inserção espontânea da vida cultural faz parte da missão histórica das cidades. É uma missão que ainda pode realizar-se plenamente, como deu a entender o *New Yorker* neste comentário sobre a temporada gratuita de Shakespeare de 1958 no Central Park:

> O ambiente, o tempo, as cores e as luzes e a curiosidade pura e simples atraíram o público; alguns nunca tinham visto uma peça teatral ao vivo. Centenas de pessoas já tinham vindo várias vezes; um conhecido nosso contou que se encontrou com um grupo de crianças negras que disseram ter visto *Romeu e Julieta* cinco vezes. A vida de muitos desses neófitos foi ampliada e enriquecida, da mesma maneira que a plateia do teatro norte-americano do futuro. Mas espectadores como esses, novatos em teatro, são exatamente os mesmos que, com um ou dois dólares na mão, não pagarão por uma experiência que nem sabem se é agradável.

6. O Dr. Karl Menninger, diretor da Clínica Psiquiátrica Menninger de Topeka, ao discorrer numa reunião sobre problemas urbanos, em 1958, abordou os tipos de atividades que parecem combater a tendência à degradação. Ele os citou como (1) contatos numerosos com muita gente; (2) trabalho, incluindo o enfadonho; e (3) jogos violentos. Menninger é de opinião que as cidades infelizmente dão poucas oportunidades para os jogos violentos. Entre os tipos que ele enumerou e provaram ser úteis estavam os esportes ao ar livre, o boliche e as bancas de tiro ao alvo, como as que se encontram em festas e parques de diversão, mas só ocasionalmente nas cidades (na Times Square, por exemplo).

Isso indica, por um lado, que as universidades dotadas de um departamento de artes cênicas (e, geralmente, com parques mortos e problemáticos nas redondezas) deveriam tentar unir o útil ao agradável, em vez de cultivar políticas hostis em defesa de um Território. A Universidade de Colúmbia, em Nova York, está dando um passo construtivo ao planejar instalações esportivas – tanto para a universidade quanto para a vizinhança – no Morningside Park, que por décadas foi evitado e temido. Com o acréscimo de outras poucas atividades, como música ou espetáculos, um ônus comunitário incômodo poderia transformar-se num notável trunfo do bairro.

Faltam aos parques urbanos atividades menores, que poderiam funcionar como "artigos de primeira necessidade" menos importantes. Algumas delas podem ser descobertas observando o que as pessoas tentam fazer escondido. Por exemplo, o gerente de um *shopping center* próximo de Montreal encontrava todas as manhãs o lago ornamental misteriosamente sujo. Ficou espiando depois do horário de fechamento e viu que crianças entravam sorrateiramente e lavavam e poliam suas bicicletas lá. Locais para lavar bicicletas (onde as pessoas tenham bicicletas), locais para alugá-las e passear com elas, locais para fazer buracos no chão, locais para montar tendas de índio e cabanas desengonçadas com tábuas velhas são geralmente enxotados das cidades. Os porto-riquenhos que chegam atualmente às nossas cidades não dispõem de um local ao ar livre para assar porcos, a menos que encontrem um pátio particular para esse fim, mas o churrasco de porco e as festas em torno dele podem ser tão divertidos quanto os festivais de rua dos italianos que muitos moradores passaram a adorar. Empinar pipas é uma atividade pouco realizada, mas há os que a adoram, o que sugere a existência de locais para empinar pipas onde também se venda o material para construí-las e haja espaços onde se possa aprender essa arte. Costumava-se praticar muita patinação no gelo em lagos das cidades do Norte, até que essa atividade foi suplantada. A Quinta Avenida, em Nova York, teve cinco rinques de patinação muito frequentados entre a rua 31 e a 98, um deles a apenas quatro quadras do rinque existente na Rockefeller Plaza. Os rinques artificiais propiciaram a redescoberta da patinação no gelo nas cidades atuais, e em cidades com as latitudes de Nova York, Cleveland, Detroit e Chicago os rinques artificiais vão além da temporada de patinação e ficam abertos por quase metade do ano. Todo bairro provavelmente adoraria ter e usar um rinque de patinação ao ar livre e também iria formar uma plateia de espectadores extasiados. Rinques relativamente pequenos, distribuídos por vários lugares, são sem dúvida muito mais adequados e agradáveis que rinques enormes, estabelecidos num local central.

Tudo isso exige dinheiro. Mas as cidades norte-americanas atuais, movidas pela ilusão de que as áreas livres são um bem em si e de que quantidade equivale a qualidade, estão torrando dinheiro em parques, *playgrounds* e vazios urbanos muito extensos, muito abundantes, supérfluos, mal localizados e portanto muito monótonos e incômodos de usar.

Os parques urbanos não são abstrações ou repositórios automáticos de virtudes ou avanços, assim como as calçadas não são abstrações. Eles nada significam se forem divorciados de seus usos reais, concretos e, portanto, nada significam se divorciados das influências concretas – boas ou más – dos bairros e dos usos que os afetam.

Os parques genéricos podem ser, e na verdade são, um chamariz a mais nos bairros que as pessoas consideram atraentes pela grande variedade de outros usos. Eles desvitalizam ainda mais os bairros que as pessoas não acham atraentes pela grande variedade de outros usos, porque aumentam a monotonia, o perigo, o vazio. Quanto mais a cidade conseguir mesclar a diversidade de usos e usuários do dia a dia nas ruas, mais a população conseguirá animar e sustentar com sucesso e naturalidade (e também economicamente) os parques bem-localizados, que assim poderão dar em troca à vizinhança prazer e alegria, em vez de sensação de vazio.

6. OS USOS DOS BAIRROS

Vizinhança é uma palavra que passou a soar como um cartão de Dia dos Namorados*. Como conceito sentimental, "vizinhança" é prejudicial ao planejamento urbano. Dá lugar a tentativas de transformar a vida urbana num arremedo da vida em cidades de pequeno porte ou subúrbios. O sentimentalismo suscita atitudes açucaradas, em vez de bom senso.

Um bairro bem-sucedido é aquele que se mantém razoavelmente em dia com seus problemas, de modo que eles não o destruam. Um bairro malsucedido é aquele que se encontra sobrecarregado de deficiências e problemas e cada vez mais inerte diante deles. Nossas cidades apresentam todos os graus de sucesso e fracasso. Mas nós, norte-americanos, costumamos ser ruins na gestão dos bairros, como se pode constatar, por um lado, no acúmulo de fracassos em nossos vastos bolsões apagados e, por outro, nos Territórios das áreas reurbanizadas.

Está na moda supor que certos referenciais de uma vida digna conseguem criar bairros dignos – escolas, parques, moradias limpas e coisas do gênero. Como a vida seria fácil se isso fosse ver-

* A analogia da autora faz mais sentido em inglês, devido à etimologia da palavra vizinhança, em inglês *neighborhood* ("congregação" de vizinhos) e ao sentimento de amizade e camaradagem que vizinhos e conhecidos demonstram, especialmente em dias comemorativos como o dos Namorados, quando trocam cartões bem-humorados, jocosos ou sentimentais. (N. do T.)

dade! Que maravilha poder satisfazer uma sociedade complexa e exigente dando-lhe singelas guloseimas concretas! Na prática, causa e efeito não são assim tão singelos. Tanto que um estudo feito em Pittsburgh, com o intuito de demonstrar a suposta íntima correlação entre moradias melhores e condições sociais mais altas, comparou os índices de delinquência em cortiços com aqueles em novos conjuntos habitacionais e chegou à embaraçosa conclusão de que a delinquência era mais alta nos conjuntos habitacionais em que havia melhorias. Será que isso significa que moradias melhores aumentam a criminalidade? De modo algum. Significa, porém, que outras coisas podem ser mais importantes que a habitação e também que não existe nenhuma relação direta e elementar entre boa moradia e bom comportamento, fato que toda a história da civilização ocidental, todas as obras da nossa literatura e todo o estoque de observações de que dispomos deveriam ter tornado evidente há muito tempo. Um bom abrigo é um bem útil em si enquanto abrigo. Quando, ao contrário, tentamos justificar um bom abrigo com o pretenso argumento de que ele fará milagres sociais e familiares, estamos enganando a nós mesmos. Reinhold Niebuhr denominou essa ilusão de “doutrina da salvação pelos tijolos”.

Acontece o mesmo com as escolas. Não se pode depender das boas escolas, embora elas sejam importantes, para a recuperação de bairros ruins e a criação de bairros bons. Da mesma maneira, um bom prédio escolar não garante uma boa educação. As escolas, como os parques, têm tudo para ser elementos passageiros do bairro (assim como elementos de um plano de ação política mais amplo). Em bairros ruins, as escolas acabam arruinadas, física e socialmente, ao passo que os bairros prósperos aprimoram suas escolas lutando por elas[1].

1. No Upper West Side de Manhattan, uma zona bastante degradada, onde a desintegração social foi agravada por demolições insensatas, pela construção de conjuntos habitacionais e pelo deslocamento forçado de pessoas, o índice de transferência de alunos nas escolas foi superior a 50 por cento em 1959-60. Em 16 escolas, atingiu a média de 92 por cento. É absurdo pensar que, sejam quais forem as iniciativas, governamentais ou privadas, até mesmo uma escola mediana possa subsistir num bairro a tal ponto instável. É impossível haver boas escolas em qualquer bairro instável com alto índice de transferência de alunos, e aí se incluem os bairros instáveis que *também* dispõem de boas moradias.

Da mesma maneira, não podemos concluir que famílias de classe média ou de classe alta possam constituir bons bairros e famílias pobres não consigam fazê-lo. Por exemplo, da pobreza do North End, em Boston, da pobreza da coletividade da orla marítima do West Greenwich Village, da pobreza do distrito do matadouro de Chicago (coincidentemente três áreas declaradas irrecuperáveis pelos urbanistas), surgiram bons bairros – bairros em que os problemas se reduziram com o tempo, ao invés de aumentar. Ao mesmo tempo, da outrora elegante e serena classe alta do magnífico Eutaw Place, em Baltimore, da outrora sólida classe alta do South End de Boston, da área culturalmente privilegiada de Morningside Heights, em Nova York, em quilômetros e mais quilômetros de áreas cinzentas e desvitalizadas de uma classe média respeitável, surgiram bairros ruins, bairros cuja apatia e cujo fracasso aumentaram com o tempo, em vez de diminuir.

É perda de tempo sair à procura de um referencial para o êxito de instalações de alto padrão, ou de coletividades supostamente capazes e livres de problemas, ou de lembranças nostálgicas da vida em cidades de pequeno porte. Isso foge ao cerne da questão, que é o que os bairros fazem – se é que fazem – de útil para as próprias cidades, social e economicamente, e como fazem.

Teremos um elemento concreto para pensar se considerarmos os bairros como prosaicos órgãos autogovernados. Nossos fracassos com os bairros são, em última instância, fracassos da autogestão. E nossos êxitos são êxitos da autogestão. Estou empregando o termo autogestão no sentido amplo, tanto a autogestão informal da coletividade quanto a formal.

As exigências com relação à autogestão e as técnicas para executá-la nas grandes cidades são diferentes daquelas próprias de localidades menores. Existe, por exemplo, o problema dos estranhos. Para pensar nos bairros como órgãos urbanos autogeridos ou dotados de governo próprio, precisamos primeiro refutar algumas ideias ortodoxas mas descabidas acerca dos bairros que talvez se apliquem a comunidades de povoados pequenos, mas não a cidades. Em primeiro lugar, devemos refutar qualquer modelo que encare os bairros como unidades autossuficientes ou introvertidas.

Infelizmente, a teoria urbanística ortodoxa está profundamente comprometida com o modelo de bairros supostamente acolhedores e voltados para si. Na forma original, o modelo consiste numa unidade de vizinhança, constituída por cerca de 7 mil pessoas, que tenha tamanho suficiente para conter uma escola elementar e para manter lojas de conveniência e um centro comunitário. Essa unidade foi ainda imaginada com subdivisões em agrupamentos menores, de um tamanho que atenda à diversão infantil, ao presumível controle sobre as crianças e ao bate-papo das donas de casa. Embora esse "modelo ideal" raramente seja reproduzido à risca, é o ponto de partida para quase todos os projetos de revitalização de bairros, todas as construções de conjuntos residenciais, maior parte do zoneamento moderno e também os trabalhos feitos atualmente pelos estudantes de arquitetura e urbanismo, que vão impor essas adaptações às cidades de amanhã. Em 1959, só na cidade de Nova York mais de meio milhão de pessoas já viviam de acordo com adaptações dessa concepção de bairro planejado. Esse "ideal" de bairro em forma de ilha, voltado para si mesmo, é um fator importante na vida atual.

Para percebermos por que se trata de um "ideal" absurdo e até nocivo às cidades, precisamos reconhecer uma diferença fundamental entre essas invenções enxertadas nas cidades e a vida em cidades de pequeno porte. Em cidades pequenas de 5 mil ou 10 mil habitantes, se você for à rua principal (análoga à infraestrutura comercial implantada ou ao centro comunitário de um bairro planejado), encontrará pessoas que conhece do trabalho ou foram suas colegas de escola, ou com quem você se encontra na igreja, ou que são professoras dos seus filhos, ou lhe prestaram serviços informais, ou que você sabe serem amigas de conhecidos seus, ou que você conhece de nome. Dentro dos limites de uma cidadezinha ou de uma vila, os laços entre os habitantes se cruzam e voltam a se cruzar, o que pode resultar em comunidades fundamentalmente coesas, mesmo em cidades com mais de 7 mil habitantes e, em certa medida, em cidades ainda maiores.

Porém, uma coletividade de 5 mil ou 10 mil moradores de uma metrópole não possui esse mesmo grau natural de inter-relacionamento, a não ser em circunstâncias absolutamente extraordinárias. E nem mesmo o planejamento de bairros, por mais agradável que tente ser, consegue mudar esse fato. Se conseguisse, seria à custa da destruição da cidade, convertendo-a numa porção de cidadezinhas. Assim, o preço da tentativa, sem que ao menos se tenha sucesso nessa meta mal orientada, é a transformação da cidade numa porção de Territórios hostis e desconfiados uns dos outros. Há muitas outras falhas nesse "ideal" de bairro planejado e em suas várias adaptações[2].

Ultimamente, alguns urbanistas, especialmente Reginald Isaacs, de Harvard, ousaram questionar se o conceito de bairro em metrópoles tem algum sentido. Isaacs ressalta o fato de que os moradores urbanos têm mobilidade. Eles costumam escolher, em toda a cidade e até fora dela, o trabalho, o dentista, o lazer, amigos, lojas, entretenimento e até mesmo, em certos casos, a escola dos filhos. Os moradores urbanos, diz Isaacs, não se prendem ao provincianismo de um bairro – e por que o fariam? A vantagem das cidades não é justamente a variedade de opções e a fartura de oportunidades?

Essa é de fato a vantagem das cidades. Além do mais, a própria fluência de usos e de escolhas dos moradores urbanos constitui a base que sustenta a maioria das atividades culturais e das empresas especializadas das cidades. Já que estas podem atrair pessoal qualificado, materiais, os fregueses e a clientela desse grande *pool*, elas têm condições de existir numa gama extraordi-

2. Até mesmo a velha justificativa para assentar uma população ideal de cerca de 7 mil pessoas – suficiente para ocupar uma escola elementar – revela-se absurda assim que aplicada a metrópoles, como podemos concluir fazendo-nos uma pergunta simples: que escola? Em muitas cidades dos Estados Unidos, o número de matrículas em escolas mantidas por igrejas é igual ou até maior do que o de escolas públicas. Isso significaria que deveria haver duas escolas como elemento de coesão da comunidade ou que a comunidade deveria ser duas vezes maior? Ou o número de moradores está correto e as escolas é que deveriam ter a metade do tamanho? E por que uma escola elementar? Se a escola deve ser o padrão de proporcionalidade, por que não a escola de ensino médio, instituição normalmente muito mais problemática nas nossas cidades que a escola fundamental? Nunca se faz a pergunta "Que escola?" porque o plano visionário não se baseia nem na realidade das escolas nem em nenhuma outra. A escola é uma desculpa plausível e geralmente abstrata para definir *algum* tamanho para as cidades originadas em sonhos sobre uma cidade imaginária. Ela é necessária como referência, para evitar um caos intelectual entre os projetistas, mas não tem nenhuma outra justificativa. O modelo das Cidades-Jardim de Ebenezer Howard é, sem dúvida, o antecessor desse conceito, mas sua perenidade advém da necessidade de preencher um vazio intelectual.

nária, e não só no centro urbano, mas também em outros distritos que tenham desenvolvido características e especialidades próprias. E, ao se aproveitar dessa maneira do grande *pool* das cidades, os empreendimentos urbanos, por sua vez, aumentam as opções de emprego, bens, entretenimento, ideias, contatos e serviços para os moradores urbanos.

Sejam os bairros o que forem e seja qual for sua funcionalidade, ou a funcionalidade que sejam levados a adquirir, suas qualidades não podem conflitar com a mobilidade e a fluidez de *uso* urbano consolidadas, sem enfraquecer economicamente a cidade de que fazem parte. A falta de autonomia tanto econômica quanto social nos bairros é natural e necessária a eles, simplesmente porque eles são integrantes das cidades. Isaacs tem razão ao concluir que a concepção de bairro em metrópoles não tem sentido – se encararmos os bairros como unidades autônomas em qualquer grau significativo, inspirados em bairros de cidades de pequeno porte.

Apesar da extroversão inerente aos bairros, isso não quer dizer obrigatoriamente que os moradores consigam viver bem sem eles como num passe de mágica. Até mesmo o mais citadino dos cidadãos se importa com o ambiente da rua e do distrito em que mora, sejam quais forem suas opções fora deles; e os moradores comuns das cidades dependem bastante de seu bairro na vida cotidiana que levam.

Presumamos (como é sempre o caso) que os vizinhos não tenham nada em comum além do fato de viverem num mesmo espaço geográfico. Ainda assim, se não cuidarem do bairro adequadamente, esse espaço entrará em decadência. Não existe um "eles" incrivelmente onisciente e dinâmico que assuma o comando e se encarregue da autogestão. Os bairros metropolitanos não precisam proporcionar a seus moradores uma imitação da vida das vilas ou das cidades de pequeno porte, e desejar que isso aconteça é tão inútil quanto prejudicial. Mas os bairros precisam prover alguns meios de autogestão civilizada. Esse é o problema.

Considerando os bairros como órgãos autogeridos, só consigo achar produtivos três tipos de bairro: (1) a cidade como um todo; (2) a vizinhança de rua; e (3) distritos extensos, do tamanho de uma subcidade, compostos por 100 mil habitantes ou mais, no caso de cidades maiores.

Cada um desses tipos de bairro tem funções diferentes, mas um complementa o outro de modo complexo. Não se pode dizer que um seja mais importante que os outros. Os três são necessários para a perenidade em qualquer ponto. Mas acho que outros bairros que não esses três acabam se interpondo e dificultando ou impedindo o êxito da autogestão.

O mais óbvio desses três tipos, raramente chamado de bairro, é a cidade como um todo. Não podemos nunca esquecer ou desprezar essa coletividade maior ao pensar nos segmentos menores de uma cidade. É dessa fonte que flui a maior parte do dinheiro público, mesmo que ele provenha, em última instância, do tesouro federal ou estadual. É aí que se toma a maioria das decisões administrativas e políticas, boas ou ruins. É aí que o bem-estar geral entra num dos piores conflitos, aberto ou velado, com os interesses ilegais e outros igualmente destrutivos.

Além disso, encontram-se, nesse mesmo plano, grupos com interesses específicos e grupos de pressão. O bairro da cidade como um todo é o local onde as pessoas que têm interesse específico em teatro ou em música ou em outras formas de arte se encontram e se reúnem, onde quer que morem. É aí que as pessoas dedicadas a profissões ou a negócios específicos ou preocupadas com determinados problemas trocam ideias e às vezes começam a agir. O professor P. Sargant Florence, especialista britânico em economia urbana, escreve: "Segundo minha experiência, sem contar um local específico de intelectuais, como Oxford ou Cambridge, uma cidade de 1 milhão de habitantes deve ser capaz de me proporcionar, digamos, os vinte ou trinta amigos compatíveis comigo de que necessito!" Isso soa um tanto esnobe, sem dúvida, mas o que o professor Florence diz é verdade. Talvez ele goste que seus amigos fiquem sabendo o que ele está querendo dizer. Quando William Kirk, do Núcleo Comunitário Union, e Helen Hall, do Núcleo Comunitário da Rua Henry, bem distantes um do outro em Nova York, reúnem-se com o pessoal da *Consumers' Union* – revista cuja sede também fica longe –, com pesquisadores da Universidade de Colúmbia e com os curadores de uma fundação para discutir a falência financeira, pessoal e da comunidade, provocada pelos empréstimos de agiotas aos conjuntos habitacionais de baixa renda, sabem o que os outros estão querendo dizer e, além disso, conseguem associar sua forma peculiar de conhecimento a um tipo especial de capital para conhecer o problema e encontrar meios de combatê-lo. Quando minha irmã, Betty, que é dona de casa, participou da elaboração de um plano para a escola pública de Manhattan que um de seus filhos cursa, por meio do qual os pais que sabem o inglês ajudam nas lições de casa as crianças cujos pais não conhecem o idioma, e o plano deu certo, esse conhecimento se infiltrou pelo bairro da cidade como um todo com um interesse específico. Por causa disso, a Betty viu-se uma noite na região da Bedford-Stuyvesant, no Brooklyn, contando a um grupo de dez presidentes de Associações de Pais e Mestres (APMs) do distrito como esse plano funciona e aprendendo com eles coisas novas.

Um dos maiores trunfos de uma cidade, se não o maior, é formar comunidades com interesses comuns. Por outro lado, um dos trunfos necessários aos distritos urbanos é contar com pessoas que tenham acesso a grupos políticos, administrativos e de interesse comum na cidade como um todo.

Na maioria das cidades grandes, nós, norte-americanos, temos certa facilidade para criar bairros úteis que abranjam toda a cidade. As pessoas que possuem interesses similares ou complementares não têm dificuldade em se descobrir umas às outras. Nesse aspecto, normalmente elas têm mais condições de fazê-lo nas grandes cidades (exceto Los Angeles, que é terrível para isso, e Boston, que é patética). Além do mais, como Seymour Freedgood, da revista *Fortune*, tão bem documentou em *The Exploding Metropolis* [A metrópole em explosão], os governos das cidades grandes costumam ser competentes e ativos em vários aspectos, mais do que se poderia depreender ao observar os problemas sociais e econômicos dos inúmeros bairros fracassados das mesmas cidades. Seja qual for nossa desastrosa deficiência, dificilmente se trata da mera incapacidade de formar vizinhanças no geral, a partir da cidade como um todo.

Na outra ponta da escala encontram-se as ruas e as minúsculas vizinhanças que elas formam, como, por exemplo, a vizinhança da nossa Rua Hudson.

Nos primeiros capítulos deste livro, insisti bastante nas atribuições da autogestão das ruas: tecer redes de vigilância pública e, assim, proteger os estranhos e também a si próprios; formar redes em escala reduzida na vida cotidiana do povo e, consequentemente, redes de confiança e de controle social; e propiciar a integração das crianças a uma vida urbana razoavelmente responsável e tolerante.

Todavia, as vizinhanças têm ainda outra atribuição vital na autogestão: devem ter meios efetivos de pedir auxílio diante de um problema de grandes proporções que a própria rua não consiga resolver. Às vezes, esse auxílio precisa vir da cidade como um todo, na outra ponta da escala. Esse é um fio da meada que vou deixar solto, mas que gostaria que vocês recordassem.

Todas as atribuições da autogestão das ruas são modestas mas indispensáveis. Apesar das várias experiências, planejadas ou não, não há o que substitua as ruas vivas.

De que tamanho deve ser uma vizinhança para que ela funcione bem? Se atentarmos para as redes de vizinhança bem-sucedidas na vida real, veremos que essa pergunta não tem sentido, porque, onde quer que funcionem bem, as vizinhanças não têm nem começo nem fim que as distinga como unidades separadas. O tamanho difere até para pessoas do mesmo lugar, porque algumas delas vão mais longe, ficam mais tempo na rua ou têm conhecidos que se encontram mais longe que os de outras pessoas. Sem dúvida, grande parte do êxito dessas vizinhanças depende da sua sobreposição e da sua interpenetração para além das esquinas. Essa é uma das maneiras pelas quais elas apresentam a seus frequentadores uma variação econômica e visual. A parte residencial da Park Avenue, de Nova York, parece ser um exemplo extremo de vizinhança monótona, e o seria se constituísse uma faixa isolada de vizinhança de rua. Mas, para um morador da Park Avenue, a vizinhança apenas começa aí; basta sair da avenida e virar a esquina. Ela não é apenas uma faixa, mas integra um conjunto de vizinhanças entrelaçadas de grande diversidade.

Sem dúvida podemos encontrar muitas vizinhanças isoladas com limites definidos. Elas geralmente existem em quadras longas (e daí haver poucas ruas), porque as quadras longas quase sempre tendem ao autoisolamento físico. Não há o que fazer com uma vizinhança nitidamente isolada; o fracasso é uma característica comum a elas. Ao descrever os problemas de uma área de quadras longas, monótonas e isoladas no West Side de Manhattan, o Dr. Dan W. Dodson, do Centro de Estudos de Relações Humanas da Universidade de Nova York, observou: "Cada uma [rua] parece ser um mundo à parte, com uma cultura à parte. Muitos dos entrevistados não tinham ideia do bairro além da rua em que moravam."

Resumindo a incompetência do local, o Dr. Dodson comentou: "A situação atual da vizinhança indica que os moradores perderam a capacidade de atuar coletivamente, senão já teriam há muito tempo pressionado a prefeitura e as instituições sociais para que resolvessem alguns dos problemas que afetam as condições de vida da comunidade." Essas duas observações do Dr. Dodson a respeito do isolamento por ruas e da incompetência estão intimamente relacionadas.

As vizinhanças prósperas não são, em resumo, unidades distintas. Formam um contínuo físico, social e econômico – sem dúvida de tamanho reduzido, mas reduzido no sentido de que o comprimento das fibras que constituem uma corda são de tamanho reduzido.

Nos locais em que as ruas possuem estabelecimentos comerciais, vivacidade, usos e atrativos suficientes para cultivar essa continuidade de vida, nós, norte-americanos, mostramo-nos muito capazes de autogerir as vias públicas. É mais comum constatar e comentar-se a existência dessa capacidade nos distritos de população pobre, ou outrora pobre. Mas vizinhanças de rua casuais e boas no que se espera delas são também uma característica das zonas de alta renda que mantêm popularidade constante – em lugar de ser uma moda passageira –, como por exemplo o East Side de Manhattan, das ruas 50 até as 80, e o distrito da Rittenhouse Square, em Filadélfia.

Não resta dúvida de que faltam às nossas cidades ruas preparadas para a vida urbana. Em vez delas, temos extensas áreas afligidas pela Grande Praga da Monotonia. Não obstante, inúmeras ruas desempenham bem suas modestas atribuições e também conquistam a confiança, a não ser que – ou até que – sejam destruídas pelo impacto de problemas muito grandes ou pela falta prolongada de melhorias que só possam provir da cidade como um todo, ou ainda por políticas de planejamento deliberadas, que os moradores não tenham forças para enfrentar.

E chegamos aqui ao terceiro tipo de bairro que serve para a autogestão: o distrito. Neste, penso eu, geralmente somos menos efetivos, e nosso fracasso é mais desastroso. Temos uma profusão de locais chamados distritos. Poucos deles funcionam.

A função principal de um distrito bem-sucedido é servir de mediador entre as vizinhanças que são indispensáveis mas não têm força política, e a cidade como um todo, inerentemente poderosa.

Existe muita ignorância entre os responsáveis pelas cidades que estão no topo. Não há escapatória, pois as grandes cidades são simplesmente grandes e complexas demais para que sejam compreendidas em detalhe de qualquer perspectiva – quer a das altas esferas, quer a de qualquer ser humano. Mesmo assim, o detalhe é fundamental. Os integrantes de um grupo distrital do East Harlem, antes de um encontro marcado com o prefeito e seus secretários, prepararam um documento relatando a devastação provocada no distrito por decisões de fora (a maioria delas bem-intencionada, é claro) e fizeram este comentário: "Devemos salientar que constatamos frequentemente que nós, que moramos e trabalhamos no East Harlem, que temos contato diário com o bairro, o vemos de maneira bem diferente (...) daqueles que apenas passam por ele a caminho do trabalho ou leem a respeito dele nos jornais ou, mais ainda, acreditamos, daqueles que tomam decisões sobre ele em repartições no centro da cidade." Ouvi quase as mesmas palavras em Boston, Chicago, Cincinnati, St. Louis. É uma queixa que não deixa de se repetir em todas as nossas grandes cidades.

Os distritos precisam ajudar a implantar os recursos típicos da cidade onde eles são mais necessários para os bairros e devem ajudar a traduzir a vivência real dos bairros em políticas e metas para a cidade como um todo. E precisam ajudar a preservar uma região que pode ser utilizada, de maneira civilizada, não só pelos seus moradores como também por outros usuários – trabalhadores, fregueses, visitantes – da cidade inteira.

Para executar essas funções, um distrito competente precisa possuir tamanho suficiente para ter força na vida da cidade como um todo. O bairro "ideal" da teoria urbanística não se presta a esse papel. Um distrito precisa ser suficientemente grande e forte para brigar na prefeitura. Nada mais, nada menos. Claro que brigar na prefeitura não é a única atribuição do distrito ou necessariamente a mais importante. Porém, essa é uma boa definição de tamanho, no tocante à funcionalidade, porque às vezes o distrito tem de fazer exatamente isso e também porque o distrito que não tiver força e vontade para brigar na prefeitura – e ganhar –, quando sua população se sentir muito prejudicada, é bem capaz de não possuir força e vontade para enfrentar outros problemas sérios.

Vamos voltar um instante às vizinhanças de rua e pegar o fio da meada que deixei solto: a incumbência que recai sobre uma vizinhança efetiva de buscar auxílio quando surge um problema muito grande.

Não há desamparo maior que o de uma rua sozinha quando os problemas ultrapassam suas forças. Como exemplo, veja o que aconteceu num caso de tráfico de drogas em uma rua do Upper West Side de Manhattan, em 1955. Essa rua era habitada por moradores que trabalhavam por toda a cidade e tinham conhecidos tanto na rua como fora dela. Na própria rua, levavam uma vida em público razoavelmente ativa, que se concentrava junto à porta das casas, mas não havia comércio no bairro nem figuras públicas constantes. Eles também não tinham relações com outras vizinhanças do distrito; na verdade, a região deles não era um distrito, a não ser no nome.

Quando num dos prédios começou a ser vendida heroína, uma enxurrada de viciados invadiu a rua – não para morar, mas para fazer contatos. Eles precisavam de dinheiro para comprar a droga. Uma das consequências foi uma epidemia de assaltos à mão armada e roubos na rua. As pessoas começaram a ficar com medo de voltar para casa às sextas-feiras com o pagamento no bolso. Às vezes, os moradores se aterrorizavam com gritos lancinantes durante a madrugada. Eles tinham vergonha que seus amigos fossem visitá-los. Alguns dos adolescentes da rua eram viciados, e outros estavam a caminho.

Os moradores, a maioria dos quais conscienciosos e honrados, fizeram o que estava a seu alcance. Chamaram a polícia várias vezes. Algumas pessoas decidiram que o departamento competente a que deveriam recorrer era a Equipe de Narcóticos. Eles contaram aos investigadores onde se vendia heroína, quem a vendia e quando era vendida e em que dias provavelmente se fazia o abastecimento.

Não aconteceu nada – a não ser que as coisas continuaram a piorar.

Não acontece grande coisa quando uma ruazinha desassistida luta sozinha contra um dos maiores problemas de uma cidade grande.

Será que a polícia foi subornada? Como é que se vai saber?

À falta de uma vizinhança no distrito, à falta de conhecimento de outras pessoas que se importassem com o problema desse lugar e pudessem dar mais peso à luta, os moradores foram até onde sabiam ir. Por que eles não chamaram nem sequer o vereador local ou entraram em contato com o diretório político? Ninguém da rua conhecia essas pessoas (um vereador tem cerca de 115 mil eleitores), nem conhecia ninguém que as conhecesse. Resumindo, essa rua simplesmente não tinha relação alguma com a vizinhança do distrito, quanto mais relações produtivas com uma vizinhança efetiva. Os moradores da rua que talvez pudessem tratar do problema mudaram-se ao perceber que a situação era desesperadora. A rua mergulhou em verdadeiro caos e barbárie.

Nova York teve um comissário de polícia competente e diligente durante esses acontecimentos, mas ninguém conseguia chegar até ele. Sem uma compreensão real nas ruas e a pressão dos distritos, até ele estaria em certa medida de mãos atadas. Por causa dessa lacuna, uma grande dose de boa intenção nos altos escalões tem poucos resultados lá embaixo, e vice-versa.

Às vezes a cidade não atua em favor da rua, mas contra ela, e, mais uma vez, se a rua não contar com cidadãos influentes, ficará totalmente indefesa. Recentemente tivemos esse problema na Rua Hudson. Os engenheiros da região administrativa de Manhattan decidiram reduzir nossas calçadas em 35 centímetros. Isso fazia parte de um programa municipal rotineiro e descabido de alargamento do leito das ruas para veículos.

Nós, os moradores, fizemos o que pudemos. O gráfico parou a impressora, retirou dela um trabalho urgente e imprimiu petições de emergência no sábado de manhã, para que as crianças, que estavam de folga da escola, pudessem ajudar a distribuí-las. Os moradores das vizinhanças apanharam as petições e as distribuíram em lugares ainda mais distantes. As duas escolas mantidas pela Igreja Episcopal e pela Igreja Católica fizeram com que seus alunos levassem as petições para casa. Obtivemos cerca de mil assinaturas na nossa rua e nas ruas vizinhas; essas assinaturas representavam provavelmente a maioria dos adultos diretamente atingidos. Muitos comerciantes e moradores escreveram cartas, e um grupo de representantes formou uma delegação para falar com o presidente da região administrativa, o funcionário responsável eleito.

Sozinhos, dificilmente teríamos tido qualquer chance. Nós nos insurgimos contra uma política pública enraizada de tratamento das ruas e nos opúnhamos a uma obra que significaria muito dinheiro para alguém e cujos trâmites já estavam em estágio bem avançado. Soubemos com antecedência do plano de obras por pura sorte. A comunicação pública não havia sido necessária, porque tecnicamente se tratava apenas do recuo do meio-fio.

Primeiramente nos disseram que o plano não seria alterado; a calçada tinha de ser recuada. Precisávamos de mais forças para escudar nosso insignificante protesto. Esse apoio veio do nosso distrito, Greenwich Village. Na verdade, uma das principais intenções das nossas petições, embora não ostensiva, era alardear para todo o distrito que havia surgido uma questão polêmica. As rápidas decisões tomadas pelas organizações do distrito foram mais valiosas para nós do que a expressão da opinião da vizinhança. A pessoa que assumiu nossa representação, Anthony Dapolito, presidente da Associação de Moradores do Greenwich Village, e as pessoas da nossa delegação que mais fizeram peso eram de outras ruas que não a nossa; algumas moravam do outro lado do distrito. Elas fizeram peso exatamente por representar a opinião pública e os formadores de opinião de todo o distrito. Com a ajuda delas, nós vencemos.

Sem contar com tal apoio, a maioria das ruas nem chega a tentar reagir – mesmo que seus problemas tenham origem na prefeitura ou em outros inconvenientes da natureza humana. Ninguém gosta de envolver-se com o que não dá resultado.

A ajuda que obtivemos impõe a algumas pessoas de nossa rua, é claro, a responsabilidade de auxiliar outras ruas ou apoiar causas mais genéricas do distrito quando se fizer necessário. Se descuidarmos disso, talvez não tenhamos ajuda da próxima vez.

Os distritos que conseguem levar a vivência das ruas para os escalões superiores às vezes ajudam a transformá-la em diretrizes municipais. Os exemplos disso são infindáveis, mas este serve como ilustração: neste momento, o município de Nova York está supostamente aprimorando o tratamento dispensado aos viciados em drogas, e simultaneamente a prefeitura está pressionando o governo federal a expandir e reformular sua política e a aumentar o empenho em impedir o contrabando de entorpecentes do exterior. O estudo e a movimentação que ajudaram a impulsionar essas ações não tiveram origem num misterioso "eles". A primeira iniciativa pública pela reformulação e expansão do tratamento foi fomentada não por autoridades, mas por grupos de pressão de distritos como o East Harlem e o Greenwich Village. A denúncia e a divulgação da vergonha que é o fato de os boletins de detenções estarem forrados de nomes de vítimas, enquanto os traficantes operam às claras e impunemente, partiram desses grupos de pressão, não de autoridades e menos ainda da polícia. Esses grupos de pressão analisaram o problema, têm exigido mudanças e continuarão a fazê-lo, exatamente porque estão em contato direto com casos ocorridos nas ruas vizinhas. A experiência daquela rua solitária do Upper West Side, por outro lado, não tem nada para ensinar a ninguém – a não ser safar-se.

É tentador achar que se pode criar um distrito por meio de uma federação de bairros distintos. O Lower East Side, em Nova York, está atualmente tentando formar um distrito de verdade, nesses moldes, e para isso tem recebido altas somas em doações filantrópicas. O sistema federativo formal parece funcionar muito bem com metas com as quais praticamente todos concordam, como exigir um novo hospital. Mas muitas das questões vitais da vida urbana local são controvertidas. No Lower East Side, por exemplo, a estrutura organizacional federativa do distrito inclui, neste momento, pessoas que tentam impedir que tratores ponham abaixo suas casas e também abrange os construtores de conjuntos habitacionais cooperativados e vários outros grupos de interesse que querem que o governo utilize seu poder de condenar uma área com o fim de despejar esses mesmos moradores. Trata-se de conflitos de interesses genuínos – neste caso, o antiquíssimo conflito entre a caça e o caçador. As pessoas que tentam preservar-se empenham seus esforços, em vão, tentando que reivindicações e cartas de petição sejam aprovadas por conselhos diretores compostos por seus principais adversários!

Ambas as facções da renhida disputa por questões locais importantes precisam mostrar-se com toda a força que conseguirem reunir em todo o distrito (menos que isso é inútil) para mexer com a política municipal que eles pretendem alterar ou com as decisões que pretendem influenciar. Têm de lutar por isso entre si e com as autoridades, no âmbito em que as decisões são efetivamente tomadas, porque é isso que importa para que vençam. Qualquer coisa que leve os competidores a fracionar seu poder ou diluir sua força, recorrendo a moções de "tomada de decisão" envolvendo burocracia e comissões sem poder decisório no governo, destrói a vida política, a eficácia dos cidadãos e a autogestão. Passa a ser um arremedo de autogestão, não uma autogestão verdadeira.

Quando, por exemplo, o Greenwich Village brigou para evitar que seu parque, a Washington Square, fosse cortado por uma via expressa, a maioria era esmagadoramente contra. Mas não era uma opinião unânime. Entre os indivíduos favoráveis à via expressa estavam pessoas eminentes, com posição de liderança em áreas menores do distrito. Naturalmente, elas tentaram restringir a luta ao âmbito local, e o governo municipal tentou o mesmo. A opinião da maioria teria se esvaziado com essa tática, em vez de prevalecer. Na verdade, ela vinha sendo esvaziada até que a verdade foi trazida à tona por Raymond Rubinow, que trabalhava no distrito mas não morava lá. Rubinow ajudou a constituir um Comitê *Conjunto* de Emergência, uma verdadeira organização distrital que se sobrepunha a outras formas de organização. Os distritos competentes funcionam como entidades separadas, e os cidadãos que estejam de acordo sobre questões controversas devem principalmente atuar de modo coletivo no âmbito distrital, do contrário nada conseguem. Os distritos não são um conjunto de principados insignificantes que atuam federativamente. Quando funcionam, o fazem como unidades dotadas de poder e opinião e com tamanho suficiente para se fazerem valer.

Nossas cidades têm muitos bairros parecidos com ilhas, pequenos demais para funcionar como distritos, e entre eles estão não só os bairros planejados impostos pelo urbanismo, mas também vários bairros espontâneos. Essas unidades espontâneas e diminutas surgiram ao longo do tempo e quase sempre são encraves de grupos étnicos bem definidos. Elas em geral desempenham bem e energicamente as funções que as ruas têm num bairro e, assim, mantêm surpreendentemente sob controle os problemas sociais e as mazelas resultantes. Porém, esses mesmos pequenos bairros também se veem desamparados, da mesma forma que as ruas, com relação aos problemas e às mazelas vindas de fora. Não possuem infraestrutura pública e de serviços porque não dispõem de poder para obtê-la. São impotentes diante da morte lenta imposta pelos credores hipotecários por meio da concessão e da recusa de empréstimos, um problema de solução extremamente difícil mesmo quando o distrito tem muita força. Se entrarem em conflito com os moradores de um bairro vizinho, tanto eles como os vizinhos não conseguirão ajuda para melhorar suas relações. Na verdade, o isolamento faz com que essas relações se deteriorem ainda mais.

Sem dúvida, às vezes um bairro muito pequeno para funcionar como um distrito tem acesso às vantagens do poder por ter como morador um cidadão extremamente influente ou uma instituição importante. Mas os cidadãos de um bairro desses pagarão pela dádiva "gratuita" de poder no dia em que seus interesses conflitarem com os do Papai Mandachuva ou da Mamãe Instituição. Eles não têm poder para derrotar Papai nos órgãos públicos, lá nas altas esferas onde as decisões são tomadas, *e portanto são também impotentes para dizer-lhe o que querem ou influenciá-lo*. Os cidadãos de bairros que incluem uma universidade, por exemplo, se encontram sempre nessa situação sem saída.

A possibilidade de um distrito com potencial tornar-se competente e capaz de se autogerir democraticamente depende muito de conseguir ou não vencer o isolamento de seus pequenos bairros. Trata-se principalmente de um problema político e social do distrito e dos competidores que ele contém, mas é também um problema físico. Planejar deliberada e concretamente, segundo a premissa de que bairros superados e menores que um distrito são um ideal desejável, significa subverter a autogestão. Motivações sentimentais ou paternalistas não ajudam em nada. Quando o isolamento físico é induzido por diferenças sociais gritantes, como ocorre em conjuntos residenciais cujos moradores são rotulados pelo preço, a política administrativa é tremendamente perniciosa para a autogestão e o autogoverno efetivo nas cidades.

Não é descoberta minha o valor dos distritos urbanos que ostentam um poder real (no qual, porém, as vizinhanças não sejam unidades infinitesimais desconexas). Esse valor tem sido redescoberto e comprovado empiricamente vezes sem fim. Quase todas as grandes cidades possuem pelo menos um desses distritos efetivos. Muitas outras áreas lutam esporadicamente para funcionar como um distrito em épocas de crise.

Não surpreende que os distritos razoavelmente prósperos acumulem com o tempo um poder político considerável. Vez ou outra conseguem produzir indivíduos capazes de atuar simultaneamente na vizinhança próxima e no distrito inteiro e também no distrito e no bairro da cidade como um todo.

A superação do nosso desastroso fracasso em criar distritos funcionais depende em grande parte de mudanças na administração municipal, assunto de que não precisamos tratar no momento. Todavia, precisamos, entre outras coisas, erradicar as ideias de planejamento convencionais a respeito dos bairros. O bairro "ideal" da teoria do planejamento e do zoneamento, grande demais para possuir a mesma eficiência e o mesmo significado de uma vizinhança, é ao mesmo tempo pequeno demais para funcionar como um distrito. Não serve para coisa alguma. Não serve nem como ponto de partida. Assim como a crença na sangria medicinal, foi uma escolha errada na busca da compreensão.

Se as únicas formas de bairro que demonstram ter funcionalidade proveitosa para a autogestão na vida real são a cidade como um todo, as ruas e os distritos, então o planejamento físico de bairros eficientes deve almejar as seguintes metas:

Primeira, fomentar ruas vivas e atraentes.

Segunda, fazer com que o tecido dessas ruas forme uma malha o mais contínua possível *por todo* um distrito que possua o tamanho e o poder necessário para constituir uma subcidade em potencial.

Terceira, fazer com que parques, praças e edifícios públicos integrem esse tecido de ruas; utilizá-los para intensificar e alinhavar a complexidade e a multiplicidade de usos desse tecido. Eles não devem ser usados para isolar usos diferentes ou isolar subdistritos.

Quarta, enfatizar a identidade funcional de áreas suficientemente extensas para funcionar como distritos.

Se as três primeiras metas forem atingidas, a quarta o será naturalmente. Veja por quê: poucas pessoas, a menos que vivam debruçadas sobre mapas, conseguem identificar-se com uma abstração chamada distrito ou preocupar-se com ela. A maioria identifica-se com um lugar da cidade porque o utiliza e passa a conhecê-lo quase intimamente. Nós nos movimentamos por ele com os pés e acabamos dependendo dele. O único motivo para as pessoas fazerem isso é se sentirem atraídas por particularidades das redondezas que se mostram úteis, interessantes e convenientes.

Quase ninguém vai espontaneamente de um lugar sem atrativos para outro, idêntico, mesmo que o esforço físico seja pequeno[3].

As diferenças, *não as cópias*, propiciam a interação de usos e, assim, a identificação das pessoas com uma área maior que a da malha de ruas vizinhas. A monotonia é o oposto da interação de usos e, portanto, da unidade funcional. Da mesma maneira que ocorre com o Território, planejado ou espontâneo, ninguém de fora consegue identificar-se naturalmente com ele ou com o que ele contém.

Os centros de atividades nascem em distritos vivos e diversificados, do mesmo modo como surgem, em escala menor, em parques, e tais centros favorecem a identidade do distrito se também contiverem um ponto de referência que represente simbolicamente o lugar e, em certo sentido, o distrito. Porém, os centros não podem assumir sozinhos a responsabilidade pela identidade do distrito; é preciso que estabelecimentos comerciais e culturais diversos e paisagens diferentes também despontem por toda parte. Em meio a esse tecido, os obstáculos físicos, como grandes artérias de tráfego, parques muito extensos, conjuntos institucionais enormes, são funcionalmente ruins porque impedem a interação de usos.

Em termos absolutos, qual deve ser o tamanho de um distrito próspero? Dei uma definição funcional de tamanho: suficientemente grande para brigar na prefeitura, mas não tão grande a ponto de seus bairros não conseguirem atrair a atenção e ter vez.

Em termos absolutos, o tamanho difere de cidade para cidade, dependendo em parte do tamanho da cidade como um todo. Em Boston, quando o North End tinha uma população que supe-

3. Descobriu-se nas Jefferson Houses, no East Harlem, que muitas das pessoas que moraram nesse conjunto residencial durante quatro anos nunca haviam posto os olhos no centro comunitário, que fica num lado morto do projeto (morto no sentido de que logo depois não existe vida urbana, só parque). As pessoas de outros locais do conjunto não tinham um motivo plausível para ir até lá e tinham todos os motivos plausíveis para não ir. Lá, tudo se mostrava absolutamente igual. Dora Tannenbaum, diretora da Associação do Núcleo Comunitário da Rua Grand, no Lower East Side, comenta sobre os moradores de outros conjuntos de edifícios – de um conjunto residencial vizinho: "Não passa pela cabeça dessas pessoas que elas tenham alguma coisa em comum. Elas se comportam como se as outras partes do conjunto estivessem em outro planeta." Visualmente, esses conjuntos são uma unidade; funcionalmente, não. As aparências enganam.

rava 30 mil habitantes, ele tinha força como distrito. Hoje sua população é cerca de metade daquela, em parte devido ao processo salutar de reduzir o número de pessoas por moradia com a recuperação dos cortiços e, em parte, devido ao processo nada salutar de ter sido implacavelmente seccionado por uma nova via expressa. Embora ainda seja unido, o North End perdeu boa parte de seu poder como distrito. Numa cidade como Boston, Pittsburgh ou talvez até mesmo Filadélfia, 30 mil pessoas são suficientes para constituir um distrito. Em Nova York ou Chicago, no entanto, um distrito com apenas 30 mil habitantes não significa nada. O distrito mais efetivo de Chicago, o Back-of-the-Yards, abriga cerca de 100 mil pessoas, segundo o diretor do conselho distrital, e sua população tem aumentado. Em Nova York, o Greenwich Village inclui-se entre os menores distritos efetivos, mas é viável porque consegue compensar o tamanho com outras vantagens. Abriga aproximadamente 80 mil moradores, além de cerca de 125 mil trabalhadores (talvez um sexto deles seja de moradores). O East Harlem e o Lower East Side de Nova York, ambos lutando para constituir distritos efetivos, têm, cada um, 200 mil moradores, e não podem abrir mão deles.

É claro que outras características que não o tamanho da população têm influência no sucesso – principalmente boa comunicação e estado de espírito favorável. Mas o tamanho da população é crucial porque representa votos, ainda que na maioria das vezes só indiretamente. Existem apenas dois poderes públicos máximos que dão feição a uma cidade e a administram: votos e controle do dinheiro. Para soar mais simpático, podemos chamá-los de "opinião pública" e "gastos públicos", mas continuam sendo votos e dinheiro. Um distrito efetivo – e, por meio dele, os bairros que o constituem – possui um desses poderes: o poder dos votos. Com isso, e só isso, ele pode influenciar o poder que será exercido sobre ele, para o bem ou para o mal, através do dinheiro público.

Robert Moses, cujo talento para realizar coisas consiste principalmente na compreensão desse fato, transformou em arte o controle do dinheiro público para ficar acima daqueles em quem os eleitores votam e de quem dependem para representá-los em seus interesses em geral conflitantes. Obviamente essa é, sob outro prisma, a velha e triste história dos governos democráticos. A arte de contrariar o poder dos votos com o poder do dinheiro pode ser praticada com a mesma eficiência tanto por administradores públicos honrados como por representantes desonestos com interesses estritamente particulares. De qualquer modo, o aliciamento e a corrupção dos eleitos é mais fácil quando o eleitorado está fragmentado em nichos de poder ineficientes.

Quanto aos distritos maiores, não conheço sequer um que tenha mais de 200 mil habitantes e funcione como um distrito. Em todos os casos, a área geográfica impõe um limite populacional empírico. Na realidade, o tamanho máximo de um distrito efetivo que surgiu naturalmente parece ficar em torno de seis quilômetros quadrados[4]. Isso talvez ocorra porque uma área maior é desvantajosa para a necessária interação de usos e a identidade funcional que fundamentam a identidade política do distrito. Numa cidade muito grande deve, portanto, haver alta densidade demográfica para que surjam distritos efetivos; do contrário, o poder político necessário nunca se harmonizará com uma identidade geográfica viável.

Esse aspecto da área geográfica não significa que se possa mapear uma cidade com seções de cerca de 2,5 quilômetros quadrados, cada seção definida por fronteiras, e dar vida a distritos. Não são as fronteiras que fazem um distrito, mas a interação de usos e a vida. A razão de considerar a dimensão física e os limites de um distrito é esta: os elementos, naturais ou criados pelo homem, que constituem barreiras físicas para a interação de usos natural, devem estar em algum lugar. É melhor que eles se encontrem nos limites de áreas suficientemente extensas para funcionar como distritos do que interrompendo a continuidade de distritos que de outro modo seriam viáveis. A face verdadeira de um distrito está no que ele *é* por dentro, na continuidade e na interpenetração de áreas internas que lhe dão funcionalidade, não

4. O Back-of-the-Yards de Chicago é a única exceção à regra que conheço. É uma exceção que talvez tenha implicações práticas em certos casos, que não vêm ao caso aqui, mas que serão abordadas mais adiante neste livro como um assunto administrativo.

no modo como termina ou na aparência que tem numa vista aérea. Na verdade, os limites de vários distritos urbanos bastante atraentes expandem-se naturalmente, a menos que barreiras físicas os impeçam. Um distrito demasiadamente delimitado corre o risco de afastar visitantes de outros locais da cidade que trariam estímulo financeiro.

O planejamento de bairros, definidos principalmente de acordo com seu tecido, com a vida e a interação de usos que geram, em vez de definidos por fronteiras formais, obviamente opõe-se às concepções do planejamento ortodoxo. A diferença está em lidar com organismos vivos e complexos, capazes de definir seu próprio destino, e lidar com uma comunidade fixa e inerte, meramente capaz apenas de proteger (se tanto) o que lhe foi outorgado.

Ao abordar a necessidade de haver distritos, não pretendo dar a impressão de que um distrito efetivo seja autossuficiente econômica, política ou socialmente. Claro que não é nem pode ser, da mesma forma que uma rua. E os distritos também não podem ser cópias uns dos outros; são extremamente diferentes, e devem ser. Uma cidade não é um conjunto de cidadezinhas repetitivas. Um distrito atraente tem características próprias e especialidades próprias. Atrai pessoas de fora (possui uma pequena variedade econômica realmente urbana, a não ser em alguns casos), e sua própria população sai dele.

Nem é necessário que um distrito seja autossuficiente. No Back-of-the-Yards, em Chicago, a maioria dos trabalhadores costumava trabalhar, até a década de 40, nos matadouros do distrito. Isso influenciou a formação do distrito, porque sua organização resultou da organização sindical. Mas esses moradores e seus filhos, quando se emanciparam do trabalho nos matadouros, assimilaram o trabalho e a vida da cidade grande. A maioria trabalha atualmente fora do distrito, menos os adolescentes, que desempenham pequenas tarefas depois do período escolar. Essa mudança não enfraqueceu o distrito; no mesmo período, o distrito fortaleceu-se.

O fator construtivo que atuou aí simultaneamente foi o tempo. Nas cidades, o tempo substitui a autossuficiência. O passar do tempo é indispensável nas cidades.

As inter-relações que permitem o funcionamento de um distrito como uma Entidade não são nem vagas nem misteriosas. Consistem em relacionamentos vivos entre pessoas específicas, muitas delas sem nada em comum a não ser o fato de utilizarem o mesmo espaço geográfico.

Os primeiros relacionamentos que se formam em áreas urbanas, desde que haja uma estabilidade populacional nos bairros, são os que ocorrem na vizinhança e entre pessoas que têm alguma coisa em comum e integram instituições – igrejas, APMs, associações de negócios, diretórios políticos, ligas cívicas, comitês para angariar recursos para campanhas de saúde ou outras causas públicas, os naturais de tal e tal vila (associações hoje comuns entre porto-riquenhos, como já foram entre os italianos), associações de proprietários, sociedades de amigos do bairro, grupos contra injustiças e assim por diante, *ad infinitum*.

A profusão de organizações, na maioria pequenas, existente em quase todas as zonas relativamente estáveis de uma cidade grande, deixa qualquer pessoa tonta. Goldie Hoffman, uma das executivas de um departamento de reurbanização de Filadélfia, decidiu fazer um levantamento das eventuais organizações e instituições existentes numa pequena área lúgubre da cidade com cerca de 10 mil habitantes, designada para revitalização. Para surpresa geral, encontrou dezenove. As organizações pequenas e as organizações com fins específicos crescem nas cidades como as folhas de uma árvore e são, à sua maneira, uma manifestação impressionante de persistência e obstinação da vida.

Contudo, a etapa crucial para a formação de um distrito efetivo vai muito além disso. Deve desenvolver-se um conjunto diferente de inter-relações; são as relações ativas entre pessoas, geralmente líderes, que ampliam sua vida pública local para além da vizinhança e de organizações ou instituições específicas e proporcionam relações com pessoas cujas raízes e vivências encontram-se, por assim dizer, em freguesias inteiramente diferentes. Nas cidades, esses relacionamentos-ponte são mais fortuitos do que as ligações-ponte análogas, quase impostas, entre grupos de interesses pequenos e distintos de comunidades autossuficientes. Talvez por estarmos bem mais avançados na formação de bairros bem situados do que na formação de distritos, as relações entre distritos às vezes surgem casualmente entre pessoas de determinado distrito que se encontram num bairro que tem um atrativo específico e levam tal relacionamento para seu distrito. Muitas relações entre distritos de Nova York, por exemplo, têm início dessa maneira.

É necessário um número surpreendentemente baixo de pessoas que estabeleçam ligação, em comparação com a população total, para consolidar o distrito como uma Entidade real. Bastam cerca de cem pessoas numa população mil vezes maior. Mas essas pessoas precisam dispor de tempo para se descobrir em umas às outras, para investir em colaboração proveitosa – e também para criar raízes nos diversos bairros menores locais ou de interesse específico.

Quando minha irmã e eu chegamos a Nova York, vindas de uma cidade pequena, nos divertíamos com um jogo que chamamos de Mensagens. Acho que estávamos com isso tentando, vagamente, tomar pulso no mundo enorme, estonteante, em que entramos ao sair de nosso casulo. O jogo consistia em escolher duas pessoas inteiramente díspares – como um caçador de cabeças das Ilhas Salomão e um sapateiro de Rock Island, Illinois – e fingir que um tinha de transmitir uma mensagem ao outro boca a boca; então, em silêncio, cada uma de nós imaginava uma corrente de pessoas plausível, ou pelo menos possível, que faria a mensagem seguir adiante. Ganhava quem conseguisse fazer a corrente de mensageiros mais curta e plausível. O caçador de cabeças falava com o chefe de sua tribo, que falava com o mercador que fora comprar polpa de coco, o qual falava com o patrulheiro australiano quando este aparecesse, que falava com o sujeito que sairia de folga para Melbourne etc. Do outro lado da corrente, o sapateiro recebia a mensagem do padre, que a recebera do prefeito, que a recebera do senador do Estado, que a recebera do governador etc. Não demorou para termos uma série desses mensageiros "domésticos" para quase qualquer pessoa que pudéssemos imaginar, mas nós nos enrolávamos no meio das correntes muito longas, até que a Sra. Roosevelt veio trabalhar em casa. De repente, a Sra. Roosevelt fez com que fosse possível pular vários elos intermediários. Ela conhecia as pessoas mais improváveis. O mundo encolheu a olhos vistos. Encolheu tanto que acabou com nosso jogo, que ficou muito rápido e sem graça.

Os distritos precisam ter uma pequena cota de senhoras Roosevelts – pessoas que conheçam outras, bem diferentes, e portanto eliminem a necessidade de correntes de comunicação longas (que, na realidade, não existiriam).

Normalmente os diretores de associações comunitárias são o ponto de partida dessa rede de ligações do distrito, mas eles só as iniciam e tentam encontrar maneiras viáveis de ampliá-las; sozinhos, não dão conta de tudo. Esses laços necessitam do aumento da confiança, da ampliação de uma cooperação que possa ser, ao menos a princípio, casual e experimental; e necessitam de pessoas que tenham considerável autoconfiança ou suficiente grau de preocupação com os problemas públicos locais que garantam sua autoconfiança. No East Harlem, onde se está formando de novo um distrito efetivo a despeito das adversidades, após uma desagregação terrível e a mudança da população, cinquenta e duas entidades participaram em 1960 de uma reunião para transmitir ao prefeito e a catorze de seus secretários as reivindicações do distrito. Entre as entidades havia APMs, igrejas, grupos comunitários e de assistência social, ligas cívicas, associações de locatários, associações comerciais, diretórios políticos e representantes locais do Congresso, da Assembleia e da Câmara Municipal. Cinquenta e oito pessoas foram incumbidas especificamente de marcar a reunião e elaborar as diretrizes; havia entre elas pessoas com todo tipo de qualificação e ocupação e origens variadas – negros, italianos, porto-riquenhos e outros desconhecidos. Isso demonstra a existência de muitas ligações no distrito. Foram necessários vários anos e muita habilidade de uma meia dúzia de pessoas para chegar a uma rede desse porte, e o processo está só começando a ter sucesso.

Assim que consiga firmar-se no distrito, uma rede de ligações desse tipo, boa e forte, poderá expandir-se relativamente rápido e assumir qualquer outro feitio. Às vezes, um indício de que isso está acontecendo é o crescimento de um novo tipo de organização que abranja quase todo o distrito mas tenha caráter temporário, constituída especificamente com fins *ad hoc*[5]. Porém, para ir adiante, a rede do distrito precisa atender a três requisitos: um ponto de partida; um espaço físico com número suficiente de pessoas identificadas como frequentadores; e tempo.

As pessoas que estabelecem as ligações, assim como aquelas que formam elos menores nas ruas e organizações de interesse específico, não são de forma alguma os índices estatísticos que supostamente representam pessoas nos projetos urbanísticos e habitacionais. Pessoas-índice são uma fantasia por várias razões, uma das quais é elas serem encaradas como sempre substituíveis. As pessoas de carne e osso são únicas; investem muitos anos em relacionamentos significativos com outras pessoas únicas, e são, no mínimo, insubstituíveis. Desfeitos seus relacionamentos, destrói-se sua condição de seres sociais verdadeiros – às vezes por pouco tempo, às vezes para sempre[6].

Se muitos relacionamentos que levaram anos para se desenvolver forem rompidos de repente, pode ocorrer todo tipo de estrago nos bairros – um estrago, uma instabilidade e uma impotência tais que às vezes parece que o tempo nunca mais irá recuperar seu ritmo.

Harrison Salisbury, numa série de artigos no *New York Times*, "The Shook-Up Generation" [A geração perturbada], captou bem esse aspecto vital dos relacionamentos urbanos e seu rompimento.

> "Até mesmo um gueto [ele cita a declaração de um pastor], depois de anos nessa condição, constrói uma estrutura social, que gera uma estabilidade maior, mais lideranças, mais grupos para ajudar a solucionar os problemas públicos."

5. No Greenwich Village, elas geralmente têm um nome longo e explícito: p. ex., Comitê Conjunto de Emergência para Impedir o Tráfego no Parque da Washington Square Exceto para Veículos de Emergência; Comitê de Emergência dos Inquilinos de Cellar Dwellers; Comissão de Vizinhos para Fazer Funcionar o Relógio do Jefferson Market Courthouse; Comitê Conjunto do Village para Derrotar a Proposta do West Village e Formular Outra Melhor.
6. Há pessoas que aparentemente conseguem comportar-se como números permutáveis e recomeçam em outro lugar exatamente do ponto em que pararam, mas provavelmente se trata dos integrantes de uma de nossas comunidades nômades fechadas e muito homogêneas, como os *beatniks*, militares da ativa e família ou as novas famílias de executivos itinerantes dos subúrbios, descritas por William H. Whyte em *The Organization Man* [O homem de empresa].

> Mas [prossegue Salisbury], quando se inicia o despejo dos cortiços em determinada área, ele não só destrói casas malcuidadas; ele desenraíza os moradores. Desfaz igrejas. Arruina os comerciantes. Transfere o advogado do bairro para um escritório novo no centro e desfigura irremediavelmente a malha fechada das amizades na comunidade e das relações entre grupos.
>
> Ele arranca os antigos moradores de seu apartamento deteriorado ou de sua casa modesta e os obriga a encontrar um lugar novo e desconhecido. E ele despeja em outro bairro centenas, milhares de rostos novos (...).

Os programas de revitalização, que buscam principalmente preservar edifícios e ocasionalmente ajudar algumas pessoas mas espalham o restante dos moradores, têm praticamente o mesmo efeito – assim como os empreendimentos concentrados da iniciativa privada, que lucram rapidamente com a valorização criada pela estabilidade de determinado bairro. Cerca de 15 mil famílias foram retiradas de Yorkville, em Nova York, entre 1951 e 1960, por meio daquele expediente; virtualmente todas saíram a contragosto. No Greenwich Village está acontecendo a mesma coisa. Sem dúvida, é um milagre não que nossas cidades tenham poucos distritos, mas que eles funcionem. Em primeiro lugar, há relativamente pouco espaço urbano hoje em dia adequado – felizmente – para a formação de distritos com interação de usos e identidade satisfatórias. Enquanto isso, distritos incipientes ou ligeiramente instáveis estão sempre sendo seccionados, subdivididos ou convulsionados por políticas urbanas equivocadas. Os distritos que são suficientemente eficientes para se defender de uma ruptura intencional podem acabar esmagados em meio a uma "corrida do ouro" inesperada, urdida por aqueles que aspiram a um quinhão desses raros tesouros sociais.

Não há dúvida de que um bom bairro é capaz de absorver novos habitantes, tanto moradores por livre escolha quanto imigrantes que lá se instalem por conveniência, e também é capaz de resguardar uma população transitória considerável. Mas esses progressos e essas mudanças precisam ser gradativos. Para a autogestão de um lugar funcionar, acima de qualquer flutuação da população deve haver a permanência das pessoas que forjaram a rede de relações do bairro. Essas redes são o capital social urbano insubstituível. Quando se perde esse capital, pelo motivo que for, a renda gerada por ele desaparece e não volta senão quando se acumular, lenta e ocasionalmente, um novo capital.

Certos analistas da vida urbana, ao notar que os bairros sólidos são com frequência constituídos de grupos étnicos – principalmente colônias de italianos, poloneses, judeus ou irlandeses –, sugeriram ser necessária uma base étnica coesa para que um bairro funcione como uma unidade social. Na verdade, isso quer dizer que apenas os "meio americanos" são capazes de promover a autogestão nas metrópoles. Para mim, isso é um absurdo.

Em primeiro lugar, esses grupos coesos devido à origem étnica nem sempre são tão coesos como parecem para quem olha de fora. Citando outra vez o Back-of-the-Yards como exemplo, a espinha dorsal de sua população é principalmente centro-europeia, mas é formada por todo tipo de centro-europeus. O bairro tem, por exemplo, literalmente dúzias de igrejas nacionais. A animosidade e a rivalidade tradicionais entre esses grupos foram uma desvantagem grave. Os três principais setores do Greenwich Village derivam de uma colônia italiana, uma colônia irlandesa e da comunidade de patrícios seguidores de Henry James. A coesão étnica pode ter influenciado a formação desses setores, mas não ajudou em nada na consolidação das inter-relações distritais – trabalho iniciado há muitos anos pela notável Mary K. Simkhovich, diretora de associação comunitária. Hoje, muitas das ruas dessas antigas comunidades étnicas já assimilaram uma fantástica variedade de etnias do mundo inteiro. Também assimilaram uma enorme profusão de profissionais de classe média e suas famílias, que se dão muito bem com a vida das ruas e do distrito, apesar do mito do urbanismo de que tais pessoas precisam da proteção de "ilhas de partilha" pseudossuburbana. Algumas das ruas que funcionavam melhor no Lower East Side (antes que fossem riscadas do mapa) eram chamadas genericamente de "judias", mas as pessoas que realmente faziam parte da vizinhança tinham mais de quarenta origens étnicas diferentes. Um dos bairros mais prósperos de Nova York, com uma comunicação interna maravilhosa, é o East Side da faixa central de Manhattan, constituído predominantemente por pessoas de alta renda, que absolutamente não podem ser qualificadas de outra forma que não norte-americanas.

Em segundo lugar, onde quer que se estabeleçam bairros etnicamente coesos e estáveis, eles possuem outra característica além da identidade étnica: abrigam muitos indivíduos que se recusam a sair de lá. Em minha opinião, mais do que a mera identidade étnica, esse é o fator relevante. Normalmente são necessários muitos anos depois de esses grupos terem se estabelecido para que o tempo aja, e os habitantes constituam um bairro estável e efetivo.

Aqui há um paradoxo aparente: para manter num bairro um número suficiente de pessoas que não saiam de lá, a cidade precisa ter a mesma fluência e mobilidade de usos que Reginald Isaacs, citado neste capítulo, observou ao especular se os bairros poderiam representar algo relevante para as cidades.

De tempo em tempo, muitas pessoas trocam de emprego ou de local de trabalho, mudam ou ampliam suas amizades e seus interesses, sua família muda de tamanho, sua renda aumenta ou diminui, ou até muitos de seus gostos se alteram. Resumindo, elas vivem, em vez de simplesmente existirem. Se elas vivem em distritos diversificados e não monótonos – particularmente em distritos onde muitos detalhes físicos podem ser constantemente acomodados – e se gostam do lugar, elas podem lá permanecer a despeito de mudanças locais ou da natureza de seus outros objetivos e interesses. Ao contrário das pessoas que precisam se mudar de um subúrbio de classe média baixa para outro de média média e para outro de média alta à medida que sua renda e suas atividades de lazer se modificam (ou então serem vistos como excêntricas), ou de pessoas de uma cidadezinha que precisam se mudar para uma cidade maior ou para uma metrópole em busca de novas oportunidades, os moradores urbanos não precisam levantar acampamento por tais motivos.

O conjunto de oportunidades de todo tipo existente nas cidades, e a espontaneidade com que essas oportunidades e opções podem ser usadas são um trunfo – não uma desvantagem – para encorajar a estabilidade do bairro.

Contudo, esse trunfo precisa ser capitalizado. Ele é desperdiçado nos lugares em que a mesmice prejudica os distritos, servindo, portanto, somente a uma faixa estreita de renda, gostos e circunstâncias familiares. Os recursos que o bairro oferece para pessoas-índice imutáveis, sem corpo, são recursos para a instabilidade. As pessoas que se encontram nele e são dados estatísticos podem permanecer as mesmas. Mas não as pessoas que se encontram nele e são pessoas. Tais lugares são eternos locais de passagem.

Na primeira parte deste livro, que termina aqui, enfatizei as vantagens e os pontos fortes peculiares às cidades grandes e também suas fraquezas. As cidades, como qualquer outra coisa, só têm êxito se tirarem o máximo proveito de suas vantagens. Tentei destacar os tipos de lugares das cidades que conseguem fazê-lo e o modo como funcionam. Minha ideia, no entanto, não é que devamos tentar reproduzir, rotineira e superficialmente, as ruas e os distritos que demonstram ter força e êxito como nichos da vida urbana. Isso seria impossível e poderia parecer um exercício de saudosismo arquitetônico. Além do mais, até mesmo as melhores ruas e distritos comportam melhorias, especialmente quanto à comodidade.

Porém, se compreendermos os princípios que fundamentam o comportamento das cidades, poderemos aproveitar-nos de vantagens e pontos fortes potenciais, em vez de atuarmos contrariamente a eles. Primeiro precisamos definir que resultados genéricos desejamos – o que saberemos ao descobrir como transcorre a vida na cidade. Precisamos estar convencidos, por exemplo, de que queremos ruas e outros espaços públicos vivos e bem utilizados e por que os queremos. Mas, embora esse seja um primeiro passo, ele não é suficiente. O próximo passo é examinar o funcionamento urbano em outro nível: o funcionamento econômico que produz essas ruas e esses distritos cheios de vida para os frequentadores das cidades.

PARTE 2
CONDIÇÕES PARA A DIVERSIDADE URBANA

7. OS GERADORES DE DIVERSIDADE

As listas telefônicas classificadas revelam-nos uma grande verdade a respeito das cidades: o imenso número de elementos que as formam e a imensa diversidade desses elementos. A diversidade é natural às grandes cidades.

"Sempre me diverti", escreveu James Boswell em 1791, "pensando em como Londres deveria parecer diferente para pessoas diferentes. Aquelas cuja mente limitada concentra-se num único propósito veem-na apenas sob esse único prisma (...). Mas o intelectual fica impressionado com ela, pois apreende a totalidade da vida humana em sua imensa variedade, cuja contemplação é inexaurível."

Boswell não apenas deu uma boa definição de cidade, mas pôs o dedo num de seus principais problemas. É muito fácil cair na armadilha de contemplar os usos da cidade um de cada vez, por categorias. Sem dúvida, exatamente isso – a análise das cidades uso por uso – tornou-se um recurso costumeiro do planejamento urbano. As descobertas feitas em várias categorias de usos são então reunidas para compor "quadros amplos, globais".

Os quadros globais que esses métodos produzem são quase tão úteis quanto o quadro montado pelos cegos que tatearam o elefante e juntaram o que descobriram. O elefante afastou-se lentamente, alheio à ideia de ser uma folha, uma serpente, um muro, troncos de árvore e uma corda, de alguma maneira reunidos. As cidades, sendo uma criação nossa, têm menos defesa diante de um absurdo solene.

Para compreender as cidades, precisamos admitir de imediato, como fenômeno fundamental, as combinações ou as misturas de usos, não os usos separados. Já vimos a importância disso com relação aos parques urbanos. É fácil – muito fácil – encarar os parques como um fenômeno em si e defini-los como adequados ou inadequados quanto, digamos, à proporcionalidade entre área e milhares de habitantes. Tal abordagem revela um pouco dos métodos dos planejadores, mas nada nos diz de proveitoso acerca do comportamento ou do valor dos parques urbanos.

Se tivermos como meta que a mistura de usos seja suficientemente complexa para prover a segurança urbana, o contato do público e a interação de usos, ela precisa de uma quantidade enorme de componentes. Nesse caso, a primeira pergunta sobre o planejamento urbano – a qual, acho eu, é de longe a mais importante – seria esta: como as cidades podem gerar uma mistura suficiente de usos – uma diversidade suficiente –, por uma extensão suficiente de áreas urbanas para preservar a própria civilização?

Está muito correto condenar a Grande Praga da Monotonia e entender por que ela destrói a vida urbana, mas isso, por si só, não nos leva muito longe. Pensem no problema apresentado pela rua de Baltimore que tem um belo calçadão ajardinado, mencionado no Capítulo 3. Minha amiga dessa rua, a Sra. Kostritsky, tem toda razão ao ponderar que a rua precisa de algum comércio para comodidade dos frequentadores. E, como era de esperar, a falta de comodidade e a falta de vida na rua são apenas dois dos subprodutos da monotonia residencial desse lugar. O perigo é outro – o medo das ruas depois do anoitecer. Algumas pessoas têm medo de ficar sozinhas em casa de dia depois de terem ocorrido dois assaltos horrorosos à luz do dia. Além do mais, faltam ao lugar opções de comércio e também atrativos culturais. É fácil perceber que a monotonia do lugar é fatal.

Dito isso, e daí? Não se pode esperar que a diversidade, a comodidade, a atratividade e a vitalidade ausentes propaguem-se só porque o local precisa de seus benefícios. Qualquer pessoa que abrisse aí um negócio de varejo, por exemplo, seria maluca. Não conseguiria sobreviver. Esperar que uma vida urbana intensa brote de alguma forma nesse local é sonhar de olhos abertos. O lugar é um deserto do ponto de vista econômico.

Embora seja difícil de acreditar, quando contemplamos áreas apagadas e desvitalizadas ou em conjuntos habitacionais ou em centros cívicos, o fato é que as cidades grandes *são* geradoras naturais de diversidade e fecundas incubadoras de novos empreendimentos e ideias de toda espécie. Além disso, as cidades grandes são o centro econômico natural de um número e um leque imenso de pequenas empresas.

Os principais estudos sobre a variedade e o tamanho das empresas urbanas vêm a ser aqueles sobre fabricação de produtos, especialmente os de Raymond Vernon, autor de *Anatomy of a Metropolis* [Anatomia de uma metrópole], e P. Sargant Florence, que examinou o efeito das cidades na atividade manufatureira tanto nos Estados Unidos quanto na Inglaterra.

Normalmente, quanto maior a cidade, maior a variedade de seus produtos e também maior o número e a proporção de pequenos fabricantes. A explicação disso, resumidamente, é que as grandes empresas têm maior autossuficiência que as pequenas; conseguem manter a mão de obra qualificada e o equipamento de que necessitam; possuem depósitos próprios e podem vender para um mercado mais amplo, onde quer que ele se encontre. Elas não precisam estar nas cidades, e, embora às vezes lhes seja vantajoso instalar-se aí, frequentemente não é. Mas com os pequenos fabricantes tudo acontece ao contrário. Geralmente, eles precisam recorrer a um abastecimento e a uma mão de obra mais diversificados de fora da empresa; atendem a um mercado menor, se é que ele existe, e devem estar atentos às rápidas mudanças desse mercado. Sem as cidades, eles simplesmente não existiriam. Ao mesmo tempo que dependem da grande diversidade de outras empresas urbanas, contribuem para aumentá-la. Este último ponto é muito importante. A própria diversidade urbana permite e estimula mais diversidade.

Ocorre quase o mesmo com muitas outras atividades que não a manufatureira. Por exemplo, a Companhia de Seguros de Vida Gerais de Connecticut só conseguiu abrir uma nova sede na periferia de Hartford depois de ter providenciado – além dos costumeiros locais de trabalho e instalações sanitárias, posto médico e que tais – uma grande loja com todo tipo de artigo, um salão de beleza, uma pista de boliche, uma cantina, uma sala de espetáculos e grande variedade de locais para jogos. Essas instalações são inerentemente contraproducentes, ociosas na maior parte do tempo. Elas precisam ser subvencionadas, não porque sejam empreendimentos necessariamente dispendiosos, mas porque seu uso aí é muito reduzido. Presumiu-se, no entanto, que elas seriam necessárias para atrair uma força de trabalho e mantê-la. Uma companhia grande pode dar-se ao luxo dessas coisas inerentemente supérfluas e contrabalançá-las com os outros benefícios que almeje. Mas as empresas pequenas não podem fazer nada disso. Se quiserem competir por uma força de trabalho em condições de igualdade ou superioridade, devem instalar-se num local movimentado da cidade, onde os funcionários disponham de grande variedade de facilidades e opções que desejem e das quais necessitem. Sem dúvida, uma das várias razões pelas quais o tão propalado êxodo dos grandes escritórios das cidades, no pós-guerra, não passou de conversa é que as diferenças de custo territorial e predial nos subúrbios são normalmente neutralizadas pela maior quantidade de espaço por funcionário necessária para instalações, as quais, na cidade, nenhum empregador precisaria prover, nem nenhum grupo de trabalhadores ou fregueses precisaria frequentar. Outra razão para as empresas terem permanecido nas cidades, junto às companhias pequenas, é que muitos de seus funcionários, especialmente os executivos, precisam estar em contato e ter uma relação próxima, cara a cara, com pessoas de fora da firma, inclusive de firmas pequenas.

Os benefícios que a cidade oferece aos pequenos são igualmente marcantes no comércio de varejo, nas instalações culturais e no entretenimento. Isso acontece porque a população urbana é suficientemente grande para fazer uso de uma grande diversificação e de um grande número de alternativas nesses ramos. E constatamos mais uma vez que os grandes desfrutam de todas as vantagens em comunidades menores. As cidades de pequeno porte e os subúrbios, por exemplo, são o lugar ideal para supermercados enormes e não para mercearias; para salas de cinema comuns ou cinemas *drive-in* e pouca coisa mais no tocante a entretenimento. Simplesmente não existe tanta gente para manter uma variedade maior, embora haja pessoas (muito poucas) que frequentariam esses locais se eles existissem. As cidades, no entanto, são o lugar ideal para supermercados e salas de cinema comuns *mais* confeitarias, padarias finas, mercearias de produtos estrangeiros, cinemas de arte e assim por diante, todos os quais convivem entre si, o comum com o inusitado, o grande com o pequeno. Onde quer que existam locais cheios de vida e atraentes nas cidades, os pequenos são muito mais numerosos que os grandes[1]. Como os pequenos fabricantes, essas pequenas empresas não existiriam em nenhum outro lugar à falta de cidades. Sem as cidades, elas não existiriam.

Seja de que espécie for, a diversidade gerada pelas cidades repousa no fato de que nelas muitas pessoas estão bastante próximas e elas manifestam os mais diferentes gostos, habilidades, necessidades, carências e obsessões.

Mesmo atividades comerciais muito comuns, mas de pequeno porte, como lojas de ferragens, drogarias, docerias e bares de um só proprietário e um balconista, podem surgir e surgem numa quantidade e incidência extraordinárias nos distritos movimentados, porque há gente suficiente para frequentá-las a intervalos curtos e convenientes, e por sua vez essa conveniência e a

1. No comércio varejista, essa tendência parece estar ganhando força. Richard Nelson, analista do mercado imobiliário de Chicago, ao examinar no pós-guerra a tendência das vendas de varejo nos centros de comércio de vinte cidades, descobriu que na maioria das vezes os grandes magazines perderam dinheiro; as redes de lojas permaneceram quase na mesma situação; e os estabelecimentos pequenos e de especialidades ampliaram os negócios e em geral aumentaram em número. Essas empresas urbanas pequenas e variadas não têm meios de concorrer fora das cidades; mas é relativamente fácil para as empresas grandes e padronizadas, em seus nichos ideais fora das cidades, competir com o que é grande e padronizado. Por acaso, foi exatamente isso que aconteceu no bairro onde moro. A Wanamaker's, enorme magazine que ficava no Greenwich Village, fechou as portas aqui e se instalou num subúrbio, ao mesmo tempo que as lojas pequenas e especializadas que eram suas vizinhas multiplicaram-se e floresceram vigorosamente.

força de trabalho da vizinhança são peças importantes no estoque dessas empresas. Se não tiverem condições de ser frequentadas a intervalos curtos e convenientes, elas perdem essa vantagem. Em determinado espaço geográfico, metade do número de pessoas não frequentará metade das empresas que fiquem duas vezes mais longe. Quando existe o inconveniente da distância, o pequeno, o variado e o pessoal desaparecem.

Ao nos transformarmos de um país rural e de cidades pequenas num país urbano, os empreendimentos comerciais tornaram-se mais numerosos não só quantitativamente, mas também proporcionalmente. Em 1900 havia 21 empresas particulares não agrícolas por mil habitantes, no total da população dos Estados Unidos. Em 1959, apesar do enorme crescimento de megaempresas durante esse período, havia 26,5 empresas particulares não agrícolas para cada mil habitantes. Com a urbanização, o grande ficou maior, mas o pequeno também aumentou em número.

Não há dúvida de que pequenez e diversidade não são sinônimos. A diversidade das empresas urbanas inclui todas as variações de tamanho, mas uma grande variedade significa, sim, maior proporção de pequenos elementos. A paisagem urbana é viva graças ao seu enorme acervo de pequenos elementos.

Do mesmo modo, a diversidade que importa para os distritos não se encontra de forma alguma restrita aos empreendimentos com fins lucrativos e ao comércio varejista, e por essa razão pode parecer que enfatizei indevidamente o comércio varejista. Não obstante, acho que não. A diversidade comercial é, em si, imensamente importante para as cidades, tanto social quanto economicamente. A maior parte dos usos da diversidade que abordei na Parte 1 deste livro depende direta ou indiretamente da presença de um comércio urbano abundante, oportuno e diversificado. Mas, mais do que isso, onde quer que vejamos um distrito com um comércio exuberantemente variado e abundante, descobriremos ainda que ele também possui muitos outros tipos de diversidade, como variedade de opções culturais, variedade de panoramas e grande variedade na população e nos frequentadores. É mais do que uma coincidência. As mesmas condições físicas e econômicas que geram um comércio diversificado estão intimamente relacionadas à criação, ou à presença, de outros tipos de variedade urbana.

Porém, embora as cidades possam ser apropriadamente chamadas de geradoras naturais de diversidade econômica e incubadoras naturais de novas empresas, isso não significa que as cidades gerem diversidade *automaticamente*, pelo simples fato de existirem. Elas a geram por causa das diversas e eficientes combinações de usos econômicos que formam. Quando fracassam na formação dessas combinações de usos, conseguem no máximo gerar um pouco mais de diversidade do que os núcleos urbanos menores. E não faz nenhuma diferença o fato de elas, ao contrário dos núcleos menores, precisarem de uma diversidade social maior. Dentro do que nos propomos aqui, o fato mais surpreendente é a extraordinária inconstância com que as cidades geram diversidade.

Por um lado, as pessoas que moram e trabalham no North End, em Boston, ou no Upper East Side, em Nova York, ou em North Beach-Telegraph Hill, em São Francisco, por exemplo, podem usufruir e desfrutar de um volume considerável de diversidade e vitalidade. As pessoas de fora ajudam imensamente. Mas não foram os visitantes que fincaram os alicerces da diversidade em locais como esses, nem nos vários bolsões de diversidade e eficiência econômica que pontilham, às vezes inesperadamente, as grandes cidades. Os visitantes farejam os locais em que já há vida e os procuram para compartilhar dela, alimentando-a ainda mais.

No outro extremo, existem coletividades urbanas enormes, em que a presença das pessoas não gera nada além de estagnação e, por fim, um descontentamento definitivo com o lugar. Não é que se trate de um tipo diferente de pessoas, mais apáticas ou menos apreciadoras de movimento e diversificação. Elas frequentemente constituem uma multidão de caçadores que tentam farejar essas virtudes em algum lugar, em qualquer lugar. Na verdade, alguma coisa está errada em seu distrito; falta-lhe algo que provoque a capacidade dos moradores de interagir economicamente e de ajudar a formar uma combinação de usos efetiva.

Aparentemente, não há limite para o número de pessoas na cidade cujo potencial como população urbana seja assim desperdiçado. Pensemos, por exemplo, no Bronx, região administrativa de Nova York que tem cerca de um milhão e meio de habitantes. O Bronx sofre de uma falta calamitosa de vitalidade, diversidade e magnetismo urbanos. Seus moradores fiéis estão, não resta dúvida, apegados aos pequenos afloramentos de vida nas ruas do "bairro tradicional", aqui e acolá, mas em número insuficiente.

A população de um milhão e meio do Bronx não consegue proporcionar uma coisa tão simples para o conforto e a diversidade urbana, como restaurantes simpáticos. Kate Simon, autora do guia turístico *New York Places and Pleasures* [Os lugares e os prazeres de Nova York], menciona centenas de restaurantes e outros estabelecimentos comerciais, especialmente em locais inusitados da cidade e fora de mão. Ela não é esnobe e realmente tem prazer em presentear os leitores com suas descobertas de locais de preços acessíveis. Mas, apesar de um esforço enorme, Kate Simon teve de deixar de lado a grande coletividade do Bronx pela falta de opções em qualquer faixa de preço. Depois de elogiar as duas eternas atrações metropolitanas dessa região administrativa, o Zoológico e o Jardim Botânico, ela teve dificuldade para recomendar um único lugar para comer fora da área do zoo. A única opção que ela pôde oferecer veio acompanhada desta desculpa: "O bairro acaba dando num lugar ermo, e o restaurante merece uma pequena reforma, mas reconforta saber (...) ser bem possível que os mais qualificados médicos do Bronx estejam sentados à sua volta."

Bem, esse é o Bronx, e é triste que ele seja assim; triste para as pessoas que lá moram atualmente, triste para as pessoas que no futuro o herdarão pela falta de opção financeira, e triste demais para a cidade como um todo.

E se o Bronx é um desperdício lamentável de potencialidades urbanas – e realmente é –, pense no fato ainda mais deplorável de que cidades inteiras, regiões metropolitanas inteiras, infelizmente existam com muito pouca diversidade e opção. Praticamente toda a área urbana de Detroit é tão pobre em vitalidade e diversidade como o Bronx. São faixas e mais faixas de bolsões apagados e desvitalizados. Nem mesmo o centro da cidade consegue gerar uma diversidade significativa. É desanimado e sem graça, e às sete horas da noite já está praticamente deserto.

Se estamos convencidos de que a diversidade urbana significa acaso e caos, é claro que sua geração imprevisível parece um mistério.

No entanto, é muito fácil descobrir que situações geram a diversidade urbana se observarmos os locais em que a diversidade floresce e pesquisarmos as razões econômicas que permitem seu surgimento nesses locais. Embora os resultados sejam complexos e os ingredientes que os produzem tendam a variar bastante, essa complexidade fundamenta-se em relações econômicas tangíveis, que, em princípio, são muito mais simples do que as intrincadas combinações que elas possibilitam nas cidades.

Há quatro condições indispensáveis para gerar uma diversidade exuberante nas ruas e nos distritos:

1. O distrito, e sem dúvida o maior número possível de segmentos que o compõem, deve atender a mais de uma função principal; de preferência, a mais de duas. Estas devem garantir a presença de pessoas que saiam de casa em horários diferentes e estejam nos lugares por motivos diferentes, mas sejam capazes de utilizar boa parte da infraestrutura.

2. A maioria das quadras deve ser curta; ou seja, as ruas e as oportunidades de virar esquinas devem ser frequentes.

3. O distrito deve ter uma combinação de edifícios com idades e estados de conservação variados, e incluir boa porcentagem de prédios antigos, de modo a gerar rendimento econômico variado. Essa mistura deve ser bem compacta.

4. Deve haver densidade suficientemente alta de pessoas, sejam quais forem seus propósitos. Isso inclui alta concentração de pessoas cujo propósito é morar lá.

A obrigatoriedade dessas quatro condições é o ponto mais importante deste livro. Associadas, tais condições criam combinações de usos economicamente eficazes. Nem todos os distritos dotados dessas quatro condições produzirão uma diversidade comparável à dos outros. O potencial de distritos distintos difere por muitas razões; mas, com essas quatro condições plenamente atendidas (ou o mais próximo possível de sua plena consecução na realidade), o distrito deverá ter condições de desempenhar seu potencial, seja ele qual for. Os obstáculos já terão sido vencidos. Talvez a variedade não inclua a arte africana, escolas de teatro ou casas de chá romenas, mas na medida do possível, se manifeste em mercearias, escolas de cerâmica, cinemas, confeitarias, floriculturas, espetáculos de arte, associações de imigrantes, lojas de ferragens, locais de alimentação; seja no que for, os distritos aproveitarão o que houver de melhor. E, junto com eles, a vida urbana seguirá o mesmo caminho.

Nos quatro capítulos seguintes, abordarei, um de cada vez, cada um desses quatro geradores de diversidade. A razão de explicá-los um a um é somente facilitar a exposição, e não a possibilidade de qualquer uma dessas condições – ou três delas juntas – ser válida isoladamente. *Todas* as quatro, associadas, são necessárias para gerar diversidade urbana; a ausência de qualquer uma delas inutiliza o potencial do distrito.

8. A NECESSIDADE DE USOS PRINCIPAIS COMBINADOS

1ª CONDIÇÃO: *O distrito, e sem dúvida o maior número possível de segmentos que o compõem, deve atender a mais de uma função principal; de preferência, a mais de duas. Estas devem garantir a presença de pessoas que saiam de casa em horários diferentes e estejam nos lugares por motivos diferentes, mas sejam capazes de utilizar boa parte da infraestrutura.*

Nas ruas prósperas, as pessoas devem aparecer em horários diversificados. Esses horários são calculados em intervalos curtos, a cada hora, ao longo do dia. Já justifiquei essa necessidade no âmbito social ao discutir a segurança nas ruas e também sobre os parques urbanos. Agora destacarei seus efeitos econômicos.

Os parques urbanos, vocês se lembram, precisam de pessoas que estejam nas vizinhanças com propósitos diferentes, ou então eles só serão usados esporadicamente.

A maioria das empresas de bens de consumo depende tanto quanto os parques de pessoas transitando de um lado para o outro o dia inteiro, mas com a seguinte diferença: se os parques ficam desertos, isso é ruim para eles e para a vizinhança, mas eles não desaparecem por causa disso. Se as empresas de bens de consumo ficarem vazias a maior parte do dia, elas talvez fechem. Ou, para ser mais precisa, na maioria das vezes elas nem chegam a abrir. Os estabelecimentos comerciais, assim como os parques, precisam de frequentadores.

Para dar um exemplo modesto dos efeitos econômicos da presença de pessoas ao longo do dia, peço que se lembrem desta cena de calçada: o balé da Rua Hudson. A existência permanente dessa movimentação (que traz segurança à rua) depende de um alicerce econômico de usos principais combinados. Os funcionários de laboratórios, frigoríficos, armazéns e mais aqueles de uma profusão atordoante de pequenas fábricas, gráficas e pequenas indústrias e escritórios garantem o funcionamento de restaurantes e lanchonetes e da maioria do comércio na hora do almoço. Nós, moradores da rua e das travessas majoritariamente residenciais, poderíamos manter sozinhos um comércio pequeno, mas pouco numeroso. Dispomos de mais facilidades, animação, variedade e opções do que "merecemos". As pessoas que trabalham na vizinhança também têm, por nossa causa, mais variedade do que "merecem". Mantemos isso tudo juntos, cooperando inconscientemente no campo econômico. Se o bairro perdesse o comércio, seria uma calamidade para nós, moradores. Desapareceriam muitas empresas incapazes de sobreviver somente com as compras domésticas. Ou, se o comércio nos perdesse, desapareceriam as empresas incapazes de sobreviver só das transações com os trabalhadores[1].

Sendo assim, os trabalhadores e os moradores, juntos, conseguem gerar *mais* do que a soma das duas partes. Os empreendimentos que somos capazes de manter atraem, para as calçadas, à noite, muito mais moradores do que se o lugar fosse morto. E, com menos intensidade, atraem ainda outro grupo além dos moradores e dos que trabalham no local: pessoas que querem espairecer, como nós. Essa atração expõe nosso comércio a um grupo ainda maior e mais diversificado de pessoas, e isso, por sua vez, permite um crescimento e uma ampliação do comércio dependente dos *três* tipos de grupos em proporções variáveis: uma loja mais adiante na rua que vende gravuras, uma loja que aluga equi-

1. Contudo, peço que se lembrem de que esse fator da presença de usuários o dia inteiro é apenas um dos quatro fatores necessários para gerar diversidade. Não pensem que ele soluciona tudo sozinho, muito embora seja um fator essencial.

pamentos de mergulho, outra que entrega *pizzas* de primeira qualidade, uma cafeteria agradável.

O total absoluto de pessoas que utiliza as ruas e a maneira como essas pessoas se distribuem ao longo do dia são duas coisas diferentes. Tratarei do total absoluto em outro capítulo; neste momento é importante entender que o total, em si, não equivale às pessoas distribuídas ao longo do dia.

O significado da distribuição de tempo pode ser percebido com clareza na ponta do centro comercial de Manhattan, porque esse distrito apresenta um desequilíbrio extremo de horários de uso. Cerca de 400 mil pessoas trabalham nesse distrito que abrange a Wall Street, os conjuntos de firmas de advocacia e de seguros vizinhos, o prédio das repartições da prefeitura, algumas repartições estaduais e federais, escritórios das docas e de transportes marítimos e conjuntos de vários outros ramos de atividade. Uma quantidade desconhecida mas considerável de pessoas vai ao distrito no horário comercial, principalmente a escritórios particulares e do governo.

É uma quantidade imensa de frequentadores para uma área tão compacta, que se pode alcançar facilmente qualquer ponto a pé. Esses usuários representam uma demanda diária impressionante de refeições e outros artigos, isso sem falar nos serviços culturais.

Ainda assim, o distrito é deplorável em termos de prestação de serviços e de conforto proporcionais aos necessários. O número e a variedade de restaurantes e de lojas de roupas é lamentavelmente insuficiente em relação ao esperado. O distrito já teve uma das melhores lojas de ferragens de Nova York, mas há poucos anos ela não conseguiu arcar com as despesas e fechou. Teve também uma das mais refinadas, amplas e antigas mercearias de artigos finos da cidade; também esta fechou as portas recentemente. Houve época em que o distrito teve alguns cinemas, mas eles se transformaram em dormitório de mendigos e acabaram sumindo. As opções culturais do distrito são nulas.

Todas essas lacunas, que de relance podem parecer frívolas, representam uma deficiência. Firmas e mais firmas mudaram para a zona central de Manhattan, de uso misto (e ela tornou-se o principal centro comercial da cidade). Como disse um corretor de imóveis, se não tivessem mudado, seus funcionários não teriam contato com pessoas capazes de pronunciar corretamente "molibdênio". Essas perdas, por sua vez, minaram seriamente o maior trunfo do distrito – os contatos pessoais de negócios –, de modo que hoje as firmas de advocacia e os bancos estão se mudando para ficar próximos dos clientes que já o fizeram. O distrito tornou-se de segunda classe em sua atribuição principal – fornecer sedes administrativas –, que é a base do seu prestígio, de sua utilidade e de sua razão de ser.

Ao mesmo tempo, fora dos enormes edifícios de escritórios que constituem o surpreendente horizonte da baixa Manhattan, há um cinturão de estagnação, decadência, vazios e vestígios de indústrias. Atentem para este paradoxo: há aí muita gente, e gente que, além do mais, quer e valoriza tão intensamente a diversidade urbana que é difícil ou até impossível impedir que fujam à procura de outro lugar que a possua. E aí, ombro a ombro com a procura, existe uma profusão de lugares apropriados e vazios onde a diversidade pode florescer. O que está errado?

Para descobrir o que está errado, basta aparecer em qualquer loja comum e observar o contraste entre a multidão da hora do almoço e a monotonia em outros horários. Basta observar a quietude mortal que se abate sobre o distrito depois das cinco e meia e nos sábados e domingos inteiros.

"Eles chegam como uma avalanche", escreveu o *New York Times*, citando a vendedora de uma loja de roupas. "Logo percebo quando se passaram alguns minutos do meio-dia." "O primeiro grupo enche a loja do meio-dia até quase uma hora da tarde", explicou o repórter do *Times*. "Então há uma breve pausa. Poucos minutos depois das 13 horas, o segundo grupo avança." E depois, embora o jornal não tenha dito, poucos minutos depois das 14 horas, a loja fica morta.

A atividade das empresas de bens de consumo desse lugar resume-se, na maioria, a duas ou três horas por dia, ou seja, a cerca de dez ou quinze horas por semana. Esse nível de ociosidade impossibilita completamente qualquer empreendimento. Certas empresas conseguem cobrir suas despesas fixas e obter lucros aproveitando ao máximo a multidão do meio-dia. Mas é necessário que sejam muito poucas, de modo que cada uma consiga atrair uma multidão que lote a loja de uma só vez. Os restaurantes também conseguem sobreviver com a hora do almoço e a do lanche, em vez do almoço e do jantar, se forem relativamente poucos para conseguir fazer uma troca rápida nas minguadas horas de bonança. De que maneira isso contribui para o conforto e o bem-estar desses 400 mil trabalhadores? Muito pouco.

Não é por acaso que a Biblioteca Pública de Nova York recebe desse distrito, mais do que de qualquer outro, telefonemas angustiados – na hora do almoço, é claro – perguntando: "Onde fica o posto da biblioteca aqui? Não consigo encontrá-lo." Pois ele não existe, para variar. Se existisse, seria impossível fazê-lo grande o suficiente para comportar as filas da hora do almoço e talvez às cinco da tarde e pequeno o suficiente para atender nos outros horários.

Fora esses estabelecimentos de movimento esporádico, outros serviços de varejo podem sobreviver e sobrevivem mantendo suas despesas fixas bem abaixo do normal. É assim que a maioria dos lugares interessantes e decentes e incomuns que ainda não fecharam as portas consegue sobreviver, e é essa a razão de se instalarem em prédios velhos e decadentes.

As empresas de negócios e de finanças presentes na baixa Manhattan empenharam-se durante vários anos, junto à prefeitura, em planejar e iniciar obras de revitalização da região. Agiram de acordo com as crenças e os princípios do planejamento urbano ortodoxo.

A primeira etapa do raciocínio dessas empresas é boa. Reconhecem a existência de um problema e também sua natureza geral. O folheto do projeto elaborado pela Associação do Centro e da Baixa Manhattan diz: "Ignorar os fatores que ameaçam a saúde econômica da baixa Manhattan é aceitar o contínuo êxodo de negócios e atividades há muito estabelecidas para áreas em que eles consigam encontrar melhores condições de trabalho e um ambiente mais agradável e conveniente para seus funcionários."

O folheto revela, além do mais, um lampejo de compreensão de que é necessária a presença de pessoas ao longo do dia, ao afirmar: "Uma população de moradores estimularia o desenvolvimento de uma infraestrutura para compras, restaurantes, locais de diversão e garagens, que se mostrariam altamente desejáveis também para a população diurna de trabalhadores."

Mas é apenas um débil lampejo de compreensão, e os planos não passam de uma prescrição de remédios inócuos para a doença.

A população de moradores está, sem dúvida, presente nos planos propostos. Ela ocupará uma área bem extensa, na forma de edifícios padronizados, estacionamentos e espaços vazios, mas as pessoas – como o próprio folheto afirma – totalizarão apenas cerca de um por cento do número de pessoas da população diurna. Que poder econômico hercúleo se espera que essa cifrazinha exerça! Que feitos hedonísticos ela deve realizar para sustentar "o desenvolvimento de uma infraestrutura para compras, restaurantes, locais de diversão (...) altamente desejáveis também para a população diurna de trabalhadores"!

A nova população de moradores será, é claro, apenas uma parte do plano. As outras partes intensificarão o problema atual. Elas o farão de duas maneiras. Primeiro, estão orientadas para uma inserção ainda maior de usos de trabalho diurnos – manufaturas, escritórios de comércio exterior e um enorme edifício de repartições federais, entre outras. Segundo, as demolições planejadas para a instalação desses novos locais de trabalho e dos conjuntos residenciais e das consequentes vias expressas vão extinguir – junto com os prédios vazios e os usos de trabalho decadentes – grande parte dos serviços e do comércio de baixo custo fixo que ainda funcionam para atender à população de trabalhadores. As instalações para esta população, já bastante escassas em variedade (e quantidade), serão ainda mais reduzidas, em resultado do *aumento* da população de trabalhadores e do número absolutamente insignificante de moradores. A desagradável situação atual se tornará insuportável. Os planos, além de tudo, impossibilitarão o surgimento de serviços que sejam minimamente aceitáveis, porque não haverá espaço para eles em face do valor financeiro necessário à gestação de uma nova empresa.

A baixa Manhattan tem realmente um problema sério, e o raciocínio e os tratamentos de praxe do planejamento ortodoxo só ajudam a aumentá-lo. O que poderia ser feito para *efetivamente* melhorar o extremo desequilíbrio de horários de uso do distrito, que é a raiz do problema?

A área residencial, não importa a maneira como seja implantada, não ajudará efetivamente. O uso diurno do distrito é tão intenso, que os moradores, mesmo na mais alta densidade possível, sempre estariam em quantidade inexpressiva e ocupariam um território cujo tamanho seria totalmente desproporcional à contribuição econômica que poderiam dar.

O primeiro passo no planejamento da inclusão de novos usos potenciais é ter uma ideia real daquilo que essa iniciativa deve proporcionar para superar o problema fundamental do distrito.

A inclusão teria obviamente de resultar na presença de uma quantidade máxima de pessoas nos momentos em que o distrito mais precisa delas para equilibrar os horários de uso: no meio da tarde (entre duas e cinco horas), à noite, aos sábados e aos domingos. A única concentração mais numerosa capaz de fazer diferença seria uma grande quantidade de visitantes naqueles períodos, o que significa, por sua vez, turistas e muita gente da própria cidade que passassem a frequentá-lo em seus momentos de lazer.

Aquilo que atraia essa injeção de público novo deve ser também atraente para as pessoas que trabalham no distrito. Sua existência não pode, no mínimo, incomodá-las ou afugentá-las.

Esse novo uso (ou usos) pretendido não pode, além do mais, substituir indiscriminadamente os próprios edifícios e terrenos em que os novos empreendimentos e melhorias espontâneas, estimulados pela nova distribuição horária das pessoas, teriam condições de crescer com a liberdade e a flexibilidade de espaço de que precisam.

E, por fim, esse novo uso (ou usos) deve combinar com o perfil do distrito, e nunca atuar em sentido contrário. Faz parte do perfil da baixa Manhattan ser intensa, empolgante, excitante, e isso é um de seus maiores trunfos. O que pode ser mais excitante, e mesmo romântico, do que os arranha-céus irregulares da baixa

Manhattan, erguendo-se repentinamente até as nuvens como um castelo mágico envolvido pela água? Seu toque único de um recorte desigual, seus desfiladeiros ladeados por arranha-céus são sua grandiosidade. Que vandalismo não seria (que vandalismo representam os atuais projetos!) diluir essa presença urbana magnífica no enfadonho e no convencional.

O que existe aqui que atraia visitantes nas horas de lazer, por exemplo, nos fins de semana? Ao longo dos anos, infelizmente, foram ceifados quase todos os principais atrativos diferenciados que provavelmente seriam ceifados do distrito pelos projetos. O aquário, que ficava no Battery Park, na ponta da ilha, e era a maior atração do parque, foi demolido e reconstruído na Ilha Coney, o último lugar que precisava dele. Uma pequena comunidade armênia, exótica e imprescindível (*havia* uma área residencial importante como chamariz peculiar de turistas e visitantes) foi inteiramente removida por causa do acesso viário a um túnel, e atualmente os guias turísticos e as seções femininas dos jornais mandam os visitantes para o Brooklyn para descobrir os remanescentes dessa comunidade para lá transplantados e suas lojas extraordinárias. Os barcos de excursão, os passeios à Estátua da Liberdade, têm tido menos charme que as filas nas caixas dos supermercados. A lanchonete do Departamento de Parques no Battery é tão atraente quanto uma cantina de escola. O próprio Battery Park, situado no local mais agitado da cidade, entrando porto adentro como uma proa, acabou lembrando um asilo para anciãos. Tudo o que até aqui foi imposto a este distrito pelos projetos (e todo o resto que tem sido planejado) transmite às pessoas com a maior franqueza: “Vão embora! Deixem-me só!” Nada diz: “Venham!”

Muito poderia ter sido feito.

A própria orla marítima é o primeiro patrimônio desperdiçado capaz de atrair pessoas nas horas vagas. Parte da orla do distrito deveria ser transformada num grande museu marítimo – o ancoradouro permanente de navios raros e incomuns, a maior frota para ver e visitar em todo o mundo. Um lugar desses traria para o distrito turistas durante a tarde, turistas e habitantes da cidade, juntos, nos fins de semana e nos feriados, e no verão seria um ótimo programa noturno. Outras atrações da orla poderiam ser pontos de embarque para passeios pelo porto e ao redor da ilha. Esses terminais deveriam ser o que a arte conseguisse produzir de mais encantador e pungente. Se isso não atrair para o local novos restaurantes de frutos do mar e muitas coisas mais, dou minha mão à palmatória.

Deveria haver atrações afins, instaladas propositadamente não na própria orla, mas um pouco mais para dentro, no meio das ruas, para levar os visitantes mais adiante, numa cômoda caminhada. Deveria ser construído, por exemplo, um novo aquário, e a entrada precisaria ser gratuita, ao contrário do que ocorre na Ilha Coney. Uma cidade de oito milhões de habitantes tem condições de manter dois aquários e arcar com a exposição gratuita dos peixes. Aquele tão necessário posto da biblioteca pública deveria ser construído, e não para ser apenas uma biblioteca circulante, mas uma biblioteca especializada em assuntos marítimos e financeiros.

Deveriam ser realizados, principalmente no período noturno e nos fins de semana, eventos especiais condizentes com essas atrações: poderiam ser apresentados espetáculos de teatro e de ópera a preços reduzidos. Jason Epstein, editor e especialista em cidades, que pesquisou atentamente as experiências das cidades europeias à procura de alguma que tivesse proveito para a baixa Manhattan, sugere um circuito permanente de atrações, como o de Paris. Bem-feita, essa iniciativa traria muito mais resultados econômicos diretos para os negócios a longo prazo do distrito do que a triste introdução de fábricas, que tomariam espaço e em nada contribuiriam para a necessidade do distrito de preservar sua força (e em detrimento de outras partes da cidade que realmente precisam delas).

À medida que o distrito ficasse mais animado à noite e nos fins de semana, poderíamos contar com o surgimento espontâneo do uso residencial. A baixa Manhattan já possui várias casas antigas, malconservadas mas ainda atraentes, do mesmo tipo das que foram reformadas em outros lugares quando a vida ressurgiu. Quem estivesse à procura de algo ao mesmo tempo único e cheio de vida faria uma descoberta. Porém, uma área residencial num local como esse deve necessariamente ser consequência da vitalidade do distrito, e não causa.

Será que as minhas sugestões sobre outros usos baseados em atividades de lazer parecem frívolas e dispendiosas?

Veja, então, os custos previstos dos projetos elaborados pela Associação do Centro e da Baixa Manhattan e pela prefeitura para criar ainda mais locais de trabalho, conjuntos habitacionais e estacionamentos e vias expressas que permitam aos moradores sair do distrito nos fins de semana.

Essas coisas devem custar, estimam os planejadores, *um bilhão de dólares* em dinheiro público e privado!

A situação extrema de desequilíbrio atual quanto à presença de pessoas ao longo do dia na baixa Manhattan ilustra um bom número de princípios sensatos que se aplicam igualmente a outros distritos:

Nenhum bairro ou distrito, seja ele bem estabelecido, famoso ou próspero, seja ele, por qualquer razão, densamente povoado, pode desconsiderar a necessidade da presença de pessoas ao longo do dia sem com isso frustrar seu potencial de gerar diversidade.

Além do mais, um bairro ou um distrito planejado à perfeição, aparentemente para atender a uma função, de trabalho ou outra qualquer, e provido de tudo o que seja obviamente necessário a essa função, não consegue de fato propiciar o que é necessário se estiver preso a essa única função.

Se um projeto elaborado para um distrito no qual haja carência de pessoas ao longo do dia não atuar na causa do problema, só conseguirá substituir a velha estagnação por uma nova. O distrito poderá parecer mais limpo por algum tempo, o que, porém, não justifica um gasto tão grande.

Deve ter ficado claro agora que estou discutindo dois tipos diferentes de diversidade. Os usos principais são, primeiro, aqueles que por si sós atraem pessoas a um lugar específico porque funcionam como âncoras. Escritórios e fábricas são usos principais. Moradias também. Certos locais de diversão, educação e recreação são usos principais. Em certo grau (quer dizer, para uma porcentagem apreciável de usuários), também o são muitos museus, bibliotecas e galerias de arte, mas nem todos.

Às vezes os usos principais podem ser incomuns. Em Louisville, floresceu depois da guerra uma grande parte de estoque de calçados, em cerca de trinta lojas concentradas em quatro quadras de uma rua. Grady Clay, editor de imóveis do *Louisville Courier-Journal* e renomado projetista e crítico de planejamento urbano, revela que esse grupo tem cerca de meio milhão de pares de sapatos nas vitrinas e em estoque. "Fica dentro de uma área cinzenta", disse Clay em carta para mim, "mas assim que a notícia se espalhou, os fregueses começaram a aparecer de todos os lugares, de modo que vemos compradores de Indianápolis, Nashville e Cincinnati, além de um bom comércio de Cadillacs. Tenho pensado nisso. Ninguém poderia ter planejado esse florescimento. Ninguém o incentivou. A maior ameaça, na verdade, é a via expressa que vai cortar a localidade diagonalmente. Ninguém na prefeitura parece se importar com isso. Espero despertar algum interesse (...)."

Como essa situação sugere, não se pode depreender pela aparência externa ou por outros indícios de suposta importância a eficácia de um uso principal como atração para as pessoas. Certas *aparências* muito marcantes têm desempenho insuficiente. Por exemplo, o prédio principal da biblioteca pública de Filadélfia, implantado num centro cultural monumental, atrai menos frequentadores que três postos da biblioteca, incluindo um estabelecimento atraente mas despretensioso misturado às lojas da Rua Chestnut, no centro da cidade. Como muitos empreendimentos culturais, as bibliotecas são uma combinação de uso principal com uso de conveniência e funcionam melhor de ambas as formas quando as duas características estão presentes. Então, em tamanho e aparência e pelo acervo de livros, o prédio principal da biblioteca é mais significativo; mas, na condição de elemento de uso urbano, o posto é mais significativo, contradizendo as aparências. É preciso sempre pensar em desempenho para os usuários ao tentar compreender como funcionam as combinações de usos principais.

Qualquer uso principal isolado é um gerador de diversidade urbana relativamente ineficiente. Mesmo que ele esteja associado a outro uso principal, que atraia pessoas e as traga para as ruas ao mesmo tempo, não promoverá grande avanço. Na prática, não podemos sequer chamá-los de usos principais divergentes. No entanto, quando um uso principal é efetivamente associado a outro, que traga as pessoas para as ruas em horários diferentes, aí o resultado pode ser economicamente estimulante: um ambiente fértil para a diversidade derivada.

Diversidade derivada é um termo que se aplica aos empreendimentos que surgem em consequência da presença de usos principais, a fim de servir às pessoas atraídas pelos usos principais. Se essa diversidade derivada servir a usos principais únicos, sejam eles quais forem, ela será naturalmente ineficiente[2]. Ao servir a usos principais combinados, ela pode ser naturalmente eficiente e, se as outras três condições para a geração de diversidade forem também favoráveis, ela poderá ser exuberante.

Se esse leque de usos distribuir por todo o dia uma boa variedade de necessidades e preferências de consumo, todos os tipos de serviços e estabelecimentos tipicamente urbanos e especializados poderão surgir, processo que se multiplica por si mesmo. Quanto mais complexa for a mistura de grupos de usuários – e daí sua eficiência –, maior será o número de serviços e lojas necessários para pinçar sua clientela dentre todos os tipos de grupos de pessoas, e consequentemente maior será o número de pessoas atraídas. Aqui é necessário fazer outra distinção.

Se a diversidade derivada florescer satisfatoriamente e contiver quantidade suficiente de elementos incomuns ou singulares, ela poderá tornar-se – e na verdade se torna – ela própria, por acumulação, um uso principal. As pessoas vêm especificamente por causa dela. É isso que acontece nos bons distritos com área comercial ou mesmo, num nível mais modesto, na Rua Hudson.

2. Os *shopping centers* que servem apenas ao uso principal residencial, por exemplo, apresentam um problema parecido com o da baixa Manhattan, mas invertido com relação ao horário. Assim, muitos desses *shopping centers* permanecem fechados de manhã e abrem à noite. "Do jeito que as coisas estão", disse um diretor de *shopping center* citado pelo *New York Times*, "você pode disparar um canhão no corredor de qualquer *shopping center* ao meio-dia e não atingir vivalma." A ineficácia inerente ao servir a um único uso principal é um dos motivos (junto com vários outros) pelos quais a maioria dos *shopping centers* é capaz de manter apenas empresas padronizadas e de alto giro.

Não pretendo menosprezar esse fato; ele é vital para a saúde econômica das ruas e dos distritos e para as cidades como um todo. Ele é vital para a fluência de usos urbanos, para a variedade de opções e para as diferenças atraentes e proveitosas das particularidades das ruas e dos distritos.

Entretanto, é raro a diversidade derivada tornar-se, por si só, um uso principal. Para ter perenidade e vitalidade para crescer e mudar, ela deve preservar seu alicerce de usos principais combinados – a presença de pessoas ao longo do dia por motivos determinados. Isso se aplica também à área comercial do centro da cidade, a qual se encontra aí, fundamentalmente, por causa de outros usos principais combinados e se retrai (mesmo que lentamente) quando estes sofrem algum desequilíbrio sério.

Mencionei várias vezes de passagem que as misturas de usos principais devem ser *eficientes* para gerar diversidade. O que lhes dá eficiência? Elas precisam, é claro, estar associadas às outras três condições que estimulam a diversidade. Mas, além disso, a própria mistura de usos principais precisa funcionar bem.

Eficiência significa, em primeiro lugar, que as pessoas que utilizam as ruas em horários diferentes devem utilizar exatamente as *mesmas* ruas. Se seus trajetos forem diferentes ou separados uns dos outros, não haverá na verdade mistura alguma. Quanto à economia urbana, então, a sustentação mútua das diferenças seria fictícia ou algo que se deva encarar simplesmente como uma abstração de diferentes usos contíguos, sem significação alguma, a não ser num mapa.

Eficiência significa, em segundo lugar, que as pessoas que utilizam as mesmas ruas em horários diferentes devem incluir pessoas que utilizem algumas das mesmas instalações. Podem estar presentes pessoas de todos os tipos, mas aquelas que aparecem ao mesmo tempo por determinado motivo não devem formar um grupo inteiramente incompatível com o daquelas que aparecem por outro motivo. Como exemplo extremo, no local em que se instalou a nova sede da Metropolitan Opera de Nova York, que deverá usar a mesma rua que um conjunto habitacional de baixa renda, essa confluência não tem sentido, mesmo que aí houvesse lugar para o desenvolvimento de uma diversidade mutuamente sustentada. Esse tipo de transtorno econômico irremediável surge naturalmente nas cidades, mas costuma ser provocado por planos urbanísticos.

E, por fim, eficiência significa que a mistura de pessoas na rua em determinado momento do dia deve ser razoavelmente proporcional ao número de pessoas presentes em outros horários do dia. Já frisei esse ponto ao abordar os planos para a ponta sul de Manhattan. Tem-se constatado com frequência que os centros urbanos movimentados costumam ter áreas residenciais que os penetram e se situam bem a seu lado e costumam ter usos noturnos que esses moradores apreciam e ajudam a manter. A constatação é precisa até onde ela chega e, com base em seu acerto, muitas cidades esperam milagres de conjuntos habitacionais implantados no centro da cidade, nos moldes do plano da baixa Manhattan. Mas, na realidade, nos lugares em que tais combinações têm vitalidade, os moradores fazem parte de um conjunto bastante complexo de usos diurnos, noturnos e de fim de semana do centro razoavelmente equilibrados.

Analogamente, uns poucos milhares de trabalhadores misturados a dezenas ou centenas de milhares de moradores não constituem um equilíbrio apreciável, nem em número nem em nenhum aspecto específico significativo. Da mesma maneira, um edifício de escritórios solitário em meio a um amplo conjunto de teatros significa, na prática, muito pouco ou nada. Resumindo, com relação às mesclas de usos principais, o que conta é o resultado cotidiano e habitual da mistura de pessoas como grupos de sustentação econômica mútua. É esse o caso, e se trata de uma questão econômica tangível, concreta, não de um efeito vago no "clima" do local.

Tenho mencionado bastante os centros das cidades. Isso não quer dizer que as misturas de usos principais não sejam necessárias em outros lugares. Ao contrário, são necessárias, e o êxito dessas mesclas no centro (ou nas partes mais movimentadas das cidades, seja qual for seu nome) está relacionado à mescla possível em outras partes das cidades.

Tenho mencionado os centros das cidades por duas razões. Primeiro, uma mescla insuficiente de usos principais é normalmente sua principal deficiência e geralmente a única desastrosa. A maioria dos centros das grandes cidades preenche – ou já preencheu no passado – as quatro condições necessárias para gerar diversidade. É por isso que conseguiram se tornar centros das cidades. Hoje, eles normalmente ainda preenchem três das quatro condições. Mas passaram a voltar-se predominantemente para o trabalho (por motivos que serão apresentados no Capítulo 13) e têm muito pouca gente depois do horário comercial. Essa condição foi mais ou menos formalizada no jargão do planejamento urbano, que não mais se refere aos "centros", mas a "CBDs", que significa *Central Business Districts* [Centros comerciais distritais]. Um centro comercial distrital que faça jus ao nome e seja realmente definido por ele é uma nulidade. Poucos centros de cidade alcançaram (por enquanto) o grau de desequilíbrio que se verifica na ponta sul de Manhattan. A maioria deles tem, além dos trabalhadores, um bom número de consumidores no horário diurno durante o expediente e aos sábados. Mas a maioria deles está a caminho desse desequilíbrio e tem menos qualidades potenciais para se restabelecer do que a baixa Manhattan.

A segunda razão da ênfase nas misturas de usos principais no centro é sua influência direta em outras partes da cidade. É provável que todos saibam que o coração das cidades depende de várias coisas. Quando o coração urbano para ou se deteriora, a cidade, enquanto conjunto de relações sociais, começa a sofrer: as pessoas que deveriam se encontrar deixam de fazê-lo, em virtude da falta das atividades do centro. As ideias e o dinheiro que deveriam se complementar – o que ocorre naturalmente num lugar cujo centro tenha vitalidade – deixam de fazê-lo. A rede de vida pública urbana sofre rupturas insustentáveis. Sem um coração central forte e *abrangente*, a cidade tende a tornar-se um amontoado de interesses isolados. Ela fracassa na geração de algo social, cultural e economicamente maior do que a soma de suas partes constitutivas.

Todas essas considerações são importantes, mas minha meta é um efeito econômico mais específico exercido sobre os outros distritos por um coração urbano forte.

As vantagens peculiares que as cidades propiciam à incubação certamente atuam com mais eficiência, como assinalei, nos lugares em que se formam associações de usos mais complexos. Dessas incubadoras de empreendimentos despontam brotos econômicos que mais tarde poderão transferir seu poder – e o transferem efetivamente – para outras partes da cidade.

Esse deslocamento foi muito bem descrito por Richard Ratcliff, professor de economia territorial da Universidade de Wisconsin. "A descentralização só será um sintoma de degeneração e decadência", diz Ratcliff, "se deixar para trás um vazio. Ela é salutar se resultar de forças centrípetas. A maior parte dos deslocamentos de certas funções urbanas para fora ocorre principalmente quando elas são empurradas do centro para fora do que quando respondem a uma atração gerada em localidades periféricas."

Numa cidade próspera, observa o professor Ratcliff, há uma substituição constante de usos menos intensos por outros mais intensos[3]. "A dispersão induzida por meios artificiais é outra história. Ela apresenta o risco de perda da eficiência e da produtividade plenas."

Em Nova York, conforme observou Raymond Vernon em *Anatomy of a Metropolis*, as grandes melhorias em trechos da Ilha de Manhattan em benefício do pessoal de escritório têm provocado a migração de indústrias para outras regiões administrativas. (Quando crescem e se tornam autossuficientes, as indústrias costumam mudar-se para os subúrbios ou para cidades de pequeno porte, que também dependem economicamente da poderosa influência da incubação daqueles lugares altamente produtivos, as metrópoles ativas.)

Os usos restantes nas incubadoras de diversidade e de empresas são de dois tipos, como outras diversidades urbanas. Se forem de diversidade derivada, servindo a pessoas atraídas pelas misturas de usos principais, devem encontrar outros lugares onde a diversidade de usos derivados possa florescer – outros lugares

3. Esse processo pode chegar a extremos e autoconsumir-se, mas esse é outro aspecto da questão, que abordarei na Parte 3 deste livro. Vamos deixá-lo de lado por enquanto.

com mesclas principais, entre outros fatores –, sob pena de definhar e talvez desaparecer. O deslocamento deles, caso encontrem locais que lhes sejam adequados, pode representar uma boa oportunidade para a cidade. Eles ajudam a intensificar e acelerar a formação de uma cidade ainda mais complexa. Essa é uma das influências externas que nos têm atingido na Rua Hudson, por exemplo. É a do pessoal que vem à procura de equipamentos de mergulho e de gravuras e molduras, é o escultor que se instalou numa loja vazia. Trata-se de empresas que transbordam de geradores de diversidade mais intensos.

Embora esse deslocamento seja precioso (se não desaparecer devido à falta de um terreno econômico suficientemente fértil), é menos significativo e essencial do que o deslocamento da diversidade de usos principais suplantados nos centros urbanos ativos. Isso porque, quando as atividades principais, como fábricas, por exemplo, transbordam de combinações de usos que não conseguem mais conter tudo o que geram, elas se tornam ingredientes de uma mistura principal em lugares em que o uso principal do trabalho é extremamente necessário. A presença delas pode ajudar a criar novas associações de usos principais combinados.

Economista especializado em uso do solo, Larry Smith chamou os edifícios de escritórios, com muita propriedade, de peças de xadrez. "Você já usou essas peças", teria ele dito a um urbanista que tentava revitalizar uma quantidade assombrosa de locais com planos imaginários de novos conjuntos comerciais. Todos os usos principais, sejam de escritórios e moradias, sejam de salas de espetáculos, são as peças de xadrez da cidade. Aquelas que se movem diferente das outras devem ser empregadas *conjuntamente* para lograr o máximo. E, assim como no xadrez, um peão pode tornar-se uma rainha. Mas o desenvolvimento urbano tem essa diferença em relação ao xadrez: o número de peças não é determinado por regras. Se bem colocadas, as peças se multiplicam.

Nos centros das cidades, a administração municipal não pode injetar diretamente num local os empreendimentos privados que atendam às pessoas após o trabalho e o animem e contribuam para sua revitalização. A administração municipal também não pode, nem por decreto, manter esses usos no centro. Mas a administração municipal pode estimular indiretamente o crescimento deles utilizando suas peças de xadrez – e aquelas suscetíveis à pressão do público – nos lugares certos, como um primeiro passo.

O Carnegie Hall, na Rua 57, oeste de Nova York, é um exemplo excelente desse primeiro passo. Ele teve ótimo resultado na rua, apesar do sério inconveniente das quadras longas demais. A presença do Carnegie Hall, que faz a rua ter intenso uso à noite, gerou com o tempo a presença de vários conservatórios de música e dança, oficinas de teatro e salas de recital. Tudo isso se mescla e se entrelaça com os locais de moradia – dois hotéis e muitos prédios de apartamentos bem próximos, que abrigam todo tipo de morador e hóspede, mas principalmente um grande número de músicos e professores de música. A rua funciona de dia em razão de pequenos edifícios de escritórios e enormes edifícios de escritórios a leste e a oeste, e ainda porque o uso em dois turnos consegue manter uma diversidade derivada que se tornou, com o tempo, igualmente uma atração. A distribuição horária de usuários sem dúvida é um estímulo para os restaurantes, e há aí uma boa variedade deles: um ótimo restaurante italiano, um restaurante russo charmoso, um restaurante de frutos do mar, uma casa de café expresso, diversos bares, lanchonetes automatizadas, duas máquinas de refrigerantes, uma lanchonete. Em lojas em meio aos restaurantes, podem-se comprar moedas raras, joias antigas, livros novos ou usados, calçados muito bons, material de arte, chapéus requintados, flores, comidas finas, alimentos orgânicos, chocolates importados. Podem-se vender ou comprar vestidos Dior de segunda mão, casacos e estolas de pele com pouco uso ou alugar um carro esporte inglês.

Nesse caso, o Carnegie Hall é uma peça de xadrez vital que atua *conjuntamente* com outras peças. O plano mais desastroso que se poderia arquitetar nessa vizinhança seria a demolição do Carnegie Hall e sua substituição por outro edifício de escritórios. Foi exatamente isso o que quase aconteceu em resultado da decisão do município de Nova York de pegar todas as suas peças culturais mais expressivas, ou potencialmente expressivas, e segregá-las num núcleo planejado chamado Lincoln Center for the Performing Arts [Centro de Artes Cênicas Lincoln]. O Carnegie Hall foi salvo por um fio, graças à obstinada pressão política de cidadãos, embora não vá mais ser a sede da Filarmônica de Nova York, que se "descontaminará" da cidade comum.

Ainda assim, é um planejamento lamentável, que destruiria cegamente as combinações de usos existentes na cidade e provocaria automaticamente novos problemas de estagnação, um subproduto impensado da imposição de novos sonhos. As peças de xadrez – e, nos centros da cidade, as peças de xadrez de uso noturno que podem ser instaladas por decisão administrativa ou pela pressão do público – devem ser colocadas para fortalecer e ampliar a vitalidade existente e também ajudar a equilibrar, nos locais estratégicos, os desequilíbrios de horários existentes. A faixa central da cidade de Nova York possui muitos lugares com uso diurno intenso mas sinistramente mortos à noite, que precisam exatamente das peças de xadrez que estão sendo tiradas do jogo no Lincoln Center. O trecho da Park Avenue com novos edifícios de escritórios, entre a Grand Central Station [Grande Estação Central] e a Rua 59, é um desses lugares. A área logo ao sul da Grand Central é outro. A zona de compras que tem como núcleo a Rua 34 é outro. Vários distritos outrora movimentados infelizmente decaíram depois de perder a antiga mistura de usos principais que era motivo de atração, popularidade e valor econômico.

É por isso que tais centros culturais e administrativos planejados, apesar de serem em geral lamentavelmente desarmônicos, têm efeitos trágicos sobre a cidade. Eles isolam os usos – e, quase sempre, também os usos noturnos intensos – dos locais da cidade que precisam deles para não decair.

Boston foi a primeira cidade norte-americana que planejou um distrito cultural descontaminado. Em 1859, uma Comissão de Diretrizes instituiu a "Preservação Cultural", destinando certa área "somente a entidades de caráter educacional, científico e artístico", decisão que coincidiu com o início do longo e lento declínio de Boston como principal polo cultural entre as cidades dos Estados Unidos. Não posso afirmar que a segregação e a descontaminação intencionais de várias instituições culturais, afastando-as da cidade e da vida cotidiana, tenham sido um dos motivos do declínio cultural de Boston ou simplesmente um sintoma e uma confirmação de uma decadência já inevitável por outras razões. Uma coisa é certa: o centro de Boston sofreu terrivelmente com a ausência de misturas de usos principais satisfatórias, particularmente uma boa mescla de usos noturnos e de usos culturais vivos (não obsoletos ou nostálgicos).

Aqueles que têm enfrentado dificuldade em angariar recursos para grandes empreendimentos culturais dizem que os ricos contribuiriam muito mais prontamente e com mais dinheiro para núcleos grandes e descontaminados de prédios monumentais do que para um conjunto de construções solitárias instaladas na matriz da cidade. Esse é um dos raciocínios que resultaram nos planos do Lincoln Center for the Performing Arts de Nova York. Não sei se isso se aplica à arrecadação de recursos. Todavia, não seria de surpreender, já que os especialistas há anos informam as pessoas abastadas que também têm cultura de que as únicas construções urbanas que valem a pena são os grandes empreendimentos.

No círculo dos planejadores do centro da cidade e dos grupos de homens de negócios que trabalham com eles, existe o mito (ou a desculpa) de que os norte-americanos ficam em casa de noite assistindo à TV ou então frequentam reuniões das APMs. É isso que eles nos dizem em Cincinnati quando lhes perguntamos a respeito do centro da cidade, que é morto de noite e consequentemente morto-vivo de dia. Mesmo assim, os habitantes de Cincinnati atravessam o rio cerca de quinhentas mil vezes por ano para participar da vida noturna, quase sempre cara, de Covington, Kentucky, que possui um tipo próprio de desequilíbrio. “As pessoas não saem” é também uma das desculpas usadas em Pittsburgh para explicar seu centro morto[4].

No centro, as garagens do Departamento de Estacionamento de Pittsburgh funcionam com apenas 10 ou 20 por cento da ca-

4. A outra desculpa, dada com certo orgulho pelos homens de negócios, é: "Nosso centro é parecido com Wall Street." Parece que eles não ouviram falar das dificuldades da vizinhança de Wall Street.

pacidade às oito horas da noite, exceto a garagem da Mellon Square, que pode chegar a 50 por cento se estiver sendo realizado algum evento nos hotéis. (Como os parques e os estabelecimentos de consumo, a infraestrutura de estacionamentos e para o tráfego de veículos é intrinsecamente contraproducente e exagerada sem uma boa distribuição horária de usuários.) Ao mesmo tempo, é atroz o problema de estacionamento num lugar chamado Oakland, a cinco quilômetros do centro. "Nesse lugar, assim que uma multidão sai, outra já está entrando", revela um funcionário do departamento. "É uma dor de cabeça." É fácil de compreender por quê. Oakland acolhe a sinfônica de Pittsburgh, a opereta pública, um grupo de teatro, o restaurante da moda, a Associação Atlética de Pittsburgh, dois outros clubes grandes, a sede principal da Biblioteca Carnegie, um museu e galerias de arte, a Sociedade de História, o templo dos Shriners*, o Instituto Mellon, um hotel muito procurado para festas, a Associação Judaica de Jovens, a sede do Conselho de Educação e todos os principais hospitais.

Como tem grande desproporção entre horas de lazer e usos pós-expediente, Oakland manifesta também um desequilíbrio, e Pittsburgh não dispõe de um lugar apropriado, seja em Oakland, seja no centro comercial, para gerar com intensidade sua principal diversidade derivada metropolitana. Os estabelecimentos padronizados e a diversidade mais comum, é fato, encontram-se no centro da cidade. A maior parte da diversidade comercial mais especializada aparentemente apostou em Oakland como o melhor dos lugares; mas ela é inerte e deficiente porque Oakland fica distante da verdadeira associação de usos que o coração da metrópole deveria ser.

O principal responsável por Pittsburgh ter caído nesse desequilíbrio duplo foi um especulador imobiliário, o falecido Frank Nicola, que há cinquenta anos, na época do movimento City Beautiful, passou a promover a construção de um centro cultural nos antigos campos de uma fazenda de laticínios. Ele teve um

* Confraria secreta dos Estados Unidos em que são admitidos como membros apenas cavaleiros templários e maçons de grau elevado. (N. do T.)

bom começo, porque a biblioteca e o centro de artes Carnegie já haviam recebido uma doação de terras do espólio Schenley. Naquela época, o centro de Pittsburgh não era de forma alguma um local atraente para tais empreendimentos, porque era irremediavelmente soturno, enfumaçado e enegrecido pela fuligem.

Todavia, atualmente o centro de Pittsburgh tem potencial para o uso de lazer, graças à maciça limpeza proposta pela Conferência de Allegheny, integrada por negociantes. E, teoricamente, o desequilíbrio no horário do centro deveria ser remediado em breve com um auditório público e o posterior acréscimo de uma sala de concertos e prédios de apartamentos, todos vizinhos do centro. Mas ainda reina o espírito da fazenda de laticínios e da cultura que se "descontamina" da cidade. Todos os instrumentos – artérias de trânsito, cinturões verdes, estacionamentos – separam esses projetos do centro comercial e fazem com que sua ligação permaneça como um plano no papel em vez de uma realidade econômica de pessoas que frequentam as mesmas ruas em horários diferentes. A decadência dos centros das cidades norte-americanas não é misteriosa, nem se deve à sua anacronia, nem ao fato de os usuários terem sido afugentados pelos automóveis. Eles estão sendo estupidamente assassinados, em boa parte por políticas deliberadas de separar os usos de lazer dos usos de trabalho, em consequência do mal-entendido de que isso seja um planejamento urbano ordenado.

As peças de xadrez de uso principal não podem, é claro, ser espalhadas aqui e acolá na cidade tendo em conta apenas a necessidade de distribuir as pessoas ao longo do dia e ignorando as necessidades particulares dos próprios usos, ou seja, quais seriam locais bons para *eles*.

Contudo, tal arbitrariedade é dispensável. De vez em quando tenho falado com admiração da organização latente, complexa, das cidades. Faz parte da beleza dessa organização que o êxito da mistura em si e o êxito de seus elementos peculiares e específicos estejam em harmonia, não em contradição. Já dei alguns exemplos dessa identidade (ou correspondência) de atrativos neste capítulo e mencionei outros indiretamente: por exemplo, os novos usos de trabalho planejados para a baixa Manhattan não só aumentarão o problema fundamental desse distrito, mas ao mesmo tempo oprimirão os novos empregados e servidores com um ambiente urbano inadequado e economicamente monótono. Agora vou dar um exemplo dos efeitos nocivos bastante complexos que podem surgir quando se menospreza essa organização natural da vitalidade urbana.

Chamaremos esse exemplo de o caso dos paços e da ópera. Há quarenta e cinco anos, a cidade de São Francisco começou a construir um centro cívico, que desde então tem ocasionado problemas. Esse centro, situado próximo do centro da cidade e cujo propósito era fazê-lo expandir-se até lá, obviamente não só repeliu a vitalidade como juntou à sua volta a praga que normalmente assola esses lugares artificiais e mortos. O centro inclui, entre outros componentes arbitrários de seus espaços, a ópera, a prefeitura, a biblioteca pública e várias repartições municipais.

Pensando no teatro lírico e na biblioteca como peças de xadrez, como eles poderiam ter contribuído mais para a cidade? Cada um deles deveria ter sido utilizado, separadamente, em *estreita* harmonia com os escritórios e os estabelecimentos do centro, de grande vitalidade. Estes, somados à diversidade derivada que ajudariam a firmar, teriam constituído *também* um ambiente mais adequado para qualquer um daqueles prédios. A ópera não tem relação com coisa alguma e desfruta a vantagem despropositada do espaço mais próximo, a sala de espera da Agência de Empregos do Serviço Público, nos fundos da prefeitura. E a biblioteca é o muro de arrimo do submundo.

Infelizmente, em questões desse tipo, um erro leva a outro, sucessivamente. Em 1958, deveria ser escolhida uma localidade para o Palácio da Justiça. O local lógico, logo se reconheceu, seria próximo de outros órgãos municipais, para conveniência dos advogados e dos serviços que se instalam perto desses profissionais. Mas também se reconheceu que o Palácio da Justiça tenderia a catalisar, em algum ponto dos arredores, uma diversidade derivada de casas de fiança e bares pouco elegantes. Que fazer? Colocar o palácio perto do centro cívico ou dentro dele, de modo a ficar perto de alguns dos órgãos com que ele trabalha? Todavia, o ambiente dos tribunais penais nada tem a ver com a ópera! A sordidez espantosa nas redondezas já é inconveniente o bastante.

Qualquer outra solução para um dilema tão absurdo tem de ser ruim. A solução escolhida foi colocar o Palácio da Justiça a uma distância incômoda, mas o teatro lírico foi salvo de ser ainda mais contaminado por uma vida que não a "cívica", seja lá o que isso possa significar.

Essa trapalhada cansativa não provém, de modo algum, de contradições entre as exigências da cidade como organismo e as exigências de vários usos específicos, nem a maioria das trapalhadas do planejamento provém de tais contradições. Provém principalmente das teorias que contradizem arbitrariamente tanto a organização das cidades quanto as necessidades de cada uso.

Esse aspecto teórico inadequado – neste caso, de uma teoria estética – tem tal relevância para as misturas adequadas de usos urbanos principais e, de uma ou de outra forma, as frustra de tal maneira, que eu me alongarei um pouco mais em suas implicações.

Elbert Peets, arquiteto que por muitos anos foi membro discordante na Comissão de Belas-Artes de Washington, descreveu bem o conflito e, embora se referisse a Washington, suas afirmações aplicam-se ao mesmo problema em São Francisco e também aos de várias outras cidades:

> Sou de opinião que aspectos importantes [do atual planejamento urbano de Washington] são motivados por princípios errados. Esses princípios estabeleceram-se ao longo do tempo e ganharam tanto apoio, por força do hábito e do capital investido, que as pessoas ocupadas que gerenciam o desenvolvimento arquitetônico de Washington sem dúvida as aceitam sem objeções – o que nós, no entanto, não podemos fazer.
>
> Em resumo, é isto que está acontecendo: o governo da capital está se distanciando da cidade; os prédios do governo estão sendo concentrados e isolados dos edifícios da cidade. Isso não foi uma ideia de L'Enfant*. Ao contrário, ele empenhou-se em amalgamar os dois, para fazer com que um servisse ao outro. Ele situou prédios governamen-

* Referência a Pierre-Charles l'Enfant, arquiteto francês que criou o plano urbanístico de Washington. (N. do T.)

> tais, mercados, sedes de associações nacionais, academias e monumentos comemorativos federais em pontos de destaque arquitetônico por toda a cidade, como se tivesse o propósito específico de deixar a marca da capital federal em todo canto. Era um sentimento sincero e uma decisão arquitetônica correta.
>
> A partir da Feira de Chicago de 1893, surgiu o ideário da arquitetura que encara a cidade como uma corte de honra monumental, destacada de uma área profana e desordenada de "concessões". (...) Não há indício, nesse procedimento, de sentimento pela cidade como organismo, matriz digna de seus monumentos e receptiva a eles (...). A perda, além de estética, é social (...).

Mas alguém poderia objetar impensadamente que se trata de duas concepções estéticas contrárias, uma questão de gosto, e gosto não se discute. Mas é mais do que gosto. Uma dessas concepções – as "cortes de honra" separadas – contradiz as necessidades funcionais e econômicas das cidades e de seus usos específicos também. A outra concepção – a cidade mesclada, com marcos arquitetônicos intimamente rodeados pela matriz cotidiana – harmoniza-se com a atividade econômica e com outras atividades funcionais das cidades[5].

Todos os usos urbanos principais, tenham ou não aparência externa monumental e especial, necessitam de que essa matriz íntima da cidade "profana" trabalhe da melhor maneira possível. Os edifícios municipais de São Francisco precisam de outro tipo de matriz com uma diversidade derivada. E as próprias matrizes da cidade precisam desses usos, porque a presença deles ajuda a influenciar a formação delas. Além do mais, a matriz urbana precisa de misturas internas próprias menos espalhafatosas ("desordens", para os simplórios). De outra forma, não se trataria de uma matriz, mas, como os empreendimentos residenciais, de uma monotonia "profana", que atua com a mesma insensatez da monotonia "sagrada" de centros administrativos como o de São Francisco.

5. A Biblioteca Pública de Nova York, na Quinta Avenida com a Rua 42, é um exemplo desse ponto de referência arquitetônico; a velha Jefferson Market Courthouse, no meio do Greenwich Village, é outro. Estou certa de que todos os leitores conhecem bem o marco monumental da matriz de uma cidade.

Qualquer princípio pode sem dúvida ser aplicado arbitrária e destrutivamente por pessoas que não consigam entender seus mecanismos. A teoria estética de L'Enfant, que abrange pontos de referência interdependentes da matriz urbana cotidiana que os circunda, poderia ser aplicada por meio da tentativa de disseminar usos principais – especialmente os tendentes a uma aparência monumental – sem considerar as relações econômicas ou outras relações funcionais de que eles necessitam. Porém, a teoria de L'Enfant é admirável não como um produto visual abstrato isolado da funcionalidade, mas por poder ser aplicada e adaptada harmoniosamente às necessidades dos estabelecimentos reais das cidades reais. Se essas necessidades funcionais forem levadas em conta e respeitadas, não poderão ser aplicadas as teorias estéticas que glorificam os usos selecionados e isolados, "sagrados" ou "profanos".

Nos distritos predominante ou quase exclusivamente residenciais, quanto maior for a complexidade e a variedade de usos principais que possam ser cultivadas, tanto melhor, assim como nos centros das cidades. Mas a peça de xadrez mais importante para esses distritos é o uso principal do trabalho. Como vimos nos exemplos do parque da Rittenhouse Square ou da Rua Hudson, esses dois usos principais podem imbricar-se perfeitamente, com as ruas ganhando vida com os trabalhadores ao meio-dia, quando os moradores se retiram, e animando-se com os moradores de noite, quando os trabalhadores se retiram.

A necessidade de segregar as moradias do trabalho foi tão incutida em nós, que precisamos fazer um esforço enorme para enxergar a realidade e perceber que os distritos residenciais não misturados com o trabalho não dão bons resultados nas cidades. Num artigo sobre guetos de negros escrito por Harry S. Ashmore, no *New York Herald Tribune*, a seguinte declaração foi atribuída a um líder político do Harlem: "Parece que os brancos vão voltar de mansinho para cá e tirar o Harlem de nós. Afinal, [o Harlem é] o pedaço de terra mais atraente de toda a região. Temos morros e uma vista dos dois rios, o transporte é bom, e é a única área de fácil acesso que não tem indústria alguma."

Só na teoria do planejamento urbano, isso faria do Harlem "um pedaço de terra atraente". Desde seus primórdios, quando predominava a classe média e alta, o Harlem nunca foi um distrito residencial viável e economicamente vigoroso, e provavelmente nunca o será, sejam quais forem seus habitantes, enquanto não tiver, entre outras melhorias físicas, uma mistura satisfatória e salutar de locais de trabalho e residências.

Os usos principais de trabalho em distritos residenciais não podem surgir só porque se quer, nem a diversidade derivada. A administração municipal pode fazer muito pouco de construtivo quanto à inserção na cidade de usos de trabalho nos locais em que não existam e sejam necessários, a não ser *permiti-los* e encorajá-los indiretamente.

Contudo, as tentativas de conseguir chamarizes eficazes não são, em todo caso, uma necessidade premente, nem a maneira mais frutífera de despender energia com áreas apagadas que precisam ser revitalizadas. O primeiro problema é tirar o máximo proveito de qualquer trabalho e de outros usos principais das peças de xadrez nos distritos residenciais deficientes em que elas já existam. O mercado de calçados de Louisville, embora seja um exemplo invulgar, clama por essa oportunidade. E a maior parte da região administrativa do Brooklyn também, e parte do Bronx e, sem dúvida, os centros urbanos apagados de praticamente todas as cidades grandes.

Como aproveitar oportunamente a presença de locais de trabalho e avançar a partir daí? O que fazer para consolidá-los e levá-los a formar, junto com as moradias, combinações efetivas de uso das ruas? Aqui é necessário fazermos uma distinção entre o típico centro da cidade e o típico distrito residencial problemático. Nos centros da cidade, a falta de uma mistura adequada de usos principais é geralmente a deficiência fundamental mais grave. Na maioria dos bairros residenciais, e principalmente na maioria das áreas cinzentas, a falta de uma mistura de usos principais constitui geralmente apenas uma das deficiências, nem sempre a mais grave. Sem dúvida, é fácil encontrar exemplos de locais de trabalho que se misturam às residências, mesmo que não contribuam muito para gerar diversidade e vitalidade. Isso ocorre porque a maioria dos bairros residenciais também tem quadras muito longas, ou que foram construídas na mesma época e nunca superaram essa desvantagem inicial, mesmo quando os prédios envelheceram, ou, muito comumente, mantêm uma população total insuficiente. Em suma, são deficientes em várias das quatro condições que geram diversidade.

Em vez de nos preocuparmos com a origem de um volume suficiente de trabalho, a primeira questão é identificar onde, nos bairros residenciais, existem locais de trabalho que não são aproveitados como elementos de uso principal. Nas cidades, é necessário avançar a partir dos bens existentes para criar mais bens. Para avaliar como aproveitar ao máximo a integração das funções de trabalho e habitação nos locais em que elas existem ou dão mostras de vir a existir, é necessário compreender os papéis desempenhados também pelos outros três geradores de diversidade.

No entanto, antecipo as considerações dos próximos três capítulos dizendo o seguinte: dos quatro geradores de diversidade, dois representam problemas fáceis de lidar na solução das deficiências das áreas cinzentas – geralmente já existem prédios antigos para desempenhar seu potencial e não é difícil criar mais ruas onde forem necessárias. (São um problema menor em comparação com a remoção de áreas em grande escala, na qual nos ensinaram a desperdiçar dinheiro.)

As duas outras condições, todavia – misturas de usos principais e concentração adequada de moradias –, são mais difíceis de implantar caso ainda não existam. O mais sensato é começar por onde pelo menos *uma* dessas duas condições já exista ou possa ser fomentada com certa facilidade.

Os distritos mais difíceis de lidar são as áreas residenciais apagadas, às quais falte uma infiltração de trabalho que sirva de base e também falte alta densidade de moradias. As áreas urbanas debilitadas ou fracassadas passam por dificuldades não tanto pelo que têm (o que sempre pode ser encarado como ponto de partida), mas pelo que não têm. É quase impossível promover a revitalização dessas áreas apagadas com carências das mais graves e mais difíceis de suprir, a não ser investir em outros distritos apagados onde haja ao menos um ponto de partida para a mistura de usos principais e que os centros da cidade sejam revitalizados por meio de uma distribuição melhor das pessoas ao longo do dia. Quanto maior for o êxito das cidades na geração de diversidade e vitalidade em qualquer uma de suas zonas, obviamente maiores serão as probabilidades de elas obterem êxito também em outras zonas – inclusive, provavelmente, as mais desencorajadoras.

Não é preciso dizer que as ruas e os bairros que possuem boa combinação de usos principais e têm êxito na geração da diversidade devem ser admirados e não desprezados por causa dessas mesclas e destruídos pela tentativa de separar seus elementos. Infelizmente, os planejadores tradicionais parecem ver nesses mesmos lugares populares e atraentes apenas um convite irresistível para empregar os propósitos tacanhos e destrutivos do planejamento urbano ortodoxo. Quando dispõem de recursos federais e poder suficientes, os urbanistas têm plenas condições de destruir as misturas de usos principais urbanas mais rápido do que elas conseguem florescer nos bairros espontâneos, de modo que o resultado é a perda da mescla principal básica. Na verdade, é isso o que está acontecendo hoje em dia.

9. A NECESSIDADE DE QUADRAS CURTAS

2.ª CONDIÇÃO: *A maioria das quadras deve ser curta; ou seja, as ruas e as oportunidades de virar esquinas devem ser frequentes.*

As vantagens das quadras curtas são simples.

Pense, por exemplo, na situação de uma pessoa que more numa quadra longa, como a Rua 88 Oeste, em Manhattan, entre a Rua Central Park Oeste e a Avenida Columbus. Ela percorre mais de 250 metros, no sentido oeste, para chegar ao comércio da Avenida Columbus ou tomar um ônibus, e segue no sentido leste para chegar ao parque, pegar o metrô ou outro ônibus. É bem capaz que essa pessoa passe anos sem andar pelas quadras vizinhas entre as ruas 88 e 89.

Isso ocasiona um problema sério. Já vimos que as vizinhanças isoladas, separadas, têm tudo para ser desassistidas pela população. É possível que aquela pessoa disponha de vários argumentos para não acreditar que as ruas 88 e 89 ou seus moradores tenham alguma afinidade com ela. Para se convencer do contrário, ela precisa ir além dos indícios da vida diária.

Com relação à sua vizinhança, o efeito dessas ruas autoisoladoras sobre a *economia* é igualmente inibidor. As pessoas dessa rua e das ruas próximas conseguem formar uma combinação de usos econômicos só onde seus trajetos longos e separados se

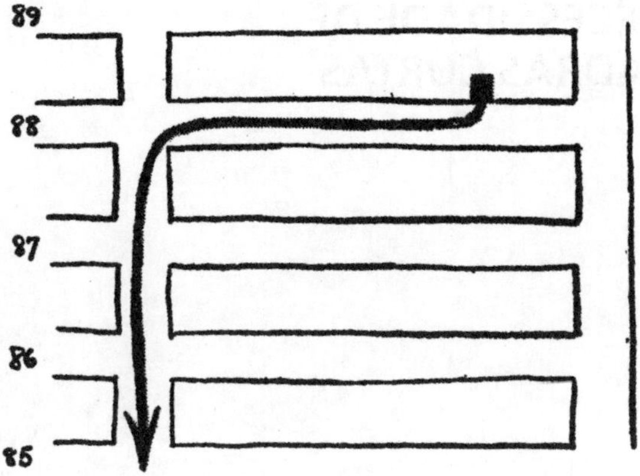

cruzam e se unem num fluxo. Neste caso, o local mais próximo onde isso pode acontecer é a Avenida Columbus.

Justamente por ser o único local próximo onde dezenas de milhares de pessoas vindas dessas quadras estagnadas, longas, represadas se encontram e formam uma combinação de usos, a Avenida Columbus tem um tipo próprio de monotonia – lojas sem fim e deprimente predomínio de comércio padronizado. Nessa vizinhança há tão pouco espaço de frente para o comércio se instalar, que ele precisa se apertar, independentemente de seu

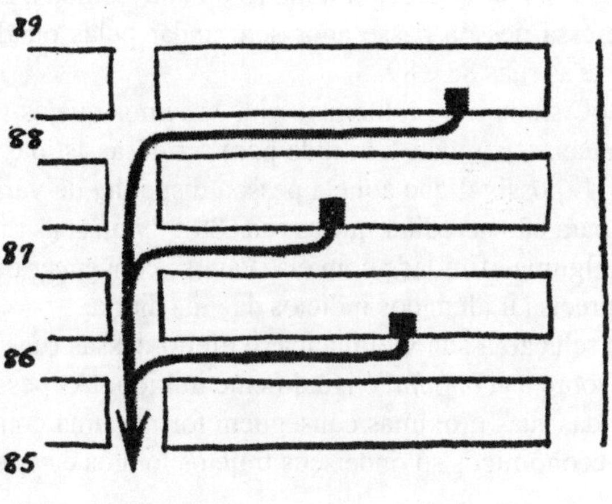

tipo, do grau de sustentação de que necessite ou do grau de facilidade (a distância em relação aos fregueses) que lhe seja comum. Bem ao lado estendem-se as longas faixas de insipidez e trevas – a Grande Praga da Monotonia, com uma bocarra vistosa após longos intervalos: um retrato típico de áreas urbanas fracassadas.

Essa rigorosa segregação física dos usuários habituais de determinada rua dos usuários habituais da rua seguinte estende-se, é claro, aos visitantes. Por exemplo, vou, há mais de quinze anos, a um dentista na Rua 86 Oeste, bem perto da Avenida Columbus. Em todo esse tempo, embora eu tenha percorrido de norte a sul a Columbus e de norte a sul a Central Park Oeste, nunca utilizei nem a Rua 85 Oeste nem a Rua 87 Oeste. Não só seria inconveniente, como tampouco faria sentido. Se levo as crianças, depois do dentista, ao planetário, na rua 81 Oeste, entre a Columbus e a Central Park Oeste, só existe um trajeto direto: descer a Columbus e entrar na 81.

Vamos imaginar, em vez disso, que essas quadras longas de leste a oeste fossem cortadas por uma rua – não um "calçadão" inútil, como aqueles que se encontram em profusão nos conjuntos habitacionais de superquadras, mas uma rua contendo prédios onde as coisas pudessem ter início e crescessem em pontos

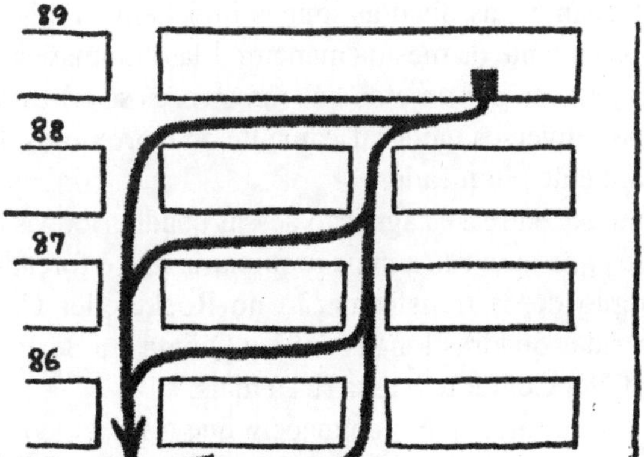

economicamente viáveis: lugares para comprar, comer, ver coisas, tomar uma bebida. Com essa outra rua, aquela pessoa da Rua 88 não mais precisaria percorrer um trajeto monótono, sempre igual, até determinado local. Ela teria uma escolha ampla de percursos. A vizinhança literalmente se abriria para ela.

Aconteceria o mesmo para as pessoas que moram em outras ruas e para aquelas mais próximas da Columbus que vão a algum lugar do parque ou ao metrô. Em vez de serem isolados, esses trajetos se cruzariam e entrelaçariam.

A oferta de pontos viáveis para o comércio cresceria consideravelmente, da mesma forma que a distribuição e a comodidade de sua localização. Se um terço das pessoas da Rua 88 for capaz de justificar a existência de uma banca de jornais ou de uma loja de objetos usados, parecida com a do Bernie, na esquina da nossa casa, e o mesmo se poderia dizer das pessoas das ruas 87 e 89, haverá então a possibilidade de acontecer o mesmo nas novas esquinas. Como essas pessoas nunca conseguem suprir o conjunto de suas necessidades nas redondezas, a não ser percorrendo um único trajeto, essa distribuição de serviços, de oportunidades econômicas e de vida pública torna-se impossível.

No caso das quadras longas, mesmo as pessoas que estejam na vizinhança pelas mesmas razões são mantidas tão afastadas que se impede a formação de combinações razoavelmente complexas de usos urbanos cruzados. Quando se trata de usos principais discrepantes, as quadras longas impedem as misturas produtivas exatamente da mesma maneira. Elas automaticamente separam as pessoas por trajetos que raras vezes se cruzam, de modo que usos diversos, geograficamente bem próximos de outros, são literalmente bloqueados.

O contraste entre a estagnação dessas quadras longas e a fluência de usos que uma rua a mais propiciaria não é forçado. Temos um exemplo dessa transformação no Rockefeller Center, que ocupa três das quadras longas entre a Quinta e a Sexta Avenida. O Rockefeller Center tem essa rua a mais.

Peço aos leitores que o conhecem que o imaginem sem essa rua adicional no sentido norte-sul, a Rockefeller Plaza. Se os

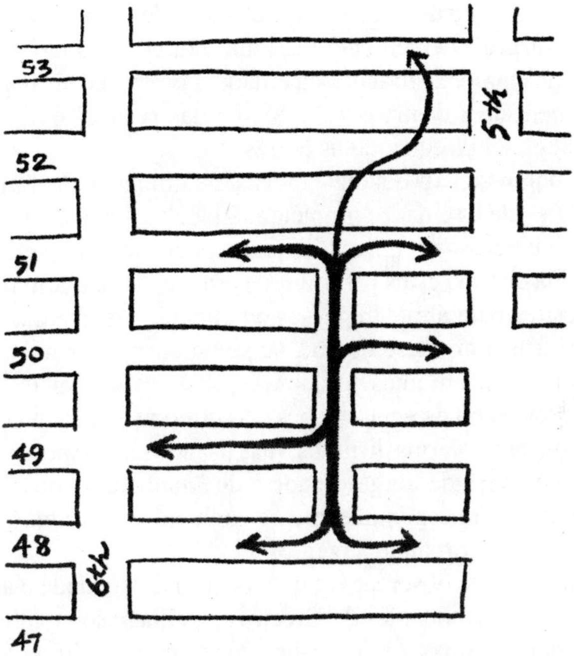

prédios da instituição fossem contínuos nas ruas laterais, desde a Quinta Avenida até a Sexta Avenida, ela não mais seria um centro de atividades. Nem poderia ser. Seria um grupo de ruas isoladas, que dariam apenas na Quinta e na Sexta Avenida. Nem o mais engenhoso projeto em outros aspectos conseguiria integrá-lo, porque é a fluência de usos e a confluência de trajetos, não a homogeneidade arquitetônica, que fazem as vizinhanças constituírem combinações de usos urbanos, mesmo que essas áreas sejam predominantemente de trabalho ou de moradias.

No sentido norte, o fluxo das ruas do Rockefeller Center estende-se, cada vez menos intenso, até a Rua 53, por causa de um corredor e de uma galeria que cortam as quadras e são usados como prolongamentos da rua. No sentido sul, seu efeito como combinação de usos estanca abruptamente na Rua 48. A rua seguinte, a 47, não tem transversais. É principalmente uma rua de comércio atacadista (o centro do atacado de pedras preciosas), um uso surpreendentemente marginal numa rua que fica perto de uma das maiores atrações da cidade. Porém, da mesma forma que os pedestres das ruas 87 e 88, os das ruas 47 e 48 podem passar anos sem frequentar as outras ruas.

Por natureza, as quadras longas neutralizam as vantagens potenciais que as cidades propiciam à incubação, à experimentação e a numerosos empreendimentos pequenos ou específicos, na medida em que estes precisam de cruzamentos muito maiores de pedestres para atrair fregueses ou clientes. As quadras longas também frustram a tese de que, se se espera que as misturas de usos urbanos sejam mais do que uma abstração nas plantas, elas devem provocar a presença de pessoas diferentes, com propósitos diferentes, em horários distintos, mas usando as *mesmas* ruas.

Das centenas de longas quadras de Manhattan, umas parcas oito ou dez estão espontaneamente ganhando vida com o passar do tempo ou se tornando atraentes.

É interessante observar em que locais a diversidade e a popularidade superabundantes do Greenwich Village se espalharam e onde foram contidas. Os aluguéis vêm subindo progressivamente no Greenwich Village, e os futurologistas têm previsto o renascimento do outrora elegante Chelsea, logo ao norte, por pelo menos vinte e cinco anos. Essa predição parece ter lógica porque a localização do Chelsea, suas misturas, seus edifícios e sua densidade de moradias por quilômetro quadrado são quase idênticos aos do Greenwich Village, e também porque há uma mistura de trabalho e residências. Mas o renascimento nunca aconteceu. Ao contrário, o Chelsea definha atrás das barreiras das quadras longas e isoladoras, decaindo mais rápido na maioria delas do que se recupera em outras. Atualmente está havendo uma ampla erradicação de cortiços, e nesse processo o bairro tem ganho quadras ainda maiores e mais monótonas. (A pseudociência do urbanismo beira a neurose em sua determinação de reproduzir o fracasso empírico e ignorar o sucesso empírico.) Ao mesmo tempo, o Greenwich Village espraiou-se e levou sua diversidade e atratividade bem para o leste, esgueirando-se por um gargalo estreito entre áreas de concentração industrial, seguindo infalivelmente a rota das quadras curtas e o uso fluente das ruas – muito embora as construções nessa direção não sejam tão atraentes ou aparentemente adequadas quanto as do Chelsea. Esse movimento numa direção e o estancamento em outra não é caprichoso nem misterioso, nem "obra caótica do acaso". É uma reação realista àquilo que funciona melhor economicamente para a diversidade urbana e àquilo que não funciona.

Outro "mistério" permanente surgido em Nova York é por que a remoção da via férrea elevada sobre a Sexta Avenida, no West Side, provocou tão poucas mudanças e alcançou tão pouca popularidade e por que a remoção da via férrea elevada sobre a Terceira Avenida, no East Side, desencadeou tantas mudanças e ocasionou tanta popularidade. Não obstante, as quadras longas fizeram do West Side uma monstruosidade econômica, principalmente porque elas correm em direção ao centro da ilha, exatamente onde as combinações de usos mais produtivas do West Side deveriam ter-se formado, se tivessem tido oportunidade. No East Side, há quadras curtas em direção ao centro da ilha, exatamente onde as mais produtivas combinações de usos tiveram oportunidade de se formar e crescer[1].

Quase todas as travessas curtas do East Side, desde a Rua 60 até a 89, são tidas como exclusivamente residenciais. É interessante notar que estabelecimentos especializados, como livrarias ou costureiros ou restaurantes, em geral se instalaram habitualmente, embora nem sempre, perto das esquinas. O trecho equivalente do West Side não serve para livrarias nem nunca serviu. E não porque todos os sucessivos moradores, insatisfeitos e sempre de mudança, tivessem aversão à leitura, ou fossem muito pobres para comprar livros. Ao contrário, o West Side está cheio de intelectuais, e sempre esteve. Talvez seja um mercado natural

1. Indo da Quinta Avenida no sentido oeste, as primeiras três quadras, e em certos lugares quatro, têm mais de 250 metros de extensão, exceto no cruzamento com a Broadway em diagonal. Indo da Quinta Avenida no sentido leste, as primeiras quatro quadras variam de 130 a 140 metros. Na Rua 70, para escolher um ponto aleatório onde os dois lados da ilha são divididos pelo Central Park, os 800 metros de extensão da linha de construções entre a Rua Central Park Oeste e a Avenida West End são cortados por *somente duas* vias. No lado leste, uma extensão equivalente de linha de construções, da Quinta Avenida até pouco depois da Segunda Avenida, é cortada por *cinco* vias. O trecho do East Side com cinco cruzamentos é imensamente mais movimentado do que o do West Side, com dois.

para livros tão bom quanto o Greenwich Village e talvez um mercado natural melhor que o East Side. Devido a suas quadras longas, o West Side nunca foi capaz de formar as complexas combinações de usos habituais de ruas necessárias para sustentar a diversidade urbana.

Ao perceber que as pessoas *tentam* encontrar uma passagem norte-sul adicional nas quadras muito longas entre a Quinta e a Sexta Avenida, um repórter do *New Yorker* tentou fazer um caminho improvisado através das quadras, da Rua 33 até o Rockefeller Center. Descobriu meios aceitáveis, embora esdrúxulos, de pegar atalhos através de nove quadras, por lojas e galerias que cortam de lado a lado e pelo Bryant Park, atrás da Biblioteca da Rua 42. Mas ele precisou espremer-se entre cercas, subir por janelas e persuadir zeladores para atravessar quatro das quadras, e em duas quadras teve de fugir à pauta inicial, passando por corredores do metrô.

Nos distritos que se tornam prósperos ou atraentes, as ruas nunca são feitas para desaparecer. Muito pelo contrário. Onde é possível, elas se multiplicam. Assim, no distrito da Rittenhouse Square, em Filadélfia, e em Georgetown, Distrito de Columbia, as vielas em meio aos quarteirões transformaram-se em ruas com prédios de frente para elas, e os pedestres as utilizam como ruas. Em Filadélfia, elas geralmente incluem comércio.

Nem em outras cidades, que não Nova York, as quadras longas têm virtudes. Em Filadélfia, há um bairro em que os proprietários simplesmente deixam os prédios ruir, numa área entre o centro e a maior faixa de conjuntos habitacionais da cidade. Há muitas razões para esse bairro chegar a essa situação irremediável, incluindo a proximidade da área urbana revitalizada com a desintegração social e a periculosidade que ela acarreta, mas obviamente o bairro não pode tirar proveito de sua estrutura física. A quadra-padrão de Filadélfia é de 15 mil metros quadrados (divididas pelas vielas que são futuras ruas, onde a cidade mais prospera). Nesse bairro arruinado, parte do "esbanjamento" de ruas foi eliminada no traçado original; suas quadras têm 210 metros de extensão. Ele estagnou, obviamente, desde o momento em que foi construído. Em Boston, o North End, que é um prodígio de ruas "em excesso" e de usos cruzados fluentes, tem recuperado heroicamente os cortiços, a despeito da apatia do governo e dos obstáculos financeiros.

O mito de que um grande número de ruas é um "esbanjamento", um dos dogmas do planejamento urbano ortodoxo, provém sem dúvida dos teóricos da Cidade-Jardim e da Ville Radieuse, que execravam o uso do solo para ruas porque queriam que o solo se transformasse em áreas verdes planejadas. Esse mito é particularmente prejudicial, porque mexe com nossa capacidade intelectual de perceber uma das causas de tanta estagnação e fracasso mais triviais, mais evitáveis e mais facilmente corrigíveis.

Os projetos residenciais de superquadras são passíveis de todas as deficiências das quadras longas, frequentemente de forma ampliada, e isso também ocorre quando são cortados por calçadões e esplanadas e portanto possuem, teoricamente, ruas a intervalos razoáveis, pelas quais as pessoas podem transitar. Essas ruas não têm sentido porque raramente há um motivo plausível para serem usadas por um número razoável de pessoas. Mesmo vistos de fora, levando em conta apenas a mudança de perspectivas visuais quando se vai de um lugar a outro, esses caminhos não têm sentido porque todos os cenários são essencialmente idênticos. Essa situação é o oposto daquela que o repórter do *New Yorker* observou nas quadras entre a Quinta e a Sexta Avenida. Lá as pessoas tentam encontrar ruas de que necessitam mas que não existem. Nas superquadras, as pessoas podem evitar as esplanadas e as travessas, que existem mas são inúteis.

Ressalto esse problema não apenas para criticar de novo as anomalias do planejamento urbano, mas para afirmar que ruas frequentes e quadras curtas são valiosas por propiciar uma rede de usos combinados e complexos entre os usuários do bairro. Ruas frequentes não são um fim em si mesmas. Elas são um meio para um fim. Se esse fim – gerar diversidade e catalisar os planos de muitas pessoas além dos planejadores – for limitado por um zoneamento repressivo ou por construções padronizadas que obstruam o livre desenvolvimento da diversidade, não se obterá nada de muito significativo com as quadras curtas. Como as combinações de usos principais, as ruas frequentes efetivamente ajudam a gerar diversidade *só pela maneira como atuam*. O modo como funcionam (atraindo para si misturas de usuários) e os resultados que elas proporcionam (o crescimento da diversidade) estão intimamente relacionados. A relação é recíproca.

10. A NECESSIDADE DE PRÉDIOS ANTIGOS

3ª CONDIÇÃO: *O distrito deve ter uma combinação de edifícios com idades e estados de conservação variados, e incluir boa porcentagem de prédios antigos.*

As cidades precisam tanto de prédios antigos, que talvez seja impossível obter ruas e distritos vivos sem eles. Ao falar em prédios antigos, refiro-me não aos edifícios que sejam peças de museu, nem aos prédios antigos que passaram por reforma excelentes e dispendiosas – embora esses sejam ótimos ingredientes –, mas a uma boa porção de prédios antigos simples, comuns, de baixo valor, incluindo alguns prédios antigos deteriorados.

Se uma área da cidade tiver apenas prédios novos, as empresas que venham a existir aí estarão automaticamente limitadas àquelas que podem arcar com os custos dos novos edifícios. O alto custo de ocupação dos prédios novos pode ser compensado na forma de aluguéis ou na forma de pagamento de juros e amortização pelo proprietário sobre o custo investido da construção. Seja como for, os custos precisam ser pagos. Por essa razão, as empresas que podem arcar com o custo das construções novas devem ser capazes de arcar com uma despesa fixa relativamente alta – alta em comparação com o que necessariamente se exige em prédios antigos. Para manter esses altos custos fixos, as empresas precisam ser ou (a) muito lucrativas ou (b) muito subsidiadas.

Ao olhar à sua volta, você verá que somente as atividades bem-estabelecidas, que têm giro alto e são padronizadas ou muito subsidiadas, conseguem normalmente arcar com os custos das construções novas. Redes de lojas, redes de restaurantes e bancos instalam-se em novas construções. Mas bares de bairro, restaurantes típicos e casas de penhores instalam-se em prédios antigos. Supermercados e lojas de calçados geralmente se instalam em prédios novos; boas livrarias e antiquários raramente o fazem. Teatros líricos e museus de arte subvencionados instalam-se em prédios novos. Mas os fomentadores informais das artes – estúdios, galerias, lojas de instrumentos musicais e de material artístico, salas dos fundos onde os negócios de fundo de quintal, de baixo rendimento, permitem travar uma conversa prolongada –, esses se instalam em prédios antigos. Talvez ainda mais significativo, centenas de empresas comuns, necessárias para a segurança e a vida nas ruas e nos bairros e reconhecidas por sua utilidade e pela qualidade do pessoal, conseguem sair-se muito bem em prédios antigos, mas são inexoravelmente aniquiladas pelos altos custos fixos das construções novas.

Como em qualquer tipo de ideia nova – independentemente de algumas delas, em última análise, se mostrarem mais ou menos proveitosas ou acertadas –, não há espaço para tais tentativas, e erros e acertos na economia de altos custos fixos das construções novas. Ideias antigas às vezes podem lançar mão de prédios novos. Ideias novas devem lançar mão de prédios antigos.

Até mesmo as empresas que consigam financiar novas obras nas cidades precisam de construções antigas na vizinhança. Do contrário, serão uma atração única num ambiente único, bastante limitado economicamente – e portanto com muitas limitações, do ponto de vista funcional, para se tornar movimentados, interessantes e úteis. O florescimento da diversidade em qualquer lugar da cidade pressupõe a mistura de empresas de rendimentos altos, médios e baixos.

O único mal dos prédios antigos num distrito ou numa rua é aquele que inevitavelmente não resulta *senão* da idade – um mal que existe em tudo o que é antigo e se deteriora. Mas uma área urbana em tal situação não fracassa por ser velha. Ao contrário. A área é velha por ter fracassado. Por alguma razão ou por uma série delas, suas empresas ou seus moradores são incapazes de bancar novas construções. Talvez essa área não tenha conseguido reter os moradores ou as empresas que evoluam a ponto de financiar novas construções ou reformas; assim que têm condições, eles vão embora. Essa área também não conseguiu atrair moradores novos por livre escolha; eles não veem nela atrativos ou oportunidades. E, em alguns casos, tal área pode ser tão improdutiva economicamente que as empresas capazes de obter sucesso em outros lugares e então construir ou reformar sua sede nunca o fazem aqui porque aqui não ganham dinheiro suficiente[1].

Um distrito bem-sucedido torna-se uma espécie de celeiro natural de construções. Ano após ano, alguns dos prédios antigos são substituídos por novos – ou reformados a ponto de equivaler a um novo. Portanto, com o passar do tempo, há uma mistura constante de edifícios de várias idades e de vários tipos. Trata-se, é claro, de um processo dinâmico, em que o que era novo acaba se tornando velho em meio à variedade.

Mais uma vez estamos tratando dos efeitos do tempo sobre a economia, como fizemos com os usos principais combinados. Mas, neste caso, estamos tratando da economia no tempo não hora a hora ao longo do dia, mas em termos de décadas e de gerações.

O tempo transforma os prédios de alto custo de uma geração em pechinchas na geração seguinte. O tempo salda o valor inicial do dinheiro investido, e essa depreciação pode refletir-se nos rendimentos que se esperam de um edifício. O tempo torna obsoletas certas estruturas para certos empreendimentos, e elas passam a servir a outros. O tempo pode transformar o espaço

1. Todos esses motivos têm relação com deficiências inerentes, arraigadas. Há, no entanto, outro motivo para o envelhecimento progressivo de certos distritos, o qual não tem necessariamente relação com carências inerentes. Pode ser que o distrito esteja na lista negra de todos os credores, como aconteceu com o North End de Boston. Essa condenação de um bairro a uma decadência irremediável é não só destrutiva como também comum. Mas por enquanto estamos abordando as condições que afetam a capacidade econômica natural de determinada área urbana de gerar diversidade e capacidade de permanência.

adequado para uma geração em espaço supérfluo para outra. O que é lugar-comum nas edificações de um século torna-se aberração no seguinte.

A necessidade econômica de prédios antigos misturados a novos não é uma excentricidade ligada aos vertiginosos aumentos do custo da construção desde a guerra e especialmente por toda a década de 50. Na verdade, é bastante acentuada a diferença entre os rendimentos proporcionados pela maioria das construções do pós-guerra e os das construções anteriores à Depressão. A diferença entre os custos de manutenção por metro quadrado de espaço comercial pode atingir de 100 a 200 por cento, muito embora os prédios antigos possam ser mais bem construídos do que os novos e os custos de manutenção de todos os edifícios, inclusive os antigos, tenham subido. Os prédios antigos eram um ingrediente necessário à diversidade urbana nos anos 1920 e 1890. Os prédios antigos serão ainda necessários quando os prédios novos de hoje forem velhos. Isso foi, ainda é e será válido, independentemente de os custos de construção oscilarem ou se estabilizarem, porque um prédio desvalorizado requer uma renda menor do que aquele que ainda não saldou o capital investido. O crescimento constante dos custos de construção intensifica a necessidade de prédios antigos. Talvez eles também tornem necessária uma *proporção* maior de prédios antigos em toda a diversidade que a rua ou o distrito contenham, porque os custos de construção crescentes aumentam o patamar do retorno financeiro necessário para arcar com os custos de novas construções.

Há poucos anos, dei uma palestra num congresso sobre planejamento urbano a respeito da necessidade social de diversidade comercial nas cidades. Não demorou para que aquilo que eu dissera fosse repetido por projetistas, urbanistas e estudantes em forma de lema (que eu certamente não inventei): "Devemos deixar espaço para a mercearia de esquina!"

Em princípio pensei que isso fosse uma figura de linguagem, a parte pelo todo. Mas em seguida comecei a receber pelo correio planos e esboços de empreendimentos e áreas de renovação nos quais, literalmente, se deixara aqui e acolá, a grandes intervalos, um espaço para a mercearia de esquina. Esses planos vinham com cartas que diziam: "Veja, nós levamos a sério o que você disse."

Esse recurso da mercearia de esquina representa um entendimento raso e paternalista, da diversidade urbana, talvez apropriado para uma vila do século passado, mas pouco adequado a um distrito urbano movimentado de hoje. Na verdade, merceariazinhas solitárias dão-se mal nas cidades. São invariavelmente uma marca de áreas apagadas estagnadas e não diversificadas.

Entretanto, os projetistas dessas inutilidades bem-intencionadas não estavam sendo simplesmente obstinados. Estavam fazendo provavelmente o possível em face das condições econômicas que lhes foram apresentadas. Um *shopping center* típico de subúrbio em algum lugar do projeto e essa frágil inclusão das mercearias de esquina era o máximo que se poderia esperar. Isso porque esses projetos contemplavam tanto grandes áreas de construções novas quanto novas construções combinadas com reformas amplas e predeterminadas. Os custos fixos sempre altos frustravam antecipadamente qualquer tipo de diversidade. (As perspectivas são ainda mais fracas devido a uma combinação insuficiente de usos principais e, portanto, a uma distribuição insuficiente de fregueses ao longo do dia.)

Até mesmo as mercearias isoladas, se tivessem sido construídas[2], dificilmente seriam os estabelecimentos aconchegantes imaginados pelos projetistas. Para manter despesas fixas altas, elas precisam ser (a) subsidiadas – por quem e por quê? – ou (b) convertidas em fábricas padronizadas, de alta produtividade.

Trechos extensos construídos ao mesmo tempo são por si próprios incapazes de abrigar um espectro amplo de diversidade cultural, populacional e de negócios. São incapazes até mesmo de abrigar uma diversidade comercial considerável. Isso pode ser comprovado num lugar como Stuyvesant Town, em Nova York. Em 1959, mais de uma década após a inauguração, dos trinta e dois pontos que compreendem o espaço comercial de

2. Geralmente elas são retiradas dos projetos, ou indefinidamente adiadas, no momento em que é preciso encarar a realidade econômica dos aluguéis.

Stuyvesant Town, sete estavam desocupados ou não eram usados para vendas diretas (como depósito, para anúncios na fachada e similares). Isso representava a não utilização ou a subutilização de 22 por cento dos pontos. Ao mesmo tempo, na calçada oposta das ruas limítrofes, onde se misturam construções de todas as idades e em vários estados, havia cento e quarenta pontos comerciais, dos quais onze estavam desocupados ou não eram usados para vendas diretas, representando uma não utilização ou uma subutilização de apenas 7 por cento. Na verdade, a disparidade é maior do que aparenta ser, porque as lojas vazias das ruas antigas eram na maioria pequenas e representavam em metragem menos de 7 por cento, o que não era o caso das lojas da nova área projetada. O lado do bom comércio de rua é aquele em que as idades das construções se misturam, apesar de boa parte de seus fregueses serem moradores de Stuyvesant Town e a despeito de terem de atravessar ruas largas e perigosas para chegar até lá. As grandes lojas e os supermercados reconhecem essa realidade e estão construindo novas instalações nos locais onde há mistura de prédios de idades variadas, em vez de ocupar os pontos comerciais vazios do espaço planejado.

Atualmente, as construções urbanas da mesma idade são às vezes protegidas da ameaça da concorrência comercial mais eficiente e ágil. Essa proteção – que não é nada mais, nada menos que o monopólio comercial – é considerada muito "progressista" nos círculos do planejamento urbano. O plano de revitalização do Society Hill, em Filadélfia, impedirá, com o zoneamento, que os centros comerciais da empreiteira sofram concorrência em todo o distrito. Os planejadores da cidade também arquitetaram um "plano de alimentação" para a área, o que significa dar a uma única rede de restaurantes o monopólio em todo o distrito. A comida dos outros é proibida! O distrito reurbanizado de Hyde Park-Kenwood, em Chicago, reservou para um *shopping center* típico de subúrbio o monopólio de praticamente todas as atividades comerciais, para serem exploradas pelo principal empreiteiro do plano. No enorme distrito Southwest de Washington, que está sendo reurbanizado, a principal construtora dos edifícios parece ter a intenção de eliminar a concorrência consigo mesma. Os primeiros planos desse projeto continham um *shopping center* central típico de subúrbio mais umas poucas lojas de variedades espalhadas – nosso velho conhecido, o recurso da mercearia solitária de esquina. Um analista econômico de *shopping centers* previu que essas lojas de variedades poderiam provocar uma redução de negócios no centro comercial principal, típico de subúrbio, o qual já teria de arcar com despesas fixas altas. Para não prejudicá-lo, as lojas de variedades foram retiradas do projeto. É dessa maneira que os pacotes monopolistas, repetitivos, de arremedos de cidades são impingidos como “consumo planejado”.

O planejamento monopolista pode transformar em sucesso financeiro esses empreendimentos da mesma idade naturalmente ineficientes e estagnados. Mas só com isso não consegue criar, como num passe de mágica, um equivalente da diversidade urbana. Nem consegue reproduzir, nas cidades, a eficiência própria aos prédios de idades variadas e os custos fixos naturalmente variados.

É muito relativa a idade das construções quanto à utilidade e à conveniência. Nada num distrito que tenha vitalidade parece velho a ponto de não ser escolhido por quem tem esse poder – ou a ponto de ser eventualmente substituído por algo novo. E essa utilidade do antigo não é uma questão pura e simples de excelência ou de charme arquitetônico. No Back-of-the-Yards, em Chicago, não há sequer uma casa castigada pelo tempo, sem atrativos, deteriorada, com uma estrutura supostamente ultrapassada que pareça irrecuperável a ponto de não atrair um investimento ou motivar um pedido de empréstimo – porque se trata de um bairro que os moradores não abandonam quando seu poder aquisitivo aumenta. No Greenwich Village, os prédios antigos quase nunca são desprezados pelas famílias de classe média que procuram bons preços num distrito movimentado ou pelos que procuram uma pérola para reformar. Nos distritos de sucesso, os prédios antigos estão na crista da onda.

No outro extremo, em Miami Beach, onde o que reina é a novidade, hotéis com dez anos são considerados velhos e são rejeitados porque há outros mais novos. A novidade, com seu verniz superficial de bem-estar, é um bem muito perecível.

Muitos moradores e empresas das cidades não têm necessidade de obras novas. O prédio em que este livro está sendo escrito é ocupado também por uma academia de ginástica, uma empresa de decoradores de igrejas, um diretório recém-fundado para reformas no Partido Democrata, um diretório do Partido Liberal, um conservatório de música, uma associação de acordeonistas, um importador aposentado que vende erva-mate pelo correio, um homem que vende jornais e também cuida do despacho da erva-mate, um laboratório de protético, um estúdio de aulas de aquarela e um artesão que faz bijuteria. Entre os inquilinos que moravam aqui e se mudaram pouco antes de eu vir para cá, havia um homem que alugava fraques, uma sede de sindicato e um grupo de dança haitiano. Não há lugar para gente do nosso tipo nas novas construções. E a última coisa que queremos são novas construções[3]. O que nós queremos, e muitos outros querem, são construções antigas, num bairro cheio de vida, que alguns de nós podem tornar ainda mais cheio de vida.

E a construção de novas residências nas cidades também não é um bem inquestionável. Há muitas desvantagens na construção de novas residências nas cidades; e o valor dado a várias das vantagens ou as privações resultantes de certas desvantagens têm pesos diferentes para pessoas diferentes. Por exemplo, algumas pessoas preferem ter mais espaço na moradia pela mesma quantia (ou o mesmo espaço por uma quantia menor) a ter uma copa feita para pigmeus. Algumas pessoas gostam de paredes à prova de som. Essa é uma vantagem que elas têm em muitos prédios antigos, mas não nos novos apartamentos, sejam de conjuntos habitacionais públicos, a 14 dólares mensais por cômodo, sejam de condomínios de luxo, a 95 dólares mensais por cômodo[4]. Al-

3. Não, a *última* coisa que queremos é um julgamento paternalista sobre sermos suficientemente bem-comportados para que nos aceitem nos apartamentos subsidiados de uma cidade imaginária e utópica.

4. "Querido, tem certeza que o fogão é um dos 51 motivos incríveis para morarmos no Washington Square Village?", pergunta a mulher numa charge divulgada por moradores que protestavam contra um novo empreendimento imobiliário de Nova York. "Fale mais alto, benzinho", responde o marido. "O vizinho estava puxando a descarga."

gumas pessoas preferem pôr mãos à obra ou pagar a alguém para melhorar suas condições de vida, ou escolher as melhorias que mais lhes agradam, a serem obrigadas a aceitar reformas indiscriminadas – e todas elas têm seu preço. Nos cortiços em que se fazem benfeitorias espontaneamente, nos quais os moradores permanecem porque querem, é fácil saber da existência de várias pessoas comuns que ouviram falar de recursos de cor, iluminação e mobiliário e transformam ambientes sombrios e carregados em espaços agradáveis e úteis, ouviram falar de ar-condicionado no quarto e de ventiladores elétricos, aprenderam como retirar divisórias e até aprenderam como transformar dois apartamentos pequenos num maior. As combinações de prédios antigos, e as consequentes combinações de custos de vida e de gostos, são essenciais para obter diversidade e estabilidade nas áreas residenciais, assim como a diversidade de empresas.

Uma das coisas mais admiráveis e agradáveis que podem ser vistas ao longo das calçadas das grandes cidades são as engenhosas adaptações de velhos espaços para novos usos. A sala de estar do casarão que se transforma em sala de exposições do artesão, o estábulo que se transforma em casa, o porão que se transforma em associação de imigrantes, a garagem ou a cervejaria que se transformam em teatro, o salão de beleza que se transforma em primeiro andar de um dúplex, o armazém que se transforma em fábrica de comida chinesa, a escola de dança que se transforma em gráfica, a sapataria que se transforma em igreja com vidraças pintadas com esmero (os vitrais dos pobres), o açougue que se transforma em restaurante – são desse tipo as pequenas transformações que estão sempre ocorrendo nos distritos em que há vitalidade e que atendem às necessidades humanas.

Analisem esta história de um espaço improdutivo que recentemente foi convertido pela Associação Artes em Louisville em teatro, sala de música, galeria de arte, biblioteca, bar e restaurante. Ao longo dos anos, esse espaço foi um clube atlético elegante, tornou-se escola, depois estábulo de uma companhia de laticínios, depois escola de equitação, e daí escola de etiqueta e escola de dança, outro clube atlético, o estúdio de um artista, escola de novo, oficina de ferreiro, uma fábrica, um armazém e hoje é uma oficina de artes de sucesso. Quem poderia ter previsto ou fomentado uma sucessão de planos e projetos desse tipo? Só um maluco diria que sim; só um sujeito arrogante tentaria fazê-lo.

Essas transformações e conversões incessantes em prédios urbanos antigos só com muito esforço podem ser chamadas de paliativas. É mais como se uma matéria-prima tivesse sido encontrada no lugar certo. Ganhou um uso que de outra maneira nem teria surgido.

O que é paliativo e lamentável é encarar a diversidade urbana como proibida. Fora do vasto conjunto residencial de renda média de Parkchester no Bronx, onde o comércio padronizado, repetitivo (com seu quinhão de estabelecimentos vazios), está protegido da concorrência não autorizada e das diversificações dentro do conjunto, pode-se ver aquela profusão de proscritos que é mantida pelos moradores do Parkchester. Do outro lado de uma das esquinas do conjunto, horrendamente aglomeradas num trecho de asfalto esburacado deixado por um gasômetro, há outras coisas de que a população do condomínio aparentemente necessita: empréstimos rápidos, instrumentos musicais, troca de câmaras fotográficas, restaurante chinês, pontas de estoque de roupas. Quantas necessidades não são atendidas? As necessidades viram discussão acadêmica quando um conjunto de construções de várias épocas é substituído pelo *rigor mortis* econômico dos prédios de uma única época, com sua ineficiência natural e a consequente necessidade de formas de "protecionismo".

As cidades precisam de mesclas de prédios antigos para cultivar as misturas de diversidade principal, assim como aquelas de diversidade derivada. Elas precisam especificamente dos prédios antigos para incubar uma nova diversidade principal.

Se a incubação tiver êxito, o rendimento proporcionado pelos prédios pode aumentar, e isso costuma acontecer. Grady Clay afirma que isso já pode ser constatado, por exemplo, no mercado de sapatos de Louisville. "Os aluguéis eram muito baixos quando o mercado começou a atrair compradores", diz ele. "Eram de 25 a 50 dólares mensais por uma loja de setenta metros quadrados. Já subiram para 75 dólares." Muitas das empresas urbanas que se tornam lucrativas começam pequenas e com poucos recursos e chegam a arcar com os custos de reformas ou de uma nova construção. Mas essa evolução não ocorreria se não tivesse havido, em primeiro lugar, aquele espaço de baixa rentabilidade.

As áreas que necessitam cultivar combinações de diversidade principal mais elaboradas precisam depender dos prédios antigos, principalmente no início de tentativas deliberadas de catalisar a diversidade. Por exemplo, se o Brooklyn, em Nova York, quiser cultivar a quantidade de diversidade e o grau de atratividade e vivacidade de que necessita, deve aproveitar ao máximo as vantagens econômicas das combinações de moradia e trabalho. Sem essas combinações de uso principais, numa proporção significativa e efetiva, é difícil o Brooklyn dar vazão a seu potencial de diversidade derivada.

O Brooklyn não consegue concorrer com os subúrbios na captura de fábricas grandes e prósperas que estejam procurando um local para se instalar. Pelo menos, não no momento, ainda mais se tentar vencer os subúrbios no jogo *deles*, com as regras deles. O Brooklyn tem trunfos diferentes. Se o objetivo é tirar o máximo proveito econômico das combinações principais de moradia e trabalho, deve apoiar-se principalmente na gestação de novos locais de trabalho e depois incubá-los pelo tempo que for possível. Quando os tiver, deve combiná-los a uma concentração suficientemente alta de moradores, e em quadras curtas, para aproveitar sua presença ao máximo. Quanto maior for esse aproveitamento, tanto maior será sua segurança em manter esses usos de trabalho.

Porém, o Brooklyn precisa de prédios antigos para gestar esses usos de trabalho – precisa deles exatamente para a atribuição que eles têm lá. O Brooklyn é um incubador e tanto. Todo ano, as fábricas mais saem do Brooklyn para outros lugares do que vão de outros lugares para lá. Ainda assim, o número de fábricas do Brooklyn tem crescido constantemente. Uma tese elaborada por três alunos do Instituto Pratt do Brooklyn[5] esclarece bem esse paradoxo:

5. Stuart Cohen, Stanley Koogan e Frank Marcellino.

O segredo é que o Brooklyn é um incubador de trabalho. Pequenos negócios surgem aí constantemente. Pode ser que alguns metalúrgicos se cansem de trabalhar para um patrão e abram um negócio próprio nos fundos de uma garagem. Obtêm exito e crescem; logo a empresa está grande demais para a garagem, e eles se mudam para um galpão alugado; depois, compram um prédio. Quando a empresa fica grande demais para o prédio e eles precisam construir um prédio próprio, é bem provável que se mudem para o Queens, ou para Nassau ou Nova Jersey. Durante esse período, porém, vinte, cinquenta ou cem pessoas como eles terão iniciado algum negócio.

Por que eles se mudam quando precisam construir? Por um lado, o Brooklyn oferece muito poucas atrações além daquilo que, para as empresas, são necessidades básicas – prédios antigos e proximidade de uma ampla variedade de pessoas qualificadas e de produtos de que uma empresa pequena precisa. Por outro lado, houve pouco ou nenhum empenho em atender às necessidades do trabalho – por exemplo, grandes somas são despendidas em vias expressas abarrotadas de automóveis particulares que são despejados na cidade ou saem dela; não se pensa nem se investe da mesma maneira em vias expressas para caminhões que sirvam aos fabricantes que utilizam os prédios antigos, as docas e as ferrovias da cidade[6].

O Brooklyn, como a maioria das nossas áreas urbanas decadentes, tem mais prédios antigos do que necessita. Em outras palavras, muitos de seus bairros careceram, por muito tempo, de um incremento gradual de construções novas. Ainda assim, se se espera que o Brooklyn progrida a partir de seu patrimônio e de suas vantagens – que é a única maneira de desenvolver uma ci-

6. O custo do solo, hoje tido invariavelmente como um grande obstáculo para que as empresas em expansão construam na cidade, tem caído constantemente em relação aos custos de construção e a praticamente todos os outros custos. Quando, por exemplo, a Time, Inc. decidiu construir num terreno muito caro perto da zona central de Manhattan, e não em outro muito mais barato na orla da ilha, ela o fez por uma série de motivos, entre os quais estava o custo das corridas de táxis utilizados pelos funcionários a trabalho naquele ponto, o qual, num ano, seria maior que a diferença em despesas territoriais! Stephen G. Thompson, da *Architectural Forum*, fez a afirmação (nunca publicada) de que os subsídios para renovações urbanas frequentemente tornavam o preço do metro quadrado na cidade mais baixo que o do carpete dos prédios. Para justificar um preço da terra mais alto que o do carpete, uma cidade precisa ser *cidade*, não uma máquina ou um deserto.

dade com êxito –, muitos desses prédios antigos, bem distribuídos, serão essenciais nesse processo. Haverá desenvolvimento se forem dadas as condições para gerar a diversidade que lhe falta, não com a demolição de vastas áreas de prédios antigos.

Podemos ver à nossa volta muitos exemplos de bairros decadentes construídos na mesma época, que datam de antes da construção de empreendimentos residenciais planejados. Esses bairros geralmente eram, no princípio, áreas elegantes; outras vezes começaram como bairros exclusivos de classe média. Todas as cidades possuem bairros desse tipo, fisicamente homogêneos.

Geralmente esses mesmos bairros sofreram toda sorte de empecilhos no que diz respeito à geração de diversidade. Não se pode atribuir sua vida curta e sua estagnação inteiramente à sua infelicidade mais óbvia: a de terem sido construídos ao mesmo tempo. Não obstante, essa é uma das deficiências de tais bairros, cujos efeitos podem, infelizmente, persistir por muito tempo depois de terem envelhecido.

Quando novo, um bairro desses não oferece nenhuma oportunidade econômica para a diversidade urbana. As privações reais provocadas pela monotonia, devido àquela e a outras causas, marcam o bairro logo de início. Ele se torna um lugar para não morar. No momento em que as edificações ficam velhas, sua única característica proveitosa para a cidade é o preço baixo, o que por si só não é suficiente.

Em regra, os bairros construídos ao mesmo tempo mudam pouco fisicamente com o passar dos anos. A pequena modificação física que ocorre é para pior – deterioração gradativa, uns poucos usos novos, esparsos e pobres, aqui e acolá. As pessoas percebem essas poucas diferenças esparsas e as encaram como evidência, e talvez causa, de uma mudança drástica. Combate à Praga! Elas lamentam que o bairro tenha mudado. Ainda assim, é fato que fisicamente ele mudou muito pouco. O que realmente mudou foi o apreço das pessoas por ele. O bairro demonstra uma incapacidade surpreendente de atualizar-se, animar-se, renovar-se ou de ser intencionalmente procurado por uma nova geração. Ele está morto. Na verdade, nasceu morto, mas ninguém tinha se dado conta disso até o cadáver cheirar mal.

Por fim, depois de terem fracassado os pedidos para arrumá-lo e combater a praga, vem a decisão de pôr tudo abaixo e começar um novo ciclo. Talvez alguns dos prédios antigos sejam preservados se puderem ser "renovados" para se igualarem economicamente aos novos. Projeta-se um novo cadáver. Ainda não cheira mal, mas mesmo assim está morto, igualmente incapacitado para os ajustes, as adaptações e as transformações constantes que constituem as etapas da vida.

Não há razão para repetir esse ciclo melancólico e fadado ao fracasso. Se uma análise desse tipo de área for feita para averiguar qual ou quais das outras três condições estão faltando e então corrigi-las da melhor maneira possível, alguns dos prédios antigos deverão desaparecer: será necessário rasgar mais ruas, aumentar a concentração de pessoas, dar mais espaço para os usos principais, públicos e privados. Mas deve-se manter uma boa combinação de prédios antigos e, ao serem mantidos, eles se terão tornado mais do que o mero testemunho da decadência do passado ou uma evidência do fracasso. Eles se terão tornado abrigo necessário – e valioso para o bairro – para vários tipos de diversidade de retorno médio, baixo e nulo. Nas cidades, o valor econômico dos prédios novos é substituível. É substituível despendendo mais dinheiro da construção civil. Já o valor econômico dos prédios antigos é totalmente insubstituível. Ele é criado pelo tempo. Esse pré-requisito econômico da diversidade os bairros ativos só podem herdar e depois manter ao longo dos anos.

11. A NECESSIDADE DE CONCENTRAÇÃO

4.ª CONDIÇÃO: *O distrito precisa ter uma concentração suficientemente alta de pessoas, sejam quais forem seus propósitos. Isso inclui pessoas cujo propósito é morar lá.*

Durante séculos, provavelmente todos aqueles que pensaram a respeito das cidades perceberam que parece haver relação entre a concentração de pessoas e as especialidades que elas conseguem manter. Samuel Johnson, um deles, fez comentários sobre essa relação já em 1785. "Os homens, quando muito dispersos, se arranjam", disse ele a Boswell, "mas se arranjam mal, sem várias coisas (...). É a concentração que propicia o conforto material."

Os analistas estão sempre redescobrindo essa relação em outras épocas e em outros lugares. Assim, em 1959, John H. Denton, professor de comércio na Universidade do Arizona, depois de estudar os subúrbios norte-americanos e as "cidades novas" britânicas, chegou à conclusão de que tais localidades devem contar com acesso fácil às cidades para salvaguardar suas oportunidades culturais. "Ele fundamentou suas descobertas", noticiou o *New York Times*, "na falta de densidade populacional suficiente para manter as instalações culturais. O Sr. Denton (...) afirmou que a descentralização produziu uma dispersão tão acentuada da população que a única demanda econômica efetiva que poderia existir nos subúrbios era a da maioria. Os únicos bens e atividades culturais existentes serão os que a maioria exigir, declarou ele", e assim por diante.

Tanto Johnson quanto o professor Denton referiam-se aos efeitos econômicos de um grande número de pessoas, mas não um número de pessoas acrescentado indefinidamente a uma população bastante dispersa. Eles afirmavam que o fato de as pessoas viverem em baixa ou alta concentração parecia ser muito importante. Estavam comparando os efeitos do que nós chamamos de alta e baixa densidade.

Essa relação entre concentração – ou alta densidade – e conforto material e outros tipos de diversidade é geralmente reconhecida quando se refere aos centros urbanos. Todos sabem que uma quantidade imensa de pessoas concentra-se nos centros das cidades e que, se não houvesse tal concentração, não haveria centro urbano que se prezasse – certamente não com a diversidade típica dos centros.

Porém essa relação entre concentração populacional e diversidade de usos quase não é levada em conta quando se refere aos bairros cujo uso principal é o residencial. Apesar disso, as moradias formam a grande parte da maioria dos distritos urbanos. As pessoas que habitam o distrito também constituem em geral uma grande porcentagem das pessoas que utilizam as ruas, os parques e os estabelecimentos locais. Sem o auxílio da concentração de pessoas que aí moram, só podem existir pouca infraestrutura ou pouca diversidade de usos nos lugares habitados e onde elas são mais necessárias.

Sem dúvida, as moradias de um distrito (como qualquer outro uso do solo) precisam ser complementadas por outros usos principais, de modo que haja uma boa distribuição de pessoas nas ruas em todas as horas do dia, pelas razões econômicas explicadas no Capítulo 8. Esses outros usos (trabalho, diversão ou o que seja) devem promover um uso intenso do solo urbano a fim de contribuir efetivamente para a concentração populacional. Se eles simplesmente ocuparem um espaço físico e envolverem poucas pessoas, contribuirão muito pouco ou nada para a diversidade ou a vitalidade. Acho absolutamente desnecessário insistir nesse ponto.

Esse mesmo aspecto, porém, tem importância idêntica no tocante às moradias. As moradias precisam também usar intensamente o solo urbano, por motivos que vão muito além do custo da terra. Por outro lado, isso não quer dizer que todo o mundo precise ou deva ser colocado em apartamentos com elevador para viver – ou em qualquer uma das modalidades de habitação. Esse tipo de solução aniquila a diversidade ao impedi-la de outra maneira.

As densidades habitacionais são tão importantes para a maioria dos distritos urbanos e seu desenvolvimento futuro e tão raramente consideradas como fator de vitalidade que dedicarei este capítulo a esse aspecto da concentração urbana.

As altas densidades habitacionais são malvistas no urbanismo ortodoxo e na teoria do planejamento habitacional. Acredita-se que elas levam a toda espécie de dificuldade e ao insucesso.

Todavia, pelo menos nas nossas cidades, essa suposta correlação entre altas densidades e problemas, ou altas densidades e cortiços, é no mínimo incorreta, como pode constatar qualquer pessoa que se preocupe em observar as cidades reais. Eis alguns exemplos:

Em São Francisco, o distrito com mais alta densidade habitacional – e também mais alta cobertura de área residencial com prédios – é North Beach-Telegraph Hill. É um distrito atraente, que promoveu espontânea e persistentemente a recuperação dos cortiços nos anos posteriores à Depressão e à Segunda Guerra Mundial. Por outro lado, o principal problema de cortiços de São Francisco ocorre num distrito chamado Western Addition, lugar que decaiu vertiginosamente e hoje sofre demolições extensas. O Western Addition (que era uma boa localidade quando novo) tem densidade habitacional consideravelmente mais baixa que a de North Beach-Telegraph Hill e mais baixa que a do ainda elegante Russian Hill e a do Nob Hill.

Em Filadélfia, Rittenhouse Square é o único distrito que tem melhorado espontaneamente e ampliado seus limites, e é a única porção da área urbana central que não foi designada nem para renovação nem para demolição. Possui a mais alta densidade habitacional de Filadélfia. Os cortiços da Zona Norte de Filadélfia apresentam hoje alguns dos mais graves problemas sociais da cidade. Sua densidade habitacional atinge a média máxima de metade da densidade de Rittenhouse Square.

No Brooklyn, em Nova York, o bairro geralmente mais admirado, mais atraente e remodelado é Brooklyn Heights; tem a mais alta densidade habitacional do Brooklyn. Há extensas áreas apagadas fracassadas ou decadentes do Brooklyn que têm densidade que corresponde à metade ou menos da densidade de Brooklyn Heights.

Em Manhattan, os bolsões valorizados da parte central do East Side e do Greenwich Village têm densidades habitacionais na mesma faixa que as do coração de Brooklyn Heights. Mas pode-se notar lá uma diferença interessante. Em Manhattan, esses bolsões valorizados são circundados por áreas muito populares, caracterizadas por elevado grau de vitalidade e diversidade. Nessas áreas populares, as densidades habitacionais são ainda mais altas. Em Brooklyn Heights, por outro lado, o polo valorizado é rodeado por vizinhanças em que a densidade habitacional diminui, e a vitalidade e a popularidade, também.

Em Boston, como mencionei na introdução deste livro, o North End promoveu a recuperação de seus cortiços e é uma das áreas mais sadias da cidade. Tem de longe a mais alta densidade residencial de Boston. O distrito de Roxbury, que decaiu durante uma geração, tem densidade habitacional de cerca de um nono da do North End[1].

1. Aqui estão os dados de densidade desses exemplos. Correspondem ao número de moradias por acre [*por mil metros quadrados*] de área residencial. Quando há dois números, eles representam a faixa em que se encontra a média ou as médias do local citado (que é como esses dados costumam ser tabulados ou mapeados). Em São Francisco: North Beach-Telegraph Hill, 80-140 [*19,76-34,59*], quase a mesma que a de Russian Hill e de Nob Hill, mas os edifícios cobrem a maior parte da área residencial em North Beach-Telegraph Hill; o Western Addition, 55-60 [*13,59-14,82*]. Em Filadélfia: Rittenhouse Square, 80-100 [*19,76-24,71*]; cortiços da Zona Norte de Filadélfia, cerca de 40 [*9,88*]; vizinhanças em dificuldade com casas geminadas, normalmente 30-45 [*7,41-11,12*]. No Brooklyn: Brooklyn Heights, 125-174 [*30,88-42,99*] no centro e 75-124 [*18,53-30,64*] na maior parte do restante; mais para fora, caem para 45-74 [*11,12-18,28*]; como exemplos de áreas do Brooklyn em declínio ou em dificuldade, Bedford-Stuyvesant, cerca de metade com 75-124 [*18,53-30,64*] e metade com 45-74 [*11,12-18,28*]; Red Hook, em maioria 45-74 [*11,12-18,28*]; alguns pontos do Brooklyn chegam a cair para 15-

Os cortiços superlotados da literatura sobre planejamento urbano são áreas fervilhantes, que têm alta densidade habitacional. Os cortiços superlotados da realidade norte-americana são, cada vez mais tipicamente, áreas monótonas, que têm baixa densidade habitacional. Em Oakland, Califórnia, o maior problema de cortiços é uma área de cerca de duzentas quadras de casas separadas, habitadas por uma ou duas famílias, cuja densidade não é suficiente nem para caracterizar-se como uma densidade urbana real. O maior problema de cortiços em Cleveland são 2,5 quilômetros quadrados de mesmice. Detroit é principalmente composta, hoje em dia, de áreas aparentemente intermináveis, fracassadas por causa da baixa densidade. O East Bronx de Nova York, que pode ser considerado símbolo dos cinturões apagados e monótonos que se tornaram um pesadelo para as cidades, apresenta densidades baixas para Nova York; na maioria do East Bronx, as densidades estão bem abaixo da média total da cidade. (A densidade habitacional média em Nova York é de 55 unidades por acre [*13,59 em mil metros quadrados*].)

Contudo, não se pode concluir a partir disso que todas as áreas urbanas de alta densidade habitacional se saiam bem. Nem todas, e achar que essa é a resposta seria de um simplismo escandaloso.

-24 [*3,70-5,93*]. Em Manhattan: no bolsão mais valorizado da parte central do East Side, 125-174 [*30,88-42,99*], subindo em Yorkville para 175-254 [*43,24-62,76*]; Greenwich Village, no bolsão mais valorizado, 124-174 [*30,64-42,99*], subindo para 175-254 [*43,24-62,76*] na maior parte do restante, ultrapassando 255 [*63,01*] no bolsão que abriga uma comunidade italiana estável, antiga e sem cortiços. Em Boston, North End, 275 [*67,95*]; Roxbury, 21-40 [*5,19-9,88*].

Com relação a Boston e Nova York, esses dados provêm de coletas e tabulações do Departamento de Habitação; com relação a São Francisco e Filadélfia, são estimativas de membros da equipe de planejamento e desenvolvimento urbano.

Embora muitas cidades tenham uma fixação pela análise minuciosa da densidade no planejamento de obras, surpreendentemente poucas têm dados confiáveis sobre densidades quando não se trata de projetos de obras. (Um diretor de planejamento disse-me que ele não via razão para analisá-las a não ser para indicar a dimensão do problema da transferência de moradores se elas baixassem!) Não tenho conhecimento de uma única cidade que tenha estudado exatamente que variações de densidade localizadas, prédio por prédio, compõem as médias de densidade dos bairros bem-sucedidos e atraentes. "É difícil fazer generalizações com distritos como esse", lamentou-se um diretor de planejamento quando perguntei a ele sobre variações de densidade específicas, em pequena escala, num dos distritos mais prósperos da cidade. É difícil, ou impossível, generalizar sobre tais distritos precisamente porque são constituídos de agrupamentos muito pouco "generalizados" ou padronizados. Exatamente essa inconstância e essa diversidade de componentes são fatos dos mais importantes e mais menosprezados sobre as densidades médias em distritos bem-sucedidos.

Por exemplo, o Chelsea, a maior parte da zona superior bastante debilitada do West Side e a maior parte do Harlem, todos em Manhattan, têm densidades habitacionais nas mesmas faixas altas das do Greenwich Village, de Yorkville e da faixa central do East Side. A outrora ultrachique Riverside Drive, hoje atolada em problemas, tem densidades habitacionais ainda mais altas.

Não conseguiremos entender os efeitos das densidades altas e baixas se encararmos a relação entre concentração de pessoas e produção de diversidade como uma questão pura e simplesmente matemática. Os resultados dessa relação (de que o Dr. Johnson e o professor Denton falam de maneira nua e crua) são muito influenciados também por outros fatores; três deles encontram-se nos três capítulos anteriores.

A não concentração de moradores, por maior que seja, é "suficiente" se a diversidade de usos é suprimida ou impedida por outras insuficiências. Como exemplo extremo, a não concentração de moradias, embora grande, é "suficiente" para gerar diversidade em conjuntos residenciais padronizados, porque a diversidade já foi, de todo modo, padronizada. E quase os mesmos efeitos, por motivos diferentes, podem ocorrer em bairros espontâneos onde os prédios sejam muito padronizados ou as quadras longas demais ou não haja combinações de usos principais que não o residencial.

No entanto, continua sendo verdade que grandes concentrações de pessoas são *uma* das condições necessárias para o florescimento da diversidade urbana. E isso quer dizer que nos distritos onde as pessoas moram, deve haver alta concentração de moradias no solo a elas destinado. Os outros fatores que influenciam a quantidade de diversidade gerada e os locais onde ela é gerada não terão muito que influenciar se não houver pessoas em número suficiente.

Uma das razões pelas quais baixas densidades urbanas são bem-vistas, embora desmentida pelos fatos, e por que altas densidades urbanas são malvistas, igualmente desmentida, é que sempre se confundem altas densidades habitacionais com superlotação de moradias. Altas densidades habitacionais significam grande quantidade de moradias por acre. Superlotação significa muitas pessoas numa moradia em relação ao número de cômodos que ela possui. A definição de superlotação dada pelo censo é de 1,5 pessoa por cômodo ou mais. Isso não tem relação alguma com o número de moradias na área, assim como as altas densidades não têm de fato relação alguma com superlotação.

Essa confusão entre altas densidades e superlotação, que abordarei rapidamente porque interfere muito no entendimento da função das densidades, é outro equívoco que herdamos do urbanismo da Cidade-Jardim. Os planejadores da Cidade-Jardim e seus discípulos atentaram para áreas de cortiços que tinham não só muitas unidades residenciais no terreno (altas densidades habitacionais) como também muitas pessoas dentro de cada moradia (superlotação), e deixaram de fazer qualquer distinção entre a ocorrência de cômodos superlotados e a ocorrência inteiramente diversa de área densamente construída. Em todo caso, eles detestavam ambos da mesma maneira e faziam deles um par como queijo e goiabada, de modo que até hoje os construtores e os urbanistas pronunciam a frase como se fosse uma só palavra, "altadensidadeessuperlotação".

Para aumentar ainda mais a confusão, apareceu uma monstruosidade estatística muito utilizada pelos responsáveis pela reurbanização para favorecer suas cruzadas em prol dos conjuntos habitacionais – uma cifra pura com números de pessoas por acre. Essas cifras perigosas nunca revelam o número de moradias ou de cômodos por acre e, se a estimativa referir-se a uma área bastante problemática – e invariavelmente se trata disso –, a conclusão clamorosa é que deve haver alguma coisa abominável, indicada por ela, nessas concentrações tão altas de pessoas. O fato de quatro pessoas usarem um mesmo quarto, ou de que as pessoas podem ser uma manifestação da miséria sob várias faces, pode ser tudo, menos irrelevante. Acontece que o North End de Boston, com 963 habitantes por acre de área residencial [*238 habitantes por mil metros quadrados*], tem uma taxa de mortalidade (dados de 1956) de 8,8 por mil habitantes e taxa de óbitos por tuberculose de 0,6 por 10 mil. Ao mesmo tempo, o South End de Boston tem 361 habitantes por acre de área residencial [*89 habitantes por mil metros quadrados*], taxa de mortalidade de 21,6 por mil habitantes e taxa de óbitos por tuberculose de 12 por 10 mil. Seria ridículo concluir que esses sinais de que há algo muito errado no South End devem-se à existência de 361 habitantes por acre de área residencial em lugar de perto de mil. A verdade é mais complexa. Porém, é igualmente ridículo considerar o caso de uma população miserável com mil pessoas por acre de área residencial e concluir que esse índice é, consequentemente, ruim.

É característico dessa confusão entre altas densidades habitacionais e superlotação que um dos grandes planejadores da Cidade-Jardim, Sir Raymond Unwin, tenha denominado de *Nada se ganha com superlotação* um panfleto que não tinha relação alguma com superlotação, mas sim com a disposição de superquadras com baixa densidade residencial. Nos anos 30, a superlotação de moradias com pessoas e a pretensa "superlotação" do solo com edificações (i.e., densidades habitacionais urbanas e taxas de ocupação do solo) foram aceitas como tendo significados e efeitos praticamente idênticos, na medida em que nem se pensava numa diferenciação. Quando analistas como Lewis Mumford e Catherine Bauer não puderam deixar de perceber que certas áreas urbanas muito bem-sucedidas tinham altas densidades habitacionais e alta taxa de ocupação do solo, mas não muitas pessoas por moradia ou por cômodo, eles se apegaram à desculpa (Mumford ainda se atém a ela) de que os felizardos que vivem confortavelmente nesses locais populares vivem em cortiços, mas são muito insensíveis para perceber ou sentir isso.

Superlotação de moradias e altas densidades habitacionais existem de forma independente uma da outra. O North End e o Greenwich Village e a Rittenhouse Square e Brooklyn Heights têm altas densidades em suas cidades, mas, com poucas exceções, suas moradias não são superlotadas. O South End e a Zona Norte de Filadélfia e Bedford-Stuyvesant têm densidades habitacionais muito mais baixas, mas suas moradias são invariavelmente superlotadas, com muitas pessoas por domicílio. Atualmente, é bem mais provável que encontremos uma superlotação maior sob baixas densidades do que sob altas densidades.

E também a erradicação de cortiços, da forma como é executada em nossas cidades, geralmente nada tem que ver com a solução do problema da superlotação. Ao contrário, a erradicação e a reforma de cortiços normalmente aumentam o problema. Quando os prédios antigos são substituídos por novos conjuntos habitacionais, as densidades habitacionais quase sempre ficam abaixo do que eram, de modo que há menos moradias no distrito do que anteriormente. Ainda que as mesmas densidades habitacionais se repitam ou aumentem levemente, menos pessoas são assentadas do que despejadas, porque as pessoas que foram transferidas em geral viviam em condições de superlotação. O resultado é que a superlotação vai aumentar em algum lugar, principalmente se as pessoas despejadas forem negras, que não têm muita opção de moradia. Todas as cidades têm leis contra a superlotação em seus códigos, mas elas não podem ser aplicadas quando os próprios planos municipais de reurbanização forçam a superlotação em outros lugares.

Em tese, seria possível supor que as altas concentrações populacionais necessárias para ajudar a gerar diversidade nos bairros possam existir tanto sob densidade habitacional suficientemente alta quanto sob densidade mais baixa de moradias superlotadas. O número de pessoas em determinada área poderia ser o mesmo nessas duas situações, embora, na prática, os resultados sejam diferentes. No caso de um número adequado de pessoas num número adequado de moradias, a geração de diversidade é possível, e as pessoas podem apegar-se à mistura de coisas peculiar à sua vizinhança, sem que uma força destrutiva interna – superlotação de moradias, com muitas pessoas por cômodo – entre necessariamente em conflito com ela. A diversidade e a atração que exerce ocorrem junto com condições de vida adequadas quando há moradias suficientes para um número apropriado de pessoas, e, assim, mais pessoas que melhorem de condição tenderão a permanecer.

A superlotação de moradias ou de cômodos, em nosso país, é quase sempre uma manifestação de pobreza ou de discriminação e uma (mas apenas uma) das muitas dificuldades revoltantes e desalentadoras de ser muito pobre ou vítima da segregação residencial, ou ambos. Na verdade, a superlotação sob baixas densidades pode ser ainda mais deprimente e destrutiva do que a superlotação sob altas densidades, porque sob baixas densidades há menos vida pública funcionando como diversão e escape e também como meio de luta política contra injustiças e negligências.

Ninguém gosta de superlotação, e aqueles que precisam suportá-la detestam-na ainda mais. Ninguém vive em locais superlotados porque quer. Mas as pessoas geralmente vivem em bairros de alta densidade habitacionais porque querem. Bairros com superlotação, com baixa ou alta densidade habitacional, são geralmente bairros que não progrediram quando eram habitados em condições normais por pessoas com poder de escolha. Essas pessoas o deixaram. Os bairros que com o tempo resolveram o problema da superlotação ou mantiveram sua redução por várias gerações costumam ser aqueles que têm progredido e tanto mantêm quanto atraem a fidelidade de pessoas com poder de escolha. Os vastos cinturões apagados de densidade relativamente baixa que circundam nossas cidades, decaindo e sendo abandonados, ou decaindo e superpovoando-se, são indícios significativos de um fracasso típico da *baixa* densidade nas metrópoles.

Quais densidades habitacionais urbanas seriam adequadas?

A resposta é parecida com a que Lincoln deu à pergunta: "Qual deve ser o comprimento das pernas de um homem?" Suficiente para alcançar o chão, respondeu Lincoln.

Da mesma maneira, densidades habitacionais urbanas adequadas são uma questão de funcionalidade. Não podem ser baseadas em abstrações sobre a extensão da área que idealmente deveria ser reservada para tantas e tantas pessoas (vivendo numa sociedade submissa imaginária).

As densidades são muito baixas, ou muito altas, quando impedem a diversidade urbana, em vez de a promover. Essa falta de funcionalidade é *a razão* de serem muito baixas ou muito altas. Deveríamos encarar as densidades da mesma maneira que encaramos as calorias e as vitaminas. As doses corretas são corretas por causa da eficácia delas. E o que é correto muda de acordo com as circunstâncias.

Comecemos pela parte de baixo da escala de densidades habitacionais, para entender, de modo geral, por que uma densidade que funciona bem num lugar é ruim em outro.

Densidades habitacionais muito baixas – seis moradias ou menos por acre [*1,5 moradia por mil metros quadrados*] – podem ser boas para subúrbios. Os lotes sob tais densidades têm em média, digamos, 21 por 30 metros ou mais. Algumas densidades habitacionais nos subúrbios são mais altas, é claro; os lotes, em relação a dez moradias por acre [*2,47 moradias por mil metros quadrados*], ficam em média pouco abaixo de, digamos, 15 por 27 metros, o que é muito pouco para uma moradia suburbana, mas, com um planejamento engenhoso do local, um bom projeto e uma localização tipicamente de subúrbio, pode render um núcleo suburbano ou uma cópia razoável.

Entre dez e vinte moradias por acre [*2,47 e 4,94 moradias por mil metros quadrados*] temos uma espécie de semissubúrbio[2], constituído tanto de casas separadas ou com duas famílias em lotes minúsculos quanto de casas geminadas de tamanho generoso com pátios ou áreas verdes relativamente generosos. Tais projetos, embora costumem ser monótonos, podem ser viáveis e confiáveis se ficarem longe da vida urbana; por exemplo, se se situarem perto da periferia das cidades grandes. Eles não gerarão vitalidade e vida pública urbanas – sua população é muito escassa – nem ajudarão a manter a segurança nas calçadas. Mas talvez nem haja necessidade disso.

Contudo, esse tipo de densidade habitacional ao redor da cidade é uma opção ruim a longo prazo, fadada a transformar-se numa área apagada. À medida que a cidade se expande, desaparece o caráter que torna esses semissubúrbios razoavelmente atraentes e funcionais. À medida que forem engolidos e ficarem incrustados na cidade, perderão, sem dúvida, sua antiga identidade geográfica com subúrbios verdadeiros ou com a área rural. Porém, mais que isso, perderão a própria proteção contra pessoas que não "se adaptam" econômica e socialmente à vida pri-

2. O ideal clássico de um planejamento de Cidade-Jardim estrito fica nesta faixa: doze moradias por acre [*2,96 moradias por mil metros quadrados*].

vada dos outros, e não mais terão distância dos problemas peculiares à vida urbana. Imersos na cidade e em seus problemas cotidianos, eles não possuem a vitalidade da cidade para enfrentar esses problemas.

Em suma, há uma justificativa para uma densidade habitacional média de vinte moradias ou menos por acre [*4,94 moradias por mil metros quadrados*], e deve haver boas razões para tais densidades, desde que as moradias e os bairros que as apresentem não sejam componentes habituais da metrópole.

Acima dessas densidades habitacionais de semissubúrbios, é raro escapar das realidades da vida urbana, mesmo que por pouco tempo.

Nas cidades maiores (as quais, você vai recordar, não possuem a autossuficiência local das cidades de pequeno porte), densidades de vinte ou mais moradias por acre implicam que muitas pessoas que moram próximas geograficamente não se conhecem e nunca o farão. Fora isso, facilita-se a presença de desconhecidos de qualquer outro lugar, porque outros bairros de mesma densidade ou mais alta ficam por perto.

Quando se ultrapassa a densidade habitacional de um semissubúrbio ou uma localidade de subúrbio é engolida, passa a existir de repente um tipo totalmente diverso de núcleo urbano – um núcleo que agora apresenta modalidades diferentes de trabalho diário e exige modos diferentes de lidar com elas; uma comunidade que carece de certas vantagens, mas possui vantagens potenciais de outro tipo. A partir desse momento, esse núcleo urbano precisa da vitalidade e da diversidade das cidades.

Infelizmente, porém, densidades suficientemente altas para trazer consigo problemas típicos das cidades não são, de modo algum, necessariamente altas o suficiente para gerar a vitalidade, a segurança, a infraestrutura e a atratividade das cidades. Assim, entre o ponto em que desaparecem o caráter e a função de semissubúrbio e o ponto em que a diversidade e a vida pública dinâmicas podem despontar, há uma série de densidades metropolitanas que chamarei de densidades habitacionais intermediárias. Elas não servem nem à vida suburbana nem à vida urbana. Em geral, só ocasionam problemas.

As densidades habitacionais intermediárias aumentam, por definição, até o ponto em que uma vida urbana autêntica comece a surgir e suas forças construtivas passem a atuar. Esse ponto é variável. Varia de cidade para cidade e varia dentro da mesma cidade, dependendo do grau de sustentação que as moradias obtenham de outros usos principais e de usuários de fora do distrito, atraídos pela vivacidade ou pela singularidade.

Distritos como Rittenhouse Square, em Filadélfia, e North Beach-Telegraph Hill, em São Francisco, que ostentam uma enorme riqueza de combinações de usos e atrações para as pessoas vindas de fora, podem comprovadamente manter a vitalidade sob uma densidade habitacional de aproximadamente 100 domicílios por acre [*24,71 por mil metros quadrados*]. Por outro lado, em Brooklyn Heights essa quantidade evidentemente não basta. Aí, nos locais em que a média cai para 100 moradias por acre, a vitalidade também decresce[3].

Só consigo me lembrar de um distrito urbano com vitalidade que tenha bem menos de 100 residências por acre [*24,71 por mil metros quadrados*] – o Back-of-the-Yards, em Chicago. Pode ser uma exceção, porque esse distrito desfruta de benefícios políticos que normalmente só decorrem da alta concentração. Quanto à sua densidade habitacional intermediária, ele tem, contudo, um número suficiente de moradores para ter peso na metrópole porque sua área funcional é muito mais ampla geograficamente do que a que outros distritos alcançam, a não ser no nome, e ele usa toda essa força política com habili-

3. Alguns teóricos do urbanismo defendem a variedade e a vitalidade urbanas e simultaneamente recomendam densidades intermediárias. Por exemplo, na edição de inverno de 1960-1961 da revista *Landscape*, Lewis Mumford escreve: "Agora a grande função da cidade é (...) permitir, na verdade encorajar e incitar, a maior quantidade possível de reuniões, encontros, desafios entre todas as pessoas, classes e grupos, fornecendo, como já se verifica, um palco em que se encena o drama da vida urbana, com os atores representando a plateia e os espectadores, os atores." No parágrafo seguinte, porém, ele critica duramente as áreas urbanas ocupadas com densidades populacionais de 200 a 500 *pessoas* (grifo meu) por acre [*50 a 124 pessoas em mil metros quadrados*] e recomenda "empreendimentos residenciais que contem com parques e jardins como parte essencial do projeto, com densidades habitacionais não mais altas que cem [*25*] ou, no máximo, em moradias para pessoas sem crianças, de 125 *pessoas* por acre" [*31 pessoas em mil metros quadrados*]. Urbanidade e densidades "intermediárias" como essas só podem estar juntas na teoria; são incompatíveis devido aos fatores econômicos da geração de diversidade urbana.

dade e tenacidade para conseguir o que quer. Porém, até mesmo o Back-of-the-Yards apresenta algumas desvantagens decorrentes da monotonia visual, os pequenos inconvenientes do cotidiano e o receio de desconhecidos que pareçam muito estranhos e que quase sempre aparecem nas densidades habitacionais intermediárias. O Back-of-the-Yards vem aumentando gradativamente suas densidades, seguindo o crescimento natural da população do distrito. Aumentar as densidades gradativamente, como tem sido feito aí, não significa de forma alguma minar as conquistas sociais e econômicas do distrito. Ao contrário, significa fortalecê-las.

Para definir uma explicação funcional sobre os limites das densidades intermediárias, podemos dizer que um distrito as ultrapassa quando seu território destinado a residências for suficientemente denso para que sua diversidade principal contribua para o surgimento cada vez maior de diversidades e vitalidade urbanas derivadas. A taxa de densidade que possibilita isso num lugar pode ser insuficiente em outro.

A explicação numérica tem menos significado que a explicação funcional (e infelizmente pode tornar o que é dogmático imune aos dados mais verdadeiros e mais sutis provindos da realidade). Porém, posso concluir que numericamente as densidades habitacionais intermediárias talvez sejam ultrapassadas numa taxa em torno de 100 moradias por acre [*24,71 moradias por mil metros quadrados*], sob circunstâncias *o mais apropriadas possível em todos os aspectos* para o surgimento da diversidade. Como regra geral, acho 100 moradias por acre muito pouco.

Supondo que se tenha ultrapassado a faixa das problemáticas densidades intermediárias, voltemos às densidades urbanas viáveis. Até onde "deveriam" chegar as densidades habitacionais urbanas? Até onde elas podem ir?

Obviamente, se o objetivo é uma vida urbana movimentada, as densidades habitacionais devem subir até onde for necessário para estimular a diversidade potencial máxima do distrito. Por que desperdiçar o potencial do distrito e da população da cidade de criar uma vida urbana atraente e intensa?

Resulta daí, no entanto, que talvez as densidades sejam altas demais se atingirem um ponto em que, por alguma razão, passem a inibir a diversidade em vez de estimulá-la. Como isso pode realmente acontecer, a questão principal é considerar quão alto é esse alto demais.

O motivo pelo qual as densidades habitacionais podem inibir a diversidade, se subirem demais, é o seguinte: em algum momento, para acomodar tantas moradias no solo, recorre-se à padronização. Isso é fatal, pois uma grande diversidade de idades e tipos de construção tem relação direta e explícita com a diversidade populacional, a diversidade de empresas e a diversidade de panoramas.

De todos os vários tipos de construções (antigas e novas) da cidade, alguns são sempre menos eficientes que outros no aumento de moradias que proporcionam ao território. Um prédio de três andares abriga menos moradias em determinada área de terreno do que um prédio de cinco andares; um prédio de cinco andares, menos do que um de dez andares. Se quisermos subir ainda mais, o número de moradias que ocupam determinado terreno pode ser estupendo – como demonstra Le Corbusier em seus projetos de uma cidade com arranha-céus repetitivos num parque.

Porém, ao acomodar moradias em determinadas áreas de terreno, os resultados efetivos nunca são muito maiores, e nunca foram. Deve haver espaço para a variedade de prédios. Todas as variações que não apresentem eficiência máxima acabam suplantadas. Eficiência máxima, ou qualquer coisa parecida, significa padronização.

Em certa época e em certa localidade, sob determinada conjuntura de legislação, tecnologia e financiamento, algum modo particular de acomodar moradias no terreno tende a ser o mais eficiente. Em certos lugares e em certas épocas, por exemplo, as casas geminadas estreitas de três pavimentos pareceram ser a solução mais eficiente para a disposição de moradias no terreno. Nas localidades em que suplantaram todos os outros tipos de construção, elas estenderam um véu de monotonia. Em outro período, os prédios de apartamentos de cinco ou seis andares, mais largos e com escadas, foram mais eficientes. Quando a Riverside Drive, em Manhattan, foi construída, os edifícios de apartamentos de doze e catorze andares, com elevador, eram aparentemente a solução mais eficiente para a acomodação de moradias, e, com essa padronização específica por base, produziu-se um bolsão com a mais alta densidade habitacional de Manhattan.

Os prédios de apartamentos com elevador são hoje a maneira mais eficiente de ocupar com moradias uma determinada área edificável. E, nesse tipo de habitação, há certos subtipos mais eficientes, como aqueles de altura máxima para elevadores de baixa velocidade, hoje geralmente considerados como sendo de doze andares, e aqueles com altura máxima economicamente viável para o despejo de concreto. (Tais alturas, por sua vez, dependem do avanço tecnológico dos guindastes, de modo que o número de andares cresce a cada ano. Atualmente, são vinte e dois andares.) Os prédios de apartamentos com elevadores não são apenas o modo mais eficiente de acomodar pessoas em determinado terreno; sob circunstâncias desfavoráveis, também podem ser o modo mais perigoso de fazê-lo, como se vê na prática em vários conjuntos habitacionais de baixa renda. Sob outras circunstâncias, são excelentes.

Os prédios de apartamentos com elevador não representam uma padronização só por serem prédios de apartamentos com elevador, assim como as casas de três andares não representam uma padronização por serem casas de três andares. Mas os prédios de apartamentos com elevador representam, sim, uma padronização quando são o único tipo de habitação do bairro – da mesma maneira que as casas de três andares representam uma padronização monótona quando são praticamente o único tipo de habitação do bairro.

Não há um tipo satisfatório para suprir um bairro com moradias; nem dois ou três tipos são satisfatórios. Quanto mais variedade, melhor. No momento em que o conjunto e o número de variedades de edifícios diminuem, a diversidade da população e dos estabelecimentos também tende a estagnar ou diminuir, em vez de crescer.

Não é fácil conciliar altas densidades habitacionais com uma grande variedade de construções – às vezes, uma variedade enorme. O Greenwich Village é um lugar assim. Abriga pessoas sob densidades que variam de 125 a mais de 200 residências por acre [*de 31 a mais de 49 residências em mil metros quadrados*], sem padronização de edifícios. Chega-se a essas médias reunindo todos os tipos de habitação: de casas de uma só família, apartamentos, casas de cômodos e toda espécie de moradia em pequenos prédios de apartamentos, a edifícios com elevador, de épocas e tamanhos variados.

O motivo pelo qual o Greenwich Village consegue conciliar essas densidades altas com tamanha variedade é que uma grande porcentagem do solo destinado a habitações (chamada de acreagem habitacional) está ocupada por prédios. Muito pouco é espaço aberto ou sem construção. Na maioria dos locais, estima-se que as construções na área residencial ocupem em média de 60 a 80 por cento do terreno, deixando os restantes 40 ou 20 por cento não construído na forma de quintais, pátios e similares. É uma proporção alta de ocupação do solo. É um uso do próprio *solo* tão eficiente, que permite uma boa dose de "ineficiência" nos prédios. A maioria deles não é necessariamente apertada, mas mesmo assim atingem-se altas densidades médias.

Agora, suponha que somente de 15 a 20 por cento da área residencial seja construída, e os restantes 75 a 85 por cento fiquem livres ou sem construções. Essas cifras são comuns em conjuntos habitacionais, com enormes espaços abertos, muito difíceis de fiscalizar na vida urbana e responsáveis por grandes vazios e muitos problemas. Mais terra nua representa obviamente menos área construída. Se se duplicarem os espaços vazios de 40 para 80 por cento, a área edificável será reduzida em dois terços! Em vez de ter 60 por cento do solo para construção, tem-se apenas 20 por cento.

Quando um espaço tão grande é deixado livre, o próprio solo está sendo usado "ineficientemente" no tocante à ocupação por moradias. A camisa de força fica muito apertada quando apenas 20 ou 25 por cento do terreno pode ser construído. A densidade habitacional deve ser muito baixa ou, então, as moradias devem ser muito bem acomodadas na porção de solo edificável. Sob tais circunstâncias, é impossível conciliar altas densidades com variedade. Prédios de apartamentos com elevador, geralmente muito altos, tornam-se inevitáveis.

O conjunto habitacional de Stuyvesant Town, em Manhattan, tem densidade de 125 moradias por acre [*30,88 moradias em mil metros quadrados*], densidade equivalente à faixa mais baixa do Greenwich Village. Ainda assim, para acomodar tantas moradias em Stuyvesant Town, onde o índice de ocupação do solo é de apenas 25 por cento (não há construções em 75 por cento do solo), as moradias devem ter padronização das mais rígidas, em fileira e mais fileira de prédios de apartamentos enormes e praticamente idênticos. Arquitetos e projetistas mais criativos teriam distribuído os prédios de outra maneira, mas, qualquer que fosse, a diferença seria apenas superficial. A impossibilidade matemática frustraria a própria genialidade de inserir uma variedade substancial e genuína com esse baixo índice de ocupação do solo e sob tais densidades.

Henry Whitney, arquiteto e especialista em conjuntos habitacionais, elaborou várias combinações teoricamente possíveis de prédios com elevador e prédios mais baixos, utilizando a baixa taxa de ocupação do solo exigida em programas habitacionais públicos e em praticamente todos os projetos de revitalização subsidiados pelo governo federal. Whitney descobriu que, independentemente da maneira como se divida o solo, é fisicamente impossível ultrapassar as baixas densidades (40 por acre ou perto disso [*9,88 em mil metros quadrados*]) sem padronizar tudo, com exceção de alguma característica mínima das moradias – *a menos que a ocupação do solo seja aumentada*, o que significa exatamente reduzir o espaço livre. Cem moradias por acre [*24,71 em mil metros quadrados*], com pequena ocupação do solo, não produzem indício algum de variedade de características – e, no entanto, essa é a densidade mínima estimada se se quiser evitar as inadequadas densidades intermediárias.

Baixas taxas de ocupação do solo – independentemente de como sejam impostas, por zoneamento local ou até decreto federal – e diversidade de edifícios e densidades urbanas viáveis são, portanto, situações incompatíveis. Com baixa ocupação, se as densidades são suficientemente altas para ajudar a gerar diversidade urbana, elas são ao mesmo tempo excessivamente altas para *permitir* a diversidade. A questão envolve uma contradição.

Entretanto, supondo que a taxa de ocupação do solo seja alta, até que ponto as densidades do bairro podem subir sem condená-lo à padronização? Isso depende muito de quantas e quais variações herdadas do passado ainda existam no bairro. As variações herdadas do passado são o alicerce para as novas variações do presente (e eventualmente do futuro). Um bairro já padronizado, no passado, com casas de três andares ou edifícios de cinco andares, não terá um espectro amplo de variações com o acréscimo de mais um tipo de construção, criando desse modo uma densidade mais alta e deixando-a assim. A pior possibilidade é não haver alicerce algum herdado do passado: terra nua.

Dificilmente se pode esperar que muitos tipos de moradias ou de construções realmente diferentes sejam acrescentados *num mesmo período*. Trata-se de um desejo impossível de realizar. Há modas na construção. Por trás dessas modas existem razões econômicas e tecnológicas, e tais modas só não excluem umas poucas possibilidades genuinamente diferentes de construção de moradias urbanas *num mesmo período*.

Nos bairros de baixas densidades, podem-se aumentá-las e ampliar a variedade acrescentando simultaneamente novos edifícios em pontos diferentes, separados. Em resumo, as densidades devem ser aumentadas – e novas construções erguidas com esse fim – paulatinamente, não com uma elevação repentina, assombrosa, sem acrescentar nada por muitas décadas. O próprio processo de aumentar as densidades paulatina mas continuamente pode resultar também em variedade crescente e, portanto, dar lugar a densidades finais altas sem padronização.

O ponto que as altas densidades finais podem atingir sem provocar padronização é limitado, obviamente, pelo território, mesmo que a taxa de ocupação do solo seja muito elevada. No North End, em Boston, as altas densidades, com média de 275 moradias por acre [*68 moradias em mil metros quadrados*], ocorrem com uma variedade considerável; mas essa boa combinação foi em parte obtida graças à ocupação do solo, que atinge uma proporção bastante elevada nos terrenos atrás de alguns edifícios.

No passado, houve construções demais de dois andares, nos quintais e nos pátios localizados em quadras curtas. Na verdade, essas construções internas contribuem muito pouco para a densidade, porque são pequenas e geralmente baixas. E nunca são um equívoco; como curiosidade ocasional, têm seu encanto. O problema surge com a quantidade. Com o acréscimo de uns poucos prédios de apartamento com elevador – variedade de habitação escassa no North End –, os espaços livres no meio das quadras poderiam aumentar um pouco sem reduzir as densidades do distrito. Ao mesmo tempo, a variedade de tipologias habitacionais do distrito aumentaria, em vez de diminuir. Todavia, isso não poderia ser feito se baixas taxas de ocupação do solo das pseudocidades fossem implantadas junto com prédios com elevador.

Duvido que seja possível, sem uma padronização drástica, ultrapassar a densidade habitacional do North End, de 275 moradias por acre. Na maioria dos distritos – carentes da antiga e peculiar herança do North End de diferentes tipos de construção –, o limite máximo para afastar o perigo da padronização deve ser consideravelmente mais baixo; eu arriscaria, por alto, que ele tende a oscilar em torno de 200 moradias por acre [*49 em mil metros quadrados*].

Agora precisamos colocar as ruas nisso.

As altas taxas de ocupação do solo, necessárias como são para haver variedade sob altas densidades, podem tornar-se intoleráveis, particularmente ao se aproximarem de 70 por cento. Tornam-se intoleráveis se a área não for entrecortada por ruas frequentes. Quadras longas com alta ocupação do solo são opressivas. Ruas frequentes, por serem aberturas entre as edificações, compensam o alto índice de ocupação do solo à volta delas.

Em qualquer caso, se a meta for gerar diversidade, os distritos precisam de ruas frequentes. Assim, sua importância como elementos complementares da alta ocupação do solo somente reforça essa necessidade.

Contudo, é óbvio que, se as ruas são numerosas, e não escassas, acrescenta-se área livre na forma de ruas. Se colocarmos parques públicos em lugares movimentados, estaremos também acrescentando outro tipo de área livre. E se edifícios não residenciais forem inseridos em áreas residenciais (como devem estar se os usos principais estiverem bem combinados), obtém-se um resultado similar, em que o total de moradias e de moradores do distrito é reduzido àquele tanto.

A associação desses recursos – maior frequência de ruas, parques movimentados em lugares movimentados e vários usos não residenciais combinados, junto com uma grande variedade das próprias moradias – ocasiona resultados totalmente diferentes com altas densidades sinistramente inabaláveis e alta ocupação do solo. Mas tal combinação também ocasiona vários resultados totalmente diferentes se as altas densidades forem "aliviadas" por certo número de terrenos residenciais livres. Os resultados são muito diferentes porque cada um desses outros recursos que mencionei ocasiona muito mais do que um "alívio" em relação às altas taxas de ocupação do solo. Cada um, à sua maneira característica e indispensável, contribui para a diversidade e a vitalidade da área, de modo a resultar, das altas densidades, algo de construtivo, em vez de algo simplesmente inerte.

Afirmar que as cidades precisam de altas densidades habitacionais e alta ocupação do solo, como tenho dito, é normalmente considerado mais grave do que defender quem come criancinhas.

Mas as coisas mudaram desde a época em que Ebenezer Howard observou os cortiços de Londres e concluiu que, para salvar as pessoas, a vida urbana deveria ser abandonada. Os avanços em áreas menos agonizantes que o planejamento urbano e a política habitacional, como a medicina, o saneamento e a epidemiologia, a legislação sobre alimentos e a legislação trabalhista, revolucionaram profundamente as condições perigosas e degradantes que já foram inseparáveis da vida urbana sob alta densidade populacional.

Ao mesmo tempo, a população das regiões metropolitanas (cidades centrais com subúrbios e cidades-satélites) continuou crescendo, a ponto de atualmente representar 97 por cento do aumento total da nossa população.

"Essa tendência deve continuar", diz o Dr. Philip M. Hauser, diretor do centro de pesquisa populacional da Universidade de Chicago, "(...) porque esses aglomerados de pessoas representam os núcleos de produção e consumo mais eficazes que nossa sociedade criou até agora. Exatamente o tamanho, a densidade e o congestionamento de nossos modelos de Regiões Metropolitanas condenados por alguns urbanistas, estão entre nossos mais preciosos trunfos econômicos."

Entre 1958 e 1980, ressalta o Dr. Hauser, a população dos Estados Unidos terá crescido entre 57 milhões (levando em conta a queda causada pela baixa taxa de natalidade de 1942-44) e 99 milhões (levando em conta o aumento de 10 por cento na taxa de natalidade relativa a 1958). Se a taxa de natalidade continuar no patamar de 1958, o aumento será de 86 milhões de pessoas.

Praticamente toda essa quantidade afluirá para as regiões metropolitanas. A maior parte do aumento se deverá, é claro, às próprias metrópoles, porque elas não mais atraem pessoas, como há pouco. Elas se tornaram provedoras de pessoas.

O aumento pode ser dividido com os subúrbios, os semissubúrbios e os novos e apagados bolsões intermediários, que se espraiam a partir de zonas urbanas centrais monótonas, onde predominam as densidades intermediárias, que têm baixa vitalidade.

Podemos também aproveitar esse crescimento da área metropolitana e, pelo menos com parte dele, começar a desenvolver os distritos atualmente inadequados, que sobrevivem com densidades intermediárias – desenvolvê-los até o ponto em que essas concentrações de pessoas (junto com outras condições que geram diversidade) possam manter uma vida urbana que tenha qualidade e vitalidade.

Nossa dificuldade não é mais alojar, nas regiões metropolitanas, uma população densa e evitar os estragos causados pelas doenças, pelo saneamento deficiente e pelo trabalho infantil. É anacrônico continuar pensando nesses termos. Hoje, nossa dificuldade maior é alojar as pessoas nas regiões metropolitanas e evitar os estragos causados pelos bairros apáticos e desassistidos.

A solução não pode estar nas tentativas vãs de planejar novas cidades de pequeno porte ou vilas autossuficientes, por toda a região metropolitana. Nossas regiões metropolitanas já são pontilhadas de lugares amorfos, desintegrados, que *outrora* foram cidades e vilas relativamente autossuficientes e integradas. No momento em que são sugadas pela complexa economia de uma região metropolitana, com sua multiplicidade de opções de locais de trabalho, lazer e compras, elas começam a perder a integridade e a relativa inteireza, social, econômica e cultural. De duas uma: ou nossa economia metropolitana do século XX ou uma vida de cidade isolada ou de cidade de pequeno porte do século XIX.

Como defrontamos a realidade das populações de cidades grandes e de metrópoles, enormidades que serão ainda maiores, defrontamos igualmente a tarefa de desenvolver sabiamente uma vida urbana genuína e aumentar a força da economia urbana. É tolice tentar negar o fato de que nós, norte-americanos, somos seres urbanos vivendo numa economia urbana – e, no processo de negação, perder também todas as zonas rurais verdadeiras das regiões metropolitanas, como tem acontecido constantemente à razão de 1.200 hectares por dia nos últimos dez anos.

No entanto, a razão não reina no mundo, e não reinará necessariamente aqui. O dogma irracional de que áreas saudáveis, como o North End, em Boston, de alta densidade, *têm de ser* de cortiços ou *têm de ser* ruins, por terem alta densidade, não teria sido aceito pelos urbanistas modernos, como foi, se não houvesse duas maneiras fundamentalmente diferentes de encarar a questão das altas concentrações populacionais – e se essas duas maneiras não fossem, no fundo, emocionais.

Pode-se ver como um mal inevitável – ainda que necessário – o fato de as pessoas se reunirem em concentrações de tamanho e densidade típicos de cidades grandes. Trata-se de uma suposição comum: os seres humanos são encantadores em pequenos grupos e nocivos em grandes grupos. Dado esse ponto de vista, segue-se que as concentrações de pessoas deveriam ser fisicamente reduzidas a qualquer preço: diminuindo a quantidade em si, tanto quanto seja possível, e, além disso, almejando a ilusão dos gramados de subúrbio e da placidez das cidadezinhas. Segue-se que a exuberante variedade inerente à grande quantidade de pessoas, fortemente concentradas, deveria ser desprezada, escondida, forjada à imagem da variedade mais rala, mais manejável, ou da homogeneidade inequívoca, frequentemente presentes em populações menos numerosas. Segue-se que essas criaturas desnorteantes – tanta gente amontoada – deveriam ser selecionadas e enfurnadas tão recatada e silenciosamente quanto possível, como galinhas numa granja moderna.

Por outro lado, as pessoas reunidas em concentrações de tamanho e densidade típicos de cidades grandes podem ser consideradas um bem positivo, na crença de que são desejáveis fontes de imensa vitalidade e por representarem, num espaço geográfico pequeno, uma enorme e exuberante riqueza de diferenças e opções, sendo muitas dessas diferenças singulares e imprevisíveis e acima de tudo valiosas só por existirem. Dado esse ponto de vista, segue-se que a presença de grande quantidade de pessoas reunidas em cidades deveria não somente ser aceita de braços abertos como um fato concreto. Elas deveriam ser consideradas um trunfo, e sua presença, comemorada: aumentando sua concentração onde necessário para que a vida urbana florescesse e, além disso, almejando uma vida pública nas ruas inequivocamente movimentadas e a acomodação e o encorajamento, econômico e visual, do máximo de variedade possível.

As formas de pensamento, não importa quão objetivas aparentem ser, têm fundamentos e valores emocionais subjacentes. O desenvolvimento do planejamento urbano e da política habitacional modernos fundamentou-se emocionalmente numa relutância inflexível em reconhecer como desejáveis as concentrações de pessoas nas cidades, e essa emoção negativa acerca das concentrações urbanas contribuiu para o enfraquecimento intelectual do planejamento urbano.

Não pode haver bem algum para as cidades ou para seu desenho, seu planejamento, sua economia ou sua população na suposição emocional de que uma grande densidade populacional é, em si, indesejável. Do meu ponto de vista, é um trunfo. O objetivo é promover a vida urbana da população urbana, abrigada, esperamos, sob concentrações bastante densas *e* bastante diversificadas para possibilitar-lhe uma oportunidade viável de desenvolver a vida urbana.

12. ALGUNS MITOS SOBRE A DIVERSIDADE

"A mistura de usos é feia. Provoca congestionamento de trânsito. Estimula usos nocivos."

Esses são alguns dos bichos-papões que fazem as cidades combater a diversidade. Tais crenças ajudam a moldar as diretrizes do zoneamento urbano. Ajudaram a racionalizar a reurbanização, transformando-a na coisa estéril, rígida e vazia que é. Atrapalham o planejamento urbano, que poderia encorajar deliberadamente a diversidade espontânea, propiciando as condições necessárias para seu crescimento.

As intrincadas combinações de usos diversos nas cidades não são uma forma de caos. Ao contrário, representam uma forma de organização complexa e altamente desenvolvida. Tudo o que foi dito neste livro até agora tem como meta mostrar como funciona esse ordenamento complexo de usos combinados.

Contudo, muito embora as combinações intrincadas de construções, usos e panoramas sejam necessárias para os distritos bem-sucedidos, será que a diversidade traz consigo, igualmente, as desvantagens da má aparência, dos usos antagônicos e do congestionamento que lhes são normalmente atribuídas pela doutrina e pela literatura do planejamento urbano?

Essas supostas desvantagens baseiam-se na imagem dos distritos malsucedidos, que não têm muita, mas pouca diversidade.

Elas evocam a imagem de áreas residenciais monótonas, dilapidadas, pontilhadas com umas poucas empresas miseráveis, depauperadas. Evocam a imagem de usos menos nobres do solo, como ferros-velhos e pátios de carros usados. Evocam a imagem de um comércio vulgar, esparso, repetitivo. Nenhuma dessas situações, no entanto, representa uma diversidade urbana emergente. Ao contrário, elas representam precisamente a senilidade que se abate sobre os bairros nos quais uma diversidade exuberante não pôde crescer e esvaiu-se com o tempo. Representam o que acontece aos semissubúrbios que são engolidos pela cidade mas não conseguem crescer e atuar economicamente como distritos bem-sucedidos.

A diversidade urbana emergente, do tipo que é catalisada pela associação de usos principais combinados, ruas frequentes, mistura de prédios de várias épocas e custos e forte concentração de usuários, não acarreta as desvantagens da diversidade comumente presumida pela pseudociência do urbanismo. Pretendo demonstrar agora por que ela faz isso e por que essas desvantagens são fantasias que, como todas as fantasias levadas a sério, interferem na forma de se abordar a realidade.

Examinemos, primeiro, a crença de que a diversidade é feia. Sem dúvida, qualquer coisa que foi malfeita tem má aparência. Mas essa crença implica outra coisa. Implica que a diversidade de usos urbanos se assemelha a uma bagunça; e também implica que os lugares marcados pela homogeneidade de usos têm melhor aparência ou são de todo modo mais suscetíveis a um tratamento aprazível ou esteticamente disciplinado.

Porém, a homogeneidade ou grande semelhança de usos, na realidade, apresenta problemas estéticos misteriosos.

Se se mostrar a uniformidade de usos francamente como é – uniforme –, ela parecerá monótona. Superficialmente, essa monotonia pode ser encarada como uma espécie de ordem, embora enfadonha. Do ponto de vista estético, porém, ela lamentavelmente traz consigo uma desorganização profunda: a desorganização de não implicar direção alguma. Você anda por lugares marcados pela monotonia e pela mesmice, mas, apesar de ter andado, tem a sensação de não ter ido a lugar algum. O norte é igual ao sul ou ao leste ou ao oeste. Às vezes norte, sul, leste e oeste são bem parecidos, como quando se está no terreno de um grande projeto habitacional. É necessário haver diferenças – muitas diferenças – aflorando em várias direções para não perdermos a orientação. As perspectivas visuais inteiramente uniformes carecem desses avisos naturais de direção e movimento, ou os têm em número insuficiente, e portanto são muito desnorteantes. Isso, sim, é uma espécie de caos.

Geralmente todos consideram esse tipo de monotonia opressivo demais para servir de exemplo, exceto certos projetistas de conjuntos habitacionais ou incorporadores imobiliários de visão mais limitada.

Em vez disso, nos lugares em que os usos são realmente homogêneos, não raro descobrimos que distinções e diferenças propositadas são engendradas em meio aos edifícios. Mas essas diferenças engendradas também ocasionam dificuldades estéticas. Por faltarem diferenças naturais – aquelas que provêm de usos genuinamente dessemelhantes – em meio aos edifícios e seu entorno, esses artifícios representam o mero desejo de *parecer* diferente.

Algumas das manifestações mais gritantes desse fenômeno foram muito bem definidas, em 1952, por Douglas Haskell, editor da *Architectural Forum*, com o termo "arquitetura *kitsch*". Os melhores frutos da "arquitetura *kitsch*" podem ser vistos nos estabelecimentos essencialmente homogêneos e padronizados de beira de estrada: bancas de cachorro-quente em forma de pão com salsicha, bancas de sorvete em forma de casquinhas de sorvete. Esses são exemplos de uma verdadeira mesmice que tenta, por meio do exibicionismo, parecer singular e diferente de seus vizinhos de comércio similares. Haskell destacou que o mesmo afã de parecer especial (apesar de *não ser* especial) aparecia também em construções mais sofisticadas: telhados esquisitos, escadarias esquisitas, cores esquisitas, letreiros esquisitos, qualquer coisa esquisita.

Recentemente, Haskell notou indícios de exibicionismo similares aparecendo em estabelecimentos supostamente dignos.

E apareceram mesmo: em edifícios de escritórios, *shopping centers*, centros administrativos, aeroportos. Eugene Raskin, professor de arquitetura na Universidade de Colúmbia, tratou do mesmo fenômeno no ensaio "On the Nature of Variety" [Da natureza da variedade], na edição de verão de 1960 da *Columbia University Forum*. A variação arquitetônica genuína, destacou Raskin, não consiste no uso de cores e texturas diferentes.

> Não pode ser usando formas contrastantes? [perguntou ele]. Uma visita a um grande *shopping center* (lembrei-me do Cross County Shopping Center, no Westchester County, Nova York, mas faça sua própria escolha) proporciona um bom exemplo: apesar de lajes, torres, ambientes circulares e escadas suspensas pulularem e abundarem por toda a parte, o efeito é de uma uniformidade aterradora, como os suplícios do inferno. Você pode ser cutucado com instrumentos diferentes, mas tudo dói (...).
>
> Quando construímos, digamos, uma área de negócios em que todos (ou praticamente todos) se preocupam em ganhar a vida, ou uma área residencial em que todos estão mergulhados nos afazeres domésticos, ou uma área comercial dedicada à circulação de dinheiro e produtos – em resumo, onde a atividade humana padrão possui apenas um elemento, é impossível para a arquitetura realizar uma variação convincente – convincente em relação ao que se conhece da diversidade humana. O projetista pode variar a cor, a textura e a forma até que seus recursos de desenho caiam no exagero, provando mais uma vez que a arte é o único meio em que a mentira não vence.

Quanto maior a homogeneidade de usos numa rua ou num bairro, maior a tentação de ser diferente da única maneira que restou para tal. O Wilshire Boulevard, em Los Angeles, é um exemplo de tentativas sucessivas de produzir distinções superficiais, dispostas, ao longo de vários quilômetros de prédios de escritórios intrinsecamente monótonos.

Mas Los Angeles não é a única cidade que nos proporciona paisagens desse tipo. São Francisco, apesar de todo o seu desdém por esses elementos de Los Angeles, tem uma nova periferia muito parecida com isso, com *shopping centers* e conjuntos residenciais refinados, e pelas mesmas razões. A Avenida Euclid, em Cleveland, que muitos críticos costumavam considerar uma das mais belas avenidas norte-americanas (era, naquela época, essencialmente uma avenida de subúrbio com residências enormes e excelentes em terrenos enormes e excelentes), acaba de ser fulminada, com razão, pelo crítico Richard A. Miller na *Architectural Forum*, como uma das vias públicas mais horrorosas e desordenadas. Ao ser completamente convertida em via para uso urbano, a Avenida Euclid converteu-se à homogeneidade: outra vez prédios de escritórios, e outra vez o caos das diferenças gritantes mas superficiais.

A homogeneidade de usos apresenta um dilema estético inevitável: a homogeneidade precisa se mostrar homogênea e ser claramente monótona? Ou deve tentar não se mostrar homogênea e adotar diferenças que chamem a atenção mas sejam absurdas e caóticas? No âmbito urbano, esse é o velho e conhecido problema do zoneamento com preocupações estéticas dos subúrbios homogêneos: o zoneamento deve exigir uma aparência semelhante ou deve proibir a mesmice? Se proibir a mesmice, qual seria o limite do que é dessemelhante demais nos projetos?

Em qualquer área urbana cujos usos sejam funcionalmente homogêneos, surge um dilema estético para a cidade, e mais intenso que nos subúrbios, porque os edifícios sobressaem muito mais no cenário geral das cidades. É um dilema ridículo para as cidades, e não há uma solução decente para ele.

Por outro lado, a diversidade de usos, ainda que tratada com desleixo, oferece a possibilidade decente de apresentar um conteúdo com diferenças autênticas. Portanto, essas diferenças podem ser visualmente interessantes e estimulantes, sem hipocrisia, exibicionismo ou inovações surradas.

Em Nova York, a Quinta Avenida, entre a Rua 40 e a Rua 59, tem uma tremenda diversidade de lojas, edifícios de bancos, edifícios de escritórios, igrejas e instituições grandes e pequenas. A arquitetura expressa essas diferenças de uso, e as diferenças resultantes da variação de idade dos edifícios, das diferenças de tecnologia e do gosto da época. Mas a Quinta Avenida não parece desordenada, fragmentada ou destruída[1]. Os contrastes e as diferenças arquitetônicas da Quinta Avenida provêm principalmente de diferenças de natureza. O todo se sustenta surpreendentemente bem, sem monotonia alguma.

O novo trecho de escritórios da Park Avenue, em Nova York, é muito mais padronizado do que a Quinta Avenida. A Park Avenue leva vantagem por ter em meio aos novos edifícios de escritórios vários que são obras-primas da arquitetura moderna[2]. Mas a homogeneidade de usos e a homogeneidade de idades ajudam esteticamente a Park Avenue? Ao contrário, os blocos de escritórios dessa avenida aparentam desordem, e, muito mais do que na Quinta Avenida, o efeito geral é a perseverança na arquitetura do caos, recoberta de tédio.

Há muitos casos em que a diversidade urbana inclui o uso residencial com bons resultados. A área da Rittenhouse Square, em Filadélfia, Telegraph Hill, em São Francisco, trechos do North End, em Boston, são alguns exemplos. Pequenos grupos de edifícios residenciais podem ser semelhantes ou até iguais um ao outro sem impor um véu de monotonia, desde que o conjunto não ocupe mais que uma quadra curta e não se repita logo em seguida. Nesse caso, vemos o agrupamento como uma unidade e o enxergamos diferentemente, em natureza e aparência, de qualquer que seja o uso ou o tipo de moradia vizinhos.

A diversidade de usos, associada à diversidade de idade, pode às vezes contaminar-se da monotonia típica das quadras muito longas – e, mais uma vez, sem necessidade de exibicionismo, porque existem diferenças substanciais concretas. Um exemplo desse tipo de diversidade é a Rua Onze, entre a Quinta e a Sexta Avenida, em Nova York, tida como nobre e interessante para um passeio. Ao longo de seu lado sul, ela apresenta, indo no sentido

1. Sua única mácula flagrante e também elemento de desestabilização é um conjunto de cartazes de rua na esquina nordeste da Rua 42. A intenção dos cartazes parece boa porque, neste momento, eles exortam ingenuamente a multidão de transeuntes a rezar em família, a economizar para épocas de vacas magras e a combater a delinquência. Sua capacidade de convencimento é questionável. Sua capacidade de obstruir a vista da Quinta Avenida a partir da biblioteca é inquestionável.
2. Lever House, Seagram, Pepsi-Cola, Union Carbide.

oeste, um prédio de apartamentos de catorze andares; uma igreja; sete casas de três andares; uma casa de cinco andares; treze casas de quatro andares; um edifício de nove andares; cinco casas de quatro andares, com um restaurante e um bar no térreo; um edifício de apartamentos de cinco andares; um cemitério pequeno e um edifício de apartamentos de seis andares com um restaurante no térreo; do lado norte, ainda no sentido oeste, há uma igreja; uma casa de quatro andares ocupada por uma escola maternal; um prédio de apartamentos de nove andares; três casas de cinco andares; um prédio de apartamentos de seis andares; um prédio de apartamentos de oito andares; cinco casas de quatro andares; uma república de estudantes de seis andares; dois prédios de apartamentos de cinco andares; outro prédio de apartamentos de idade bem diferente; um prédio de apartamentos de nove andares; uma nova seção da Nova Escola de Pesquisa Social, com biblioteca no térreo e vista da rua para o pátio interno; uma casa de quatro andares; um prédio de apartamentos de cinco andares com restaurante no térreo; uma lavanderia de um pavimento com aspecto desleixado e vulgar; um prédio de apartamentos de três andares com uma confeitaria e uma banca de jornais no térreo. Apesar de quase todos esses prédios serem residenciais, eles dão espaço a dez outros usos. Mesmo os edifícios inteiramente residenciais abrangem várias épocas de tecnologias e gostos, vários modos e custos de vida. Exibem uma profusão fantástica de diferenças prosaicas e modestas: andares térreos com alturas variadas e soluções diversas para as entradas e o acesso pela calçada. Isso tudo se deve ao fato de que os prédios são realmente de tipos e idades diferentes. O efeito é ao mesmo tempo sereno e despojado.

Efeitos visuais ainda mais interessantes, e mais uma vez sem necessidade de exibicionismo ou outras esquisitices, podem provir e de fato provêm de misturas de tipos de construções urbanas bem mais radicais que as da Rua Onze – mais radicais no sentido de constituírem diferenças naturais mais radicais. A maioria dos marcos de referência e de atração visual nas cidades – cuja quantidade deve ser sempre grande, nunca pequena – deve-se ao contraste provocado por um uso radicalmente diferente daquilo que o rodeia, e portanto com uma aparência especial toda sua e uma localização feliz, que realcem sua diferença natural. É disso, claro, que Peets estava falando (veja o Capítulo 8) ao defender a ideia de que os prédios monumentais ou nobres fossem colocados dentro da matriz da cidade, em lugar de serem separados e segregados em "cortes de honra", em meio a outros vizinhos intrinsecamente semelhantes.

Além do mais, não se devem menosprezar as outras diferenças radicais de elementos mais modestos das combinações urbanas por causa da aparência. Elas também podem dar-nos o prazer do contraste, do movimento e do senso de direção, sem superficialismos forçados: as oficinas que acabam misturadas a residências; os prédios de fábricas; a galeria de arte ao lado do mercado que me encanta toda vez que vou comprar peixe; a pomposa mercearia de gastronomia em outro ponto da cidade, contrastando e coexistindo pacificamente com um bar alegre, do tipo que atrai novos imigrantes irlandeses que estão à procura de emprego.

As diferenças genuínas no panorama arquitetônico urbano expressam, como diz Raskin com muita propriedade,

> (...) o entrelaçamento de manifestações *humanas*. Há muita gente fazendo coisas diferentes, com motivos diferentes e com fins diferentes, e a arquitetura reflete e expressa essa diferença, que é mais de conteúdo que somente de forma. Por serem humanas, as pessoas são o que mais nos interessa. Na arquitetura, tanto quanto na literatura e no teatro, é a riqueza da diversidade humana que dá vitalidade e colorido ao meio humano (...).
>
> Com relação ao risco da monotonia (...) a maior falha das nossas leis de zoneamento encontra-se no fato de *permitirem* que toda uma área seja reservada para um único uso.

Ao buscar uma organização visual, as cidades podem escolher entre três alternativas amplas, duas das quais são irrealizáveis e uma, promissora. Podem ter como meta áreas com homogeneidade que se mostrem homogêneas e obter resultados deprimentes, desconcertantes. Podem ter como meta áreas com homogeneidade que tentem não parecer homogêneas e obter resultados vulgares e enganosos. Ou podem ter como meta áreas de grande diversidade e, uma vez que as diferenças reais já estão expressas, obter resultados que, na pior das hipóteses, são pelo menos interessantes e, na melhor das hipóteses, encantadores.

Como harmonizar visualmente a diversidade urbana, como respeitar sua liberdade ao mostrar visualmente que se trata de uma forma de ordem, é o problema estético fundamental das cidades. Discorrerei sobre ele no Capítulo 19 deste livro. Por ora, a questão é esta: a diversidade urbana não é intrinsecamente feia. Isso é um erro de julgamento, e dos mais banais. Porém, a falta de diversidade é, por um lado, naturalmente deprimente e, por outro, grosseiramente caótica.

Será que a diversidade provoca congestionamentos de trânsito?

O congestionamento de trânsito é provocado por veículos, não pelas pessoas em si.

Nos lugares em que poucas pessoas se instalaram, em vez de uma grande concentração delas, ou nos lugares em que a combinação de usos diferentes não é muito frequente, qualquer ponto de atração particular realmente ocasiona congestionamento de trânsito. Tais lugares, como clínicas, *shopping centers* ou cinemas, provocam concentração do trânsito – e, além disso, provocam tráfego pesado nas ruas que levam a eles e deles saem. Até mesmo uma escola primária pode causar congestionamentos de trânsito num meio desses, porque não se pode deixar de levar as crianças à escola. A inexistência de uma diversidade ampla e concentrada pode levar as pessoas a andarem de automóvel por praticamente qualquer motivo. O espaço que as ruas e os estacionamentos requerem faz com que tudo fique ainda mais espalhado e provoca um uso ainda mais intenso de automóveis.

Isso é tolerável quando a população se encontra muito espalhada. Mas, nos lugares em que a concentração populacional é alta ou contínua, é uma situação intolerável, que acaba com todos os outros valores e todos os outros aspectos da comodidade.

Em áreas urbanas diversificadas e densas, as pessoas ainda caminham, atividade que é impossível em subúrbios e na maioria das áreas apagadas. Quanto mais variada e concentrada for a diversidade de determinada área, maior a oportunidade para caminhar. Até as pessoas que vão de carro ou de transporte público a uma área viva e diversificada caminham ao chegar lá.

Será verdade que a diversidade urbana estimula usos nocivos? Será prejudicial permitir que todas as modalidades de uso (ou quase todas) estejam presentes em determinada área?

Para examinar isso, precisamos examinar vários tipos diferentes de usos – alguns dos quais são realmente prejudiciais, ao passo que outros costumam ser considerados prejudiciais, mas não o são.

O grupo dos usos menos nobres, do qual os ferros-velhos são exemplo, não contribui em nada para o bem-estar geral, a atratividade do distrito ou a concentração de pessoas. Sem dar retorno algum, esses usos exigem uma exorbitância de espaço – e exigem demais da tolerância estética. Os pátios de carros usados inserem-se nessa categoria. Da mesma maneira, os prédios que foram abandonados ou são muito pouco usados.

Provavelmente todo o mundo (menos, talvez, os proprietários dessas coisas) concorda em que essa categoria de uso é prejudicial.

Porém, não necessariamente os ferros-velhos e similares são uma ameaça implícita à diversidade urbana. Os distritos prósperos nunca têm ferros-velhos, mas não é *por causa disso* que tais distritos são prósperos. É justamente o inverso. Eles não têm ferros-velhos *porque* são prósperos.

Os usos econômicos decadentes e que ocupam muito espaço, como ferros-velhos e pátios de carros usados, espalham-se como ervas daninhas nos locais que *já são* mal explorados e malsucedidos. Brotam nos locais que têm trânsito de pedestres reduzido, pouco magnetismo na vizinhança e nenhuma concorrência acirrada pelo lugar. O local natural para eles são as áreas cinzentas e a periferia decadente dos centros urbanos, onde é baixa a chama da diversidade e da vitalidade. Se se abrisse mão da vigilância sobre as esplanadas dos conjuntos residenciais e todos esses lugares mortos e de pouco uso encontrassem seu nível econômico natural, brotariam neles exatamente os ferros-velhos e os pátios de carros usados.

O problema representado pelos ferros-velhos é mais profundo do que os Combatentes da Praga conseguem perceber. Não adianta nada gritar: "Tirem isso daí! Aqui não é lugar para eles!" O problema é cultivar no distrito um ambiente econômico que torne os usos vitais do solo mais lucrativos e racionais. Se isso não for feito, o espaço pode até ser usado por ferros-velhos, que afinal têm *alguma* utilidade. Fora isso, a possibilidade de sucesso de qualquer coisa é praticamente nula, e aí se incluem os usos públicos, como parques ou pátios de escola, que fracassam catastroficamente exatamente nos locais onde o meio econômico é muito pobre para as atividades que dependem do magnetismo e da vitalidade das redondezas. Em síntese, não se soluciona o problema simbolizado pelos ferros-velhos temendo a diversidade ou sua extinção, mas sim formando e cultivando um ambiente econômico fértil para a diversidade.

Há uma segunda categoria de usos que urbanistas e planejadores costumam considerar nociva, ainda mais quando tais usos estão misturados a áreas residenciais. Essa categoria abrange bares, teatros, clínicas, negócios e fábricas. Essa categoria não é nociva; os argumentos de que esses usos devem ser controlados com firmeza advêm dos efeitos que eles provocam nos subúrbios e em áreas apagadas, monótonas e inerentemente perigosas, e não de seus efeitos em distritos urbanos movimentados.

Pinceladas superficiais de usos não residenciais não trazem benefício algum para as áreas apagadas e podem até ser prejudiciais, uma vez que essas áreas não estão preparadas para lidar com desconhecidos – e também, pelo mesmo motivo, para protegê-los. Mais uma vez, esse problema resulta de uma diversidade muito tênue em meio à monotonia e às trevas reinantes.

Nos distritos movimentados, onde se catalisou uma diversidade abundante, esses usos não provocam mal algum. São indubitavelmente necessários, seja por sua contribuição direta para a segurança, para o contato público e a interação de usos, seja porque ajudam a sustentar a outra diversidade que recebe esses efeitos diretos.

Os usos industriais despertam outro fantasma: chaminés fumegantes e cinzas em suspensão. É claro que chaminés fumegantes e cinzas em suspensão são nocivas, mas isso não quer dizer que atividades fabris intensas na cidade (a maioria das quais não origina tais subprodutos desagradáveis) ou outros usos de trabalho devam ser afastados das residências. Na verdade, a ideia de que a fumaça ou os gases devem ser combatidos pelo zoneamento e por categorizações do solo é ridícula. O ar não tem o mínimo conhecimento dos limites das zonas urbanas. Só têm sentido as regulamentações que visem especificamente a fumaça e o mau cheiro.

No círculo dos urbanistas e planejadores urbanos, o grande tabu do uso do solo costumava ser a fábrica de cola. "Você gostaria de ter uma fábrica de cola no seu bairro?" – esse era o bordão. Não sei por que uma fábrica de cola, a não ser que talvez, naquela época, cola lembrasse cavalos mortos e peixes em decomposição, e a simples referência a ela fizesse as pessoas distintas sentirem arrepios e pararem de raciocinar. Havia uma fábrica de cola perto de nossa casa. Era um prédio de tijolos pequeno e atraente, um dos locais do quarteirão que pareciam mais limpos.

Hoje, a fábrica de cola foi substituída por um bicho-papão diferente, a "funerária", apresentada como exemplo máximo dos horrores que se insinuam pelos bairros que não dispõem de rígido controle de usos. Ainda assim, as casas mortuárias, ou funerárias, como as chamamos na cidade, parecem não causar mal algum. Talvez nos bairros diversificados, cheios de vitalidade, em meio à vida, a lembrança da morte não seja tão pesada quanto deve ser nas escassas ruas de um subúrbio. Curiosamente, os defensores dos controles rígidos de usos, os quais se opõem tão firmemente à morte nas cidades, parecem opor-se com idêntica firmeza ao surgimento da vida nas cidades.

Uma das quadras do Greenwich Village que está desenvolvendo espontaneamente sua atratividade, sua participatividade e seu valor econômico, tem neste momento, coincidentemente, uma funerária, que lá está há quatro anos. Isso é condenável? Obviamente, ela não foi um empecilho para as famílias que empregaram dinheiro na restauração dos casarões, nem para os homens de negócios que têm investido dinheiro na abertura ou na reforma de escritórios, nem para o construtor que está erguendo um edifício de apartamentos de alta renda[3].

A ideia esquisita de que a morte deveria ser um elemento imperceptível ou impronunciável na vida urbana foi claramente discutida em Boston, há um século, quando urbanistas defenderam a remoção dos antigos cemitérios das igrejas do centro da cidade. Nascido em Boston, Thomas Bridgman, cujo ponto de vista prevaleceu, disse o seguinte: "O local de sepultamento dos mortos, na medida em que exerça alguma influência, é ao lado da retidão e da religião (...). Sua voz é a da reprimenda eterna à leviandade e ao pecado."

O único indício do suposto mal provocado pelas funerárias nas cidades que consegui encontrar está em *The Selection of Retail Locations* [A escolha de locais para o varejo], de Richard Nelson. Nelson comprova com dados estatísticos que as pessoas que vão a velórios nas funerárias raramente fazem compras antes ou depois. Portanto, o varejo não tem vantagem alguma em estar próximo de funerárias.

Nos bairros de baixa renda das grandes cidades, como o East Harlem, em Nova York, as casas funerárias podem atuar, e atuam, como um fator positivo e construtivo. Isso porque uma funerária pressupõe uma pessoa empreendedora. As pessoas empreendedoras, como farmacêuticos, advogados, dentistas e clérigos, representam nesses bairros qualidades, como dignidade, ambição e boa instrução. Normalmente são figuras públicas bastante conhecidas, ativas na vida social do local. Elas também entram na vida política com muita frequência.

Assim como boa parte do planejamento urbano ortodoxo, o suposto mal causado por este e aquele uso foi reconhecido como

3. Essa mesma quadra, aliás, é sempre mencionada nas redondezas como uma ótima rua residencial, e sem dúvida o uso residencial é predominante, tanto de fato como na aparência. Mas veja o que mais ela tem em meio às residências, no momento em que escrevo: a funerária, é claro, uma imobiliária, duas lavanderias, um antiquário, uma firma de financiamento e poupança, três consultórios médicos, uma igreja e uma sinagoga (juntas), um pequeno teatro atrás da igreja e da sinagoga, um cabeleireiro, um conservatório de canto, cinco restaurantes e um edifício misterioso que pode ser qualquer coisa, de escola a oficina artesanal e centro de reabilitação, mas não diz o que é.

tal sem que ninguém perguntasse: "Por que é nocivo? Como o mal se manifesta e que mal é esse?" Duvido que haja algum uso econômico legal (e alguns poucos ilegais) que consiga prejudicar tanto um distrito quanto a falta de uma diversidade abundante. Não há praga urbana que seja tão devastadora quanto a Grande Praga da Monotonia.

Dito isso, destaco uma última categoria de usos, os quais, a menos que sua localização seja regulamentada, são prejudiciais para os distritos com rica diversidade. Dá para contá-los nos dedos de uma mão: estacionamentos, garagens de caminhões longos ou pesados, postos de gasolina, painéis publicitários gigantescos[4] e empreendimentos inadequados não exatamente por sua natureza, mas porque *em certas ruas* suas dimensões não são apropriadas.

Todos esses cinco usos problemáticos têm condições de ser suficientemente lucrativos (ao contrário dos ferros-velhos) para manter, e tentar encontrar, um espaço em áreas diversificadas e vivas. Porém, ao mesmo tempo eles geralmente empobrecem as ruas. Provocam nelas desorganização visual e são tão dominantes que é difícil – às vezes impossível – destacar-se muito qualquer senso contrário de organização, tanto no uso quanto na aparência da rua.

Os efeitos visuais dos quatro primeiros usos problemáticos são facilmente perceptíveis e analisados com frequência. O problema são os usos em si, devido ao *tipo* que constituem.

Todavia, o quinto uso problemático que mencionei é diferente, porque nesse caso o problema é o da *dimensão* do uso, e não do *tipo*. Em certas ruas, qualquer empreendimento que ocupe um terreno de frente desproporcionalmente ampla desagrega e empobrece a rua, embora exatamente o mesmo *tipo* de uso, em escala menor, não seja um mal, mas, sim, uma vantagem.

Por exemplo, muitas ruas "residenciais" das cidades abrigam, além das moradias, todos os tipos de usos comerciais e de serviços, e estes se encaixam bem desde que sua fachada não seja

4. Geralmente, mas nem sempre. O que seria da Times Square não fossem os enormes cartazes publicitários?

maior, digamos, que a de uma residência comum. Literalmente, e também figuradamente, os usos se combinam. A rua possui uma imagem coerente e essencialmente ordenada, além de variada.

Porém, numa rua como essa, um uso que ocupe uma fachada muito ampla parece provocar a explosão da rua – faz a rua desintegrar-se.

Esse problema não tem relação alguma com o uso do solo, na acepção comum que o termo tem no zoneamento. Um restaurante ou uma lanchonete, uma mercearia, uma marcenaria, uma gráfica pequena, por exemplo, encaixam-se bem numa rua daquelas. Mas exatamente o mesmo *tipo* de uso – por exemplo, um café-restaurante enorme, um supermercado, uma fábrica de móveis ou uma gráfica grande – pode causar poluição visual (e às vezes auditiva) por ser de *proporção* diferente.

Ruas assim necessitam de regulamentações que as protejam do dano que uma diversificação completamente permissiva sem dúvida lhes traria. Mas as regulamentações necessárias não se referem ao tipo de uso. São necessárias regulamentações sobre a extensão do terreno permitida para determinado uso.

Trata-se de um problema urbano tão óbvio e corriqueiro, que se é levado a pensar que sua solução deveria fazer parte das preocupações da teoria do zoneamento. No entanto, nem a própria existência do problema é reconhecida na teoria do zoneamento. Neste momento, a Comissão de Planejamento Urbano de Nova York está realizando sessões sobre um novo código de zoneamento, progressista e bastante atualizado. Organizações e pessoas interessadas foram convidadas a analisar, entre outras coisas, as categorias de zonas propostas em que as ruas se inserem e a recomendar alterações de zonas se isso for necessário. Há várias dezenas de categorias de uso, cada uma delas diferenciada com o maior cuidado e ponderação – e todas elas não têm relação com os problemas de uso da vida real em distritos distintos.

O que se pode recomendar, quando a própria teoria que embasa tal legislação de zoneamento – não meramente seu detalhamento – precisa ser revisada e repensada radicalmente? Essa triste circunstância deu lugar a muitas sessões absurdas de planejamento estratégico, por exemplo, nas organizações privadas do

Greenwich Village. Muitas travessas residenciais admiradas e atraentes possuem uma combinação esparsa de estabelecimentos de pequeno porte. Eles geralmente estão presentes com permissão do zoneamento residencial, ou então violando-o. Todos aprovam sua presença, e sua serventia não se discute. A discussão gira mais em torno do tipo de categoria no novo zoneamento que será menos contraditório com as necessidades da vida real. Os inconvenientes de cada uma das categorias apresentadas são formidáveis. O argumento contra a categoria comercial para essas ruas é que, embora se vão permitir os usos vantajosos em pequena escala, o uso comercial também será admitido, sem menção à escala; por exemplo, os grandes supermercados serão permitidos, e os moradores têm receio de que eles fragmentem ruas desse tipo e destruam seu perfil residencial – o que é verdade. Se se estipular uma categoria exclusivamente residencial, segundo esse ponto de vista, os pequenos estabelecimentos se infiltrarão, desrespeitando o zoneamento, como fizeram no passado. O argumento contra a categoria residencial é que alguém pode realmente levá-la a sério e obrigar a aplicação da lei de zoneamento contra os usos de pequeno porte "não previstos"! Os cidadãos íntegros, que se preocupam genuinamente com os interesses da vizinhança, participam das reuniões ponderadamente, maquinando que regulamentação possibilitará as brechas mais benéficas.

O dilema é premente e real. Uma rua do Greenwich Village, por exemplo, insurgiu-se há pouco tempo precisamente contra um problema desses, causado por uma ação que corria na Comissão de Padrões e Recursos. Uma padaria dessa rua, que fora um estabelecimento pequeno de varejo mas cresceu vertiginosamente e se transformou em um grande atacadista, estava reivindicando a abertura de uma exceção no zoneamento para ampliar consideravelmente suas instalações (apoderando-se do estabelecimento vizinho, antes ocupado por uma lavanderia atacadista). A rua, que havia muito era classificada como residencial, estava promovendo várias reformas, e muitos dos proprietários e inquilinos, com orgulho e preocupação por ela cada vez maiores, decidiram lutar contra o pedido de exceção. Perderam. Não surpreende que tenham perdido, porque sua causa era confusa. Alguns dos líderes da contenda, que eram proprietários ou moravam em imóveis cujo andar térreo tinha usos não residenciais em pequena escala, estavam em desacordo, efetivo ou solidário, com a classificação exclusivamente residencial – da mesma forma que a grande padaria. No entanto, precisamente os vários usos não residenciais em pequena escala, que vinham aumentando, eram responsáveis por boa parte da atratividade e do valor crescentes da rua para uso residencial. Eles são um benefício, e os moradores da rua reconhecem isso, porque tornam a rua atraente e segura. Entre eles há uma imobiliária, uma pequena editora, uma livraria, um restaurante, uma loja de molduras, uma marcenaria, uma loja que vende pôsteres e gravuras antigas, uma doceria, uma lavanderia, duas mercearias e um pequeno teatro amador.

Perguntei a um dos líderes da disputa contra o pedido de exceção à padaria, homem que é também o maior proprietário de prédios residenciais reformados da rua, qual alternativa, em sua opinião, seria mais prejudicial para o valor de seus imóveis: a eliminação gradual de todos os usos "não residenciais" da rua ou a ampliação da padaria. A primeira alternativa seria mais desastrosa, respondeu ele, acrescentando: "É claro que uma opção como essa é absurda!"

É absurda. Uma rua dessas é um quebra-cabeça e uma anomalia segundo a teoria tradicional do zoneamento do uso do solo. É um quebra-cabeça até mesmo como problema de zoneamento comercial. À medida que o zoneamento comercial se tornou mais "progressista" (i.e., uma cópia das condições de um subúrbio), ele passou a enfatizar as distinções entre "comércio local de bens de uso cotidiano", "comércio distrital" e coisas assim. O código atualizado de Nova York também contém tudo isso. Mas como é que se classifica uma rua como essa da padaria? Ela dispõe de um comércio tipicamente local (como a lavanderia e a confeitaria) e de atrativos para todo o bairro (como o marceneiro, o emoldurador de quadros, o café) e para toda a cidade (como o teatro, galerias de arte, loja de pôsteres). É uma mistura singular, mas o tipo de diversidade inclassificável que ela representa não é, no mínimo, singular. Todas as áreas urbanas diversificadas e vivas, cheias de vitalidade e surpresas, existem num mundo diferente daquele do comércio de subúrbio.

De modo algum todas as ruas da cidade precisam de um zoneamento sobre a proporção das frentes das lojas. Muitas ruas, particularmente aquelas em que predominam edifícios grandes e largos, seja para uso residencial, seja para outro uso ou para ambos, podem alojar empresas com fachada extensa e misturá-las às pequenas sem aparentar desintegração ou desagregação e sem serem oprimidas funcionalmente por determinado uso do solo. A Quinta Avenida tem essa combinação do grande com o pequeno. Porém, é urgente o zoneamento sobre as proporções dos usos nas ruas que necessitam dele, não só pelo próprio bem delas, mas porque a existência de ruas com características consistentes aumenta a diversidade de perspectivas visíveis da própria cidade.

Raskin, em seu ensaio sobre a variedade, afirmou que a maior falha do zoneamento urbano é *permitir* a monotonia. Acho que é isso mesmo. Talvez a segunda grande falha seja que o zoneamento ignora a *proporção* do uso, nos locais em que é importante considerá-la, ou a confunde com o *tipo* de uso, e isso leva, por um lado, à desagregação visual (e às vezes funcional) das ruas ou, por outro lado, a tentativas indiscriminadas de separar e segregar certos tipos de uso independentemente de suas proporções ou efeitos práticos. A própria diversidade, portanto, é desnecessariamente suprimida, em lugar de se suprimir uma manifestação restrita dela, infeliz em certos locais.

Não resta dúvida de que as áreas urbanas com diversidade emergente geram usos desconhecidos e imprevisíveis e perspectivas visuais peculiares. Mas não se trata de um inconveniente da diversidade. Trata-se da questão essencial, ou parte dela. Isso está de acordo com uma das atribuições das cidades.

Paul J. Tillich, professor de teologia em Harvard, observa:

> Por sua natureza, a metrópole oferece o que só as viagens seriam capazes de apresentar, qual seja, o desconhecido. Já que o desco-

> nhecido provoca o questionamento e desestabiliza aquilo que é familiar, ele faz a razão elevar-se à sua significação máxima (...). Não existe melhor comprovação desse fato do que as tentativas de todos os dirigentes totalitários de manter o desconhecido afastado de seus assuntos (...). Corta-se a cidade grande em pedaços, cada um dos quais é analisado, expurgado e homogeneizado. O mistério do desconhecido e o raciocínio crítico dos homens são extirpados da cidade.

Essa é uma noção familiar a todos os que prezam e usufruem as cidades, embora sempre se manifeste de forma mais branda. Kate Simon, autora de *New York Places and Pleasures* [Lugares e prazeres de Nova York], diz praticamente a mesma coisa quando afirma: "Levem seus filhos ao Grant's [restaurante] (...) pode ser que eles topem com pessoas que talvez nunca encontrem em outro lugar e de que talvez jamais se esqueçam."

A própria existência de publicações turísticas de cidades, com ênfase na descoberta, no curioso, no diferente, é um exemplo da afirmação do professor Tillich. As cidades têm capacidade de oferecer algo a todos, mas só porque e quando são criadas por todos.

PARTE 3
FORÇAS DE DECADÊNCIA E DE RECUPERAÇÃO

13. A AUTODESTRUIÇÃO DA DIVERSIDADE

Minhas observações e conclusões até aqui se resumem ao seguinte: nas cidades norte-americanas, precisamos de todos os tipos de diversidade, intrincadamente combinados e mutuamente sustentados. Isso é necessário para que a vida urbana funcione adequada e construtivamente, de modo que a população das cidades possa preservar (e desenvolver ainda mais) a sociedade e a civilização. Os órgãos públicos e semipúblicos são responsáveis por alguns dos empreendimentos que ajudam a construir a diversidade urbana – como parques, museus, escolas, a maioria dos auditórios, hospitais, certos escritórios, certas moradias. Todavia, a maior parte da diversidade urbana é criação de uma quantidade inacreditável de pessoas diversas e de organizações privadas diversas, que têm concepções e propósitos bastante diversos e planejam e criam fora do âmbito formal da ação pública. A principal responsabilidade do urbanismo e do planejamento urbano é desenvolver – na medida em que a política e a ação pública o permitam – cidades que sejam um lugar conveniente para que essa grande variedade de planos, ideias e oportunidades extraoficiais floresça, juntamente com o florescimento dos empreendimentos públicos. Os distritos urbanos serão lugares social e economicamente convenientes para que a diversidade surja por si só e atinja seu potencial máximo, caso os distritos possuam boas combinações de usos principais, ruas frequentes, densa mistura de idades das construções e alta concentração de pessoas.

Nestes capítulos sobre a decadência e a recuperação, pretendo abordar várias forças poderosas que podem influir, para o bem ou para o mal, no crescimento da diversidade e da vitalidade nas cidades, desde que não falte ao local nenhuma das quatro condições necessárias para gerar a diversidade.

Essas forças, quando atuam negativamente, são: a tendência que a diversidade urbana de êxito comprovado tem de destruir a si mesma; a tendência de elementos isolados poderosos das cidades (muitos dos quais são necessários e desejáveis, não fosse por aquilo) de contribuir para a decadência; a tendência da flutuação populacional de contrapor-se ao crescimento da diversidade; e a tendência dos recursos financeiros públicos e privados de superalimentar ou subalimentar o desenvolvimento e a mudança.

Não há dúvida de que essas forças estão inter-relacionadas; todos os fatores das alterações urbanas estão inter-relacionados com todos os outros fatores. Não obstante, é bom analisarmos cada uma dessas forças isoladamente. O objetivo de reconhecê-las e entendê-las é tentar combatê-las ou, melhor ainda, transformá-las em forças construtivas. Além de influenciar o próprio crescimento da diversidade, essas forças às vezes também afetam a facilidade ou a dificuldade com que se alimentam as condições fundamentais para gerar a diversidade. Se essas forças não forem levadas em consideração, mesmo o melhor planejamento para gerar vitalidade daria dois passos para a frente e um para trás.

A primeira dessas forças poderosas é a tendência que a diversidade urbana de êxito nítido manifesta de destruir a si mesma – simplesmente por causa de seu êxito. Neste capítulo, abordarei a autodestruição da diversidade, força que, entre outros efeitos, faz com que os centros urbanos se alterem constantemente e mudem de lugar. É uma força que gera distritos ultrapassados e é responsável por boa parte da estagnação e da decadência das áreas centrais.

A autodestruição da diversidade pode ocorrer nas ruas, em pequenos nichos de vitalidade, em quarteirões ou em distritos inteiros. Este último é o caso mais sério.

Seja qual for a forma de autodestruição, em pinceladas gerais, é isto o que ocorre: uma combinação diversificada de usos em determinado local na cidade torna-se nitidamente atraente e próspera como um todo. Em virtude do sucesso do lugar, que invariavelmente se deve a uma diversidade emergente e atraente, desenvolve-se nessa localidade uma concorrência acirrada por espaço. Ela adquire uma dimensão econômica equivalente à de uma coqueluche.

Os vencedores da concorrência por espaço representarão apenas uma pequena parcela dos muitos usos que geraram o sucesso conjuntamente. Sejam quais forem, o uso ou os usos que se destacaram como mais lucrativos na localidade se reproduzirão cada vez mais, expulsando e suplantando os tipos de uso menos lucrativos. Se uma quantidade muito grande de pessoas, atraídas pela facilidade e por interesse ou encantadas com o vigor e a empolgação, decidir morar ou trabalhar no local, mais uma vez os vencedores da concorrência constituirão uma pequena parcela do conjunto de usuários. Já que muitos querem ter acesso ao local, aqueles que conseguem fazê-lo ou permanecem vão se estratificar segundo as despesas.

A tendência da concorrência fundada na lucratividade do varejo é influir mais sobre as ruas. A tendência da concorrência fundada na atratividade do local de trabalho ou de moradia é influir mais sobre quarteirões, ou mesmo distritos inteiros.

Assim, nesse processo, um ou alguns usos dominantes por fim vencem. Mas é uma vitória vazia. Esse processo destrói um organismo mais complexo e mais efetivo de sustentação econômica e social mútua.

A partir daí, a localidade será abandonada pelas pessoas que a utilizam com fins outros que não os que venceram a concorrência – pois os outros fins não existem mais. Tanto visual quanto funcionalmente, o lugar torna-se mais monótono. É bem possível que sobrevenham todas as condições econômicas desfavoráveis em razão da distribuição insuficiente de pessoas ao longo do dia. A adequação do local, mesmo para seu uso predominante, se reduzirá gradativamente, como se reduziu a adequação do centro de Manhattan para os escritórios administrativos. Com o tempo, um lugar outrora tão bem-sucedido e objeto de tão acirrada competição, definha e torna-se marginal.

Podem-se ver em nossas cidades muitas ruas que já passaram por esse processo e estão agonizando. Podem-se ver outras que estão atualmente imersas nesse processo. Entre elas, no bairro onde moro, há a Rua Oito, principal rua de comércio do Greenwich Village. Há trinta anos, era uma rua apagada. Então, um dos maiores proprietários de imóveis da rua, Charles Abrams (que, aliás, é também um especialista muito esclarecido em planejamento urbano e programas habitacionais), construiu uma pequena boate e uma sala de cinema incomum para a época (a plateia estreita para proporcionar boa visão da tela, o salão de café e o clima acolhedor foram bastante copiados). Esses dois empreendimentos tiveram sucesso. Atraíram mais gente para a rua no horário noturno e nos fins de semana, complementando o movimento diurno de pessoas, e ajudaram a estimular a disseminação de estabelecimentos especializados e de produtos de uso diário. Estes, por sua vez, começaram a atrair mais gente, de dia e de noite. Como mencionei anteriormente, uma rua de dois turnos como essa é um lugar economicamente ideal para restaurantes. A história da Rua Oito é a comprovação disso. Restaurantes variados espalharam-se por ela.

Aconteceu que, dentre os empreendimentos da Rua Oito, os restaurantes tornaram-se o empreendimento mais lucrativo por metro quadrado de área ocupada. Naturalmente, a Rua Oito tornou-se cada vez mais um local de restaurantes. Ao mesmo tempo, na esquina com a Quinta Avenida, uma boa variedade de agremiações, galerias e alguns escritórios pequenos foi expulsa por edifícios de apartamentos de altíssima renda sem atrativos, monolíticos. O único personagem incomum dessa história é o próprio Abrams. Ao contrário de muitos proprietários, que talvez não tenham pensado nas consequências do que estava acontecendo e não tenham visto um motivo de preocupação devido ao sucesso, Abrams acompanhou abismado a expulsão de livrarias, galerias de arte, agremiações, artesãos e lojas únicas. Viu novas ideias surgirem em outras ruas, e poucas delas na Rua Oito. Percebeu que parte dessa movimentação estava ajudando a animar e a diversificar outras ruas, mas percebeu também que a Rua Oito caminhava lenta e inexoravelmente em sentido contrário. Ele notou que, se o processo seguisse seu curso lógico e se completasse, a Rua Oito acabaria estagnada, em razão da migração da popularidade para outro lugar. Quanto a boa parte de seus imóveis, situados num trecho estratégico da rua, Abrams resolveu procurar inquilinos que acrescentassem algo diferente, que não restaurantes, à mistura. Mas encontrá-los é às vezes muito difícil, porque eles precisam praticamente se equiparar aos altos lucros dos restaurantes. Isso diminui as possibilidades – mesmo as possibilidades meramente comerciais. A pior ameaça potencial à diversidade e ao sucesso prolongado da Rua Oito é, em suma, a força desencadeada pelo formidável sucesso atual.

Próximo dali, a Rua Três está ainda mais imersa num problema parecido, por causa de outra forma de seleção. Essa rua, ao longo de várias quadras, passou a ser bastante procurada por turistas, atraídos primeiro pela vida boêmia dos cafés e dos bares, a princípio com algumas poucas boates esparsas, tudo misturado aos interessantes estabelecimentos de bairro e à vida residencial desse bairro antigo e estável, habitado por italianos e artistas. Os visitantes noturnos, na quantidade de quinze anos atrás, eram um elemento construtivo da mescla local. A animação generalizada que eles ajudaram a criar era um fator de atração para moradores, além de uma atração para visitantes. Hoje, os estabelecimentos noturnos dominam a rua e também atrapalham a própria vida local. Num bairro que conseguia lidar exemplarmente com os desconhecidos e dar-lhes segurança, as casas noturnas provocaram uma concentração demasiada de estranhos, e de modo tão extremado, que nenhuma sociedade urbana imaginável consegue controlá-la com naturalidade. A reprodução do uso mais lucrativo abala a base da própria atratividade, como costuma ocorrer nas cidades com a reprodução e o excesso de um mesmo uso.

Estamos acostumados a pensar nas ruas, ou na vizinhança da rua, de acordo com subdivisões de usos funcionais – entretenimento, escritórios, residências, compras ou coisa parecida. E elas assim se comportam, mas só em certa medida, se mantiverem o sucesso. Por exemplo, ruas cuja lucratividade centra-se numa diversidade derivada, como comércio de roupas, a ponto de esse comércio tornar-se praticamente de uso exclusivo, entram em decadência ao serem paulatinamente abandonadas e ignoradas pelas pessoas que são movidas por propósitos secundários. Se essa rua possuir quadras longas, que degradam ainda mais sua complexa combinação de usos cruzados, a seleção dos frequentadores e a estagnação resultante serão potencializadas. E se essa rua situar-se num bairro que está se concentrando num uso primário – como o trabalho –, haverá pouca esperança de uma virada espontânea para melhor.

Pode-se observar a autodestruição da diversidade em pequenos nichos de atividade visivelmente bem-sucedidos, assim como em trechos de ruas. O processo é o mesmo. Como exemplo, peguemos o cruzamento das ruas Chestnut e Broad, em Filadélfia, lugar que, há poucos anos, era o ponto alto do variado comércio e de outras atividades da Rua Chestnut. As esquinas desse cruzamento eram o que os corretores de imóveis denominam uma ótima localização. Era um lugar invejável. Uma das esquinas era ocupada por um banco. Três outros bancos se instalaram nas outras três esquinas, obviamente para também marcar presença nesse ponto privilegiado. A partir desse momento, a localização deixou de ser ótima. Hoje, esse cruzamento é um lugar morto da Rua Chestnut, e a agitação da diversidade e da movimentação foi empurrada para mais longe.

Esses bancos cometeram o mesmo erro de uma família conhecida minha, que comprou um terreno no campo para construir uma casa. Por muitos anos, enquanto não dispunham do dinheiro para a obra, eles iam frequentemente ao terreno e faziam piquenique numa colina, o local mais atraente da propriedade. Eles gostavam tanto de se imaginar naquele lugar que acabaram construindo a casa na colina. Mas a colina não era mais aquela. Não conseguiram perceber que acabariam com a colina no exato instante em que eles próprios tomassem o lugar dela.

As ruas (especialmente quando suas quadras são curtas) às vezes conseguem resistir à reprodução dos usos bem-sucedidos, ou ainda recuperar-se voluntariamente depois de uma decadência e uma estagnação breves. Essas saídas serão possíveis se o bairro conseguir manter uma mistura robusta e vigorosa de diversidade – principalmente uma base forte de diversidade de usos principais subjacente.

No entanto, quando uma vizinhança inteira, ou um bairro inteiro, reproduz em excesso os usos mais lucrativos ou mais prestigiados, o problema torna-se muito mais sério.

Podemos verificar em muitos centros urbanos as provas cabais dessa opção desastrosa. Os sucessivos centros históricos do centro urbano de Boston, como uma série de camadas arqueológicas, estão fossilizados na forma de estratos e mais estratos de usos específicos, cada estrato sem uma combinação principal, cada estrato estagnado. A Comissão de Planejamento de Boston, ao analisar os usos do centro, mapeou-os com cores – uma cor para designar escritórios de administração e finanças, outra para governo, outra para compras, outra para entretenimento e assim por diante. Todas as áreas estagnadas aparecem no mapa como uma série de áreas compactas, com uma só cor para cada uma. Por outro lado, num dos limites do centro urbano, onde a Baía Back confina com um dos cantos dos Jardins Públicos, há uma área do mapa marcada com um tipo diferente de legenda, que significa "uso misto". Esse é o único local do centro de Boston que hoje está espontaneamente mudando, crescendo e atuando como uma cidade viva.

Essas sucessões de áreas centrais específicas, como as de Boston, são imaginadas vagamente como remanescentes de um centro urbano que se desloca. São vistas como resultado do deslocamento do centro para outro lugar. Mas não são. Esses aglomerados resultantes da reprodução excessiva são a *causa* do deslocamento do centro. A diversidade é suplantada pela reprodução do que dá sucesso. A menos que de início elas tenham um financiamento generoso ou sejam imediatamente bem-sucedidas (o que raramente ocorre), as novas ideias migram para pontos secundários; assim, os pontos secundários tornam-se principais, florescem por um tempo e podem acabar destruídos pela reprodução daquilo que lhes deu mais sucesso.

Em Nova York, o processo de seleção no centro já era registrado nos anos 1880, num *jingle* da época:

Rua Oito abaixo, os homens ganham.
Rua Oito acima, as mulheres gastam.
Esse é o jeito desta grande cidade,
Rua Oito acima e Rua Oito abaixo.

Willa Cather, escrevendo em *My Mortal Enemy* [Meu inimigo mortal] sobre a Madison Square e o momento em que chegou sua vez de ser um centro de diversidade intenso, descreveu-a assim: "A Madison Square era então um divisor de águas; tinha personalidade dupla, metade comercial, metade residencial, com lojas do lado sul e residências do lado norte."

Cather denunciava a característica da mistura e a "personalidade dupla" que sempre marcam um centro claramente bem-sucedido quando ele se aproxima do auge e aí estanca. Mas essa mistura dificilmente significa um "divisor de águas". É uma reunião e uma mistura de águas.

A Madison Square, hoje um distrito soturno de pesados edifícios de escritórios e comércio bastante pobre em relação ao que usufruiu, marcou época em seu auge por abrigar o antigo Madison Square Garden (hoje substituído por um edifício de escritórios). Desde então, Nova York nunca mais teve um salão público tão refinado, charmoso e atraente, porque desde então Nova York nunca teve seu principal salão público no centro glamouroso e dispendioso de uma boa mistura.

A escolha definitiva e a demorada decadência da Madison Square não foram, é claro, um acontecimento isolado. Fizeram parte de um processo bem maior, formado pelo constante acúmulo de pressões econômicas sobre as combinações de usos bem-sucedidas. Em escala mais ampla que a da Madison Square, essas pressões da concorrência pelo espaço restringiram ininterruptamente a diversidade em todo o núcleo do centro urbano e a empurraram para a faixa superior do centro; em razão disso, o próprio centro estava se deslocando, deixando para trás, encalhados, seus distritos.

O centro urbano, ao se deslocar, sempre deixa para trás, além das regiões em que abundam as reproduções, bolsões constituídos praticamente de vazios, lugares que ignoraram ou evitaram combinações de diversidade mais intensas. Esses bolsões ou faixas laterais têm tudo para não valer coisa alguma a partir daí, porque as áreas de uso específico que os rodeiam ocasionam uma distribuição muito pobre de pessoas ao longo do dia. Aí há espaço, mas não existe nada que atraia os usos para ele.

Aparentemente, a autodestruição da diversidade do distrito por meio da excessiva reprodução de usos ocorre também em Londres, em virtude das mesmas forças que deslocam os centros urbanos norte-americanos. Um artigo a respeito dos problemas de urbanização do centro de Londres, na edição de janeiro de 1959 do periódico britânico *Journal of the Town Planning Institute*, diz o seguinte:

> Há muitos anos, a variedade desapareceu da City [centro bancário e financeiro londrino]. A abundante população diurna destoa da população noturna de 5 mil pessoas. O que aconteceu na City está acontecendo no West End. A justificativa de muitas pessoas que têm escritórios no West End é de que eles dispõem do conforto dos hotéis, dos clubes e dos restaurantes para os clientes e fregueses, e das lojas e dos parques para sua equipe. Se o processo continuar, essas mesmas vantagens serão tragadas, e o West End se tornará um enfadonho mar de edifícios de escritórios.

Infelizmente, há poucos bairros residenciais nitidamente prósperos nas cidades norte-americanas; a maioria dos bairros residenciais nunca possuiu as quatro condições fundamentais para gerar, em primeiro lugar, uma diversidade exuberante. Portanto, os exemplos da autodestruição que resulta de um sucesso notável são mais comuns nos centros urbanos. Porém, os relativamente escassos bairros residenciais que se tornam atraentes e bem-sucedidos na geração de diversidade e vitalidade acabam submetidos às mesmas forças de autodestruição que os centros. Nesse caso, tanta gente quer morar nessa localidade, que se torna lucrativo construir nela, em quantidade excessiva e devastadora, para aqueles que podem pagar mais. Tais pessoas geralmente não têm filhos, e hoje em dia não são simplesmente aquelas que em geral podem pagar mais, mas aquelas que podem ou pagam mais por um espaço mínimo. Multiplicam-se as moradias para esse segmento pequeno e lucrativo da população, à custa de todas as outras estruturas e de todos os outros segmentos. Excluem-se famílias, exclui-se a variedade de perspectivas visuais, excluem-se os empreendimentos incapazes de arcar com sua parcela nos custos de construções novas. Esse processo está acontecendo muito rapidamente em grande parte do Greenwich Village, de Yorkville e na faixa central do East Side de Manhattan. Os usos reproduzidos em excesso diferem daqueles excessivamente reproduzidos no núcleo dos centros urbanos, mas o processo é o mesmo, as causas são as mesmas e o resultado final, o mesmo. A colina admirada e atraente é destruída pelos próprios ocupantes, pelo ato da ocupação.

O processo que descrevi ocorre somente em pequenas áreas de cada vez, porque é uma sequela unicamente do sucesso que chama a atenção. Contudo, o poder destrutivo desse processo é mais amplo e mais sério do que faz supor seu alcance geográfico a cada momento. O próprio fato de o processo ocorrer em localidades nitidamente prósperas torna difícil para as nossas cidades aproveitar essa prosperidade. Geralmente sobrevém a decadência.

Além disso, o próprio modo como o sucesso que chama a atenção entra em decadência torna o processo duplamente prejudicial para as cidades. Ao mesmo tempo que as novas construções e as multiplicações de usos restritos destroem a sustentação recíproca em determinado local, elas estão, na verdade, privando de sua presença outros locais onde poderiam *ampliar* a diversidade e fortalecer a sustentação recíproca, e não diminuir essas qualidades.

Por algum motivo, os bancos, as companhias de seguro e os escritórios de prestígio são invariavelmente os mais daninhos nesse aspecto. Ao ver onde os bancos e as companhias de seguros se instalam, você vai constatar quase sempre que um núcleo de diversidade foi extinto, uma colina de vitalidade foi nivelada. Você vai ver um lugar que já é ultrapassado ou está a caminho disso. Suponho que essa circunstância curiosa se deva a dois fatos.

Essas organizações são conservadoras. O conservadorismo, no que se refere à escolha de locais na cidade, leva a investir onde o sucesso é garantido. Quem dá valor principalmente ao que já foi conquistado precisa ter uma visão muito ampla para perceber que seu investimento pode destruir o sucesso – e talvez fique perplexo com as localidades com potencial para o sucesso ou inseguro a respeito delas, por não compreender por que certos lugares nas cidades têm sucesso e outros não. Em segundo lugar, tais organizações têm dinheiro e, portanto, condições de suplantar a maioria dos concorrentes no espaço que desejam. Assim, o desejo e a capacidade de instalar-se na colina combinam mais com os bancos e as companhias de seguros, e os escritórios de prestígio, que têm facilidade para contrair empréstimos nos bancos e nas companhias de seguro. Até certo ponto, a conveniência de estarem próximas é muito importante, como acontece com várias outras atividades urbanas. Mas isso não justifica a precisão e a frequência com que essas organizações poderosas tomam o lugar das combinações de diversidade bem-sucedidas. Quando a reprodução excessiva de usos de trabalho provoca a estagnação de uma localidade (à custa de outro tecido), o mais próspero deles abandona prontamente o ninho de comodidade, que deixou de ser tão atraente.

Contudo, seria um erro ater-se a culpados específicos entre os diversos usos urbanos, mesmo os culpados notáveis. Muitos outros usos exercem as mesmas pressões econômicas e terminam nos mesmos triunfos vazios.

Acho que é mais útil abordar essa questão como um problema de mau funcionamento das próprias cidades.

Primeiro, precisamos compreender que a autodestruição da diversidade é causada pelo sucesso, não pelo fracasso.

Segundo, precisamos compreender que esse processo é um desdobramento dos mesmos processos econômicos que levaram ao sucesso e foram para tanto indispensáveis. O desenvolvimento da diversidade em determinada área deve-se à oportunidade econômica e à atratividade econômica. Durante o processo de desenvolvimento da diversidade, muitos dos que competem pelo espaço são vencidos. Qualquer diversidade urbana desenvolve-

-se, pelo menos em parte, à custa de outro tecido. Durante esse período de desenvolvimento, até mesmo alguns usos singulares podem ser extintos porque dão um retorno econômico muito baixo em relação ao solo que ocupam. Achamos que isso seja benéfico se se tratar de usos específicos, como ferros-velhos, pátios de carros usados ou edifícios abandonados; e *é* benéfico. Durante o período de desenvolvimento, a maior parte da nova diversidade surge não só à custa do tecido de baixo valor, mas também à custa das reproduções de usos já existentes. A uniformidade vai sendo subtraída ao mesmo tempo que a diversidade é acrescentada. O resultado da competição econômica pelo espaço é um aumento líquido de diversidade.

A certa altura, o desenvolvimento da diversidade vai tão longe, que o acréscimo de uma diversidade nova ocorre principalmente pela concorrência com a diversidade existente. Pouco da uniformidade é subtraído, talvez nada. Isso acontece quando um núcleo de diversidade e vitalidade está no auge. Se algo realmente diferente for acrescentado (como o primeiro banco que se instalou na esquina daquela rua de Filadélfia), ainda não haverá perda líquida de diversidade.

Trata-se, então, de um processo que desempenha, durante algum tempo, uma função salutar e benéfica, mas que, se não conseguir modificar-se ao atingir um ponto crítico, perderá a funcionalidade. A analogia que me vem à cabeça é uma retroalimentação falha.

O conceito de retroalimentação eletrônica tornou-se familiar com a evolução dos computadores e das máquinas automatizadas, e significa que um dos produtos finais de uma operação ou de uma série de operações da máquina é um sinal que modifica e orienta a operação seguinte. Acredita-se hoje que um processo de retroalimentação parecido, controlado química e não eletronicamente, modifique certas atividades celulares. Uma notícia do *New York Times* explica isso:

> A presença de um produto final dentro de uma célula faz com que o mecanismo que o produz reduza o ritmo e pare. Essa forma de comportamento celular foi definida como "inteligente" pelo Dr. [Van

R.] Potter [da Escola de Medicina da Universidade de Wisconsin]. Em contrapartida, uma célula que tenha sofrido alteração ou mutação comporta-se como "idiota" porque, sem o controle da retroalimentação, continua a produzir mesmo o material de que não necessita.

Acho que a última frase é uma boa descrição da atuação de localidades urbanas onde o sucesso da diversidade se autodestrói.

Suponhamos que áreas urbanas prósperas, com toda a sua extraordinária e complexa ordem social e econômica, sejam falhas nesse aspecto. Ao criar o sucesso nas cidades, nós, seres humanos, fazemos coisas maravilhosas, mas deixamos de lado a retroalimentação. O que podemos fazer nas cidades para compensar essa omissão?

Duvido que possamos dar às cidades algo equivalente a um sistema de retroalimentação verdadeiro, que funcione automaticamente e com perfeição. Acho, porém, que podemos conseguir muita coisa com substitutos imperfeitos.

O problema é restringir a reprodução excessiva num lugar e dirigi-la para outros locais, em que não seja excessiva, mas um acréscimo benéfico. Esses outros lugares podem ficar longe ou muito perto. Seja como for, não podem ser apontados arbitrariamente. *Devem* ser lugares onde o uso em questão tenha uma ótima oportunidade para que seu sucesso se mantenha – uma oportunidade melhor, na verdade, do que numa localidade em que ele esteja fadado à autodestruição.

Entendo que essa diversificação possa ser estimulada pela combinação de três recursos, que eu chamaria de: zoneamento pela diversidade, constância dos edifícios públicos e diversificação competitiva. Vou tratar brevemente de cada um deles.

O zoneamento pela diversidade deve ser visto de forma diferente que o tradicional zoneamento pela semelhança, mas, como todo zoneamento, é supressor. Uma forma de zoneamento pela diversidade já é conhecida em certos distritos: a restrição à demolição de prédios de interesse histórico. O zoneamento desses distritos, já diferentes das redondezas, é instituído para que continuem diferentes. Um desdobramento um pouco mais aprimorado desse conceito foi proposto por grupos de moradores no Greenwich Village, em 1959, e adotado pelo município. Em certas ruas, a altura permitida dos edifícios foi drasticamente reduzida. A maioria das ruas envolvidas já têm vários edifícios que ultrapassam a nova restrição de altura. Isso não é prova de falta de lógica, mas precisamente o motivo de as novas restrições terem sido pedidas: os prédios mais baixos restantes não poderem ser substituídos por meio da reprodução excessiva de edifícios altos, mais valiosos. Mais uma vez, o zoneamento expurgou a uniformidade – ou, na verdade, impôs diferenças –, ainda que de maneira muito restrita e em poucas ruas.

O propósito de um zoneamento com diversidade intencional não deve ser cristalizar a situação e os usos como estão. Isso seria fatal. Mais que isso, a questão é assegurar que as mudanças ou as substituições, à medida que ocorram, não sejam prioritariamente de uma única modalidade. Isso em geral implica restrição à substituição rápida de grande número de prédios. Acho que um plano específico de zoneamento pela diversidade – ou uma combinação específica de planos – exigido por uma área urbana nitidamente próspera tende a contrapor-se à localidade e à forma particular de autodestruição que a ameaça. Contudo, em princípio, o zoneamento voltado para a idade e o tamanho dos prédios é um instrumento lógico, porque a variedade de tipos de moradia geralmente se reflete na variedade de usos e moradores. O zoneamento de um parque circundado por uma repetição intensa de edifícios altos poderia muito bem regulamentar a construção de edifícios baixos especialmente do lado sul, atingindo assim dois bons objetivos de uma só tacada: garantir que o parque tenha sol no inverno e garantir indiretamente, pelo menos até certo ponto, a diversidade de usos na vizinhança.

Todo esse zoneamento pela diversidade – desde que o propósito seja evitar a reprodução excessiva dos usos mais lucrativos – precisa ser acompanhado de um ajuste nos impostos. A restrição à adoção do uso potencial mais lucrativo em determinada área precisa refletir-se nos impostos. É ilusório fixar um limite para a construção de um imóvel (mesmo que o instrumento de controle seja a altura, o porte, o valor histórico ou estético ou algum outro particular) e deixar que a tributação sobre tal imóvel reflita os valores despropositados dos imóveis próximos que se tornaram mais lucrativos. De fato, o aumento da tributação sobre a propriedade urbana por causa da lucratividade maior dos vizinhos é um artifício que tem atualmente o poder de forçar a reprodução excessiva. Essa pressão continuaria a provocá-la, mesmo que se tomassem medidas com o objetivo claro de refrear as reproduções. A maneira de aumentar a base de tributação de uma cidade não é, de forma alguma, explorar ao máximo o potencial tributário de curto prazo de cada lugar. Isso acaba solapando o potencial tributário de longo prazo de bairros inteiros. A maneira de aumentar a base de tributação municipal é aumentando a extensão territorial de áreas prósperas da cidade. A força da base de tributação é consequência do forte magnetismo urbano, e um de seus ingredientes imprescindíveis, desde que a meta seja preservar o sucesso, é certa quantidade de variação concentrada, deliberada e calculada das rendas fiscais localizadas para ancorar a diversidade e impedir sua autodestruição.

O segundo recurso potencial para conter a reprodução desenfreada de usos é o que chamo de constância dos edifícios públicos. Quero dizer com isso que os órgãos públicos ou semipúblicos deveriam adotar, em seus imóveis, uma política parecida com a política particular de Charles Abrams em relação a seus imóveis da Rua Oito. Abrams combate a proliferação excessiva de restaurantes em seus imóveis procurando outros tipos de usos. Os órgãos públicos e semipúblicos deveriam implantar seus edifícios e instalações em locais onde eles em princípio contribuam efetivamente para a diversidade, em vez de copiar os vizinhos. Então, na condição de usos, eles deveriam permanecer inabaláveis, independentemente do valor que a propriedade venha a ter em virtude do sucesso que o cerque (o qual eles terão ajudado a criar se a escolha do local tiver sido acertada) e independentemente do valor das propostas daqueles que os substituiriam para reproduzir os usos prósperos do entorno. Trata-se de uma política de gastar, e não de economizar palitos para as municipalidades e para os órgãos que tenham um compromisso claro com a prosperidade municipal – análoga à política tributária de não economizar na implantação de instrumentos do zoneamento pela diversidade. A Biblioteca Pública de Nova York, instalada num local tremendamente valorizado, dá uma contribuição mais valiosa para a localidade do que qualquer reprodução lucrativa possível dos usos vizinhos – por ser tão diferente, visual e funcionalmente. Quando a pressão dos cidadãos persuadiu o governo municipal de Nova York a emprestar dinheiro para que um órgão semipúblico pudesse comprar o Carnegie Hall de seu proprietário, que ia vendê-lo para reprodução dos usos vizinhos, e assim o Carnegie Hall continuou sendo uma sala de espetáculos e auditório, uma combinação real e permanente de usos principais pôde então firmar-se no bairro. Em síntese, órgãos públicos e voltados para o público podem contribuir bastante para fixar a diversidade se permanecerem inabaláveis em meio aos *diferentes* usos vizinhos, enquanto o dinheiro circula à sua volta e gostaria muito de circular neles.

Esses dois recursos – zoneamento pela diversidade e constância dos edifícios públicos – são iniciativas defensivas contra a autodestruição da diversidade. São, por assim dizer, para-brisas que conseguem conter as lufadas das pressões econômicas, embora não se possa esperar que suportem tempestades prolongadas. Qualquer tipo de zoneamento, qualquer tipo de política sobre edifícios públicos, qualquer tipo de política tributária, por mais esclarecidos que sejam, acabam por ceder diante de uma pressão econômica suficientemente forte. Costumam ceder e provavelmente continuarão a fazê-lo.

Portanto, junto com os instrumentos defensivos deve vir outro: a diversificação competitiva.

Existe uma crença generalizada de que os norte-americanos detestam as cidades. Acho que é provável que os norte-americanos detestem o fracasso das cidades, mas, pelo que se sabe, nós certamente não detestamos áreas urbanas prósperas e cheias de vida. Ao contrário, há tanta gente que quer utilizar tais lugares, tanta gente que quer trabalhar ou morar neles ou frequentá-los, que a autodestruição do município é uma questão de tempo. Ao aniquilar por meio do dinheiro as misturas bem-sucedidas de diversidade, talvez estejamos empregando o equivalente mais próximo do tiro de misericórdia.

Resumindo, a procura de áreas urbanas movimentadas e diversificadas é grande demais para a oferta.

Se se espera que os lugares urbanos nitidamente prósperos suportem as forças de autodestruição – e se o preço inconveniente da defesa contra a autodestruição for um preço inconveniente real –, deve-se aumentar a oferta absoluta de lugares urbanos diversificados, movimentados e economicamente viáveis. Com isso, voltamos à necessidade fundamental de criar *mais* ruas e distritos com as quatro condições economicamente imprescindíveis para a diversidade urbana.

Sem dúvida, sempre haverá distritos, em qualquer época, com diversidade mais exuberante, com mais atrativos e mais sujeitos à ruína por meio da reprodução dos usos momentaneamente mais lucrativos. No entanto, se outras localidades não estiverem muito atrás no tocante a oportunidades e atrativos, e outras ainda surgirem, elas poderão propiciar a competição pela diversificação daquilo que tem mais popularidade. Sua força de atração seria reforçada pelas restrições à reprodução introduzidas nos distritos mais popularizados, as quais são um coadjuvante imprescindível para a diversificação competitiva. Porém, a atração pela competição teria de estar lá, muito embora pudesse ser uma atração menor.

Se e quando localidades concorrentes, por sua vez, se tornarem suficientemente prósperas a ponto de necessitar de um equivalente urbano dos sinais de retroalimentação, elas deverão exigir e obter defesas contra a reprodução excessiva.

Não é difícil descobrir o momento em que uma localidade começa a agir como uma célula "idiota". Qualquer pessoa familiarizada com um distrito nitidamente próspero percebe quando essa mudança qualitativa está próxima. Quem usa instalações que estão começando a desaparecer ou gosta delas percebe muitíssimo bem quando a diversidade e a atratividade de um lugar familiar estão em declínio. Sabe muitíssimo bem quando parte da população está sendo excluída e sua diversidade está diminuindo – principalmente se forem eles próprios os excluídos. Sabe até de muitas dessas consequências antes que se efetivem, relacionando as mudanças físicas propostas ou iminentes com mudanças na vida cotidiana e no panorama cotidiano. Os moradores dos distritos falam sobre isso; apreendem tanto o fato quanto o efeito da autodestruição da diversidade muito antes que mapas e estatísticas atrasadas confirmem, tarde demais, a desgraça que aconteceu.

No fundo, a questão da autodestruição originada no sucesso que chama a atenção é o desafio de obter uma relação mais equilibrada entre a oferta e a demanda de ruas e distritos diversificados, e cheios de vida.

14. A MALDIÇÃO DAS ZONAS DE FRONTEIRA DESERTAS

Usos únicos de grandes proporções nas cidades têm entre si uma característica comum. Eles formam fronteiras, e zonas de fronteira, nas cidades, geralmente criam bairros decadentes.

Uma fronteira – o perímetro de um uso territorial único de grandes proporções ou expandido – forma o limite de uma área "comum" da cidade. As fronteiras são quase sempre vistas como passivas, ou pura e simplesmente como limites. No entanto, as fronteiras exercem uma influência ativa.

As linhas férreas são um exemplo clássico de fronteira, tanto que passaram a significar, há muito tempo, também fronteiras sociais – "do outro lado da linha do trem" –, uma conotação, coincidentemente, associada mais a cidades de pequeno porte que a cidades grandes. Aqui nos preocuparemos não com as conotações sociais das áreas demarcadas por fronteiras, mas sim com as influências físicas e funcionais das fronteiras sobre sua vizinhança urbana imediata.

No caso de uma linha férrea, o distrito que fica de um dos lados dela pode se dar melhor que o distrito que fica do outro lado. Mas os lugares que se saem pior, fisicamente, costumam ser aqueles próximos à ferrovia, de ambos os lados. Seja qual for o desenvolvimento efetivo e variado que ocorra em qualquer um dos lados, seja qual for a substituição do velho e do degradado, é mais provável que ocorram longe dessas zonas, para dentro da área urbana distante da ferrovia. As zonas desvalorizadas e decadentes que encontramos ao lado das linhas férreas nas cidades parecem afetar tudo o que se encontre dentro delas, à exceção das construções que realmente fazem uso da própria ferrovia e de suas margens. Isso é curioso, porque sempre constatamos, ao analisar os componentes do declínio e da decadência, que houve época em que as pessoas acharam correto erguer prédios novos nessa zona decadente, e até mesmo prédios ambiciosos.

A tendência ao malogro das zonas ao longo das linhas férreas normalmente tem sido justificada como consequência do barulho, da fuligem da época das locomotivas a vapor e da repulsa generalizada ao ambiente constituído pelas linhas férreas. Contudo, acho que essas desvantagens são apenas parte da causa, quem sabe, uma parte ínfima. Por que elas não desencorajaram, em princípio, que se construísse lá?

Além do mais, podemos constatar que o mesmo tipo de malogro ocorre na faixa urbana da orla marítima. O fracasso é, em geral, mais acentuado e perceptível ao longo da orla marítima do que ao longo das linhas férreas. Mesmo assim, a orla marítima não é um ambiente naturalmente barulhento, sujo ou desagradável.

É curiosa, também, a frequência com que as vizinhanças imediatas de grandes *campi* urbanos de universidades, os centros cívicos à City Beautiful, terrenos extensos de hospitais e até parques amplos manifestam tendência extraordinária ao fracasso e a frequência com que, mesmo quando não sofrem degradação material, tendem a estagnar-se – situação que precede a decadência.

Ainda assim, se o urbanismo e a teoria de ocupação do solo convencionais fossem corretos e se a quietude e a limpeza tivessem um efeito tão positivo quanto se atribui a elas, precisamente essas zonas malogradas deveriam ter um sucesso econômico estrondoso e ser socialmente ativas.

Apesar de as linhas férreas, as orlas marítimas, os *campi*, as vias expressas, os estacionamentos extensos e os parques amplos serem diferentes entre si, esses espaços também têm muito em comum – a tendência de se situarem em vizinhanças agonizantes e decadentes. E, se observarmos as partes das cidades literalmente mais atraentes – ou seja, aquelas que literalmente atraem pessoas, em carne e osso –, notaremos que essas localidades afortunadas raras vezes se encontram em zonas imediatamente adjacentes a usos únicos de grandes proporções.

O problema básico das fronteiras, como vizinhas da cidade, é que elas costumam formar becos sem saída para a maioria das pessoas que utilizam as ruas. Para a maioria das pessoas, elas representam, na maioria das vezes, barreiras.

Consequentemente, a rua adjacente a uma fronteira é um ponto final para o uso diversificado. Se tal rua, que é o fim da linha para as pessoas vindas da área "comum" da cidade, for pouco usada ou não tiver utilidade alguma para as pessoas que estão nessa zona de fronteira de uso único, ela estará fadada a ser um lugar morto, com poucos frequentadores. Esse marasmo pode ter outras repercussões. Como poucas pessoas utilizam a rua limítrofe, as travessas dela (e, em certos casos, a rua paralela) acabam sendo pouco usadas. Elas não conseguem gerar uma circulação normal de pessoas que transitam para além delas, em direção à fronteira, porque poucas se dirigem para esse Além. Portanto, se as ruas vizinhas se tornarem muito desertas e, em razão disso, forem evitadas, as ruas vizinhas correm o risco de ser igualmente menos utilizadas. E assim sucessivamente, até que as forças do uso constante de uma área de forte atratividade passem a contra-atacar.

As fronteiras tendem, assim, a formar hiatos de uso em suas redondezas. Ou, em outras palavras, devido ao uso supersimplificado da cidade em certo lugar, em grande escala, elas tendem a simplificar também o uso que as pessoas dão às áreas adjacentes, e essa simplificação de uso – que significa menos frequentadores, com menos opções e destinos a seu alcance – se autoconsome. Quanto mais estéril essa área simplificada se tornar para empreendimentos econômicos, tanto menor será a quantidade de usuários e mais improdutivo o próprio lugar. Tem início então um processo de desconstrução ou deterioração.

Isso é grave, porque a mistura constante e literal de pessoas, que se fazem presentes por finalidades diferentes, é o único meio de preservar a segurança nas ruas. É o único meio de cultivar a diversidade derivada. É o único meio de estimular a formação de distritos em vez de bairros ou lugares ermos fracionados, fechados e estagnados.

Uma sustentação mútua abstrata ou mais indireta de usos urbanos diferentes não atende a esses propósitos (embora, em outras circunstâncias, possa ser proveitosa).

Às vezes, os indícios visíveis do processo de degradação são quase tão gráficos como um diagrama. Isso ocorre em alguns trechos do Lower East Side de Nova York, e eles são particularmente perceptíveis de noite. Nos limites do terreno escuro e deserto dos enormes conjuntos habitacionais de baixa renda, as ruas são escuras e também vazias de pessoas. Os estabelecimentos comerciais, à exceção de uns poucos mantidos pelos próprios moradores do conjunto, fecharam as portas, e muitos imóveis estão sem uso, vazios. Rua após rua, à medida que nos afastamos das adjacências do conjunto, encontramos um pouco mais de vida, gradativamente um pouco mais de luz, mas é preciso percorrer muitas ruas até que esse aumento paulatino de atividade econômica e de movimento de pessoas se intensifique. E, a cada ano que passa, o vazio parece abocanhar um pouco mais. Os bairros ou as ruas aprisionados entre duas dessas fronteiras próximas demais podem parecer completamente mortos de uma fronteira a outra.

Às vezes um jornal noticia algum caso contundente desse processo de deterioração – como, por exemplo, esta notícia do *New York Post* sobre uma ocorrência de fevereiro de 1960:

> O assassinato no açougue de Cohen, na esquina da Via Expressa 164 com a Rua 174, segunda-feira à noite, não foi um incidente isolado, mas o ponto culminante de uma série de roubos e assaltos na rua (...). Desde que se iniciaram, há cerca de dois anos, as obras da Via Radial do Bronx, do outro lado da rua, relatou um merceeiro, começaram os problemas (...). Os estabelecimentos que permaneciam abertos até 21 ou 22 horas estão fechando às 19 horas. Poucos consumidores se aventuram nas ruas depois de escurecer, de modo que os lojistas acham que os poucos negócios que eles perdem não justifica o risco de ficarem abertos até tarde (...). O assassinato teve grande impacto para o proprietário de uma droga-

ria próxima, que fica aberta até as 22 horas. "Estamos mortos de medo", comentou ele. "Somos o único estabelecimento que fica aberto até tão tarde."

Às vezes, podemos inferir a formação desses vazios, como quando os anúncios classificados de um jornal oferecem uma pechincha – uma casa de tijolos de dez cômodos, recém-reformada, com encanamento novo de cobre, posta à venda por 12 mil dólares – e o endereço é revelador: entre um conjunto habitacional e uma via expressa.

Às vezes, o efeito principal é o espraiamento gradativo, progressivo, rua após rua, da insegurança nas calçadas. Morningside Heights, em Nova York, tem uma faixa habitada, longa e estreita, limitada de um lado por um *campus* e, de outro, por um extenso parque na orla marítima. Essa faixa é, além do mais, entrecortada pelas barreiras formadas por prédios de instituições. A qualquer lugar que se vá nessa faixa logo se encontra uma fronteira. Dessas fronteiras, a mais evitada à noite foi, durante décadas, a do parque. Porém, paulatina e quase imperceptivelmente, o consenso de que a insegurança era um fato afetou uma extensão cada vez maior do território, a ponto de hoje haver apenas um lado da rua em que de noite se ouvem passos mais que solitários. Essa rua de um só lado, um trecho da Broadway, fica vizinha ao perímetro morto do grande *campus*; e até mesmo ela fica morta em boa extensão da faixa, no local em que predomina outra fronteira.

Porém, na maioria dos casos, não há nada de tão dramático nas fronteiras desertas. Para ser mais precisa, é a vitalidade que não existe, e essa situação é encarada como natural. Eis uma boa caracterização de um vazio, descrito em *The Wapshot Chronicle* [A história de Wapshot], um romance de John Cheever: "Pela face norte do parque, entra-se numa vizinhança que parece empesteada – não perseguida, mas rejeitada, como se sofresse de acne ou mau hálito, e com uma constituição física ruim – sem cor, entrecortada e descaracterizada."

Os motivos exatos da escassez de uso das zonas de fronteira são variados.

Certas fronteiras restringem o uso, ao permitir a circulação em apenas um de seus lados. Os conjuntos habitacionais são um exemplo disso. Seus moradores cruzam a fronteira para cá e para lá (geralmente, seja qual for a quantidade deles, por apenas um lado do conjunto ou, no máximo, por dois). A maioria dos moradores das vizinhanças permanece estritamente em seu lado da fronteira e encara essa divisa como uma barreira aos usos.

Certas fronteiras impedem a interação de usos de ambos os lados. Linhas férreas ou vias expressas ou cursos d'água são exemplos comuns.

Certas fronteiras têm interação de usos em ambos os lados, mas boa parte dela se restringe ao período do dia e diminui drasticamente em certas épocas do ano. Parques amplos são exemplos comuns.

Outras fronteiras têm uso escasso porque os elementos únicos marcantes que as constituem usam o solo com intensidade muito baixa em relação ao grande perímetro que possuem. Os centros administrativos com área extensa são exemplos comuns. A Comissão de Planejamento de Nova York está tentando, neste momento, instituir um parque industrial no Brooklyn e já anunciou que ele ficará numa área de 405 mil metros quadrados, que abrigará empresas com cerca de 3 mil trabalhadores. Cerca de sete trabalhadores por mil metros quadrados é um uso do solo urbano de intensidade muito baixa, e 405 mil metros quadrados formam um perímetro tão imenso, que esse empreendimento provocará uma escassez de uso em todo o seu entorno.

Seja qual for a causa desse efeito, o que importa é a escassez de uso (poucos usuários em carne e osso) ao longo de um perímetro amplo ou expandido.

O fenômeno das zonas de fronteira desertas desnorteia os planejadores urbanos, em especial aqueles que sinceramente prezam a vitalidade e a variedade urbana e detestam tanto a apatia quanto uma expansão indefinida. As fronteiras, argumentam eles, às vezes são um recurso viável para aumentar a intensidade e dar à cidade uma forma clara, nítida, como aparentemente faziam as muralhas das cidades medievais. É uma ideia plausível, porque certas fronteiras sem dúvida servem para concentrar e, portanto, intensificar áreas urbanas. Os cursos d'água de São Francisco e de Manhattan fizeram isso.

Ainda assim, mesmo que uma fronteira de vulto concentre intensidade urbana, como naqueles casos, a zona de fronteira raramente espelha essa intensidade ou reúne boa parte dela.

Conseguiremos compreender melhor esse comportamento "obstinado" se dividirmos de cabeça todo o espaço da cidade em dois tipos. O primeiro, que pode ser chamado espaço público, é utilizado para a circulação pública geral de pedestres. É um espaço em que as pessoas se movimentam livremente, por livre escolha, no percurso de um lugar a outro. Ele inclui as ruas, vários dos parques menores e às vezes os saguões de prédios, quando usados livremente como área de circulação.

O segundo tipo de espaço, que pode ser chamado de espaço especial, não é normalmente utilizado como via pública pelos pedestres. Pode ou não ter construções; pode ou não ser propriedade pública; pode ou não ser acessível às pessoas. Isso não importa. O que importa é que as pessoas andam em torno dele, ou ao longo dele, mas não através dele.

Por ora, encaremos esse espaço especial como uma coisa que está no meio do caminho, no que se refere ao conjunto de pedestres em geral. É um obstáculo geográfico, quer por ser fechado a eles, quer por ter muito pouco interesse para eles.

A partir dessa perspectiva, todo o espaço especial de uma cidade é uma interferência no uso do espaço público.

Porém, de outro ângulo, esse espaço especial contribui enormemente para o uso do espaço público. Contribui com pessoas. O solo especial provoca a circulação de todo tipo de pessoa. Faz isso por abrigá-las em moradias ou no trabalho ou por atraí-las por outros motivos. Sem construções na cidade, as ruas não têm utilidade.

Então, ambos os tipos de espaço contribuem para a circulação. Mas há sempre alguma tensão nessa inter-relação. Há sempre uma ação e uma reação entre os dois papéis principais do espaço especial: por um lado, o de contribuir para o uso do espaço público e, por outro, o de interferir nesse uso.

Esse é um princípio que os comerciantes do centro urbano compreendem muito bem há muito tempo, e, por se tratar de um princípio, é mais fácil explicá-lo com as palavras deles. Sempre que um "lugar morto" significativo surge numa rua do centro, ele provoca uma diminuição na intensidade do trânsito de pedestres e no uso da cidade naquele ponto. Às vezes, a queda tem um efeito econômico tão grave, que ocorre uma queda no comércio de um lado ou do outro do lugar morto. Esse lugar morto pode ser um espaço vazio ou algum monumento pouco utilizado, ou pode ser um estacionamento de automóveis ou simplesmente um conjunto de bancos que fecham as portas depois das 15 horas. Seja o que for especificamente, o papel do lugar morto como obstáculo geográfico para o espaço público superou seu papel de contribuir com usuários para o espaço público. A tensão diminuiu.

O espaço público consegue absorver e anular a maior parte dos efeitos dos pontos mortos do espaço especial, principalmente quando estes são fisicamente reduzidos. Variações de intensidade de intercâmbio entre o espaço especial e o público são necessárias porque pontos pequenos e calmos e progressões de pontos movimentados são uma consequência e um aspecto indispensável da diversidade das ruas e dos distritos.

Todavia, a tensão entre os dois tipos de espaço pode desfazer-se inteiramente, ou pode não ser anulada ou compensada naturalmente, se o espaço especial tornar-se um obstáculo muito grande. Quanto do espaço público ele ocupa como obstáculo físico (ou como um conjunto para usos livres)? Que concentração de usuários ele dá em troca para o espaço público? Um resultado insatisfatório dessa equação significa um vazio no solo urbano. A questão não é tanto por que a intensidade de uso seria tão inabalável a ponto de não surgir numa fronteira bem demarcada. A questão é muito mais por que devemos esperar que ela seja tão inabalável.

Além da tendência em produzir esses vazios no espaço público adjacente (e, portanto, em lugares extraordinariamente pobres para o crescimento da diversidade ou da vitalidade social), as fronteiras subdividem as cidades. Elas separam as vizinhanças da cidade "comum" que se encontram a seu lado. Nesse aspecto, atuam de modo contrário aos parques de pequeno porte. Os parques de pequeno porte, quando atraentes, alinhavam as vizinhanças ao seu redor e misturam os moradores próximos. As fronteiras também atuam de modo contrário ao das ruas, já que também elas normalmente alinhavam o território e os usos presentes em cada um de seus lados e misturam os frequentadores. As fronteiras atuam de modo contrário ao de muitos usos facilmente perceptíveis mas de pequena escala, os quais, se assim não fosse, teriam pontos comuns com as fronteiras. Por exemplo, uma estação de trem interage com as redondezas de forma diferente de uma linha férrea; um único prédio de governo interage com a vizinhança de forma diferente de um grande conjunto de prédios governamentais.

Esse efeito das fronteiras de retalhar a cidade não é em si sempre prejudicial. Se cada uma das localidades separadas por uma fronteira for suficientemente extensa para formar um distrito vigoroso, com uma combinação de usos e usuários ampla e diversificada, a separação costuma ser inócua. Na verdade, pode ser até mesmo proveitosa, como meio de orientação para as pessoas, a fim de que elas tenham na cabeça um mapa da cidade e vejam o distrito como um lugar.

Surge um problema quando os distritos (como mencionado no Capítulo 6) são cortados ou fracionados por barreiras, já que as vizinhanças separadas constituem porções debilitadas, e um distrito do tamanho de uma subcidade não consegue tornar-se funcional. Fronteiras frequentes, sejam formadas por vias expressas, instituições, conjuntos habitacionais, *campi*, parques industriais ou quaisquer outros usos marcantes do espaço especial, podem dessa forma reduzir a cidade a frangalhos.

Entender as desvantagens das fronteiras deve ajudar-nos a evitar a criação de fronteiras desnecessárias, como fazemos atualmente, no equívoco de que construir gratuitamente nessas fronteiras representa uma forma avançada de organização nas cidades.

No entanto, isso não quer dizer que todas as instituições ou outras instalações que retalham as cidades com barreiras e costumam rodear-se de vazios devam ser consideradas nocivas à vida urbana. Ao contrário, muitas delas são obviamente necessárias e importantíssimas para as cidades. Uma cidade grande precisa de universidades, conjuntos médico-hospitalares grandes, parques amplos com atrações para toda a metrópole. Uma cidade precisa de linhas férreas; ela pode usar a orla marítima com fins econômicos e de lazer; ela precisa de vias expressas (especialmente para o tráfego de caminhões).

A questão não é desprezar vantagens como essas ou menosprezar seu valor. É, sim, reconhecer que são benefícios dúbios.

Se neutralizarmos seus efeitos destrutivos, essas próprias instalações estarão mais bem assistidas. Para a maioria delas ou para aqueles que as utilizam, não há benefício algum em serem elas rodeadas de monotonia ou de vazios, quanto mais de decadência.

Os casos mais fáceis de corrigir, acho eu, são as zonas de fronteira que poderiam logicamente estimular um uso muito maior de seu perímetro.

Pensemos, por exemplo, no Central Park, em Nova York. Ao longo de sua face leste, há vários exemplos de uso intensivo (diurnos, na maioria) em seu perímetro ou perto dele – o zoológico, o Museu de Arte Metropolitano, o lago de barcos. Na face oeste, ocorre uma penetração curiosa do perímetro, mais perceptível por ser uma atividade noturna e ter sido criada pelos próprios frequentadores. Trata-se de uma passarela que adentra o parque, a qual se tornou, por unanimidade, um caminho para passear no fim da tarde e de noite com cachorros, e a partir daí para outros pedestres e qualquer pessoa que queira entrar no parque e se sentir segura.

No entanto, o perímetro do parque – principalmente do lado oeste – possui longos trechos vazios, que provocam um efeito ruim de esvaziamento em boa parte de seu limite. Ao mesmo tempo, o interior do parque está cheio de equipamentos que só podem ser usados durante o dia, não pelo que são, mas por sua localização. É também difícil para os frequentadores em potencial chegarem até eles. A casa de xadrez (que se parece com uma garagem lúgubre) é um exemplo. O carrossel é outro. Já às 16h30 nas tardes de inverno, os guardas afastam as pessoas desses lugares, como medida de segurança. Além do mais, essas instalações, sem falar de sua arquitetura pesada e feia, são inteiramente despropositadas nos locais em que se encontram situadas, tão para dentro do parque. É dificílimo fazer um carrossel maravilhoso ficar tão esquecido e escondido, mas se conseguiu isso no Central Park.

Usos de lazer como esses deveriam ser trazidos para as beiradas dos grandes parques e implantados como elos entre o parque e a rua adjacente. Eles podem fazer parte do mundo da rua e, pelo outro lado, do mundo do parque e ser encantadores nessa vida dupla. Eles deveriam ser projetados não como cercas fechando o parque (isso seria terrível), mas como pontos de atividade intensa e atraente nas margens. Seu uso noturno deveria ser incentivado. Eles não precisam ser imensos. Três ou quatro casas de xadrez e damas, cada uma com um traço arquitetônico e uma disposição no projeto característicos, colocadas em pontos do perímetro de um grande parque, teriam um significado muito maior, para esse fim, do que uma casa de xadrez e damas quatro vezes maior.

Também cabe ao outro lado da rua – o lado da cidade – combater os vazios provocados pelos parques. Estamos sempre ouvindo sugestões para injetar usos dúbios em parques urbanos amplos. Há sempre a pressão pela comercialização. Algumas sugestões são difíceis de entender, como a de instalar mais uma cafeteria no Central Park, que provocou grande polêmica em Nova York. Trata-se, em sentido figurado, de um caso de fronteiras, e também, em sentido literal, é um caso de fronteiras. O lugar de muitos desses usos comerciais ou semicomerciais é do lado da cidade, no limite de um parque, colocados intencionalmente para evidenciar e intensificar a interação de usos (e a vigilância) de um lado e do outro. Eles deveriam funcionar em parceria com os usos do perímetro do lado do parque: um exemplo poderia ser um rinque de patinação instalado *exatamente no limite* do parque, e do outro lado da rua, o lado da cidade, uma cafeteria, onde os patinadores pudessem tomar um refresco e outras pessoas pudessem acompanhar a patinação do outro lado em terraços altos, fechados ou abertos. Mais uma vez, não há razão para que o rinque e a cafeteria não possam ser usados noite adentro. É ótimo andar de bicicleta num grande parque; mas o aluguel de bicicletas deve ser feito no lado da cidade.

A questão, em resumo, deve ser procurar usos adequados à zona de fronteira e criar outros, mantendo a cidade como cidade e o parque como parque, mas tornando o inter-relacionamento deles explícito, vivo e suficientemente constante.

Esse princípio foi brilhantemente definido, com relação a outro assunto, por Kevin Lynch, professor-adjunto de planejamento do Instituto de Tecnologia de Massachusetts e autor de *The Image of the City* [*A imagem da cidade*]. "Uma linha divisória pode ser mais do que simplesmente uma barreira dominante", escreve Lynch, "se for possível ver ou mover-se através dela – se ela estiver inter-relacionada em certa profundidade com as regiões de ambos os lados. Torna-se então uma costura, não uma barreira, uma linha de permuta ao longo da qual duas áreas se alinhavam."

Lynch referia-se a problemas visuais e estéticos relativos a fronteiras; precisamente o mesmo princípio se aplica a muitos problemas funcionais ocasionados pelas fronteiras.

As universidades poderiam tornar pelo menos alguns trechos de seus *campi* mais semelhantes a costuras do que a barreiras, situando os usos dirigidos ao público em pontos estratégicos de seu perímetro e também colocando nele, abertos como cenários, os elementos adequados à vista e ao interesse do público, em vez de escondê-los. Em escala reduzida, por ser uma instituição relativamente pequena, a New School for Social Research [Nova Escola de Pesquisa Social] de Nova York fez isso com um novo edifício que contém uma biblioteca. Esta é um elo entre a rua e o pequeno "*campus*" da escola, um pátio interno encantador. Tanto a biblioteca quanto a vista são visualmente abertas, atraem a atenção e são uma maravilha e um fator de estimulação da rua. As grandes universidades urbanas, pelo que sei, dedicaram escasso tempo e imaginação avaliando seu papel como estabelecimentos únicos. Normalmente, fingem ser locais enclausurados ou afastados, negando nostalgicamente sua mudança para a cidade, ou então fingem ser prédios de escritórios. (Claro que não são nada disso.)

Também se pode levar a orla marítima a funcionar mais como costuras do que habitualmente. A forma usual de recuperar uma orla marítima decadente e esvaziada é substituí-la por um parque, que por sua vez se torna uma fronteira – geralmente com uma falta de uso espantosa, como é de esperar –, e isso leva o efeito do vazio terra adentro. Tem mais sentido atacar o problema onde ele se origina, na costa, e procurar transformar a orla marítima em ponto de ligação. Não se deveria impedir, por trechos tão longos, que as pessoas vissem as atividades de trabalho da orla, quase sempre interessantes, o que também acaba impedindo que se veja o mar do nível do piso. Nesses trechos deveria haver aberturas pequenas, até improvisadas, para que as pessoas pudessem olhar e acompanhar o trabalho e o tráfego marítimo. Perto de casa há um velho cais aberto, o único num espaço de quilômetros, próximo a um enorme incinerador e atracadouro de chatas do Departamento de Limpeza Urbana. O cais é usado para pescar enguias, tomar banho de sol, empinar pipas, fazer funilaria de automóveis, piqueniques, vender cachorro-quente e sorvete, acenar para os barcos que passam e bater papo. (Já que o cais não pertence ao Departamento de Parques, ninguém é proibido de coisa alguma.) É impossível encontrar lugar mais alegre numa noite quente ou num domingo indolente de verão. De tempos em tempos, um barulho de ferro e coisas sendo despejadas enche o ar quando um caminhão de lixo joga sua carga numa chata. Não é o máximo dos máximos, mas é um momento que todos na doca apreciam. Fascina todas as pessoas. As entradas para os locais de trabalho do cais precisam estar exatamente onde o trabalho (carga, descarga, atracação) é feito, e não segregadas em lugares em que não há muito para ver. Passeios de barco, visitas a barcos, pescaria e natação onde forem possíveis, tudo isso constitui pontos de ligação, em vez de barreiras, para essa faixa problemática entre a terra e a água.

É inútil tentar converter certas fronteiras em pontos de ligação. As vias expressas e suas rampas de acesso são um exemplo. Além do mais, mesmo no caso de parques amplos, *campi* e zonas portuárias, os efeitos das barreiras podem ser plenamente superados apenas em certos locais de seu perímetro.

Entendo que a única maneira de combater os vazios nesses casos é dispor de forças contrárias extraordinariamente intensas nas proximidades. Isso quer dizer que a concentração populacional teria de ser deliberadamente alta (e diversificada) perto das fronteiras, que as quadras próximas deveriam ser particularmente curtas e o uso potencial da rua extremamente fluente, e que as combinações de usos principais deveriam ser abundantes, assim como a combinação de prédios de várias épocas. Isso pode não provocar uma grande intensidade de uso nas próprias zonas de fronteira, mas pode ajudar a confinar o vazio numa área reduzida. Perto do Central Park de Nova York, boa parte da Avenida Madison, no lado leste, funciona como uma força contrária ao vazio das margens do parque. Do lado oeste, não existe uma força contrária tão próxima. Do lado sul, a força contrária atua somente até a calçada oposta ao parque. No Greenwich Village, a força contrária faz com que o vazio da orla marítima se afaste gradativamente, em parte porque as quadras são de tal maneira curtas – em certos casos, 50 metros – que é fácil para a vivacidade dar mais um salto.

Empregar uma força contrária às fronteiras urbanas *necessárias* quer dizer o seguinte: o máximo possível de elementos urbanos deve ser usado para constituir um território misto, vivo, e o mínimo possível deve ser usado para a criação desnecessária de barreiras.

Moradias, subsidiadas ou não, salões, auditórios, edifícios governamentais, a maioria das escolas, a maioria das indústrias da cidade e todo o comércio urbano convivem bem em lugares mesclados, como integrantes essenciais da própria estrutura urbana mista, complexa. Quando tais elementos são retirados da mistura e segregados na forma de usos únicos marcantes, eles não só criam zonas de fronteira gratuitas, mas, por estarem apartados de outros elementos das mesclas urbanas, oferecem menos material para a produção de forças contrárias.

As ruas de pedestres projetadas, *se* constituírem barreiras para os automóveis estacionados ou em movimento em volta de áreas intrinsecamente frágeis e fragmentadas, *podem ocasionar mais problemas do que solucioná-los*. Ainda assim, essa ideia está na moda no planejamento de ruas de compras no centro e nos "centros urbanos" de áreas revitalizadas. Um dos perigos de traçar planos de trânsito e sistemas viários urbanos sem compreender, primeiro, como as próprias cidades funcionam é exatamente este: os planos, feitos com a melhor das intenções, não conseguem eliminar as zonas de fronteira desertas e as interrupções de uso, e exatamente nos lugares em que elas podem causar os piores e mais gratuitos danos.

15. FORMAÇÃO E RECUPERAÇÃO DE CORTIÇOS

Os cortiços e sua população são vítimas (e perpetuadores) dos problemas aparentemente intermináveis que os reforçam mutuamente. Os cortiços atuam como círculos viciosos, que, com o tempo, enredam todas as atividades da cidade. Os cortiços em expansão exigem um volume cada vez maior de dinheiro público – e não simplesmente mais dinheiro para melhorias financiadas pelo governo ou só para não piorar, mas mais dinheiro para fazer frente a um êxodo e a um retrocesso cada vez maiores. À medida que as necessidades aumentam, os recursos diminuem.

Nossas leis vigentes de revitalização urbana são uma tentativa de romper esse encadeamento específico dos círculos viciosos por meio da erradicação pura e simples dos cortiços e de sua população, substituindo-os por conjuntos habitacionais que se pretende produzam uma receita tributária mais elevada ou seduzam uma população mais dócil com exigências públicas menos dispendiosas. Esse método não funciona. No máximo, transfere os cortiços de lugar, acrescentando matizes próprios de mais privação e desagregação. No mínimo, destrói vizinhanças onde existem comunidades construtivas que se aprimoram e onde a situação exige encorajamento, e não destruição.

Da mesma maneira que as campanhas de Preservação e Combate à Monotonia nos bairros que estão virando zona de cortiços, sua remoção fracassa por tentar superar as causas do problema manipulando os sintomas. Às vezes, mesmo os próprios sintomas que preocupam quem promove a remoção de cortiços são, fundamentalmente, mais resquícios de problemas antigos do que indícios significativos de males atuais ou futuros.

O planejamento urbano convencional trata os cortiços e seus habitantes de forma inteiramente paternalista. O problema dos paternalistas é que eles querem empreender mudanças muito profundas e optam por meios superficiais e ineficazes. Para solucionar o problema dos cortiços, precisamos encarar seus habitantes como pessoas capazes de compreender seus interesses pessoais e lidar com eles, o que certamente são. Precisamos discernir e levar em consideração as forças de recuperação existentes nos próprios cortiços e evoluir a partir delas, o que comprovadamente funciona nas cidades reais. Isso é muito diferente de tentar encaminhar condescendentemente as pessoas para uma vida melhor, e muito diferente do que é feito hoje.

Sem dúvida, é difícil compreender os círculos viciosos. Causa e efeito confundem-se exatamente porque se encadeiam e tornam a encadear-se de modo extremamente complexo.

Ainda assim, existe um elo crucial. Se ele for rompido (e rompê-lo não é uma simples questão de fornecer moradias melhores), os cortiços se recuperam espontaneamente.

O elo-chave nos cortiços permanentes é que muitas pessoas os abandonam o mais rápido possível – e nesse meio-tempo sonham em sair deles. É esse elo que deve ser rompido se todos os outros esforços de melhorar os cortiços ou a vida neles forem pouco efetivos. Precisamente esse elo foi quebrado e continuou assim em lugares como o North End, o Back-of-the-Yards, em Chicago, ou North Beach, em São Francisco, ou a antiga área de cortiços recuperados em que resido. Se pelo menos alguns dos cortiços urbanos norte-americanos tivessem conseguido romper esse elo, poderíamos ver isso, embora ceticamente, como um motivo de esperança. Seria preciso haver ousadia nesses lugares. Mais significativo é o grande número de zonas de cortiços em que a recuperação se inicia, passa despercebida e geralmente é desencorajada ou aniquilada. Em Nova York, os trechos do East Harlem que haviam progredido na recuperação foram em princípio desencorajados por falta de dinheiro; depois, nos locais em que essa carência reduziu o ritmo do processo de recuperação mas não provocou o retrocesso às condições anteriores, a maioria dessas vizinhanças foi arrasada sem meios-termos – para dar lugar a conjuntos habitacionais que se tornaram um mostruário quase patológico dos problemas dos cortiços. Muitas áreas do Lower East Side que começaram a recuperar seus cortiços foram demolidas. Meu bairro, no início dos anos 50, foi salvo de uma amputação desastrosa só porque os cidadãos tiveram condições de brigar na prefeitura – e, mesmo assim, só porque se apresentou uma prova embaraçosa para as autoridades de que a região estava atraindo mais pessoas com poder aquisitivo, embora essa evidência de sua recuperação fosse provavelmente a menos significativa das mudanças construtivas que passaram despercebidas[1].

Na edição de fevereiro de 1959 da publicação do Instituto Americano de Urbanistas, Herbert Gans, sociólogo da Universidade da Pensilvânia, traçou um retrato moderado mas pungente de uma zona de cortiços em processo de recuperação não reconhecido, o West End de Boston, às vésperas de sua demolição. O West End, assinala ele, apesar de tido pelas autoridades como "uma zona de cortiço", poderia ser descrito com mais propriedade como uma "área de baixa renda estável". Segundo Gans, se se define uma zona de cortiços como um lugar que "devido à natureza de seu meio social pode provocar problemas e perturbações", então o West End não é uma zona de cortiços. Ele menciona a ligação intensa dos moradores com o distrito, seu controle social informal bastante avançado, o fato de muitos moradores terem modernizado e reformado o interior dos apartamentos – todas elas características típicas de zonas de cortiços em fases de recuperação.

A recuperação depende, paradoxalmente, da permanência nos cortiços de uma parcela substancial de seus habitantes. Depende

1. Neste ano de 1961, o município está na verdade tentando obter outra vez verbas de órgãos e do governo federal para se "revitalizar" com pseudossubúrbios vazios. É claro que o bairro tem lutado contra isso com perseverança.

de um número substancial de moradores e comerciantes da área de cortiços decidir se é tanto desejável como prático fazer e realizar seus planos lá mesmo ou se todos realmente devem mudar-se para outro lugar.

Utilizo o termo cortiços permanentes para descrever aqueles que não dão mostras de avanço social ou econômico com o passar dos anos ou então que retrocedem após uma pequena melhora. No entanto, se for possível introduzir, numa zona de cortiços, condições para gerar diversidade urbana e se quaisquer manifestações de recuperação forem incentivadas, em vez de refreadas, acredito não haver razão alguma para que qualquer cortiço seja permanente.

A incapacidade de uma zona de cortiços permanentes de manter uma quantidade suficiente de seus habitantes para se recuperar é um traço que se manifesta antes que os próprios cortiços se formem. Existe a crença infundada de que esses bairros, ao se formar, substituem malignamente o tecido sadio. Não pode haver inverdade maior.

O primeiro indício de degradação num bairro, muito antes de qualquer evidência ser perceptível, são a estagnação e a monotonia. Os bairros monótonos são invariavelmente abandonados pelos moradores mais ativos, ambiciosos e ricos e também pelos jovens que têm condições de sair de lá. Esses bairros invariavelmente não conseguem atrair novos moradores que se mudaram por livre escolha. Além do mais, com exceção dessas deserções seletivas e da falta seletiva de sangue novo e vigoroso, tais bairros podem acabar sofrendo um êxodo repentino e indiscriminado dos que não habitam cortiços. As razões disso já foram apresentadas; não é necessário reiterar a total falta de proveito da Grande Praga da Monotonia na vida urbana.

Atualmente, o êxodo indiscriminado daqueles que não habitam cortiços, que constitui a primeira oportunidade para a formação desse tipo de bairro, é às vezes atribuída à proximidade de outros cortiços (especialmente se forem habitados por negros) ou à presença de algumas famílias de negros, quase da mesma maneira que no passado se atribuía a formação de cortiços à presença ou à proximidade de famílias italianas, judias ou irlandesas. Às vezes a debandada é atribuída à idade, à obsolescência das construções ou a desvantagens genéricas, vagas, como a falta de *playgrounds* ou a proximidade de fábricas.

Contudo, todos esses fatores são irrelevantes. Em Chicago, podemos ver bairros a uma ou duas quadras apenas da área gramada à beira do lago, longe das comunidades minoritárias, bem servidos de áreas verdes, silenciosos a ponto de dar calafrios e compostos de construções sólidas, até pretensiosas. Nessas vizinhanças se encontram as verdadeiras evidências do êxodo: "Aluga-se", "Vago", "Quartos para hóspedes permanentes e temporários", "Aceitam-se hóspedes", "Quartos", "Quartos mobiliados", "Quartos sem mobília", "Alugam-se apartamentos". Esses prédios têm dificuldade de atrair moradores numa cidade em que os cidadãos negros são cruelmente amontoados sob um teto e sob ele cruelmente espoliados. Os prédios não atraem ninguém porque se destinam ao aluguel ou à venda unicamente para brancos – e os brancos, que têm poder de escolha muito maior, não querem saber de morar aí. Os beneficiários desse mesmo impasse, pelo menos no momento, acabam sendo os migrantes matutos, cujo poder aquisitivo é pequeno e cuja familiaridade com a vida urbana é ainda menor. Eles obtêm uma vantagem dúbia: herdam bairros monótonos e perigosos, cuja inadequação para a vida urbana repeliu moradores mais exigentes e capazes do que eles.

Às vezes, existe indubitavelmente uma trama deliberada para substituir a população de um bairro – feita por corretores de imóveis que praticam a falcatrua de comprar por uma ninharia casas de brancos assustados e vendê-las a preços exorbitantes à população negra, frequentemente maltratada e carente de moradias. Mas mesmo essa falcatrua só funciona em bairros já estagnados e desvitalizados. (Às vezes a falcatrua envolve falsear o estado de conservação do bairro, quando os moradores serão cidadãos negros em geral mais capazes e em melhor situação econômica do que os brancos que eles substituirão. Mas a economia espoliadora às vezes resulta na troca de um bairro deserto, apático, por um bairro superpopuloso consideravelmente tumultuado.)

Não houvesse moradores de cortiços ou imigrantes pobres para herdar os fracassos urbanos, o problema dos bairros desvitalizados, abandonados pelos que têm opção, existiria do mesmo jeito e talvez fosse ainda mais preocupante. Pode-se constatar essa situação em bairros estagnados de Filadélfia, nos quais as moradias "decentes, seguras e limpas" ficam vazias à medida que seus antigos moradores se mudam para bairros mais periféricos, intrinsecamente pouco diferentes dos anteriores, a não ser por não estarem circundados pela cidade.

É fácil perceber onde novos cortiços estão se formando espontaneamente hoje em dia e quão monótonas, sombrias e uniformes são as ruas em que eles costumam se formar, porque o processo está acontecendo agora. O que é mais difícil de perceber, por pertencer ao passado, é o fato de que a falta de uma urbanidade cheia de vida tem sido geralmente a característica essencial das zonas de cortiços. A literatura clássica sobre cortiços nada revela a respeito. Tal literatura – a *Autobiography*, de Lincoln Steffens, é um bom exemplo – focaliza zonas de cortiços que já haviam superado a apatia inicial (mas tinham arranjado novos problemas nesse ínterim). Um cortiço apinhado e movimentado foi pinçado num momento específico, e se tirou uma conclusão profundamente equivocada de que um cortiço é o que sempre foi – e é o que será, a menos que seja arrasado de alto a baixo.

A antiga área de cortiços recuperados em que moro era um lugar apinhado como esse nas primeiras décadas deste século – e sua gangue, os Hudson Dusters [Faxineiros da Hudson], era notória por toda a cidade –, mas sua vida de cortiço não começou com tal ímpeto. A história da capela episcopal, poucas quadras abaixo na rua, conta a história da formação dos cortiços, neste caso há cerca de um século. O bairro fora um lugar de chácaras, ruas típicas de vilarejos, casas de verão, e se transformara em semissubúrbio, ficando incrustado na cidade, que avançava rápido. Pessoas negras e imigrantes europeus moravam ao redor do bairro, o qual nem física nem socialmente estava preparado para assimilar sua presença – tanto quanto, aparentemente, um semissubúrbio de hoje está. Em princípio, muitas famílias da congregação religiosa começaram a mudar-se dessa área residencial tranquila – um lugar encantador, pelo que mostram as fotos antigas. Os membros da congregação que permaneceram acabaram tomados pelo medo e foram embora em massa. O prédio da igreja ficou para a paróquia da Trindade, que o utilizou como capela missionária para assistir os pobres que herdaram o semissubúrbio. A antiga congregação abriu uma igreja nova em local distante, no norte da cidade, e criou em suas redondezas uma área residencial tranquila e inacreditavelmente monótona, que hoje faz parte do Harlem. Os registros não dizem onde esses peregrinos construíram os pré-cortiços seguintes.

Os motivos da formação dos cortiços e o processo que faz com que se formem mudaram surpreendentemente pouco ao longo das décadas. A novidade é que os bairros inadequados tendem a ser mais rapidamente abandonados, e os cortiços costumam expandir-se mais esparsamente e para mais longe do que ocorria na época anterior aos automóveis e às hipotecas avalizadas pelo governo para melhorias nos subúrbios, época em que era menos conveniente para as famílias abastadas abandonarem bairros que já mostravam algumas das circunstâncias normais e inevitáveis que acompanham a vida urbana (como a presença de estranhos), mas nenhum dos meios naturais de transformar essas circunstâncias em vantagens.

No momento em que as zonas de cortiços se formam, sua população pode crescer assustadoramente. Isso, porém, não é um sinal de atratividade. Ao contrário, significa que as moradias estão ficando superlotadas; isso ocorre porque as pessoas com menos opções, forçadas a amontoar-se devido à pobreza e à discriminação, mudam-se para uma área desprezada.

A densidade das unidades de domicílios pode ou não aumentar. Nos cortiços antigos, essa densidade costumava aumentar por causa da construção de prédios de apartamento. Mas o aumento da densidade habitacional não costumava diminuir a superlotação. Ao contrário, a população total aumentava bastante, e a superlotação ultrapassava a alta densidade habitacional.

Uma vez formados os cortiços, o padrão de emigração que os fez surgir tende a se manter. Da mesma maneira que no caso da emigração das zonas de pré-cortiços, ocorrem dois tipos de movimento. As pessoas bem-sucedidas, inclusive as que recebem renda muito modesta, continuam indo embora. Mas existe também a possibilidade de migrações em massa periódicas, quando uma população inteira passa a receber uma renda modesta. Ambos os movimentos são prejudiciais, o segundo claramente mais que o primeiro.

A superlotação, que é um sintoma da instabilidade populacional, persiste. Persiste não porque as pessoas que vivem em superlotação permaneçam, mas porque vão embora. Muitas das que superaram a situação econômica que as levou à superlotação mudam-se, em vez de melhorar sua moradia no bairro. Rapidamente, o lugar delas é tomado por outras pessoas, cuja situação econômica não lhes dá alternativa. Os prédios, naturalmente, deterioram-se, sob tais condições, com uma rapidez desproporcional.

Os moradores dos cortiços permanentes são constantemente substituídos dessa forma. Às vezes a substituição é marcante porque as emigrações e imigrações por fatores econômicos acarretam uma mudança étnica. Porém, o movimento ocorre em todos os cortiços permanentes, mesmo naqueles em que o contingente étnico permanece estável. Por exemplo, uma área de cortiços de negros numa cidade grande, como o centro do Harlem, em Nova York, pode manter essa condição por muito tempo, mas sofre uma rotatividade enorme, seletiva, da população.

As saídas constantes, é claro, deixam mais do que vagas por preencher. Deixam a comunidade num estágio embrionário eterno, ou num retorno eterno a uma infância desassistida. A idade dos prédios não é um parâmetro para a idade da coletividade, que se define pela permanência das pessoas.

Nesse sentido, os cortiços permanentes estão sempre indo para trás em vez de irem para a frente, circunstância que reforça a maioria de seus outros problemas. Em certos casos drásticos de rotatividade indiscriminada, tem-se a impressão de que o que está recomeçando mal pode constituir uma comunidade de pessoas, mas um acampamento de selvagens. Isso acontece quando a grande massa de novos moradores tem, antes de mais nada, muito pouco em comum, e os que são mais intransigentes e rudes passam a ditar as regras. Quem não gostar desse acampamento – o que evidentemente diz respeito a quase todos, tal a rotatividade nesses lugares – ou se muda o mais rápido possível ou sonha em se mudar. Porém, mesmo em tais ambientes aparentemente irrecuperáveis, caso se consiga manter a população, inicia-se uma lenta melhora. Sei de uma rua em Nova York onde isso está ocorrendo, mas é dificílimo que um número suficiente de pessoas permaneça.

O movimento regressivo dos cortiços permanentes acontece tanto nos planejados quanto nos espontâneos. A diferença principal é que a superlotação permanente não é uma das manifestações dos cortiços planejados, porque o número de pessoas por domicílio é controlado. Harrison Salisbury, numa série de artigos no *New York Times* sobre a delinquência, descreveu como funciona o elo crucial do círculo vicioso, neste caso, em conjuntos habitacionais de baixa renda:

> (...) Em várias oportunidades (...) os cortiços foram fechados com tijolos e aço novos. O horror e a privação foram enclausurados em paredes novas e frias. Num esforço concentrado de solucionar um problema social, a comunidade conseguiu intensificar alguns males e criar outros ainda. A admissão em conjuntos habitacionais de baixa renda é regulamentada fundamentalmente pelas faixas de renda (...). A segregação é imposta não pela religião ou pela cor da pele, mas pela faca de dois gumes da renda ou da falta dela. É inacreditável o que isso provoca na estrutura social da comunidade. Famílias capazes, em ascensão, são constantemente expulsas (...). No funil de entrada, os níveis sociais e econômicos tendem a baixar cada vez mais (...). Forma-se uma armadilha humana, que fomenta males sociais e exige assistência externa perpétua.

Os construtores têm sempre a esperança de que esses cortiços planejados melhorem na medida em que “haja tempo para uma comunidade se formar”. Mas o tempo, tanto aí como em um cortiço permanente espontâneo, é um eterno desagregador, não um construtor. Como era de esperar, portanto, os piores exemplos de cortiços emparedados, como o que Salisbury descreveu, são quase sempre os conjuntos habitacionais mais antigos, onde houve mais tempo para o retrocesso sistemático dos cortiços permanentes operar.

Todavia, começa a surgir uma mudança sinistra nesse padrão. Com o aumento da rotatividade em cortiços planejados e da proporção de pessoas "transferidas" nos novos conjuntos habitacionais, hoje estes às vezes têm início já com a tristeza e o desânimo típico dos antigos conjuntos habitacionais ou dos antigos cortiços permanentes espontâneos – como se, na juventude, já houvessem sido submetidos às vicissitudes de muitas rupturas e desagregações. Isso provavelmente ocorre porque vários de seus moradores já viveram essa experiência e, claro, carregam-na em sua bagagem emocional. Ellen Lurie, do Núcleo Comunitário Union, comenta, com relação às condições de um novo conjunto habitacional:

> É fácil fazer uma observação depois de todas as visitas a moradores locais [famílias instaladas em moradias públicas porque suas antigas casas foram desapropriadas para reurbanização]. Tão difícil quanto administrar é o trabalho de gerir um conjunto habitacional vasto, com grande quantidade de pessoas em princípio descontentes, iradas com o Departamento de Habitação por tê-las desalojado à força, sem compreender inteiramente as razões da mudança, solitárias e inseguras num ambiente novo e estranho – tais famílias devem fazer da administração do conjunto habitacional um trabalho ainda mais árduo.

Nem o fato de remover cortiços nem o de emparedá-los rompe aquele elo-chave de sua perpetuação – a tendência (ou necessidade) das pessoas de sair dali o mais rápido possível. Aqueles dois recursos simplesmente agravam e intensificam o caminho do eterno retrocesso. Só a recuperação é capaz de vencer os cortiços urbanos norte-americanos, ou tem conseguido vencê-los. Se a recuperação não existisse, seríamos obrigados a inventá-la. Porém, já que existe e funciona, a questão é fazer com que ocorra mais rápido e em maior número de lugares.

O ponto de partida para a recuperação é o cortiço ser suficientemente ativo para desfrutar a vida urbana e a segurança das ruas. O pior ponto de partida são os lugares monótonos que geram cortiços, em vez de recuperá-los.

O motivo de os moradores de cortiço neles permanecerem por livre escolha, depois de não ser mais necessário, do ponto de vista financeiro, está relacionado com o contexto de sua vida pessoal, um âmbito que urbanistas e planejadores não podem atingir ou influenciar diretamente – nem deveriam. A escolha tem muito a ver com as relações dos moradores de cortiços com outras pessoas, com o fato de acreditarem que permanecerão na vizinhança e com sua avaliação do que é mais ou menos importante em sua vida.

Indiretamente, porém, o desejo de permanecer é obviamente influenciado pelos fatores concretos do bairro. A acalentada "segurança" do lar é, em parte, uma segurança literal em relação ao medo físico. As zonas de cortiços cujas ruas são desertas e assustadoras, provocando insegurança no indivíduo, não se recuperam voluntariamente. E, mais que isso, as pessoas que permanecem numa zona de cortiços em processo de recuperação e melhoram sua moradia manifestam com isso intenso apego ao bairro. Ele é um elemento importante em sua vida. Essas pessoas parecem pensar que seu bairro é único – não há nada no mundo que o substitua – e extremamente valioso, apesar das deficiências. Nisso elas têm razão, porque a profusão de relacionamentos e de figuras públicas que constituem um bairro vivo é sempre única, complexa e irreproduzível. Bairros recuperados ou em via de recuperação são lugares complexos, muito diferentes dos lugares mais banais e fisicamente estereotipados nos quais os cortiços costumam formar-se.

Não quero com isso dizer, no entanto, que toda zona de cortiços que ganhe diversidade adequada e uma vida suficientemente atrativa e apropriada se recupere automaticamente. Algumas não conseguem – ou, o que é mais comum, iniciam a recuperação por algum tempo, o processo mostra-se inviável devido à existência de muitos empecilhos (na maioria financeiros) para chegar às mudanças necessárias, e o local regride ou talvez se degrade.

Em todo caso, nos lugares em que o apego aos cortiços se torna suficientemente forte para estimular a recuperação, esse apego tem início antes da recuperação. Se as pessoas tencionarem ficar por livre escolha, quando têm esse poder, precisam desenvolver esse apego antes disso. Depois, é tarde demais.

Um dos primeiros indícios de que as pessoas estão permanecendo espontaneamente pode ser uma queda na população não acompanhada nem por um aumento de moradias vagas nem pelo decréscimo da densidade habitacional. Em suma, determinado número de moradias é ocupado por menos pessoas. Paradoxalmente, isso é um indício de atratividade. Significa que os habitantes que viviam em superlotação e tiveram condições financeiras de se livrar dela estão permanecendo no bairro, em vez de o abandonarem para uma nova leva de superlotação.

Sem dúvida, a queda na população também representa a saída de pessoas, e isso também é importante, como veremos. Mas o fato significativo é que as vagas deixadas pelos que saem estão sendo preenchidas, em quantidade apreciável, por aqueles que ficam por livre escolha.

Na região em que moro, a qual, aliás, foi uma área de cortiços de irlandeses, a recuperação já estava bem encaminhada em 1920, quando a população, segundo dados da nossa área censitária, havia decrescido de 6.500, em 1910 (o ponto máximo), para 5 mil. Na Depressão, a população aumentou um pouco com a aglomeração das famílias, mas, em 1940, ela havia caído para 2.500 e continuava perto disso em 1950. Durante esse período, houve poucas demolições nessa área censitária, mas algumas reformas; houve poucos domicílios vagos em qualquer desses anos; e, na sua grande maioria, a população era composta por aqueles que moravam no bairro desde 1910 e por seus filhos e netos. A queda para menos da metade do máximo atingido pelos habitantes dos cortiços era principalmente uma indicação do grau de desconcentração populacional que ocorreu num bairro com alta densidade habitacional na zona residencial. Indiretamente, representava também um aumento da renda e do poder de escolha das pessoas que permaneceram.

Reduções populacionais similares ocorreram em todos os bairros em recuperação do Greenwich Village. Nos apartamentos outrora incrivelmente superlotados do South Village, que era uma zona de cortiços de italianos, a população caiu, numa área censitária ilustrativa, de quase 19 mil, em 1910, para cerca de 12 mil, em 1920, aumentou de novo para quase 15 mil, durante a Depressão, e depois, na época da prosperidade, reduziu-se e permaneceu em torno de 9.500. Como no meu bairro, essa queda devida à recuperação não representava a substituição da antiga população por uma população nova e diferente, de classe média. Representava, sim, a ascensão à classe média de boa parte da antiga população. Nas duas áreas censitárias que escolhi como exemplos do grau de recuperação porque o número dos domicílios em si permaneceu bastante estável, a população infantil decresceu um pouco menos, proporcionalmente, à população total; eram crianças, em maioria, de famílias que permaneceram[2].

A descompactação populacional ocorrida no North End de Boston é perfeitamente comparável àquela que ocorreu durante a recuperação do Greenwich Village.

Para ter certeza de que a descompactação ocorreu, ou está ocorrendo, e se a queda na população é indício do gosto pelo bairro daqueles que o conhecem melhor, é preciso determinar se a queda foi acompanhada da desocupação de um número considerável de moradias. Por exemplo, em certas partes do Lower East Side (nunca em todas), as reduções populacionais na década de 30 se deveram parcialmente à descompactação. Representaram também um número grande de imóveis vazios. Quando estes foram novamente ocupados, quem os ocupou foi uma população superaglomerada, como era de esperar. Eles haviam sido desocupados por pessoas com poder de escolha.

Quando um número razoável de moradores decide permanecer em cortiços espontaneamente, várias outras coisas importantes começam a acontecer.

2. Nas duas áreas censitárias do Greenwich Village que eram sempre de classe média ou de renda alta, sem nunca terem sido zona de cortiços, a população não decresceu nesses mesmos anos porque não havia índice algum de superlotação a ser reduzido. Caracteristicamente, nessas áreas censitárias, a população aumentou, em certos casos enormemente, devido ao aumento do número dos próprios domicílios – na maioria, prédios de apartamentos. Nesses setores, no entanto, a população infantil, *sempre baixa*, não aumentou proporcionalmente.

A própria comunidade ganha competência e força, em parte devido à experiência e ao aumento da autoconfiança e, depois, por ter-se tornado menos provinciana (isso leva muito mais tempo). Esses assuntos ficaram no Capítulo 6, a discussão sobre os bairros.

Neste ponto eu gostaria de enfatizar a terceira mudança que ocorre, implícita na eventual diminuição do provincianismo. Essa mudança é a diversificação progressiva da própria população. É variado o grau de melhora financeira e educacional daqueles que permanecem em cortiços em processo de recuperação. A maioria tem renda modesta; alguns, renda considerável; outros não têm renda alguma. As qualificações, os interesses, as atividades e as relações distintas fora do bairro variam e se diferenciam com o passar do tempo.

As autoridades municipais atualmente não param de falar em "atrair de novo a classe média", como se ninguém fosse de classe média até sair da cidade e comprar um sítio e uma churrasqueira e tornar-se, assim, valioso. Sem dúvida as cidades estão perdendo a população de classe média. No entanto, elas não precisam "atrair de novo" a classe média e cuidar muito bem dela, como num crescimento artificial. As cidades é que fazem a classe média crescer. Porém, cuidar dela à medida que cresce, cuidar dela como força estabilizadora em forma de população diversificada significa valorizar o povo da cidade e considerá-lo digno de permanecer exatamente onde se encontra, antes que ele se transforme em classe média.

Mesmo os que continuam pobres nos cortiços em erradicação saem ganhando com o processo de recuperação – e portanto fazem a cidade também ganhar. Na nossa região, os mais desafortunados ou menos ambiciosos da população inicial dos cortiços, que de outra forma seriam moradores permanentes desse tipo de bairro, felizmente escaparam desse destino. Além do mais, embora essas pessoas de baixo poder aquisitivo dificilmente sejam bem-sucedidas sob qualquer perspectiva, na vizinhança a maioria delas é bem-sucedida. Constituem um componente crucial da rede pública informal. A quantidade de tempo que elas passam observando as ruas e tomando conta delas nos faz parecer parasitas.

De tempos em tempos, num bairro recuperado ou em via de recuperação, costuma haver novos incrementos de imigrantes pobres ou ignorantes. O banqueiro de Boston, que citei na introdução deste livro, zombava do North End porque "ele ainda está recebendo imigrantes". Nosso bairro também. Esse é outro dos grandes benefícios prestados pela recuperação. As pessoas se adaptam e são assimiladas – não numa torrente indigesta, mas em acréscimos paulatinos – em bairros capazes de receber gente de fora e lidar com ela de modo civilizado. Os imigrantes – os da nossa vizinhança são na maioria porto-riquenhos, que constituirão uma boa classe média que a cidade não se pode dar ao luxo de perder – não conseguem escapar de grande parte do problema de serem imigrantes, mas pelo menos conseguem escapar à privação e à desmoralização dos cortiços permanentes. Eles logo se misturam à vida das ruas e são interessados e eficientes na parte que lhes cabe. Essas mesmas pessoas dificilmente poderiam agir dessa maneira em sua comunidade nem tenderiam a ficar no mesmo lugar por tanto tempo se fizessem parte de uma tumultuada nova leva de moradores de cortiços permanentes.

Outros que ganham com a recuperação são os novos moradores que têm poder de escolha. Eles encontram um lugar para viver que é apropriado à vida urbana.

Ambos os tipos de novos moradores ampliam a diversificação da população de uma vizinhança recuperada ou em via de recuperação. Porém, a base indispensável para essa diversidade populacional ampliada são a diversificação e a estabilidade da própria população que já morava nos cortiços.

No início do processo de recuperação, poucos, se é que algum, dos moradores de cortiço visivelmente mais bem-sucedidos – ou seus filhos mais bem-sucedidos e ambiciosos – tendem a ficar. A recuperação começa com aqueles que têm renda mais modesta e com aqueles cujas relações pessoais se sobrepõem a sua realização individual. Mais tarde, com a melhora, o nível de sucesso ou de ambição daqueles que permanecem talvez aumente substancialmente.

A perda dos mais bem-sucedidos ou mais ousados é, de modo peculiar, igualmente imprescindível para a recuperação, penso eu. Isso porque os que vão embora estão superando um dos problemas terríveis da maior parte da população que mora em cortiços – o ônus da discriminação.

A pior discriminação atualmente é, sem dúvida, contra os negros. Mas se trata de uma injustiça que a população de todas as nossas maiores zonas de cortiços teve de enfrentar em certo grau.

Um gueto, pelo próprio fato de ser gueto, é um lugar em que a maioria das pessoas corajosas, especialmente os jovens que desconhecem a resignação, recusa-se a permanecer inteiramente de bom grado. Isso é fato, independentemente de as condições de moradia e o ambiente social virem a ser satisfatórios. Elas talvez tenham de ficar e talvez diversifiquem o gueto consideravelmente. Mas isso está longe de significar aceitação ou uma relação satisfatória. É uma felicidade, em minha opinião, que tantos moradores dos nossos guetos não sejam resignados ou derrotistas; teríamos muito mais com que nos preocupar como sociedade se conseguíssemos escapar impunes às nossas tendências a uma psicologia da raça superior. Mas, seja como for, o fato é que em nossos guetos vivem pessoas corajosas, e elas não gostam de guetos.

Quando a prole mais bem sucedida do gueto consegue romper a discriminação contra ele no distrito, aí o velho bairro se livra de um grande fardo. Então, permanecer lá não é mais, necessariamente, uma manifestação de inferioridade. Pode ser uma manifestação de opção genuína. No North End, exemplificando o que quero dizer, um açougueiro jovem explicou-me detidamente que não era mais depreciativo viver lá. Para comprovar esse aspecto, ele me levou à porta do açougue, apontou uma casa geminada de três andares mais abaixo na quadra, contou-me que a família que morava lá acabara de gastar 20 mil dólares para reformá-la (tirados da poupança!) e acrescentou: "Aquele sujeito tem condições de morar em qualquer lugar. Hoje, se ele quisesse, poderia se mudar para um subúrbio de classe alta. Ele quer ficar aqui. Sabe como é, as pessoas não são obrigadas a ficar. Ficam porque gostam."

O rompimento efetivo da discriminação externa em relação a uma zona de cortiços e uma diversificação menos drástica dentro da própria zona de cortiços em via de recuperação ocorrem simultaneamente. Se os Estados Unidos, com relação aos negros, deram realmente um basta a esse processo e entraram numa fase de desenvolvimento contido – acho ambas as coisas tão improváveis quanto intoleráveis –, então pode ser que os cortiços de negros não consigam de fato recuperar-se como aqueles habitados por outras etnias e misturas populacionais. Nesse caso, o prejuízo das cidades seria a menor das nossas preocupações; a recuperação de zonas de cortiços é um subproduto de outro tipo de vitalidade e de outras formas de mudança econômica e social.

Quando uma área se recupera, é fácil esquecer como ela era degradada e que tanto ela quanto sua população eram consideradas irrecuperáveis. Dessa suposta total falta de importância já foi objeto a área em que resido. Não vejo razão para acreditar que os cortiços de negros não consigam também superar-se, e mais rapidamente do que os antigos, se se compreender e apoiar o processo necessário. Assim como em outros bairros degradados, a superação da discriminação vinda de fora dos cortiços e a recuperação interna devem ocorrer concomitantemente. Um não pode esperar pela realização do outro. Qualquer redução da discriminação vinda do lado de fora contribui para a recuperação do cortiço do lado de dentro. Os dois caminham juntos.

Os instrumentos inerentes necessários para a recuperação do cortiço – progresso e diversificação da população – existem comprovadamente no meio das pessoas negras, inclusive daquelas que moram em cortiços e aquelas que passaram por eles, e tão visivelmente quanto no meio dos brancos. De certo modo, a existência clara e comprovada desses instrumentos é mais notável entre os negros, porque eles ascendem apesar dos obstáculos imensos contra a sua ascensão. Na verdade, em razão do próprio fato de que a população negra ascende, diversifica-se e tem muita coragem para conviver em guetos, nossos centros urbanos já perderam muito mais da classe média negra do que poderiam dar-se ao luxo de perder.

Acho que os centros urbanos continuarão perdendo boa parte da classe média negra quase com a mesma rapidez com que ela se forma, até que, de fato, a decisão de permanecer aí não mais signifique para o negro a aceitação implícita da condição de cidadão de gueto. Resumindo, a recuperação de cortiços é, pelo menos diretamente – assim como indiretamente –, inibida pela discriminação. Quero lembrar aqui aos leitores, sem repeti-la, uma questão levantada no início deste livro, nas páginas 77 e 78, que relacionava o aspecto urbano do uso da rua e da vida nas ruas com a possibilidade de superar a discriminação residencial.

Embora nós, norte-americanos, falemos muito da nossa rapidez em assimilar as mudanças, isso não se aplica, receio eu, à mudança intelectual. Geração após geração, as pessoas que não moram em cortiços apegam-se às mesmas ideias insensatas sobre eles e seus moradores. Os pessimistas parecem sempre achar que há um quê de inferioridade nas atuais safras de moradores de cortiços e conseguem apontar diferenças supostamente medonhas entre eles e os imigrantes que os antecederam. Os otimistas parecem sempre achar que não há nada de errado com os cortiços que não possa ser corrigido com programas habitacionais e com uma reforma no uso do solo e assistentes sociais em número suficiente. É difícil dizer qual simplismo é pior.

A diversificação da população reflete-se na diversificação dos empreendimentos comerciais e culturais. A diversificação de renda, sozinha, pesa no leque de diversificações comerciais possíveis, geralmente da maneira mais modesta. Como exemplo, veja o caso de um sapateiro de Nova York que não se mudou quando a maioria de sua vizinhança foi despejada para a construção de um conjunto habitacional de baixa renda. Depois de manter por muito tempo a esperança de que novos fregueses aparecessem, ele está fechando as portas. Ele conta o que houve: "Eu costumava receber daquelas boas botas de trabalho, calçados que valia a pena consertar. Mas esses novos moradores, mesmo os que trabalham, são *todos* muito pobres. Os sapatos que eles usam são tão baratos e fracos que logo se desfazem. Eles os trazem para mim. Não dá para consertar sapatos assim. O que posso fazer com eles, fazê-los de novo? Mesmo assim, os moradores não têm como pagar pelo serviço. Este lugar não me serve." A antiga vizinhança também poderia ser definida como predominantemente pobre, mas havia pessoas que tinham uma renda razoável. Não se tratava do grupo dos paupérrimos.

Nos cortiços em via de recuperação em que ocorreram grandes reduções na população com a diminuição de habitantes por domicílio, esse fato foi acompanhado de um aumento diretamente relacionado com a diversidade de renda – e às vezes de um aumento considerável no número de visitantes e na interação de usos com outros bairros e distritos. Sob tais circunstâncias, as grandes reduções na população (que, sem dúvida, ocorreram de forma gradativa, e não repentina) não provocaram a aniquilação do comércio. Ao contrário, a variedade e a prosperidade das empresas costumam aumentar nos cortiços em processo de recuperação.

Com uma população *uniformemente* muito pobre, é necessário haver uma densidade muito alta para gerar uma exuberância genuína e uma diversidade ampla atraente, como algumas das nossas antigas zonas de cortiços conseguiram por força de uma superlotação fabulosa, somada a uma densidade residencial alta – associadas, é claro, às outras três condições fundamentais que geram diversidade.

O sucesso na recuperação de zonas de cortiço pressupõe o apego de um número suficiente de pessoas aos cortiços em que desejam permanecer e a viabilidade de sua permanência. A inviabilidade é o rochedo em que naufragam muitos cortiços em via de recuperação. Inviabilidade significa falta de dinheiro para melhorias, para novas construções e para empreendimentos comerciais no momento em que essas necessidades se tornam prementes e que seu desencorajamento é fatal. Inviabilidade significa dificuldade de promover mudanças específicas ao longo do tempo em áreas em via de recuperação. Tratarei dessa questão nos próximos dois capítulos.

Fora esses dois desestímulos mais sutis (mas fortes), hoje a recuperação é frequentemente impedida pelo desencorajamento máximo – a destruição.

O próprio fato de uma zona de cortiços ter vencido a superlotação faz dela um lugar extremamente tentador para uma desocupação total ou parcial com vistas à "revitalização" urbana. O problema de transferir os moradores parece muito simples comparado ao dos cortiços permanentes que apresentam terrível superlotação. A relativa saúde social do local também provoca a tentação de desocupá-lo para a entrada de uma população de renda mais alta. Torna-se um lugar apropriado para "atrair de novo a classe média". Ao contrário de uma zona de cortiços permanentes, passa a ser um lugar "propício para a reurbanização", como se alguma misteriosa virtude da civilização residisse nesse mesmo local e fosse transmitida. Ao descrever a destruição do movimentado e estável West End de Boston, de baixa renda, Gans fez uma observação que também se aplica a outras grandes cidades envolvidas com a reurbanização: "Ao mesmo tempo, outras áreas que têm moradias mais velhas, mais deterioradas e até mais perigosas têm menor prioridade na revitalização, pela falta de interesse de potenciais empreiteiros e outros grupos poderosos."

Nada na formação de urbanistas, arquitetos ou autoridades do governo contradiz essa tentação de destruir cortiços em via de recuperação. Ao contrário, tudo o que faz dessas pessoas especialistas reforça a tentação – porque uma zona de cortiços que tem tido sucesso na recuperação possui, inevitavelmente, características de planta, uso, ocupação do solo, composição e atividades que são diametralmente opostas aos ideais da Cidade-Jardim Radieuse. Fosse de outra forma, ela nunca teria sido capaz de se degradar.

Uma zona de cortiços em processo de recuperação é peculiarmente vulnerável em outro aspecto. Ninguém está fazendo fortuna com isso. As duas maiores fontes de lucro nas cidades são, por um lado, os cortiços permanentes, fracassados, e por outro, as áreas de custo alto e alta rentabilidade. Uma zona de cortiços em recuperação não rende mais tanto quanto já pode ter rendido aos usurários proprietários, que se dão melhor com os recém-chegados, nem é mais um campo tão fértil ou atraente para a politicagem, as drogas, o vício e os grupos de proteção como são os cortiços permanentes. Por outro lado, uma área dessas não proporciona nem a valorização da terra nem a alta de preços típicas da autodestruição da diversidade. Apenas proporciona um local de vida decente e movimentado às pessoas, cujas condições financeiras são na maior parte dos casos modestas, e um meio de vida despretensioso aos proprietários de muitas pequenas empresas.

Assim, as únicas pessoas que se opõem à destruição de uma área de cortiços em recuperação – principalmente se ele ainda não começou a atrair novos moradores com recursos – são aquelas que têm negócios ou moram lá. Quando elas tentam explicar aos pouco compreensivos especialistas que o lugar é bom e está melhorando, ninguém lhes dá atenção. Em todas as cidades, essas afirmações são vistas como um brado de pessoas de visão estreita, que impedem o progresso e uma receita fiscal mais elevada.

O processo de recuperação de áreas de cortiços depende do fato de a economia metropolitana, se estiver funcionando bem, transformar constantemente um bom número de pessoas pobres em pessoas de classe média, muitos analfabetos em pessoas qualificadas (ou até bem instruídas), muitos principiantes em cidadãos ativos.

Em Boston, várias pessoas de fora do distrito de North End definiram para mim sua melhora como uma coisa fora do comum, peculiar, baseadas na circunstância de que "os moradores do North End são sicilianos". Quando eu era pequena, as pessoas vindas da Sicília e seus descendentes moravam em cortiços, assim se dizia, por serem sicilianos. A recuperação e a diversificação dentro do North End não têm nada a ver com a Sicília. Devem-se ao vigor da economia metropolitana e às opções e oportunidades (algumas boas, outras ruins) que uma economia forte produz.

Essa força e seus efeitos – tão distintos da inesquecível vida rural – são de tal forma patentes e corriqueiros nas grandes cidades, que é curioso que nosso planejamento urbano não os assimile como uma realidade importante e digna de nota. É curioso que o planejamento urbano não tenha consideração pela diversificação espontânea das populações urbanas nem tente criar condições para ela. É curioso que os planejadores urbanos pareçam não reconhecer essa força da diversificação nem sejam atraídos pelas questões estéticas de sua expressão.

Essas omissões intelectuais estranhas remontam, penso eu, ao absurdo da Cidade-Jardim, da mesma forma que muitos dos pressupostos velados do planejamento urbano e do urbanismo. A visão que Ebenezer Howard teve da Cidade-Jardim nos soa quase feudal. Ele parecia pensar que os integrantes da classe operária industrial permaneceriam docilmente em sua classe e até no mesmo trabalho dentro de sua classe; que os trabalhadores agrícolas permaneceriam na agricultura; que os negociantes (o inimigo) mal existiriam como força significativa em sua Utopia; e que os urbanistas poderiam tocar seu ótimo e sublime trabalho sem serem atrapalhados pelas contestações grosseiras dos leigos.

Foi a própria fluência da sociedade metropolitana e industrial do século XIX, com sua profunda alternância de poder, pessoas e dinheiro, que mexeu com Howard tão intimamente – e com seus seguidores mais fiéis (como os Descentralizadores Norte-Americanos e os Planejadores Regionais). Howard pretendia cristalizar o poder, as pessoas e os usos e os aumentos de recursos financeiros segundo um modelo estático, facilmente controlável. Na verdade, ele propunha um modelo que já era obsoleto. “A contenção do êxodo rural é um dos principais problemas de hoje”, disse ele. “O trabalhador talvez possa retornar à terra, mas como as indústrias do país poderão retornar à Inglaterra rural?”

O objetivo de Howard era suplantar os novos comerciantes da cidade e outros empreendedores, que o deixavam desnorteado e não paravam de surgir do nada. O que fazer para não lhes dar a oportunidade de desenvolver seus negócios, a não ser sob as diretrizes rígidas de um plano empresarial monopolista – essa era uma das principais preocupações de Howard ao arquitetar suas Cidades-Jardins. Ele temia e rejeitava a união das forças vivas inerentes à urbanização com a industrialização. Não lhes dava espaço na luta contra a vida em cortiços.

A reinstauração de uma sociedade estática, governada, em tudo que fosse importante, por uma nova aristocracia de especialistas em planejamento urbano altruístas, pode parecer uma visão distante da desocupação, da remoção e do emparedamento de zonas de cortiços dos Estados Unidos modernos. Mas o planejamento derivado daquelas metas semifeudais nunca foi reavaliado. Foi empregado em cidades reais do século XX. E essa é uma das razões por que, quando os cortiços de cidades norte-americanas se recuperam, eles o fazem a despeito do urbanismo e contrariando os ideais do planejamento urbano.

Em nome de sua coerência interna, o urbanismo convencional incorpora a fantasia da presença perturbadora de pessoas em "cortiços" cuja faixa de renda não condiz com a renda de moradores de cortiços. Essas pessoas são definidas como vítimas da inércia, que precisam de um empurrão. (Os comentários das pessoas que vêm a saber dessa afirmação a respeito de si mesmas são impublicáveis.) A erradicação, muito embora elas a condenem, é um bem para elas, segundo aquela fantasia, por forçá-las a melhorar. Melhorar significa encontrar seu pelotão de pessoas rotuladas financeiramente e marchar junto com ele.

Assim, a recuperação e sua inseparável diversificação – talvez as maiores forças regeneradoras próprias da economia vigorosa de metrópoles norte-americanas – parecem representar, à luz baça do urbanismo convencional e da sabedoria da reurbanização, mera desordem social e confusão econômica, e são tratadas dessa maneira.

16. CAPITAL CONVENCIONAL E CAPITAL ESPECULATIVO

Até aqui, tenho-me restringido praticamente às virtudes que provocam o sucesso *intrínseco* das cidades. Para fazer uma analogia, é como se eu tivesse falado da agricultura apenas quanto aos requisitos de solo, água, máquinas, sementes e fertilizantes para uma boa colheita, mas nada tivesse dito sobre os recursos financeiros para obtê-los.

Para entender por que os meios e métodos financeiros usados para comprar bens agrícolas são tão importantes, precisamos primeiramente compreender por que os próprios requisitos para a atividade agrícola têm tal importância e compreender um pouco de sua natureza. Sem essa compreensão, poderíamos deixar de lado a questão de como financiar um bom abastecimento de água e centrar-nos entusiasticamente nas formas de financiamento para a construção de cercas muito melhores. Ou, sabendo que a água é importante mas sem termos conhecimento de possíveis mananciais que atendam aos nossos fins, poderíamos perder-nos dançando para chamar a chuva e ficaríamos sem acordos financeiros para comprar o encanamento.

O dinheiro tem suas restrições. Não compra o sucesso intrínseco de que carecem certos lugares das cidades, nos quais o uso do próprio dinheiro não consegue propiciá-lo. Além do mais, o dinheiro provoca prejuízos irreparáveis por destruir as condições necessárias para o sucesso intrínseco. Por outro lado, por ajudar a obter os requisitos imprescindíveis, pode contribuir para o surgimento intrínseco do sucesso nas cidades. Na verdade, ele é indispensável.

Por esses motivos, o dinheiro tem o poder de contribuir tanto para a decadência quanto para a revitalização das cidades. Porém, é preciso entender que o mais importante não é a simples disponibilidade do dinheiro, mas sim como ele se torna disponível e para quê.

Três formas principais de capital custeiam e orientam as mudanças que ocorrem em imóveis residenciais e comerciais nas cidades. Pelo fato de o dinheiro ser tão poderoso como *instrumento*, quando ele some, as cidades também somem.

A primeira e mais importante das três formas de capital é o crédito concedido pelas instituições de empréstimo privadas convencionais. Pela ordem do montante de hipotecas em seu patrimônio, as mais importantes dessas instituições são: entidades de crédito e poupança, companhias de seguro de vida, bancos comerciais e caixas econômicas. Somam-se a elas várias categorias de financiadores hipotecários menores – alguns deles em rápido crescimento, como os fundos de pensão. A parte do leão, na construção, na reforma, na restauração, na transferência e na expansão que ocorrem nas cidades (assim como nos subúrbios) é financiada por essa forma de capital.

A segunda forma de capital é aquela que o governo fornece, seja por meio de receita tributária, seja por meio de seu poder de tomar empréstimos. Com exceção das obras urbanas que normalmente cabem ao governo (escolas, vias públicas etc.), o dinheiro público também financia, em certos casos, imóveis residenciais e comerciais. Há ainda outros elementos que são definidos e influenciados pelo fato de esse dinheiro poder ser usado para financiamento parcial ou como caução de outros empréstimos. Os subsídios do governo federal e do municipal para demolições, a fim de tornar financeiramente viáveis os projetos de reurbanização e reforma financiados pela iniciativa privada, estão entre os usos desse dinheiro, da mesma forma que conjuntos habitacionais garantidos pelos governos federal, estadual e municipal. Além disso, o governo federal garante até 90 por cento do valor das hipotecas residenciais bancadas por financiadores convencionais – e chega a comprar de credores hipotecas avalizadas –, desde que os empreendimentos cujas hipotecas foram garantidas estejam de acordo com os padrões de construção aprovados pela Secretaria Federal da Habitação.

A terceira forma de capital vem de um mundo paralelo de investimentos, um submundo, por assim dizer, de dinheiro vivo e crédito. A origem desse dinheiro e o caminho que ele percorre são nebulosos e dúbios. Esse dinheiro é emprestado com taxas de juros que começam em 20 por cento e vão até onde o mercado suportar, aparentemente, em certos casos, até 80 por cento, com a soma dos juros e das taxas e comissões do mediador. Essa atividade gera muitos empregos – poucos dos quais realmente produtivos e úteis –, mas é mais conhecida por financiar a transformação oportunista de edifícios comuns em cortiços, com um lucro exorbitante. Esse capital está para o mercado de hipotecas como o dinheiro dos agiotas está para a situação financeira pessoal.

Essas três formas de capital funcionam de maneira diferente em questões importantes. Cada uma tem sua função no financiamento das transformações imobiliárias urbanas.

Inteiramente consciente de suas diferenças – em especial a diferença moral entre o dinheiro do submundo e o dinheiro legítimo da iniciativa privada e do governo –, pretendo destacar que a atuação dessas três formas de capital é semelhante num aspecto. Em suma, esse dinheiro provoca mudanças drásticas nas cidades. Pequena parte dele provoca mudanças graduais.

O capital especulativo é despejado em alguma área de forma concentrada, produzindo mudanças drásticas. Em contrapartida, esse capital apenas goteja em localidades não encaradas como prioridade.

Figuradamente, com relação a seus efeitos na maioria das ruas e dos bairros, essas três formas de capital atuam não como sistemas de irrigação, criando canais vitais que nutrem um crescimento estável e constante. Ao contrário, manifestam-se como intempéries que fogem ao controle humano, produzindo tanto secas terríveis quanto enchentes torrenciais e devastadoras.

Claro que essa não é uma maneira eficaz de alimentar as cidades. A construção de uma base sólida nas cidades ocasiona uma mudança gradual e constante, gerando diversificações complexas. O crescimento da diversidade ocorre com mudanças interdependentes, que gerem combinações de usos cada vez mais efetivas. A recuperação de cortiços – por mais que se acelere seu lento passo atual – é um processo de mudança constante, porém progressiva. Todas as construções urbanas que se mostrem perenes quando deixem de ser novidade, que preservem a liberdade nas ruas e permitam a autogestão dos cidadãos, requerem que o local em que se encontram seja capaz de adaptar-se, atualizar-se, manter-se atraente e útil, e isso, por sua vez, exige uma miríade de mudanças concentradas, graduais e constantes.

Não se pode garantir de uma hora para a outra a tarefa de dar boas condições de funcionamento às ruas e aos bairros (o que significa principalmente fomentar as condições que geram a diversidade) e garantir sua preservação. Mas, por outro lado, trata-se também de uma tarefa que nunca termina nem nunca terminará, seja qual for o lugar.

O tipo de dinheiro que permite capitalizar, aprimorar e suplementar o que existe é o capital convencional. Contudo, esse recurso indispensável está em falta.

Tal situação está longe de ser inevitável. Ao contrário, foi necessário um engenho intencional considerável (além de alguns desvios) para chegarmos a ela. O "inevitável", dizia Holmes, só acontece depois de muito empenho; isso se aplica ao uso especulativo do dinheiro nas cidades; se se juntassem todas as palavras de ordem e os folhetos que incitam o investimento na renovação urbana drástica, eles dariam um volume com pelo menos cinquenta vezes a espessura deste livro. E ainda assim, a despeito de toda essa promoção, da coleta de dados e do trabalho legislativo imensos por trás dela, essa forma de investimento urbano é tão canhestra, que, em muitos casos, serve mais para paralisar e punir a aplicação do dinheiro do que para estimulá-la e recompensá-la. É necessário inventar incentivos cada vez maiores para dar mais uma injeção de ânimo e mais um empurrãozinho nesses investimentos especulativos. Como comentou o presidente da Câmara de Comércio dos Estados Unidos, Arthur H. Motley, em conferência sobre reurbanização no final de 1960: "Algumas cidades que utilizam recursos federais adquiriram tantos terrenos sem promover reformas que a Agência Federal de Financiamento Residencial e Habitação se tornou a maior criadora de ervas daninhas."

A objetividade crua de Motley não se enquadrava no espírito dessas conferências, que versavam principalmente sobre banalidades como o "desafio" e "o papel do homem de negócios em cidades belas e saudáveis" e sobre comentários, como "o fator lucro é a chave do investimento futuro nessa área".

Por trás do uso do dinheiro em construções e hipotecas existe, sem dúvida, a preocupação com o lucro – na maioria das vezes, uma preocupação legítima com lucros legítimos. Mas, além disso, por trás do uso desse dinheiro há ideias mais abstratas sobre as próprias cidades, e essas ideias têm o poder de determinar o que se faz com o dinheiro nas cidades. Assim como os projetistas de parques e os especialistas em zoneamento, os credores hipotecários operam num vácuo legal e ideológico.

Comecemos pela existência e pelos efeitos da escassez de dinheiro, já que, não fosse a escassez de dinheiro para hipotecas, a decadência das cidades seria evitável.

"Se o poder de cobrar impostos equivale ao poder de destruir (...) então os órgãos oficiais de crédito representam não só o poder de destruir como também o de criar e de desviar", diz o professor Charles M. Haar, da Faculdade de Direito de Harvard, numa análise sobre os incentivos federais ao investimento na construção de habitações.

O poder de destruir que esses órgãos e a gestão de créditos têm sobre o próprio crédito é negativo: é o poder de recusar o crédito.

Para entender as consequências dessa atitude nos bairros, é melhor analisarmos primeiro alguns milagres, para demonstrar que só milagres vencem esse impulso para a decadência.

O North End de Boston é exemplo de uma saída miraculosa.

Depois da Depressão e da guerra, períodos em que não se fez praticamente nenhuma construção, o North End entrou na lista negra das instituições de crédito convencionais para empréstimos hipotecários. Isso significou a recusa de crédito para construção, expansão ou reforma dado pelo sistema de crédito norte-americano, quase como se o North End fosse uma comunidade na Tasmânia.

Por trinta anos, começando na Depressão e adentrando o período da Lista Negra, os mais altos empréstimos hipotecários dados ao distrito foram de 3 mil dólares e, mesmo assim, raros. O mais próspero dos subúrbios, conclui-se, dificilmente conseguiria manter-se nesse período sob tais condições. Melhora material só por milagre.

Devido a uma circunstância particularmente favorável, o North End conseguiu o milagre. Acontece que, entre seus moradores e comerciantes, parentes e amigos, havia muitas pessoas dedicadas às várias atividades envolvidas na construção: pedreiros, eletricistas, carpinteiros, mestres de obras. Essas pessoas contribuíram com serviços, em alguns casos, ou fizeram permutas, em outros, para modernizar e recuperar as construções do North End. A maioria das despesas foi com material, e as dívidas contraídas eram pagas com dinheiro da poupança. No North End, um comerciante ou um proprietário de imóvel precisa ter *primeiro* o dinheiro para investir em melhorias cujo retorno ele prevê que justifiquem os gastos!

Em síntese, o North End retornou aos primitivos métodos de escambo e manutenção de reservas, que vigoravam antes do surgimento do sistema bancário. Era a única saída para uma recuperação de cortiços ininterrupta e a sobrevivência da comunidade.

Esses métodos, no entanto, não possibilitavam o financiamento de novas construções, que precisavam ser feitas no North End gradualmente, como em qualquer bairro vivo.

O North End, nessa situação, só pode ter construções novas se submetido a uma avalanche de reformas e reurbanização – que destruiriam sua complexidade, dispersariam sua população e varreriam seus comerciantes[1]. Ela exigiria também um volume enor-

1. A primeira etapa dessa avalanche está sendo planejada, na forma de uma desocupação em massa à volta dos prédios históricos. Boston – ou pelo menos os guardiães de sua tradição – envergonha-se de que atualmente os turistas e os estudantes prestem atenção no irrelevante North End ao mesmo tempo que assimilam o sentido da liberdade norte-americana.

me de dinheiro, em comparação com a necessidade de recursos financeiros do North End para custear permanente e constantemente a reforma e a substituição do que envelhece.

O Back-of-the-Yards, em Chicago, sobreviveu e progrediu depois de condenado à morte. Conseguiu isso com um expediente incomum. Pelo que sei, o Back-of-the-Yards é o único distrito urbano que enfrentou de cabeça erguida o problema comum de estar na lista negra do crédito e o superou com os recursos de que dispunha. Para entender como esse distrito conseguiu tal proeza, é preciso conhecer um pouco de sua história.

O Back-of-the-Yards era uma zona de cortiços famosa. Quando o célebre caçador de corruptos e cruzado Upton Sinclair queria referir-se, em seu livro, *The Jungle* [A selva], à escória da vida urbana e à exploração humana, era o Back-of-the-Yards e seus matadouros que ele escolhia como exemplo. Até a década de 30, os moradores de lá que procuravam emprego fora do distrito davam endereços falsos, para evitar a discriminação existente na época. Fisicamente, há bem pouco tempo, em 1953, o distrito – uma miscelânea de construções castigadas pelo tempo – era um exemplo clássico do tipo de localidade que, segundo a crença geral, deveria ser inteiramente demolida.

Nos anos 30, os operários trabalhavam principalmente nos matadouros, e durante essa década a população do distrito voltou-se para a sindicalização das firmas de acondicionamento de plantas. Aproveitando-se da nova militância e da oportunidade que ela oferecia de erradicar o antigo antagonismo nacionalista que assolava o distrito, um grupo de pessoas competentes resolveu organizar-se[2]. Chamada de Conselho do Back-of-the-Yards, a organização adotou um lema intrépido: "Nós, o povo, traçaremos nosso destino." O Conselho passou a atuar quase como um governo. Sua organização é mais abrangente e formal do que a das associações de amigos de bairro comuns e tem muito mais poder, tanto por realizar serviços públicos por conta própria como

2. Os líderes eram o bispo J. Sheil, o sociólogo e criminologista Saul D. Alinsky e Joseph B. Meegan, então supervisor de um parque. Alinsky revelou os fundamentos e as formas de organização num livro, *Reveille for Radicals* [Alvorada dos radicais].

por ver atendidas suas reivindicações pelo governo municipal. A linha de ação é definida por uma espécie de assembleia de duzentas pessoas eleitas, que representam organizações menores e quarteirões. O poder do distrito de conseguir da administração municipal os necessários serviços, equipamentos públicos, regulamentações e exceções às regulamentações é encarado com admiração considerável em toda Chicago. Em resumo, o Back-of-the-Yards não é uma parte do organismo político que se possa menosprezar ou desconsiderar, o que é um ponto muito significativo de sua história.

No período entre a constituição do Conselho e o início dos anos 50, os moradores do distrito e seus filhos fizeram outros progressos. Muitos ascenderam a postos profissionais qualificados em escritórios ou na indústria. A atitude seguinte "inevitável" nesse estágio seria a migração em massa para os subúrbios exclusivos, com uma nova leva de pessoas mais desfavorecidas ocupando o distrito abandonado. Retrocesso, cortiços permanentes.

No entanto, como geralmente ocorre com os habitantes de zonas de cortiços em via de erradicação, os moradores desse distrito preferiram ficar. (É por esse motivo que eles já vinham reduzindo o número de moradores por domicílio e promovendo a recuperação do bairro.) As instituições locais, especialmente as igrejas, queriam que eles permanecessem.

Ao mesmo tempo, porém, milhares de moradores também queriam melhorar sua residência mais do que já haviam conseguido com a diminuição do número de pessoas por domicílio e com pequenas reformas e nova decoração. Eles não eram mais moradores de cortiços e não pretendiam viver como se ainda fossem.

Os dois desejos – ficar e melhorar – eram incompatíveis, porque ninguém conseguia um empréstimo para as melhorias. Como o North End, o Back-of-the-Yards estava na lista negra do crédito hipotecário.

Contudo, nesse caso havia uma organização capaz de lidar com o problema. Uma pesquisa do Conselho revelou que comerciantes, moradores e instituições do distrito tinham depósitos em cerca de trinta entidades de crédito e poupança e caixas econômicas. Chegou-se ao acordo no distrito de que esses depositantes – instituições e comércio e também indivíduos – retirariam seus depósitos se as instituições de crédito insistissem em boicotar o distrito.

No dia 2 de julho de 1953, representantes dos bancos e das entidades de crédito e poupança descobertos pela pesquisa do Conselho foram convidados para uma reunião. A questão das hipotecas do bairro foi apresentada e amigavelmente discutida. Polidamente, o porta-voz do Conselho revelou o número de depositantes do distrito; o volume de seus depósitos; a dificuldade em compreender por que o investimento em poupança dos habitantes parecia não ser colocado à disposição para uso na cidade; a séria preocupação do distrito com esse problema; a importância da compreensão da população.

Antes que a reunião terminasse, vários dos financiadores se dispuseram a ajudar – quer dizer, uma decisão favorável ao pedido de empréstimos. No mesmo dia, o Conselho começou a negociar um lugar para a construção de quarenta e nove moradias. Pouco tempo depois, a sucessão de sórdidos prédios de cortiços estava equipada com encanamento interno e modernizou-se por inteiro, por meio de um empréstimo de 90 mil dólares. Em três anos, cerca de 5 mil moradias haviam sido reformadas pelos proprietários, e o número de reformas desde então foi tão grande que se perdeu a conta. Em 1959 foi iniciada a construção de vários blocos de pequenos apartamentos. O Conselho e os moradores do distrito referem-se com gratidão ao interesse e à cooperação dos bancos. E os bancos, do seu lado, falam com admiração do distrito como um local de investimento seguro. Ninguém foi expulso do distrito nem "transferido". O comércio permaneceu ileso. A recuperação dos cortiços tinha prosseguido, embora esse processo tivesse chegado a um ponto – como acaba ocorrendo em qualquer lugar – em que a necessidade de empréstimo se tornara crucial.

O boicote de crédito a localidades de uma cidade é impessoal. Funciona não contra a pessoa dos moradores ou dos comerciantes, mas contra seus bairros. Por exemplo, um conhecido meu, comerciante do boicotado distrito do East Harlem, em Nova York, incapaz de conseguir um empréstimo de 15 mil dólares para expandir e modernizar seu negócio, não teve dificuldade alguma em obter um empréstimo de 30 mil dólares para construir uma casa em Long Island. De maneira parecida, um morador do North End, pelo simples fato de estar vivo e ter um emprego de pedreiro ou contador ou serralheiro, pode obter com facilidade um empréstimo equivalente a trinta anos de trabalho, pelas taxas correntes, para comprar uma casa num condomínio de subúrbio. Mas, vinculados ao North End, nem ele, nem seus vizinhos, nem mesmo os proprietários do imóvel em que moram são dignos de um centavo de crédito.

Isso é um ultraje e uma perversidade, mas antes de se sentir ultrajado é bom parar para pensar que os bancos e outros financiadores convencionais que boicotam localidades urbanas não estão fazendo nada senão levar a sério as lições convencionais do planejamento urbano. Eles não são perversos. Os mapas de listas negras de crédito são idênticos, tanto na concepção quanto na maioria dos resultados, aos planos municipais de erradicação de cortiços. E os planos municipais de erradicação de cortiços são encarados como instrumentos respeitáveis, utilizados com propósitos respeitáveis – entre os quais se encontra, na verdade, o de alertar os financiadores a não investir nesse local.

Às vezes os urbanistas antecipam-se aos financiadores; às vezes os financiadores antecipam-se aos urbanistas. Qualquer um deles sabe o que está fazendo, porque conhece muito bem o urbanismo da Cidade-Jardim Beautiful Radieuse. Os dois instrumentos – os mapas da lista negra e os planos municipais de erradicação de cortiços – passaram a ser usados quase ao mesmo tempo, no início dos anos 40. Com os financiadores, começaram como mapas das áreas em que houvera um grande número de execuções de hipotecas durante a Grande Depressão e para as quais supunha-se, portanto, ser arriscado conceder outros empréstimos. Esse critério, no entanto, ficou em segundo plano. (Era confuso. A área de escritórios da Grand Central de Nova York detinha o mais alto número de execuções de todo o país; isso significaria que era arriscada para investimentos futuros?) O critério atual é a decisão dos financiadores de que tal e tal lugar já são uma zona de cortiços, ou estão fadados a isso. Seu futuro, na medida em que mereça consideração, é então concebido de acordo com os métodos do urbanismo ortodoxo: eventual demolição e, antes disso, decadência.

Ao optar pelo uso do poder de destruição do crédito, os financiadores agem, portanto, segundo a premissa de que sua atitude reflete uma fatalidade e, à luz dessa fatalidade, não estão sendo senão prudentes. Eles fazem profecias.

Suas profecias costumam confirmar-se, aliás. Vejamos, por exemplo, o caso de uma cidade da Nova Inglaterra (desta vez não é Boston) com um programa de reurbanização amplo e bastante divulgado. Como base do trabalho, a equipe de urbanistas elaborou um mapa que mostrava onde a decadência estava tão avançada que a solução só podia ser a demolição. Depois de fazer o mapa, os urbanistas descobriram que ele coincidia exatamente com os mapas elaborados pelos banqueiros da cidade muitos anos antes, indicando as áreas que não deviam receber empréstimos. Os banqueiros haviam profetizado que esses lugares se tornariam zonas de cortiço irrecuperáveis, e seus vaticínios se mostraram corretos. Havia apenas uma pequena discrepância entre os dois mapas. O mapa dos urbanistas sugeria não uma erradicação generalizada, mas uma erradicação localizada. Nesse caso, um lugar que constava na lista negra, nele incluídos trechos de sua pequena zona comercial, não parecia tão deteriorado, tanto que seria parcialmente preservado. Essa localidade tinha uma fonte de crédito própria: um pequeno banco familiar, remanescente dos velhos tempos, uma preciosidade que fazia empréstimos dentro de sua área boicotada. A expansão e a renovação do comércio, a manutenção do local eram financiadas por ele. Essa era, por exemplo, a fonte de crédito que permitira a um famoso estabelecimento comercial do bairro – um restaurante que atraía fregueses de toda a cidade – comprar bons equipamentos, ampliar as instalações e fazer reformas quando necessário.

Os mapas da lista negra, da mesma forma que os mapas de erradicação de cortiços, são profecias precisas porque são profecias desejadas.

No caso do North End e no do Back-of-the-Yards, os mapas da lista negra foram profecias imprecisas. Mas ninguém jamais teria sabido que a previsão da potencialidade local era errada não fosse a milagrosa capacidade desses lugares de escapar à sua condenação.

Outros bairros que têm vitalidade sempre resistem à sentença de morte. Meu bairro fez isso por doze anos (neste caso, os urbanistas vieram na frente, com um plano de erradicação de cortiços, e os financiadores vieram atrás). Algumas ruas do East Harlem que estavam na lista negra mantiveram-se firmes, desde 1942, com empréstimos feitos entre familiares e parentes[3].

É impossível dizer quantos distritos foram destruídos por causa da lista negra. O Lower East Side de Nova York, uma área de grande potencial – pelo menos tão grande quanto o do Greenwich Village –, foi condenado pela lista negra. O distrito Society Hill, em Filadélfia, no qual um enorme volume de dinheiro público para revitalização será agora gasto oficialmente para "atrair de novo a classe média", foi escolhido há alguns anos por muitas pessoas de renda média por iniciativa própria – que acabaram descartadas quando não conseguiram empréstimos para adquirir imóveis ou reformá-los.

Se o bairro não possuir vitalidade extraordinária, além de alguma espécie de recurso extraordinário, a tradicional escassez de dinheiro provoca inexoravelmente a degradação.

Os piores casos são os de bairros já estagnados, com muita coisa que é intrinsecamente errada. Essas localidades, que afinal de contas estão perdendo seus antigos moradores, geralmente sofrem um tipo especial de avalanche de investimentos. Num curto período depois de terem entrado na lista negra do crédito convencional, pode ser que surja o dinheiro vazio do mundo pa-

3. Em 1960, os proprietários de imóveis de uma dessas ruas conseguiram o que talvez tenham sido os primeiros créditos hipotecários concedidos ao East Harlem em dezoito anos. Foram conseguidos com a intervenção de John J. Merli, vereador e figura de destaque no Comitê de Nova York do Partido Democrata. O próprio Merli adiantou o dinheiro para a compra do material necessário e acertou a permuta de trabalho e o mutirão, como o North End havia feito. Depois de concluídas as obras, ele obteve empréstimos bancários para os proprietários em questão, para que pudessem restituir-lhe os empréstimos que ele havia contraído para comprar material.

ralelo dos investimentos. Ele aflui em abundância, adquirindo as propriedades que agora não têm outros compradores, e provavelmente nem terão, pelas quais seus atuais proprietários ou ocupantes não possuem um apego efetivo, considerável. Segue-se a rápida transformação dos prédios em cortiços altamente rentáveis. O capital especulativo do submundo está preenchendo a lacuna deixada pelo dinheiro convencional.

Essa sequência ocorre na maioria das grandes cidades e parece considerada natural, embora tenham sido feitos poucos estudos a respeito. Um destes foi a análise da pesquisa do Dr. Chester A. Rapkin, economista e urbanista, sobre uma área terrivelmente prejudicada pelo capital especulativo. A análise de Rapkin descreve a imposição da escassez de dinheiro provindo de fontes convencionais, o surgimento em seu lugar do capital especulativo e a incapacidade dos proprietários de promover reformas a não ser para vender seus imóveis a exploradores. O *New York Times*, citando James Felt, presidente da Comissão de Planejamento Urbano, para a qual a pesquisa foi elaborada, resumiu-a concisa e desapaixonadamente:

> Ele disse que a pesquisa revelou a quase completa inexistência de novas construções na área de vinte quadras. Disse ainda que ela revela a suspensão da concessão de empréstimos hipotecários de bancos e outras instituições para imóveis, a transferência de imóveis para outro tipo de investidor, o aumento da ausência de proprietários nos imóveis e a transformação de boa parte dos domicílios da área em cômodos mobiliados.

Todas as três formas de capital especulativo participaram desse colapso, como costumam fazer na decadência urbana. Primeiro, a retirada de todo o capital convencional; depois, a ruína financiada pelo capital do submundo; depois, a escolha da área pela Comissão de Planejamento como candidata à utilização drástica de recursos financeiros do governo a fim de custear demolições para a renovação urbana. Esta última etapa possibilita o retorno drástico do capital tradicional para financiar as construções e reabilitações do plano de reurbanização. Cada uma dessas três formas de capital colabora de tal maneira para alavancar a outra, que poderíamos ser levados a elogiar esse processo como um tipo de organização altamente avançado, não fosse ele tão nocivo para todos os outros tipos de organização urbana. Não se trata de uma "conspiração". É o resultado racional alcançado por pessoas racionais, pautadas por crenças urbanísticas convencionais mas absurdas.

No entanto, o fato notável – e uma grande manifestação da força e da atratividade de muitos bairros em situação adversa – é o grau de resistência que eles demonstram contra sua condenação à morte. Isso foi descoberto em Nova York durante os anos 50, depois que novas leis passaram a exigir que os prédios de apartamentos tivessem aquecimento central. Os proprietários seriam recompensados por essa benfeitoria com o aumento dos aluguéis ou o desconto de impostos. Esse acordo foi de encontro a obstáculos inesperados, precisamente nos lugares em que tais obstáculos não poderiam ter sido previstos: áreas socialmente estáveis, com vida normal, onde os inquilinos poderiam arcar com os aumentos. Geralmente não se conseguia dinheiro para a obra (a taxas de juros inferiores a 20 por cento).

Os apuros de um proprietário, arrastado aos tribunais por descumprir a lei, foram noticiados nos jornais em dezembro de 1959, porque ele era congressista, o deputado federal Alfred E. Santangelo, e portanto valia a pena noticiar. Santangelo afirmou que o aquecimento central fora instalado após inspeção e acrescentou que havia custado 15 mil dólares em cada um dos cinco edifícios de sua família, ou seja, um total de 90 mil dólares. "Desse montante", disse ele, "conseguimos apenas 23 mil dólares em bancos – prorrogando uma hipoteca por cinco anos e contraindo um empréstimo bancário pessoal. O restante tivemos de pagar com dinheiro da família."

Santangelo saiu-se muito bem com os bancos, considerando o tratamento habitual dado a pedidos de empréstimos para locais que estão na lista negra. Vez ou outra os jornais de Nova York trazem cartas a respeito desse problema. Uma delas, do início de 1959, escrita pelo advogado de uma associação de proprietários, dizia:

> É de conhecimento geral que os bancos e as companhias de seguros abstêm-se de conceder empréstimos ou hipotecas a proprietários de apartamentos, especialmente aqueles situados em áreas da cidade tachadas de indesejáveis. As hipotecas que estão expirando não são renovadas, e os proprietários são frequentemente obrigados a recorrer a agiotas, que exigem taxas de juros de até 20% [notem: essa cifra é modesta] para empréstimos de curto prazo (...). Há proprietários que pretendem fazer mais do que apenas instalar o aquecimento central. Eles gostariam de reformar os apartamentos, ampliando os cômodos, colocando equipamentos novos nas cozinhas, instalando uma rede elétrica apropriada (...). Com as portas do financiamento fechadas para eles, os proprietários pediram ajuda ao município e ninguém foi receptivo (...). Não há repartição que ajude nesse problema.

Faz pouca diferença numa área boicotada se o tipo de edifício em questão é um prédio de apartamentos ou um casarão de interesse histórico ou um simples imóvel comercial. Da mesma forma que as pessoas não são boicotadas como tal, também os edifícios não são boicotados como tal, mas sim a localidade.

No ano de 1959, Nova York lançou-se num pequeno programa experimental de conservação de bairros de Manhattan, nos quais, por um lado, não se faziam novas construções, mas, por outro, eram considerados longe de irrecuperáveis no aspecto físico e dignos de atenção no aspecto social. Infelizmente, os financiadores já haviam julgado esses bairros irrecuperáveis. *Unicamente para que as violações de zoneamento pudessem ser corrigidas*, o município achou necessário obter uma lei estadual que fixasse um fundo público de crédito de 15 milhões de dólares para utilização dos proprietários de imóveis em tais bairros. É tão difícil conseguir dinheiro para mudanças gradativas, que teve de ser criado um órgão de empréstimos para fornecer uma ninharia para os fins mais insignificantes. A lei foi redigida com tanta inépcia, que o fundo, no momento em que escrevo, praticamente não serve para nada; e tem tão poucos recursos que não fará a menor diferença para a cidade.

Como mencionado, as localidades boicotadas podem voltar a conseguir dinheiro dos financiadores convencionais se o dinheiro vier na forma de avalanche e se ele for então empregado para uma triagem de rendas familiares e de usos semelhante à Cidade-Jardim Radieuse.

Ao inaugurar no Harlem um conjunto habitacional no estilo Ville Radieuse, financiado pela iniciativa privada, o diretor da região administrativa de Manhattan definiu a ocasião como muito significativa porque, "por terem obtido financiamento privado, os responsáveis pelo projeto habitacional haviam rompido a barreira levantada há muito tempo pelos bancos a um investimento substancial em novas habitações no Harlem".

A barreira, todavia, foi rompida no Harlem por nada mais nada menos que o investimento especulativo em empreendimentos residenciais.

O crédito convencional voltará a ser concedido a um distrito boicotado se o governo federal garantir hipotecas tão generosamente quanto garante em empreendimentos de subúrbios e em novos empreendimentos residenciais no estilo Cidade-Jardim Radieuse. Mas o governo federal não garante hipotecas em quantidade suficiente para estimular as construções ou as reformas localizadas, a não ser em áreas de reurbanização certificadas por um plano aprovado. E a aprovação do plano significa que mesmo as construções existentes devem contribuir para fazer a área se assemelhar ao máximo a uma Cidade-Jardim Radieuse. Esses planos de reurbanização geralmente dispersam, mesmo em áreas de baixa densidade, entre metade e dois terços da população presente. Mais uma vez, o dinheiro é usado para financiar mudanças drásticas. E ele não é utilizado para aumentar a diversidade urbana, mas para extingui-la. Quando perguntei a uma autoridade envolvida em acordos para uma "remoção localizada" num distrito em renovação por que motivo o comércio disperso seria extinto (em vez de estimulado o aparecimento de mais estabelecimentos) e as atividades comerciais seriam confinadas a um *shopping center* monopolista, numa imitação da vida suburbana, ele respondeu, em primeiro lugar, que isso demonstrava um bom planejamento. Depois, acrescentou: "De todo jeito, é uma questão clássica. Com usos combinados como esses, nós não conseguiríamos a aprovação do Ministério de Habitação para os empréstimos." Ele tem razão. Não há hoje uma quantidade apreciável de dinheiro para alimentar distritos preparados para a vida urbana, e essa situação é estimulada e muitas vezes implementada pelo governo. Portanto, não temos a quem culpar, a não ser a nós mesmos.

Há ainda outra forma de obtenção de capital legítimo que os distritos boicotados podem utilizar: recursos públicos para programas habitacionais. Embora haja muita conversa sobre "programas de bolso de colete", o colete mencionado deve ser o de Paul Bunyan. Esse dinheiro também chega, quase invariavelmente, de forma especulativa e sempre de modo a selecionar a população e rotulá-la pela renda.

O East Harlem, como o Lower East Side, receberam uma avalanche desse tipo de dinheiro. Em 1942, o East Harlem poderia ter tido uma oportunidade de recuperar seus cortiços tão boa quanto o North End. Apenas cinco anos antes, em 1937, um estudo abalizado da área, financiado pelo município, constatou a existência de tanta esperança e tantas melhorias no East Harlem, que isso faria dele o núcleo natural da cultura de influência italiana em Nova York. O distrito abrigava milhares de comerciantes que cuidavam de negócios muito sólidos e prósperos, que em muitos casos estavam sendo geridos pela segunda ou terceira geração. Alojava centenas de organizações culturais e sociais. Era uma área de habitações muito deterioradas e pobres (além de algumas moradias boas e outras em processo avançado de recuperação), mas também de uma vitalidade enorme e capaz de cativar muitos de seus moradores. O distrito abrigava também a maior colônia de porto-riquenhos da cidade, que morava em condições de miséria mas tinha em seu meio muitos recém-chegados de Porto Rico que já despontavam como líderes, e possuía também estabelecimentos culturais, sociais e comerciais de porto-riquenhos em profusão.

Depois de o East Harlem ter sido rejeitado pelos financiadores em 1942, também ele realizou pequenos milagres. Uma área próxima da base da Ponte Triborough continuou a recuperar seus cortiços e a reabilitar-se, apesar dos empecilhos. Quando funcionários do Departamento de Habitação tiveram de remover as pessoas de lá para que fosse construído um imenso cortiço emparedado, as Wagner Houses, eles ficaram abismados e aturdidos com o fato de que melhorias tão grandes e em tal quantidade seriam destruídas. Não havia milagre que pudesse salvar o East Harlem. Para realizar seus planos (mesmo nos locais em que eles não eram atropelados pelos planos municipais), muitos moradores acabaram indo embora. Apesar de desencorajados a realizar melhorias e da inutilidade do capital do submundo que passou a entrar pelas brechas que encontrasse, os que ficaram necessitaram de medidas e de tenacidade extraordinárias.

Era como se o East Harlem tivesse de fato sido classificado como um país atrasado e miserável e financeiramente alijado da vida nacional normal. Até as agências bancárias foram fechadas numa área de mais de 100 mil habitantes e milhares de estabelecimentos comerciais; os comerciantes tinham de ir a outro lugar só para depositar as receitas diárias. Até as contas de poupança de escolas foram recusadas às escolas do distrito.

Por fim, da mesma forma que uma nação rica deveria generosamente prestar ajuda maciça a um país atrasado e miserável, choveu nesse distrito uma maciça ajuda "externa", de acordo com decisões tomadas por especialistas do remoto continente habitado por construtores e planejadores urbanos. A ajuda veio em abundância para transferir as pessoas de moradia – no valor de 300 milhões de dólares. Quanto mais ajuda se dava, pior se tornavam a agitação e os problemas do East Harlem, que cada vez mais se assemelhava a um país carente e atrasado. Foram extintos mais de 1.300 negócios que tiveram a infelicidade de estar nos lugares designados para habitação, o que arruinou aproximadamente quatro quintos dos proprietários. Mais de quinhentos estabelecimentos "de frente de loja" não comerciais também foram extintos. Praticamente toda a população de cortiços recuperados que havia permanecido foi arrancada dali e dispersada para "melhorar".

De forma alguma, o problema do East Harlem foi falta de dinheiro. Depois da seca vieram enchentes desastrosas. O dinheiro abundante despejado no East Harlem só com verbas da habitação pública é quase comparável ao que foi perdido no Edsel. No caso de um erro como o do Edsel, houve uma definição quando a receita foi reavaliada e suspensa. No East Harlem, porém, os cidadãos lutam hoje contra a entrada de mais dinheiro para a reprodução de erros que não são avaliados por quem controla as comportas monetárias. Só espero que prestemos ajuda ao exterior com mais inteligência do que prestamos dentro do país.

A falta do capital convencional arruína os distritos intrinsecamente preparados para a vida urbana e, portanto, com grande potencial para rápido desenvolvimento. Isso também quer dizer que não há esperança para os distritos que carecem de uma ou mais das condições para gerar diversidade e precisam de ajuda para obter esses suplementos e também de dinheiro para alterações corriqueiras e reforma de estruturas.

Onde está o dinheiro das fontes convencionais que deveria ser empregado em mudanças graduais? Para onde ele vai?

Parte dele vai para planos especulativos de renovação urbana e reurbanização; outra parte vai para a autodestruição da diversidade, para a ruína da prosperidade urbana que chama a atenção.

Boa parte desse dinheiro não vai para as cidades, mas para a periferia.

Como disse Haar, a instituição de crédito constitui não só o poder de destruir como também o poder de criar e de desviar. Ele se referia especificamente à instituição de crédito do governo e à utilização dessa instituição na execução de obras nos subúrbios, e não nas cidades.

O enorme crescimento dos subúrbios das cidades norte-americanas não ocorreu por acaso – e menos ainda pelo mito da livre escolha entre cidades e subúrbios. O eterno crescimento dos subúrbios foi viabilizado (e para muitas famílias foi na verdade compulsório) pela criação de uma coisa que os Estados Unidos não tinham até meados dos anos 30: um mercado hipotecário nacional, arquitetado especificamente para promover a construção de residências nos subúrbios. Em razão da garantia propiciada pelo aval do governo às hipotecas, um banco de New Haven [no estado de Connecticut, Nordeste dos Estados Unidos] poderia comprar e compra hipotecas do programa habitacional de subúrbios no sul da Califórnia. Um banco de Chicago compra hipotecas de programas habitacionais de subúrbios em Indianápolis numa semana e, na semana seguinte, um banco de Indianápolis compra hipotecas de programas habitacionais na periferia de Atlanta ou de Buffalo. E, hoje em dia, essas hipotecas nem precisam ser avalizadas pelo governo. Podem ser a reprodução, sem aval, do tipo de planejamento e construção que virou rotina e é aceito pelos avalistas.

O mercado hipotecário nacional tem vantagens óbvias em atender, com rapidez e sensibilidade, a demanda de dinheiro por meio de um suprimento financeiro vindo de longe. Porém, particularmente quando o dinheiro é desviado para uma única espécie de desenvolvimento, esse mercado também tem suas desvantagens.

Como os moradores do Back-of-the-Yards descobriram, a poupança acumulada nas cidades e imprescindível para elas costuma não ter relação alguma com o investimento em construções urbanas. Essa relação é tão remota que em 1959, quando uma das caixas econômicas do Brooklyn anunciou que 70 por cento de seus empréstimos seriam concedidos às redondezas, o *New York Times* achou que a novidade valia uma notícia com destaque nas páginas de negócios. "Nas redondezas" é uma expressão que tem certa elasticidade. Os 70 por cento, descobriu-se depois, foram usados em Nassau County, uma expansão suburbana muito desorganizada em Long Island, depois do Brooklyn. Enquanto isso, boa parte do Brooklyn está condenada pela lista negra.

Os habitantes da cidade financiam a construção de subúrbios. Sem dúvida, uma das missões históricas das cidades, esses lugares incrivelmente produtivos e eficientes, é financiar a colonização.

Mas pode-se fazer qualquer coisa com o solo.

Obviamente houve mudanças nas fontes de dinheiro para as obras urbanas nos últimos trinta anos. O empréstimo e o gasto de dinheiro tornaram-se mais institucionalizados do que no passado. A versão atual dos indivíduos que nos anos 20 emprestavam dinheiro, por exemplo, é bem capaz de ser aquele que usa o dinheiro para o imposto de renda ou um seguro de vida e, se é gasto em obras urbanas ou emprestado para elas, ele é gasto ou emprestado pelo governo ou pela companhia de seguros de vida. Os bancos locais pequenos, como a preciosidade da Nova Inglaterra que ignorou o boicote e emprestou dinheiro à vizinhança, desapareceram durante a Depressão e em fusões posteriores.

Será que isso significa que nosso dinheiro mais institucionalizado só possa ser usado hoje especulativamente? Será que as grandes burocracias financeiras são tão importantes que só conseguem operar em cidades de figurões, de grandes tomadores de empréstimo e de mudanças abruptas e amplas? Um sistema que, numa de suas manifestações, é capaz de dividir suavemente o crédito para a compra de enciclopédias e viagens de férias, seria capaz, em outra de suas manifestações, de distribuir o crédito violentamente, em lotes para uso coletivo?

Esse capital para obras urbanas atua dessa maneira não por necessidades e forças internas próprias. Atua de modo drástico porque nós, como sociedade, pedimos que seja assim. Pensávamos que fosse bom para nós, e conseguimos o que queríamos. Hoje o aceitamos como se fosse ordenado por Deus ou pelo sistema.

Analisemos, da perspectiva daquilo que pedimos e explicitamente aceitamos, as três formas de capital que moldam as cidades – começando pela mais importante, as fontes de crédito convencionais, privadas.

A ideia de desviar vultosas somas de dinheiro para o desenvolvimento pouco consistente dos subúrbios, *à custa do definhamento dos bairros urbanos*, não foi uma invenção dos credores de hipotecas (embora eles, como os construtores dos subúrbios, tenham agora total interesse nesse procedimento). Nem a ideia nem o modo de executá-la surgiram racionalmente dentro do nosso sistema de crédito. Surgiram com os magnânimos pensadores sociais. Nos anos 30, quando foram elaborados os métodos do Ministério da Habitação para estimular o crescimento dos subúrbios, virtualmente todos os magos do governo – da direita à esquerda – concordavam nas metas, embora divergissem nos métodos. Poucos anos antes, Herbert Hoover havia aberto a

Conferência da Casa Branca sobre Habitação com um discurso polêmico contra a inferioridade moral das cidades e um elogio às virtudes morais das casas de campo simples, das cidades pequenas e das áreas verdes. Em polo político oposto, Rexford G. Tugwell, administrador federal responsável pelos subúrbios experimentais do Cinturão Verde do New Deal, explicou: "Minha ideia é sair um pouco dos centros populacionais, arranjar terra barata, construir uma cidadezinha completa e atrair as pessoas. Depois, voltar para as cidades, arrasar os cortiços e transformá-los em parques."

O uso especulativo do dinheiro para a expansão dos subúrbios – e o concomitante definhamento de todas as áreas urbanas que a ortodoxia do urbanismo tachou de zonas de cortiços – era o que nossos magos queriam para nós; eles fizeram de tudo para conseguir isso. Nós conseguimos.

O apadrinhamento deliberado da sociedade ao crédito privado especulativo para projetos de reurbanização e reforma é ainda mais óbvio. Em primeiro lugar, a sociedade emprega nessas mudanças drásticas seus subsídios financeiros para desimpedir áreas, só para possibilitar financeiramente o subsequente investimento privado especulativo. A sociedade também supervisiona o investimento privado para que seja aplicado *especificamente* na criação de pseudocidades e no combate à diversidade urbana. A sociedade vai ainda mais longe, dando incentivo às garantias de hipotecas para os projetos de renovação, mas insiste em que essa criação, apesar de garantida, seja o mais estática possível, enquanto durar o investimento. O crescimento gradual em direção ao futuro é banido.

O apadrinhamento da sociedade a essas mudanças bruscas é encarado como normal. É essa a contribuição pública à reurbanização.

A população compreende menos ainda que, ao apadrinhar esse uso especulativo do investimento privado nas cidades, está também fazendo escolhas entre várias formas diferentes de investimento privado.

Para entender isso, é preciso saber que os subsídios públicos para demolições generalizadas ou localizadas estão longe de ser os únicos. Os subsídios involuntários, imensos no conjunto, vão também para esses empreendimentos.

Adquire-se uma área para reurbanização ou renovação mediante a prerrogativa da desapropriação, a qual cabe somente aos governos. Além do mais, utiliza-se a ameaça de compra por desapropriação para obrigar os lotes que não foram realmente adquiridos a se submeterem aos planos de renovação.

A prerrogativa da desapropriação, conhecida há muito tempo e um recurso vantajoso para a aquisição de propriedades necessárias para uso público, aplica-se também, na lei de reurbanização, à aquisição de propriedades para uso particular e lucro privado. Essa distinção era o ponto duvidoso da constitucionalidade da lei de reurbanização e reforma. A Corte Suprema declarou que a sociedade tinha o direito – por intermédio dos legisladores – de fazer essa escolha entre empreendedores e proprietários particulares; poderia tomar a propriedade de um em benefício de outro, como forma de atingir objetivos que, segundo decisão dos legisladores, fossem para o bem público.

Esse uso da prerrogativa da desapropriação vai além de possibilitar a reunião física de terrenos para empreendimentos. Possibilita também a garantia financeira, em razão dos subsídios compulsórios acarretados. Essa questão dos subsídios compulsórios foi muito bem explicada por Anthony J. Panuch, especialista em administração, num parecer elaborado para o prefeito de Nova York sobre os meandros nos programas de reurbanização e habitação da cidade:

> O efeito imediato do exercício da prerrogativa de desapropriação sobre o inquilino de um imóvel comercial é drástico e geralmente desastroso. Quando o governo desapropria um imóvel, ele é obrigado a pagar somente pelo que *adquire* para si, e não pelo que ele *toma* do proprietário.
>
> Na desapropriação, o governo *não* adquire o negócio, mas sim o imóvel. Ele deve pagar apenas pelo imóvel. O proprietário não recebe nada por perder o negócio ou pelo valor do ponto comercial, nem mesmo pela vigência do contrato de aluguel, porque os contratos preveem universalmente que, em caso de desapropriação, o

contrato de locação do proprietário com o inquilino é automaticamente extinto sem indenização do inquilino.

Embora toda a sua propriedade e todo o seu investimento lhe sejam tomados, ele não recebe praticamente nada.

Na continuação, o parecer traz um exemplo:

Um farmacêutico comprou uma drogaria por mais de 40 mil dólares. Poucos anos depois, o prédio em que o estabelecimento se localizava foi desapropriado. O valor total que ele acabou recebendo foi uma indenização de 3 mil dólares pelos bens móveis, e essa quantia teve de ser paga ao credor hipotecário dos bens móveis. Assim, todo o seu investimento foi inteiramente perdido.

Essa é uma história triste e comum nos locais em que se executam renovações e empreendimentos habitacionais, e é uma das razões por que esses projetos são tão combatidos pelos comerciantes locais. Eles subsidiam tais projetos não com sua parcela de impostos, mas com seu meio de vida, com o dinheiro da escola dos filhos, com todo o seu passado transformado em esperança de futuro – com praticamente tudo o que possuem.

O parecer de Panuch prossegue, sugerindo com suas palavras aquilo que inúmeras cartas a editores, cidadãos em audiências públicas e editoriais de jornais já sugeriram: "A comunidade como um todo deveria arcar com o custo do progresso comunitário, e essa despesa não deveria ser imposta às vítimas infelizes do progresso da comunidade."

A comunidade como um todo ainda não parece estar pronta para arcar com todo o custo, e nunca estará. As autoridades responsáveis pela reurbanização e os especialistas em habitação empalidecem quando ouvem essa sugestão. O custo de arcar com todas as despesas tornaria pesados demais os subsídios públicos para reurbanização e empreendimentos habitacionais. No momento, a reurbanização que visa ao lucro privado é justificada ideológica e fiscalmente com o argumento de que o investimento com subsídio público terá retorno num prazo razoável na forma de impostos mais altos provenientes das melhorias. Se os subsídios compulsórios que possibilitam esses projetos fossem lançados como gastos públicos, os gastos públicos ampliados não teriam nenhuma relação plausível com a receita tributária futura. Os empreendimentos habitacionais públicos, de seu lado, mantêm-se a um custo corrente de 17 mil dólares por unidade habitacional. Se os subsídios compulsórios fossem absorvidos como gastos públicos, o custo dessas moradias subiria a patamares politicamente inconvenientes. Essas duas iniciativas, empreendimentos de "renovação" e empreendimentos habitacionais públicos, com a destruição indiscriminada característica, são meios intrinsecamente ruinosos de reurbanizar cidades e, comparativamente com seus custos totais, dão uma contribuição patética aos valores urbanos. Atualmente, a sociedade está protegida desses casos cotidianos, já que uma enorme porcentagem desses gastos é imposta a vítimas involuntárias e não é computada oficialmente. Mas os gastos existem. A construção de conjuntos residenciais como meio de transformar a cidade faz pouco sentido tanto financeira quanto socialmente.

Quando uma companhia de seguros ou um fundo de pensão sindical injeta uma quantidade imensa de recursos em empreendimentos padronizados ou em projetos de renovação para uma população rotulada pela renda, eles não estão cedendo à conduta de certa forma necessária aos fundos de investimento no século XX. Mais que isso, eles fazem o que a sociedade expressamente pediu e possibilitou, usando apenas poderes sociais extraordinários e implacáveis.

Quanto ao caso do uso especulativo do crédito convencional na autodestruição da diversidade, a situação é diferente. Aí, os efeitos especulativos nunca provêm do imenso volume de crédito, mas da soma de várias transações isoladas que se concentram demais numa localidade durante determinado tempo. A sociedade não criou nenhum estímulo deliberado a essa destruição da prosperidade urbana óbvia. Porém, a sociedade também nada fez para conter ou desviar essa espécie de avalanche de capital prejudicial às cidades.

O investimento privado molda as cidades, mas as ideias sociais (e as leis) moldam o investimento privado. Primeiro surge a imagem do que queremos; depois a máquina é ajustada para produzi-lo. A máquina financeira foi ajustada para criar imagens de anticidades porque, e só porque, nós, como sociedade, achamos que isso seria bom. Quando acharmos que o desejável é uma cidade viva, diversificada, capaz de aprimoramento contínuo e denso, então ajustaremos a máquina financeira para obter isso.

Quanto ao uso especulativo de recursos públicos na reurbanização, há ainda menos razão do que com relação ao crédito privado para supor que isso acontece simplesmente porque acontece. O capital público destinado a habitações é empregado especulativamente em vez de ser usado para a melhoria gradativa e constante das ruas e dos distritos, porque achamos que isso seria bom para os moradores de nossos cortiços – e uma demonstração para todos nós do que é uma boa vida urbana.

Não existe nenhuma razão intrínseca para que a receita de impostos e as verbas públicas não sejam usadas para acelerar a recuperação de cortiços e não para removê-los ou confiná-los. É possível utilizar em habitações subsidiadas métodos inteiramente diversos daqueles atualmente utilizados. Abordarei esse assunto no próximo capítulo.

Também não há nenhuma razão intrínseca para que os prédios públicos sejam drasticamente separados e reunidos em empreendimentos públicos ou culturais monumentais. Eles podem ser construídos e situados como componentes de uma mudança gradativa, para suplementar a matriz da cidade existente e dar vida a ela. Só os fazemos do outro jeito porque achamos correto.

É difícil a sociedade controlar o dinheiro do submundo, mas poderíamos fazer muita coisa para refrear pelo menos seus drásticos efeitos. O boicote a certas localidades cria uma oportunidade magnífica para o uso drástico do capital especulativo. Nesse particular, o problema está longe de ser o capital especulativo em si, mas a recusa (encorajada pela sociedade) do investimento convencional.

O uso especulativo do dinheiro público também cria, como subproduto, uma oportunidade magnífica para o dinheiro do submundo. Para entender por que isso ocorre, precisamos compreender que os proprietários de cortiços, ao contrário do proprietário da drogaria do parecer de Panuch, beneficiam-se consideravelmente do uso amplo da prerrogativa da desapropriação. Quando um prédio é comprado por desapropriação, costuma-se levar em conta três fatores para fixar a indenização (preço de venda). São eles o valor tributário da propriedade, o valor de substituição do prédio e a rentabilidade corrente do *prédio* (diferentemente da rentabilidade de um negócio que possa funcionar nele). Quanto maior for o aproveitamento do prédio, maior será sua rentabilidade e mais o proprietário receberá. Essas vendas por desapropriação são tão lucrativas para os proprietários de cortiços, que alguns deles fazem negócio comprando prédios em áreas já designadas para desapropriação, superlotando-os e aumentando os aluguéis, menos pelos lucros que terão nesse ínterim do que pelo lucro que terão com a venda do prédio para destinação pública. Para combater essa falcatrua, alguns municípios aprovaram leis de "posse imediata", com a finalidade de transferir legalmente ao patrimônio público, no dia em que a desapropriação é aprovada, o título das propriedades do local que será desapropriado – deixando as negociações sobre preços e avaliação de venda para mais tarde[4].

Se os prédios são bem aproveitados, onde quer que estejam, seus proprietários ficam ricos com a remoção dos cortiços. Eles podem usar a indenização da desapropriação – e aparentemente sempre o fazem – para comprar mais imóveis do que os que possuíam, em novas localidades que eles pretendem transformar em cortiços. Se os novos cortiços forem desapropriados mais adiante, tanto melhor para a fortuna e o patrimônio crescente dos investidores. Em Nova York, alguns investidores desse tipo levam

4. O objetivo dessas leis, claro, é evitar que a propriedade mude nesse meio-tempo, aumentando, assim, as despesas do município além do previsto. As leis de posse imediata dão resultado nisso, mas ao mesmo tempo causam mais dificuldades que de costume para os legítimos proprietários do local. No West End de Boston, por exemplo, os proprietários que ocupavam seus prédios foram levados ao desespero pela lei da posse imediata. A partir do dia da desapropriação, os inquilinos passaram a pagar o aluguel para o município em vez de fazê-lo ao ex-proprietário, e os proprietários também tiveram de começar a pagar aluguel para o município. A situação persistiu por meses a fio – em certos casos, quase um ano; o ex-proprietário não tinha como se mudar por não ter recebido o que lhe era devido e por não ter ideia, além do mais, de quanto receberia. No fim, acabava recebendo quase nada.

não só o dinheiro para um novo local, mas também seus antigos inquilinos, ajudando assim o município a solucionar o problema da "transferência". A remoção de cortiços tem vantagens próprias. Ela financia a si mesma.

Mais uma vez, o uso especulativo do dinheiro do submundo para criar novos cortiços não chega a ser um problema que envolve apenas o próprio dinheiro desse mundo. Em certa medida, é um problema que provém da remoção de cortiços (encorajada pela sociedade).

Por fim, o uso especulativo do dinheiro do submundo poderia ser mais bem controlado por meio da tributação, conforme explica Panuch em seu parecer:

> Não há aplicação do código ou reforma habitacional com abatimento de impostos feitos pelo Departamento de Habitação da Cidade de Nova York que acompanhe a velocidade da formação de cortiços, *até que – ou a menos que – o lucro seja retirado dos cortiços pela tributação*. [A tributação com base nos lucros é necessária] para corrigir o efeito da estrutura do Imposto de Renda Federal, cujas cláusulas de depreciação e ganhos de capital tornam a propriedade em cortiços uma especulação altamente lucrativa para os proprietários (...).
>
> Um proprietário de cortiço numa área saturada, onde a necessidade de abrigo é desesperadora e os aluguéis são o que o tráfico permitir, nem precisa manter a propriedade. Ele embolsa anualmente sua dedução por depreciação, e depois de registrar o valor contábil de sua propriedade em cortiços como zero, ele a vende a um preço que *capitaliza seus altos aluguéis*. Feita a venda, ele paga um imposto de 25% de ganhos de capital sobre a diferença entre o valor contábil e o preço de venda. Então ele compra outra propriedade em cortiços e percorre o mesmo caminho. [Uma fiscalização profunda das declarações de rendimentos de proprietários em cortiços feita pelo Departamento de Receitas Fiscais deveria] determinar o volume de impostos e multas atrasadas sobre a retenção de um valor indevido da dedução por depreciação lançada.

Os críticos – ou pelo menos os críticos com quem converso – acham que os lucros do capital especulativo são muito facilitados atualmente pelo fato de o investimento do submundo representar grupos poderosos, com voz ativa nos bastidores do cenário legislativo e administrativo. Não tenho como confirmar se isso é ou não verdade. Contudo, sou levada a pensar que nossa apatia tem certa relação com essa situação. Hoje em dia, alguns construtores têm um raciocínio plausível a respeito dos lucros que o submundo aufere como resultado das iniciativas de reurbanização. "A sociedade criou os cortiços", dizem eles, "e é justo que a sociedade pague o que for necessário para erradicá-los." Ao colocar o problema dessa forma, no entanto, foge-se à questão de quem está sendo pago pela sociedade e para onde o dinheiro vai. A apatia é fomentada, também, pela ideia cômoda de que o problema dos cortiços acaba sendo superado com a demolição de velhos prédios de cortiços. Não poderia haver inverdade maior.

É muito fácil atribuir a decadência ao trânsito... aos imigrantes... ou aos caprichos da classe média. Os motivos da decadência das cidades são mais profundos e complexos. Dizem respeito ao que pensamos ser desejável e à nossa ignorância a respeito do funcionamento das cidades. O dinheiro pode ser usado – ou recusado – nas obras urbanas como um instrumento que leva ao declínio das cidades. Mas ele deve transformar-se num instrumento de recuperação – passando de um instrumento que financia alterações drásticas a um instrumento que financia mudanças contínuas, graduais, complexas e mais suaves.

PARTE 4

TÁTICAS DIFERENTES

17. A SUBVENÇÃO DE MORADIAS

A maioria das metas que tenho abordado, tais como recuperar cortiços, catalisar a diversidade, nutrir ruas vivas, não são reconhecidas atualmente como objetivos do planejamento urbano. Portanto, os planejadores e as instituições que executam os planos não têm nem estratégias nem táticas para concretizar tais metas.

Contudo, embora o planejamento urbano careça de táticas para construir cidades que possam funcionar como cidades, ele possui uma profusão delas. Elas voltam-se para a concretização de insanidades da estratégia. Infelizmente, são executadas.

Nesta seção, abordarei vários assuntos que em si já são reconhecidos como pertencentes à esfera de ação do planejamento urbano: moradias subsidiadas, trânsito, padrão estético urbano, métodos analíticos. O planejamento urbano moderno convencional tem metas em todas essas questões e, portanto, possui táticas – tantas táticas, tão arraigadas, que quando se questionam seus fins, elas são justificadas *em função das condições estipuladas por outras táticas* (por ex., precisamos fazer isso para obter o aval federal para empréstimos). Nós nos transformamos em prisioneiros das nossas táticas, e é muito raro enxergarmos estratégias por trás delas.

Um ponto bom como qualquer outro para iniciar são as táticas para a subvenção de moradias, já que as táticas arquitetadas e bordadas ao longo dos anos para tornar realidade as comunidades planejadas para pessoas pobres contaminaram profundamente as táticas urbanísticas para todos os fins. "O programa habitacional público fracassou por completo?" – perguntou o especialista Charles Abrams, depois de criticá-lo veementemente por ser mal concebido para os fins propostos e por ter, associado à abertura de áreas para renovação urbana, produzido "absurdos".

Ele respondeu sua pergunta em seguida:

> Não. Comprovou muitas coisas (...). Comprovou que áreas extensas e castigadas podem ser arrumadas, replanejadas e reconstruídas. Conseguiu que a população aceitasse melhorias urbanas em larga escala e instituiu os fundamentos legais para tanto. Comprovou que (...) letras imobiliárias são investimentos de primeira linha; que o fornecimento de moradias à população é um dever do governo; que a máquina do Departamento de Habitação pode pelo menos funcionar sem suborno. Tudo isso não é pouca coisa.

Tudo isso, sem dúvida, não é pouca coisa. Os instrumentos para abrir áreas em larga escala, remover cortiços, emparedar cortiços, planejar conjuntos habitacionais, estratificar renda e estratificar usos tornaram-se tão arraigados como conceitos do planejamento e conjuntos de táticas, que os construtores, e também a maioria dos cidadãos comuns, não sabem o que pensar quando tentam imaginar a reurbanização sem esses instrumentos. Para superar esse obstáculo, precisamos entender o equívoco inicial em que repousa o restante dessa estrutura fantasiosa.

Uma amiga minha chegou aos dezoito anos de idade acreditando que os bebês nasciam pelo umbigo das mães. Ela se apegou a essa ideia quando era pequena, e a partir de então qualquer coisa que ela viesse a saber, torcia e fantasiava com base no engano inicial, porque era inteligente e inventiva. Quanto mais ela soubesse, mais parecia confirmar-se sua noção. Ela estava usando, de um modo um tanto esquisito, um dos talentos humanos mais universais, engenhosos e aflitivos. Criava uma nova racionalização a cada uma que caía por terra, de maneira que era impossível cercar o problema para solucioná-lo. Para desfazer a invenção fantasiosa dela, era preciso começar pela anatomia do umbigo. Quando sua família conseguiu corrigir dessa maneira aquele erro elementar sobre a natureza e a função do umbigo, ela passou a usar outro talento humano mais perspicaz e estimulante. Livrou-se do emaranhado de equívocos restantes com tanta facilidade, que se tornou professora de biologia (e mais tarde também teve muitos filhos).

O emaranhado de confusões a respeito do funcionamento das cidades que cresceu em torno do conceito de conjunto habitacional subsidiado não está mais só na nossa cabeça: transformou-se num emaranhado de instrumentos legislativos, financeiros, arquitetônicos e analíticos aplicado às cidades.

Nossas cidades têm pessoas pobres demais para pagar pela habitação de qualidade que nossa consciência pública (corretamente, penso eu) nos diz que elas merecem. Além do mais, em muitas cidades, a oferta de moradias é muito pequena para acomodar a população sem superlotação, e a quantidade de moradias adicionais necessárias não condiz necessariamente com a capacidade imediata das pessoas envolvidas de pagar por elas. Por esses motivos, precisamos de subvenção pelo menos para parte das habitações urbanas.

Essas razões para a subvenção habitacional parecem simples e objetivas. Também deixam ampla margem quanto à maneira de aplicar os subsídios, tanto financeira quanto fisicamente.

Mas vejamos como elas podem tornar-se – e já se tornaram – complicadas e rígidas, dando outra resposta aparentemente simples mas ligeiramente diferente à pergunta: Por que subvencionar moradias nas cidades?

A resposta que aceitávamos havia muito tempo era assim: Precisamos da subvenção de moradias para atender ao segmento da população que não pode ser abrigado pela iniciativa privada.

E, prosseguia a resposta, já que isso é mesmo necessário, as moradias subsidiadas devem incorporar e demonstrar os princípios da boa moradia e do bom urbanismo.

Essa é uma resposta terrível, com consequências terríveis. Uma evasiva semântica de repente nos faz deparar com *pessoas que não podem ser abrigadas pela iniciativa privada*, as quais, então, devem ser presumivelmente abrigadas por outros. Contudo, na vida real, trata-se de pessoas cujas necessidades de moradia não são em si peculiares e portanto fora da esfera de ação e da capacidade corriqueira da iniciativa privada, como o são as necessidades de alojamento de presidiários, marinheiros no mar ou doentes mentais. As necessidades de moradia perfeitamente triviais de quase todos podem ser supridas pela iniciativa privada. A peculiaridade dessas pessoas é simplesmente *não poderem pagar por elas*.

Num piscar de olhos, porém, as "pessoas que não podem ser abrigadas pela iniciativa privada" foram transformadas num grupo estatístico que tem necessidades habitacionais peculiares – como os presidiários –, com base numa estatística: sua renda. Para concluir o resto da resposta, esse grupo estatístico torna-se um conjunto especial de cobaias para os Utópicos amolarem.

Mesmo que os Utópicos tivessem planos que socialmente fizessem sentido nas cidades, está errado separar uma parte da população, segregada pela renda, separada em seus próprios bairros, que têm uma organização comunitária própria e diferente. Segregados mas iguais não resulta senão em problema numa sociedade em que não se ensina às pessoas que a casta faz parte da ordem divina. Segregados mas em melhores condições é uma contradição intrínseca onde quer que a separação seja imposta por uma forma de inferioridade.

A noção de que a existência de subsídio obrigava a que essas pessoas fossem abrigadas por alguém que não a iniciativa privada e os proprietários comuns era em si uma aberração. O governo não assume a locação ou a propriedade ou a gestão de fazendas subsidiadas ou de companhias aéreas subsidiadas. O governo, por regra, não assume a administração de museus que recebem subsídios provenientes de recursos públicos. Não assume a propriedade ou a administração de hospitais comunitários mantidos por doações cuja construção é geralmente possibilitada pela subvenção governamental[1].

1. O falecido Marshall Shaffer, brilhante funcionário do Serviço de Saúde Pública dos Estados Unidos, que criou o programa de auxílio para a construção de hospitais e o dirigiu por muitos

O programa habitacional público encontra-se à margem de outras formas logicamente análogas de capitalismo e de parceria com o governo que criamos; ele incorpora a crença de que o governo deve assumir um prédio *simplesmente* porque o governo contribui com subsídios.

Por não termos uma ideologia que atribua ao governo o papel de locador ou proprietário de conjuntos habitacionais, o que é coerente com o restante da vida nacional, não sabemos como enfrentar a situação. As burocracias que se formam e administram essas habitações – sempre temerosas de que seus caprichosos senhores, os contribuintes, apontem defeitos na manutenção das moradias, na moral ou nos padrões de conforto dos inquilinos e culpem os burocratas – são tremendamente arrogantes em certas coisas e tremendamente retraídas em outras.

Pelo fato de o governo ser um senhorio, ele está em concorrência latente com os senhorios particulares e, para evitar que a concorrência seja desleal, são necessários acordos de cartel. A própria população precisa ser monopolizada, mudando as pessoas da jurisdição de um cartel para o outro, de acordo com o dinheiro que elas geram.

A resposta de que tais pessoas são aquelas que "não podem ser abrigadas pela iniciativa privada" foi totalmente desastrosa também para as cidades. Num piscar de olhos, desapareceu a cidade como organismo. Ela tornou-se, teoricamente, um conjunto estático de locais para assentamento desses grupos estatísticos segregados.

Desde o começo, o conceito todo era estranho à natureza do problema, estranho à óbvia carência financeira das pessoas em questão, estranho às necessidades e ao funcionamento das cidades, estranho ao restante do nosso sistema econômico e mesmo estranho ao significado do lar, que a despeito disso evoluiu em nossa tradição.

O melhor que se pode dizer desse conceito é que ele sancionou a prática de algumas teorias do planejamento físico e social que não deram em nada.

anos, tinha colado na gaveta da escrivaninha um papel que ele olhava de quando em quando para lembrá-lo de alguma coisa. Estava escrito no papel: "Um tolo é capaz de se vestir sozinho melhor do que um sábio o vestiria."

O problema de como gerir os subsídios dados às pessoas que não podem arcar com o custo da moradia é fundamentalmente: como complementar a diferença entre o que elas podem pagar e o custo da moradia? A moradia pode ser fornecida por proprietários e locadores particulares, e a diferença, paga a eles – seja diretamente, na forma de pagamento de subsídios, seja indiretamente, na forma de complementos de aluguel para os próprios inquilinos. São infindáveis as táticas de injeção de subsídios – em prédios antigos, novos, reformados.

Vou sugerir um método – de forma alguma por ser o único sensato, mas por ser capaz de contribuir para a solução de alguns dos problemas atuais mais difíceis do desenvolvimento urbano. Trata-se de um meio de propiciar novas construções de modo gradativo e não drástico, de propiciar novas construções como ingrediente da diversidade do bairro e não como forma de padronização, de conseguir que a iniciativa privada faça novas construções em distritos boicotados e ajudar a acelerar o processo de recuperação de cortiços. Esse método também pode ajudar a solucionar outros problemas, como veremos.

O que proponho pode ser chamado de método da renda garantida. As unidades físicas em questão teriam de ser edifícios, não conjuntos habitacionais – edifícios que se misturem a outros, velhos e novos, nas ruas da cidade. Esses edifícios de renda garantida seriam de tipos e modalidades diferentes, conforme o tipo de vizinhança, a extensão do terreno e todas as considerações que normalmente influem na classificação das moradias mais ou menos padrão.

Para induzir os proprietários a construir esses edifícios nos bairros em que sejam necessários para substituir prédios degradados ou para aumentar a oferta de moradias, a repartição governamental competente, que chamarei de Departamento de Subvenção Habitacional (DSH), faria dois tipos de garantias aos construtores.

Primeira, o DSH garantiria ao construtor a obtenção do financiamento necessário para a construção. Se o construtor conseguisse obter um empréstimo de uma instituição de crédito convencional, o DSH avalizaria a hipoteca. Contudo, se ele não obtivesse o empréstimo, o próprio DSH emprestaria o dinheiro – um respaldo necessário devido à existência do embargo de crédito conjunto pelos financiadores convencionais para com localidades urbanas devedoras, e necessário somente na medida em que os empréstimos das fontes tradicionais, a taxas de juros razoavelmente baixas para hipotecas garantidas, não pudessem ser obtidos para o programa.

Segunda, o DSH garantiria a esses construtores (ou aos proprietários a quem os prédios seriam posteriormente vendidos) um aluguel pelas unidades habitacionais do edifício suficiente para mantê-las economicamente.

Como compensação pela obtenção do financiamento e pela garantia de uma renda de aluguéis por todos os apartamentos ocupados, o DSH exigiria que o proprietário (a) construísse o prédio em determinado bairro e, às vezes, em local determinado dentro dele, e (b), na maioria dos casos, que ele selecionasse seus inquilinos dentre candidatos de uma área determinada ou um grupo determinado de prédios. Estes estariam localizados, em geral, em área próxima, mas em certos casos poderiam não estar. Veremos logo por que essas precondições são indicadas, mas primeiro é preciso falar da terceira e última função do órgão subsidiador, o DSH.

Depois de o proprietário ter selecionado seus inquilinos dentre os candidatos, o DSH verificaria a renda desses inquilinos. O órgão não teria poder para investigar nenhuma outra informação a respeito dos selecionados, a não ser a renda e o fato de eles terem vindo da área ou dos edifícios especificados. Temos códigos de leis e órgãos executivos que tratam de todos os assuntos correlatos relevantes, como obrigações locador-locatário, poderes da polícia, bem-estar social – e o DSH não deveria assumir essas funções. Não se trata de uma transação humilhante, fútil ou vaga, com o propósito de elevar a alma humana. É uma transação digna, comercial, de locação de moradias, nem mais, nem menos.

Pelo menos no início de um programa desses, a maioria dos inquilinos que se candidatassem ou todos eles não conseguiriam arcar com seu aluguel proporcional (sua parte total nos custos). O DSH cobriria a diferença. A verificação de renda, levando em conta o tamanho da família, seria feita anualmente, de modo semelhante à declaração do imposto de renda. Essa solução é empregada atualmente nos conjuntos habitacionais (nos quais ela se faz acompanhar de várias bisbilhotices e intrigas em outros assuntos), e é uma solução que demonstra bons resultados em muitos outros campos. Por exemplo, colégios e universidades usam esse recurso para conceder bolsas de estudo de acordo com a necessidade.

Se a renda familiar aumentar, o porcentual de seu aluguel aumentaria, e a quantidade subsidiada diminuiria. A partir do momento que a renda familiar chegar ao ponto de poder pagar todo o seu aluguel proporcional – e desde que isso seja verdade –, não seria mais um assunto do DSH. Essa família ou esse indivíduo poderia ficar para sempre no domicílio, pagando o aluguel proporcional.

Quanto mais esses prédios com renda garantida conseguirem manter os inquilinos, à medida que estes melhoram sua condição financeira, haverá mais subsídios de aluguéis para mais edifícios e outras famílias. O nível de incentivo do programa à estabilidade e à consequente diversificação de pessoas estaria diretamente ligado ao nível e à velocidade com que o programa de construção se expandisse com determinada subvenção de aluguéis. Ele teria de levar em conta as necessidades das pessoas que melhoram o padrão de vida e os princípios da criação de bairros atraentes, seguros e interessantes, nos quais as pessoas permanecem por opção. Fracassando nesses aspectos, sua expansão seria automaticamente contida. A expansão não representaria ameaça alguma para construtores e proprietários particulares (como ocorre com os conjuntos habitacionais), porque eles seriam os beneficiários imediatos dela. E a expansão tampouco representaria uma ameaça para as instituições privadas de crédito, pois suas funções só seriam suplantadas na medida em que as próprias instituições decidissem não participar do financiamento do custo investido.

A garantia ao proprietário do aluguel anual proporcional se estenderia pelo período de amortização das hipotecas. Este poderia variar entre trinta e cinquenta anos, e essa variação seria boa por constituir um dos fatores de incentivo aos tipos diferentes de prédios, além de introduzir a variação do tempo em que um edifício com renda garantida poderia ser demolido ou utilizado para fins bem diversos. Na verdade, com o passar do tempo, a simples existência de mais construções novas num distrito, daquela maneira ou de outra, resultaria numa variação no tempo em que poderiam ser extintos, se necessário, os edifícios ou seus primeiros usos.

O conceito de aluguel proporcional deve incluir os custos fixos de amortização e de juros, despesas correntes e de manutenção, que teriam de ser reajustados para se adequar a mudanças do poder aquisitivo (requisito normalmente levado em conta nas despesas fixas de locação e manutenção); uma estimativa de lucro ou de lucro e administração; e impostos sobre bens imóveis, assunto que retomarei mais adiante neste capítulo.

Poderia ser exigido do proprietário que investisse no prédio um capital de contrapartida um pouco menor do que se exige atualmente em empréstimos garantidos pelo Departamento Nacional de Habitação a empreendimentos de subúrbio, a fim de ajudar a corrigir o desequilíbrio que tem provocado a fuga do capital de construção das cidades.

No fim das contas, a maior parte dos subsídios empregados em moradias com renda garantida seria para pagar as despesas de construção – da mesma maneira que o subsídio é utilizado em conjuntos habitacionais. No entanto, estrategicamente, o processo seria o contrário do método usado nos conjuntos habitacionais.

Nos conjuntos habitacionais, as despesas com construção cabem ao governo. Os órgãos habitacionais locais emitem títulos de longo prazo para cobrir os custos da construção. Dotações federais (em certos casos, estaduais) cobrem o pagamento desses títulos. Os aluguéis de inquilinos de baixa renda cobrem apenas custos administrativos, despesas correntes e de manutenção locais – todos, aliás, muito elevados nos conjuntos habitacionais. Os inquilinos dos conjuntos habitacionais pagam, com o dinheiro do aluguel, mais papel para mimeógrafo, mais horas de reuniões e mais policiamento contra o vandalismo do que quaisquer locatários desde que o mundo é mundo. Nos conjuntos habitacionais, os aluguéis são subsidiados por meio da subvenção direta dos custos investidos e de sua remoção do resultado final.

Com o sistema de renda garantida, os custos investidos seriam mantidos no cômputo do aluguel. A amortização do capital seria incluída no aluguel e, na medida em que fosse necessário subsidiar os aluguéis, o custo investido seria automaticamente subsidiado. De ambas as maneiras, de forma direta ou por meio dos aluguéis, os custos investidos seriam pagos. A vantagem de subvencioná-los por meio da subvenção de aluguéis é esta: o subsídio financeiro torna-se muito mais flexível quando realizado com inquilinos. De forma alguma é preciso usá-lo para selecionar pessoas desta ou daquela renda, como se deve fazer quando o subsídio financeiro é um fator fixo, rigidamente fundado na própria existência da propriedade de imóveis.

Com o sistema de construção com renda garantida, seria possível eliminar outro fator fixo que atualmente separa as pessoas por faixa de renda nas construções subsidiadas. Trata-se do abatimento ou eliminação do imposto sobre a propriedade de bens imóveis. Sob propriedade pública, a maioria dos conjuntos habitacionais de baixa renda não paga impostos sobre bens imóveis. Muitos conjuntos habitacionais de renda média ganham abatimento ou prorrogação de impostos para que os aluguéis baixem, ou, no caso de cooperativas, suas despesas de manutenção. Todos esses meios são uma forma de subvenção e exigem uma restrição concomitante na renda dos inquilinos – no mínimo, no momento da entrada –, de modo que os que tenham melhores condições de pagar impostos sobre bens imóveis somados às despesas com moradia não se aproveitem tão abertamente de outros contribuintes.

Sob o sistema de renda garantida, os impostos sobre bens imóveis poderiam e deveriam ser incluídos no aluguel; como no caso dos custos investidos, a porcentagem em que eles seriam subsidiados para uma família ou um indivíduo não seria um índice rígido e integrante da construção, mas variaria em função da capacidade (variável) dos inquilinos de arcar com sua parcela nas despesas de locação.

Já que os subsídios de aluguéis deveriam provir de repasses federais, como ocorre atualmente com quase todos os programas públicos de habitação, isso faria do governo federal, de fato, um contribuinte indireto mas substancial da receita municipal de impostos territoriais derivados de moradias. Porém, mais uma vez, trata-se principalmente de uma diferença de tática no uso de subsídios. Hoje em dia, os subsídios habitacionais federais pagam, direta e indiretamente, muitas instalações e operações que constituem essencialmente despesas de manutenção urbana corriqueiras, distorcidas para se adequarem às fórmulas físicas e financeiras exigidas no projeto do empreendimento. Por exemplo, as dotações federais financiam os custos investidos dos Territórios de conjuntos habitacionais e de salas de reunião pública, postos de saúde e similares; indiretamente – por assumir grande parte da conta total –, elas custeiam os vigilantes e os assistentes sociais e comunitários do Departamento de Habitação. Se essas despesas fossem retiradas do subsídio – pelo fato de não serem mais relevantes para o resultado –, mas se incluísse o imposto territorial, isso ajudaria a custear algumas das coisas de que as cidades necessitam desesperadamente, como parques *públicos* bem localizados nos bairros, em lugar de empreendimentos em territórios hostis, polícia em lugar de vigilantes ligados ao Departamento de Habitação, fiscais do código de obras em vez de inspetores de manutenção ligados ao departamento.

Além de certas exigências quanto ao número de cômodos nas unidades habitacionais (de modo que as moradias não acabassem tendo o mesmo tamanho), o DSH não teria nem a responsabilidade nem o poder de instituir seus padrões de projeto ou de construção. Os padrões e as regulamentações físicas deveriam ser aqueles constantes dos códigos e do conjunto de regulamentações municipais e deveriam, assim, ser os mesmos para habitações com renda garantida e para qualquer edifício não subsidiado que fosse construído no mesmo local. Se a política pública for melhorar ou mudar os padrões habitacionais em função de segurança, higiene, conforto ou traçado de ruas, então essa política pública deve ser apresentada ao público – não a uma parcela do público arbitrariamente escolhida, uma cobaia.

Se o proprietário de um edifício com renda garantida desejasse colocar comércio ou outros usos não residenciais no andar térreo ou no porão, ou ambos, os custos rateados desse espaço simplesmente não seriam incluídos na garantia de renda ou na garantia de financiamento. Tanto as despesas quanto a renda provenientes desse empreendimento salutar correriam por fora de seus acordos com o DSH.

Já que esse tipo de construção subsidiada não acarretaria abertura de espaços e construção em larga escala, os terrenos para moradias com renda garantida, na maioria dos casos, dificilmente exigiriam o uso da prerrogativa da desapropriação. As vendas de terrenos em bairros considerados apropriados normalmente poderiam ser feitas como são feitas em geral nas transações de construções privadas, baseadas em quem deseja vender e a que preço. Sem dúvida, o custo do terreno teria de ser absorvido, mas é preciso lembrar que, com um sistema desses, estamos eliminando a necessidade de despesas com abertura de grandes áreas que hoje achamos necessário subsidiar.

Nos casos em que o poder de desapropriação for utilizado, o preço de compra deverá incluir os custos reais, totais – como o valor de locações comerciais em vigência ou os custos reais e totais de mudança e reinstalação de um negócio, como ocorre nas vendas entre particulares, nas quais nunca se espera que os locatários comerciais paguem um subsídio compulsório para o plano de terceiros[2].

O propósito de pagar, em vez de exigir subsídios compulsórios injustos, seria evitar a destruição gratuita da diversidade urbana. Pagar significaria, por um lado, possibilitar a transferência e a continuidade de empresas deslocadas (de preferência para os arredores) e, por outro lado, implementar a seletividade espontânea do que foi prejudicado. Essa espécie de seletividade – que permite a permanência do que tem mais valor – não está

2. Esse procedimento já é às vezes utilizado em compras por desapropriação, quando os municípios estão cientes de que a injustiça às vítimas de seus planos resultará em grandes problemas políticos para os próprios planos. Assim, a cidade de Nova York, ao comprar terras na região setentrional do estado que seriam inundadas para abastecimento de água, obteve uma legislação estadual que lhe permitia pagar as indenizações justas e totais aos negócios desalojados, incluindo a compra do ponto comercial.

presente de forma alguma nas atuais táticas de desenvolvimento urbano e é uma das razões por que elas devastam de tal maneira o patrimônio econômico das cidades. O propósito das habitações com renda garantida seria aumentar a prosperidade ou o potencial de prosperidade já existente.

Repetindo, pelo fato de o método não implicar a abertura de espaços e reurbanização em larga escala, o programa poderia contar com grande número de construtores e proprietários, milhares deles. É ridículo pensar que nossas cidades grandes – variadas, cheias de vida, sempre em transformação – devam depender de um punhado de autoridades e barões da construção para se renovar. Os proprietários de prédios com várias moradias de renda garantida poderiam, se desejassem, morar nos prédios, como inquilinos, e isso seria benéfico, como sempre é o proprietário morar no lugar. Isso de forma alguma poderia ser exigido, mas sim instigado, por meio do incentivo à participação no programa de construção ou, de modo mais realista, não impedindo que os construtores vendessem a tais proprietários.

Se tivéssemos uma tática como essa da construção com renda garantida, como a usaríamos?

Mencionei anteriormente duas condições que deveriam ser exigidas dos proprietários em troca das garantias dadas a eles: os prédios precisam localizar-se em bairros determinados e por vezes em locais determinados; e, na maioria dos casos, haveria a exigência de que os inquilinos fossem selecionados dentre candidatos que moram atualmente em certa área, ou na mesma rua, ou num determinado grupo de edifícios.

Com essas duas condições simples para os construtores, seria possível realizar ponderadamente várias coisas diferentes, dependendo dos problemas específicos de lugares específicos.

Seria possível, por exemplo, estimular novas construções em localidades boicotadas em que a carência se torna crítica e, ao fazê-lo, colaborar simultaneamente para a permanência na vizinhança das pessoas que lá moram.

Seria possível aumentar ponderadamente a quantidade de unidades habitacionais em bairros em que isso fosse necessário e fazer esse aumento ao mesmo tempo que se diminui o número de ocupantes de prédios próximos mais antigos (cujo índice legal de ocupação finalmente se tornaria praticável).

Seria possível manter na vizinhança pessoas cuja moradia atual precisasse ser demolida, tanto para dar espaço a outro uso quanto por degradação.

Seria possível fazer com que as residências atuassem ou tivessem participação maior como ingrediente dos usos principais, nos locais em que esse uso principal fosse necessário para complementar outros ingredientes principais da mistura urbana, como o trabalho.

Seria possível contribuir para o preenchimento dos vazios decorrentes da abertura de novas ruas em quadras muito longas.

Seria possível ampliar o sortimento básico de diversidade de tipos e idades de edifícios de uma área.

Seria possível reduzir a densidade habitacional nas áreas excepcionais em que ela é muito alta, e isso poderia ser feito paulatinamente, para evitar convulsões populacionais catastróficas.

E seria possível fazer essas coisas misturando classes de renda e incentivando o aumento dessa mistura com o tempo.

Todos esses recursos servem para induzir a estabilidade e a diversidade da população – alguns deles diretamente, possibilitando a permanência das pessoas que assim o desejem; e outros indiretamente (na medida em que *uma* parte de *um* dos vários usos diferentes da cidade renda o que se espera), contribuindo para criar ruas e distritos movimentados, seguros, interessantes e variados, nos quais as pessoas permaneçam por opção.

Além do mais, como tal programa introduziria em qualquer lugar investimentos graduais e mudanças graduais, ele não impediria a presença simultânea ou subsequente de pessoas com poder de escolha ou de edifícios não subsidiados. (Esperamos com isso conter rapidamente a autodestruição da diversidade.) E também não impediria a chegada de novos moradores na vizinhança, incluindo aqueles que só a escolheram por conveniência. Isso porque, em qualquer período, haveria na vizinhança muitos outros prédios que não estariam sendo usados intencionalmente para a estabilidade do processo de transferência das pessoas e em relação aos quais, portanto, a origem geográfica dos inquilinos destoaria.

Seja qual for a idade dos prédios numa localidade, seja qual for a necessidade de eventual substituição de todos eles ou de quase todos, esse processo não deve ocorrer de uma única vez[3].

Uma substituição muito rápida, além de militar economicamente contra a diversidade urbana e gerar o efeito padronizado e desnaturado da construção de conjuntos habitacionais, atuaria em sentido contrário à meta de o maior número possível de pessoas permanecer espontaneamente por muito tempo – moradores de prédios velhos ou novos e moradores com ideias próprias a respeito de construção e renovação.

Há, é claro, muitas oportunidades para a corrupção e a fraude num sistema de garantia de renda e financiamento avalizado de prédios novos. Temos condições de controlar razoavelmente bem a corrupção, a fraude e a vigarice quando queremos. (Vejam como temos sorte de viver num país onde isso é possível.) Mais difícil é combater a ineficiência.

Podemos ter certeza de que quaisquer táticas específicas de subvenção de moradias provocarão quase invariavelmente resultados cada vez mais repetitivos, imutáveis, divergindo cada vez

3. Uma palavrinha sobre ratos. Eles são um dos males primários que as novas habitações supostamente conseguem eliminar e as antigas perpetuam. Mas os ratos não sabem disso. A menos que sejam exterminados, quando prédios antigos infestados são demolidos, os ratos simplesmente se mudam para a área desabitada mais próxima. Um dos mais graves problemas do Lower East Side de Nova York, neste exato momento, são ratos e outros predadores que vêm de prédios demolidos para o terreno de um enorme condomínio de cooperativa, Seward Houses. Quando grande parte do centro urbano de St. Louis foi demolida, os ratos desalojados invadiram prédios num raio de vários quilômetros. Se não for feita a desratização dos novos prédios, a prole dos ratos volta para lá. A maioria das cidades possui instrumentos legais que obrigam o extermínio dos ratos em qualquer prédio demolido; em Nova York, é de cinco dólares a taxa vigente em 1960 para um certificado falso de desratização, pago por proprietários corruptos a exterminadores corruptos. Não sei como os órgãos públicos, como o Departamento de Habitação, ignoram a lei, mas, para ter certeza, basta ir ver o medonho festival e a fuga de ratos ao entardecer nos locais em processo de demolição. Os prédios novos não se livram dos ratos. Quem se livra dos ratos são as pessoas. Isso pode ser feito em prédios velhos quase tão facilmente quando que em prédios novos. Nosso prédio estava tomado de ratos – dos grandes – quando o compramos. Custa 48 dólares por ano para ficar completamente livre de ratos e de todos os outros predadores. Uma pessoa dá conta disso. A ideia de que os prédios se livram dos ratos é pior que um delírio, porque se torna uma desculpa para não exterminá-los. ("Logo ficaremos livres desses prédios infestados de ratos.") Esperamos demais dos prédios novos e muito pouco de nós mesmos.

mais, com o passar do tempo, das necessidades do mundo real. Qualquer ideia criativa que apareça no início é inexoravelmente podada desse momento em diante. A corrupção, por outro lado – tanto a corrupção pelo dinheiro quanto a corrupção pelo poder –, tem uma natureza diferente da burocracia bem-comportada. A corrupção se torna mais inventiva, nunca menos, desde que tenha campo para agir.

Para combater tanto a ineficiência quanto a corrupção, deveríamos experimentar, a cada oito ou dez anos pelo menos, novos métodos de subvenção de moradias ou promover alterações em métodos antigos que estejam funcionando bem para serem mantidos. Deveríamos até criar órgãos inteiramente novos para essas novas incumbências, de tempos em tempos, e deixar que os antigos definhassem. Seja como for, é sempre necessário confrontar as táticas com as necessidades específicas que se tornam evidentes em locais específicos. Devemos sempre nos perguntar: "Este instrumento é eficaz *aqui*? Se não é, qual seria?" Alterações ponderadas e periódicas nas táticas de subvenção permitiriam enfrentar novas necessidades, que se tornam evidentes com o tempo mas que ninguém seria capaz de prever. Essa observação é, indiretamente, uma advertência para as limitações das minhas sugestões neste livro. Acho que elas fazem sentido em relação ao que existe, que é o único ponto de partida possível. Mas isso não quer dizer que elas façam muito sentido, ou até que sejam sensatas, quando nossas cidades tiverem adquirido um desenvolvimento substancial e uma vitalidade muito maior. E elas também não farão sentido se persistir a atual administração de nossas cidades e se perdermos as formas construtivas de comportamento e as forças com que ainda podemos contar para evoluir.

Os métodos de subvenção são passíveis de muitas variações, mesmo hoje, desde que se baseiem em mudanças flexíveis e graduais, e não em mudanças bruscas. James Rouse, financiador hipotecário de Baltimore e mentor de várias iniciativas de renovação e reurbanização, sugeriu, por exemplo, uma variação que permite que os inquilinos eventualmente se tornem proprietários – ideia das mais razoáveis em locais onde as casas geminadas predominam:

> O sistema habitacional público não é um fim em si mesmo. Só pode ser definido como um meio para o fim de fazer das nossas cidades locais adequados para viver. Que tipo de sistema habitacional deveria existir? (...) O aluguel dos inquilinos deveria aumentar de acordo com sua renda, e não se deveria despejá-los por serem inquilinos com renda muito alta. Quando sua renda crescente atingisse o ponto de cobrir os juros e a amortização da dívida, em hipotecas com termos liberais, aí a propriedade deveria ser transferida a ele pelo valor contábil, e seu aluguel, convertido em parcelas hipotecárias. Um programa desses colocaria não somente o proprietário como também a residência na área do livre mercado. Isso impediria a formação de guetos no sistema habitacional e restringiria o sistema protecionista imperial que hoje envolve o programa (...).

Charles Platt, arquiteto de Nova York, defende há muito o uso de novas moradias subsidiadas associado com prédios próximos mais antigos como um instrumento para reduzir o número de pessoas por domicílio e, portanto, para obter dois avanços com uma só medida. William Wheaton, professor de urbanismo na Universidade da Pensilvânia, fez apelos eloquentes em favor do conceito de entrega rotativa de moradias públicas e de sua não diferenciação da variedade de moradias particulares numa comunidade. Vernon De Mars, arquiteto da Califórnia, propôs um sistema de construção e propriedade particular de moradias muito parecido com o que chamei de sistema de renda garantida, do qual todos poderiam participar e que poderia receber inquilinos subsidiados por órgãos habitacionais do governo.

Stanley Tankel, membro da Associação de Planejamento Regional de Nova York, perguntou:

> Por que só agora nos ocorreu verificar se os próprios cortiços não possuem alguns ingredientes para uma boa política habitacional? Estamos descobrindo de repente (...) que as famílias que moram em cortiços não se mudam necessariamente quando sua renda aumenta; que a independência nos cortiços não é sufocada por uma política administrativa paternalista; e, por fim, (incrível!) que os moradores de cortiços, como as outras pessoas, não gostam de ser enxotados de seu bairro (...). O próximo passo exigirá grande

> humildade, já que estamos tão propensos a confundir grandes empreendimentos da construção civil com grandes conquistas sociais. Teremos de admitir que está longe da imaginação de qualquer um a criação de uma comunidade. Precisamos aprender a cultivar as comunidades que temos; elas são difíceis de obter. "Arrumem os prédios, mas não mexam com os moradores." "Sem transferências para longe da vizinhança." Esses devem ser os lemas se se quiser que o sistema habitacional público seja popular.

Virtualmente todos os analistas do sistema habitacional público denunciaram, mais cedo ou mais tarde, a ação nociva das restrições à renda dos inquilinos e advogaram sua extinção[4]. A proposta que fiz de moradias com renda garantida não possui ideias originais minhas; só reuni numa proposta ideias correlatas apresentadas por muitas outras pessoas.

Por que tais ideias ainda não foram incorporadas ao conceito de sistema habitacional público?

A resposta já está contida na pergunta.

As ideias não foram utilizadas exatamente porque são em geral concebidas e sugeridas como alterações para serem *incorporadas* tanto ao próprio conceito de empreendimento quanto ao conceito de propriedade pública de moradias subsidiadas. Essas duas ideias básicas a respeito do sistema habitacional são tremendamente inadequadas em nossa sociedade para um desenvolvimento urbano satisfatório. As táticas elaboradas para realizá-las – emparedamento de cortiços e/ou remoção de cortiços, triagem de renda, padronização – são ruins para o ser humano e para as necessidades econômicas urbanas, mas são boas e lógicas para a execução de empreendimentos e para que a burocracia se aposse deles e os administre. Na verdade, quaisquer outras táticas com esses fins são tão ilógicas e forçadas que as tentativas de *incorporá-las* morrem antes que seque a tinta dos informes oficiais.

Precisamos de novas táticas para a subvenção de moradias, não porque as existentes precisem ser remexidas e reavaliadas.

4. Muitas dessas ideias e outras mais foram expostas num simpósio, "The Dreary Deadlock of Public Housing" [O triste impasse do sistema habitacional público], publicado na *Architectural Forum* de junho de 1957.

Precisamos delas porque necessitamos de metas diferentes para a urbanização e uma nova estratégia para recuperar os cortiços e manter a diversidade populacional, também, nos lugares em que não há mais cortiços. As metas diferentes e a nova estratégia precisam ter táticas próprias e inteiramente diferentes.

18. EROSÃO DAS CIDADES OU REDUÇÃO DOS AUTOMÓVEIS

Atualmente, todos os que prezam as cidades estão incomodados com os automóveis.

As artérias viárias, junto com estacionamentos, postos de gasolina e *drive-ins*, são instrumentos de destruição urbana poderosos e persistentes. Para lhes dar lugar, ruas são destruídas e transformadas em espaços imprecisos, sem sentido e vazios para qualquer pessoa a pé. Os centros urbanos e outros bairros que são maravilhas de complexidade compacta e sólido apoio mútuo acabam displicentemente desentranhados. Os pontos de referência são aniquilados ou tão deslocados de seu contexto na vida urbana que se tornam trivialidades irrelevantes. A feição urbana é desfigurada a ponto de todos os lugares se parecerem com qualquer outro, resultando em Lugar Algum. E, nas áreas menos bem-sucedidas, os usos que sozinhos perdem função – *shopping centers*, ou residências, ou locais de reunião pública, ou conjuntos comerciais – são separados um do outro.

E nós culpamos os automóveis por tudo isso.

Imaginemos que os automóveis nunca tivessem sido inventados ou tivessem sido deixados de lado e que utilizássemos no lugar deles um transporte de massa eficiente, cômodo, veloz, confortável e motorizado. Sem dúvida economizaríamos um dinheiro enorme, que poderia ter um fim melhor. Mas não foi assim.

Suponhamos que também tivéssemos reurbanizado, expandido e reorganizado as cidades à imagem do plano e de outros ideais antiurbanos do planejamento convencional.

Teríamos os mesmos resultados que atribuí aos automóveis alguns parágrafos acima. Esses resultados podem ser repetidos palavra por palavra: as ruas são destruídas e transformadas em espaços imprecisos, sem sentido e vazios para qualquer pessoa a pé. Os centros urbanos e outros bairros que são maravilhas de complexidade compacta e sólido apoio mútuo acabam displicentemente desentranhados. Os pontos de referência são aniquilados ou tão deslocados de seu contexto na vida urbana, que se tornam trivialidades irrelevantes. A feição urbana é desfigurada a ponto de todos os lugares se parecerem com qualquer outro, resultando em Lugar Algum. E, nas áreas menos bem-sucedidas... etc.

E então o automóvel teria de ser inventado ou tirado do esquecimento. Porque, para as pessoas morarem ou trabalharem em cidades tão inadequadas, os automóveis seriam necessários para poupá-las do vazio, do perigo e da extrema padronização.

É questionável que parcela da destruição provocada pelos automóveis nas cidades deve-se realmente às necessidades de transporte e trânsito e que parcela deve-se ao puro descaso com outras necessidades, funções e usos urbanos. Como os planejadores urbanos que não conseguem pensar em outra coisa que não projetos de renovação, porque desconhecem quaisquer outros princípios respeitáveis de organização urbana, da mesma maneira os construtores de vias públicas, os engenheiros de tráfego e, mais uma vez, os urbanistas não conseguem pensar no que realmente podem fazer, dia a dia, a não ser solucionar congestionamentos quando acontecem e aplicar a previsão que tiverem à mão sobre como movimentar e estocar mais carros no futuro. É impossível que pessoas responsáveis e práticas descartem táticas inadequadas – mesmo quando o resultado de seu trabalho lhes cause desconfiança – se a alternativa for, em vez disso, ficarem desnorteadas sobre o que e por que fazer.

Comunicação e transporte bons não são apenas difíceis de obter; são também necessidades básicas. A questão fundamental nas cidades é a multiplicidade de escolhas. É impossível aproveitar-se dessa multiplicidade sem ter condições de se movimentar com facilidade. E a multiplicidade de escolhas nem existiria se não pudesse ser estimulada por usos combinados. Além disso, o alicerce econômico das cidades é o comércio. Até mesmo a atividade fabril existe nas cidades principalmente pelas vantagens relacionadas com o comércio, não por ser mais fácil fabricar coisas nas cidades. A troca de ideias, serviços, habilidades e mão de obra, e certamente de produtos, exige transporte e comunicação eficientes, fluentes.

Mas a multiplicidade de escolhas e o intenso comércio urbano dependem também de uma grande concentração de pessoas, de uma combinação intrincada de usos e de um entrelaçamento complexo de caminhos.

Como se pode prover o transporte urbano sem destruir o correlato uso do solo, complexo e concentrado? – eis a questão. Ou, vendo por outro lado, como prover um uso do solo complexo e concentrado sem destruir o transporte correlato?

Existe atualmente um mito de que as ruas, tão claramente impróprias para o fluxo intenso de automóveis, são resquícios antiquados do tempo das charretes e dos cavalos, boas para o tráfego daquela época, mas…

Não pode haver inverdade maior. Sem dúvida, as ruas das cidades dos séculos XVIII e XIX eram adequadas, como ruas, às atividades das pessoas a pé e à sustentação mútua dos usos diferenciados que as circundavam. Mas eram muito inadequadas, como ruas, para o trânsito de cavalos, e isso, por sua vez, as tornava inadequadas em vários aspectos para o trânsito de pedestres.

Victor Gruen, que elaborou um plano de centro urbano sem automóveis para Fort Worth, Texas, do qual darei mais detalhes adiante neste capítulo, fez uma série de fotos para explicar seu projeto. Depois de ver uma rua com um congestionamento de automóveis muito familiar, ele se surpreendeu: era quase tão grave quanto o congestionamento de cavalos e veículos estampado numa foto antiga de Fort Worth.

A vida nas ruas das cidades muito grandes e movimentadas na época das charretes foi descrita por um arquiteto inglês, H. B.

Creswell, que escreveu, para a *Architectural Review* britânica de dezembro de 1958, um relato da Londres de 1890, quando ele era jovem:

> A Avenida Strand daquela época (...) era o núcleo do que havia de melhor em Londres. Rodeada por um emaranhado de travessas e becos, a Strand era ladeada por inúmeros pequenos restaurantes, em cujas janelas se alardeavam pratos refinados; tabernas, estabelecimentos de porão, bares de vinho e ostras, vendas de carne e presunto; e pequenas lojas comerciando uma profusão de coisas curiosas e prosaicas, todas enfileiradas, lado a lado, preenchendo o espaço entre os vários teatros (...). Mas o barro![1] E o barulho! E o cheiro! Todos esses defeitos eram um indício de cavalos (...).
>
> O congestionado trânsito sobre rodas de Londres – que em trechos da City era tal que impedia a circulação – dependia inteiramente dos cavalos: carroções, carroças, ônibus, cabriolés e fiacres, coches e carruagens e veículos particulares de todos os tipos dependiam dos cavalos. Meredith refere-se ao "prenúncio da fedentina dos pontos de táxi" de Londres ao chegar de trem: mas o odor característico – pois o nariz reconhecia Londres com excitação jovial – vinha dos estábulos, que eram em geral de três ou quatro pavimentos com rampas em ziguezague à frente deles; [suas] estrumeiras deixavam cheios de moscas mortas os candelabros com filigranas de ferro fundido – a glória das salas de estar das casas de classe média alta e baixa por toda Londres –, e no fim do verão cobertos por nuvens de moscas esvoaçantes.
>
> Um indício mais marcante dos cavalos era o barro, o qual, a despeito da atividade de numerosos grupos de garotos com jaleco vermelho que se lançavam por entre rodas e patas com pás e vassouras enchendo latas de ferro no meio-fio, espalhava-se pelas ruas como uma pasta de "sopa de ervilhas", que às vezes se juntava em poças encobrindo os meios-fios, e outras vezes recobria o leito da rua como que com uma graxa para eixos ou poeira de farelo, para tormento dos pedestres. No primeiro caso, os rápidos cabriolés ou fiacres espadanavam essa sopa – quando não era interceptada por calças ou saias – por sobre a calçada, de modo que as frontarias da Strand, por toda a sua extensão, tinham uma faixa de 45 centímetros

1. Um eufemismo.

de barro imposta à força. A "sopa de ervilhas" era enfrentada por "carrocinhas de barro", cada uma com dois rapazes com conchas longas, vestidos como se fossem para o mar da Islândia, com botas até as coxas, roupas impermeáveis abotoadas até o queixo e chapéu de aba larga cobrindo a nuca. Borrifo à vista! O pedestre agora leva o barro no olho! A "graxa para eixos" era combatida com escovas mecânicas puxadas por cavalos, e os viajantes testemunhavam de madrugada a lavagem dos detritos com mangueiras (...).

E, fora o barro, o barulho, que, outra vez provocado pelos cavalos, surgia como uma pulsação descomunal nos distritos centrais de Londres. Era uma coisa inimaginável. As ruas comuns de Londres eram pavimentadas uniformemente com peças de "granito" (...) e o martelar de uma profusão de cascos ferrados sobre elas, o ensurdecedor tamborilar simultâneo das rodas com pneus ressoando do vértice de uma pedra ao da outra, como varetas arrastadas por uma cerca; o ranger e o gemer e o chilrear e o chocalhar dos veículos, leves e pesados, sendo maltratados; o sacudir dos arreios e o tinir e o tilintar de tudo o que seja concebível, ampliados pelos gritos e pelos urros daquelas criaturas de Deus que desejavam dar uma informação ou fazer um pedido verbalmente – provocavam um alarido que (...) está além da imaginação. Não era uma coisa insignificante como ruídos. Era uma imensidão de sons (...).

Essa era a Londres de Ebenezer Howard, e não surpreende que ele achasse as ruas inadequadas para os seres humanos.

Le Corbusier, quando projetou sua Ville Radieuse na década de 1920, como uma versão com parques, arranha-céus e vias expressas para automóveis da Cidade-Jardim de Howard, gabava-se de estar fazendo projetos para uma nova era e, ao mesmo tempo, para um novo sistema viário. Não estava. Com relação à nova era, ele estava apenas adaptando de maneira superficial reformas que haviam sido uma reação a aspirações nostálgicas de uma vida mais simples, ultrapassada, e também uma reação à cidade dos cavalos (e das epidemias) do século XIX. Com relação ao novo sistema viário, ele foi igualmente superficial. Bordou (acho que esta palavra faz jus ao enfoque dele) as vias expressas e o tráfego em seu projeto da Ville Radieuse numa quantidade que aparentemente satisfazia sua noção de projeto, mas não tinha relação alguma com a quantidade imensamente maior de automóveis, vias e extensão de estacionamentos e manutenção que seriam necessários em seus amontoados de pessoas, verticais e repetitivos, separados por vazios. Sua visão de arranha-céus num parque transforma-se na vida real em arranha-céus de estacionamentos. E não há estacionamento que baste.

A atual relação entre cidades e automóveis corresponde, em síntese, a uma das peças que às vezes a história prega no progresso. O período de evolução do automóvel como transporte cotidiano correspondeu precisamente ao período durante o qual o ideal da anticidade, nos moldes de um subúrbio, foi elaborado arquitetônica, sociológica, legislativa e financeiramente.

Mas os automóveis, em si, não destroem cidades. Se parássemos de contar a nós mesmos fábulas a respeito da adequação e do fascínio das ruas do século XIX para o trânsito de charretes e cavalos, veríamos que o motor a explosão, quando entrou em cena, poderia ser um excelente instrumento para incentivar a intensidade urbana e, ao mesmo tempo, livrar as cidades de um de seus sérios atrasos.

Não só os motores dos automóveis são mais silenciosos e limpos do que os cavalos, como também, o que é mais importante, um número menor de motores faz o mesmo trabalho que um número maior de cavalos. A potência dos veículos motorizados e sua velocidade maior que a dos cavalos podem facilitar a conciliação de grandes concentrações de pessoas com um trânsito adequado de pessoas e mercadorias. Na virada do século, as ferrovias já haviam demonstrado há muito tempo que as locomotivas eram um ótimo instrumento de conciliação de concentração com trânsito. Nos lugares a que as ferrovias não podiam chegar e nos serviços que elas não poderiam fazer, os automóveis, entre ele os caminhões, ofereceram outros meios de reduzir o imemorável congestionamento de veículos nas cidades.

Erramos ao substituir, na prática, cada cavalo das ruas lotadas das cidades por cerca de uma dúzia de veículos motorizados, em vez de usar cada veículo motorizado para substituir cerca de meia dúzia de cavalos. Os veículos motorizados, por serem superabundantes, trabalham devagar e são muitos inativos. Como uma das consequências de tão baixa eficiência, os veículos possantes e velozes, afogados na própria redundância, não andam muito mais rápido que os cavalos.

Os caminhões, de modo geral, realizam muito do que se poderia esperar dos veículos motorizados nas cidades. Fazem o trabalho de um número muito maior de veículos a tração animal ou de homens sobrecarregados. Mas, justamente porque os veículos de passageiros não o fazem, o congestionamento, por sua vez, reduz enormemente a eficiência dos caminhões.

Hoje, aquele que se desespera com a guerra entre esses aliados potenciais, automóveis e cidades, tende a descrever o impasse como uma guerra entre automóveis e pedestres.

Está na moda supor que a solução se encontra na destinação de certos lugares para pedestres e outros lugares para veículos. Talvez acabemos fazendo essa separação, se decidirmos que é realmente isso o que queremos. Mas essas soluções só são factíveis, em qualquer caso, se se contar com o *pressuposto* de uma queda estrondosa no número de veículos que utilizam as cidades. Do contrário, os estacionamentos, as garagens e as vias de acesso necessárias à volta do espaço dos pedestres atingirão um número tão grande e contraproducente, que seriam medidas de desintegração urbana, e não de recuperação urbana.

O mais famoso plano para pedestres é o de Gruen, feito para o centro de Fort Worth. A empresa Victor Gruen Associates, de arquitetos e urbanistas, propôs que uma área de quase 2,5 quilômetros quadrados fosse circundada por uma via perimetral com acessos para seis enormes garagens longas, com capacidade para 10 mil carros cada uma, as quais se estenderiam da perimetral até bem dentro da área central. O restante da área ficaria livre de automóveis e passaria por uma grande reforma, nos moldes de um centro urbano de usos combinados. O plano teve obstáculos políticos em Fort Worth, mas outros bem parecidos foram propostos em mais de noventa cidades e experimentados em poucas delas. Infelizmente, os imitadores ignoraram o fato fundamental de que o plano abordava toda a área de Fort Worth que poderia ser chamada de urbana como um conjunto interligado, ininterrupto, o que fazia sentido; nesses moldes, era um instrumento de concentração, e não de separação; nesses moldes, o plano promovia uma complexidade maior em vez de uma simplicidade maior. Nas imitações, quase invariavelmente se distorce a ideia com projetos graciosos e tímidos para isolamento de umas poucas ruas de compras, à moda dos *shopping centers* suburbanos, circundando-as com áreas mortas na forma de estacionamentos e vias de acesso.

Isso é praticamente o máximo que se pode fazer – e na verdade era o máximo que se podia planejar para Fort Worth –, a menos que se assuma um trabalho muito mais vultoso do que plantar arbustos e instalar bancos. Esse trabalho é reduzir drasticamente o número de veículos na cidade.

Em seu plano para Fort Worth, Gruen teve de pressupor essa redução, muito embora a cidade fosse relativamente pequena e simples em comparação com nossas grandes cidades e muito embora as medidas com relação aos carros fossem amplas e complexas. O plano de Gruen incluía um serviço expresso de ônibus interligando o centro a toda a cidade e aos subúrbios e comportando um número muito maior de usuários do centro do que o atendido atualmente pelo transporte público. Sem esse serviço e sem aquela pressuposição, o plano da perimetral teria sido um bordado ilusório, como no padrão propositadamente ambicioso de Le Corbusier, ou então – encarando as dificuldades realisticamente – teria significado converter praticamente todo o centro em garagens e tornar inacessível a perimetral. Sem dúvida, um perímetro muito mais amplo poderia ter funcionado, com as garagens colocadas mais para fora, mas nesse caso malograria a formação de um distrito concentrado, ativo, acessível aos pedestres. O plano não teria sentido.

Algumas formas de separação do tráfego concebidas para ruas do centro muito congestionadas preveem não uma separação horizontal, como no plano de Gruen, mas uma separação vertical, ou com os pedestres colocados acima dos automóveis num nível superior da rua, ou os automóveis colocados acima dos pedestres. Porém, a remoção dos pedestres libera muito pouco espaço para os automóveis. Para fazer com que o leito das ruas tenha dimensão suficiente para os carros que trazem pedestres – o que é a causa do congestionamento e o motivo da separação –, é preciso ampliar a dimensão de áreas convenientes aos pedestres, até que se chega ao ponto em que não há comodidade para os pedestres. Também esses planos, para serem viáveis tanto para carros como para pedestres, devem contar com uma drástica redução no número de automóveis e uma dependência muito maior do transporte público.

E há ainda outra dificuldade nos planos para pedestres. As empresas urbanas que existem em função do uso das ruas pelos pedestres e que, de seu lado, geram um uso maior das ruas pelos pedestres, necessitam de um acesso adequado para veículos de serviço, abastecimento ou transporte de mercadorias.

Se o trânsito de veículos e de pedestres for inteiramente separado, uma destas duas alternativas é válida.

A primeira alternativa é que as ruas reservadas para os pedestres não contenham tais empresas. Isso é, de saída, um absurdo. Absurdos como esse existem na vida real e, como era de esperar, os espaços reservados ficam vazios. Os pedestres vão às ruas onde há trânsito de veículos, onde existam empresas. Essa espécie de contradição intrínseca atormenta grande parte do planejamento grandioso da "cidade do futuro".

A outra alternativa é que se elaborem planos para os veículos de serviço, separados do espaço de pedestres.

O plano de Gruen para Fort Worth solucionava o problema do atendimento de serviço com um sistema de túneis subterrâneos para caminhões e para os táxis que servem a hotéis, com acesso pelo subsolo.

O plano também propunha, como variante, um sistema bastante avançado de "distribuição postal", método também elaborado há muitos anos por Simon Breines, arquiteto de Nova York, num projeto para uma área de pedestres na faixa central de Nova York. A "distribuição postal" é um sistema de triagem centralizada de todas as entregas de carga e outras encomendas dentro de determinada zona. Reúnem-se por destinatário os materiais separados, de *todos* os tipos e de *todas* as procedências, e sua distribuição é racionalizada, num modelo muito parecido com aquele usado pelo correio para coletar e distribuir correspondência. Nesse caso, o objetivo é reduzir drasticamente o número de entregas com caminhões; as entregas (e os despachos), em número reduzido, podem então ser efetuadas quando o número de pedestres é baixo, de preferência à noite. A separação de pedestres e veículos, especificamente os caminhões, passa a ser principalmente uma separação horária, e não de espaço. Envolve uma despesa considerável, pois obriga a uma etapa a mais no manuseio de mercadorias.

A não ser nas áreas centrais de uso intenso, não há como justificar as dificuldades de serviço derivadas da completa separação entre pedestres e veículos.

Duvido que as vantagens da completa separação sejam muito grandes, em qualquer circunstância. O conflito entre pedestres e veículos nas ruas advém principalmente da quantidade esmagadora de carros, em favor dos quais todas as necessidades dos pedestres, exceto as mínimas, são sacrificadas constante e progressivamente. O problema do predomínio de veículos além do tolerável não diz respeito exclusivamente aos automóveis. Não há dúvida de que o número excessivo de cavalos gerava um conflito parecido; algumas pessoas que estiveram em Amsterdam ou em Nova Délhi, nos horários de tráfego intenso, dizem que assusta o número inacreditável de bicicletas que se mistura com os pedestres.

Quando há oportunidade, fico observando como as pessoas usam as ruas de pedestres. Elas não andam pelo meio, como se fossem enfim donas da rua. Elas andam pelas laterais. Em Boston, onde se fez a experiência de fechar duas ruas comerciais centrais (as entregas foram um problema complicado, é claro), era um espetáculo e tanto ver o leito das ruas quase vazio e as calçadas bem estreitas apinhadas de gente. Do outro lado do país, o mesmo fenômeno acontece na Rua Principal da Disneylândia, uma rua-modelo. Os únicos veículos que transitam nessa rua da Disneylândia são um bonde, que aparece em intervalos bem espaçados, para diversão e, de vez em quando, uma charrete puxada por cavalo. Ainda assim, os visitantes usam mais a calçada do que andam pelo meio da rua. As únicas vezes que eu os vi usando a rua foram, como num ato de rebeldia, quando um dos veículos ou um desfile estava passando. Aí eles iam *se juntar* ao que estava na rua.

Parte dessa inibição em Boston ou na Disneylândia pode ser provocada pelo fato de que todos nós fomos muito condicionados a respeitar o limite do meio-fio. Uma pavimentação que igualasse o nível da rua ao da calçada talvez induzisse mais pedestres a utilizar o espaço do leito carroçável; sem dúvida, nos lugares em que as calçadas são mais largas (mesmo em Boston), as pessoas não se aglomeram da maneira engraçada como fazem na Disneylândia ou nas calçadas estreitas do centro de Boston.

Contudo, essa é apenas uma parte da resposta. Nos *shopping centers* de subúrbio, onde as "ruas" são largas mas inteiramente de pedestres e sem meio-fio, as pessoas permanecem nas laterais, a não ser quando há alguma coisa interessante para ver que foi propositadamente colocada na "rua". É necessária uma quantidade enorme de pedestres para encher toda a largura do leito da rua, mesmo quando dispersos. Parece que os únicos momentos em que os pedestres usam ou querem usar o leito da rua dessa maneira é quando há uma torrente incomum de pedestres, como no distrito de Wall Street ou na área financeira de Boston no final do expediente, ou durante o desfile de Páscoa na Quinta Avenida. Em circunstâncias mais comuns, as pessoas são atraídas para as laterais porque aí, acho eu, é mais interessante. Enquanto andam, elas se entretêm em olhar – as vitrines, os prédios, umas às outras.

Todavia, as pessoas nas ruas de pedestres de Boston, da Disneylândia ou dos *shopping centers* se comportam de modo diferente num aspecto das pessoas nas ruas comuns da cidade onde o uso de veículos é intenso. Essa exceção é significativa. As pessoas atravessam de um lado para o outro livremente e, ao exercer essa liberdade, não se mostram inibidas pelos meios-fios. Essas observações, somadas ao costume das pessoas de atravessar a rua em lugares proibidos, correndo o risco de serem pegas no erro – e também de pagar com a vida – e somadas à visível impaciência que as pessoas quase sempre demonstram nos cruzamentos, levam-me a acreditar que a maior virtude das ruas de pedestres não é a de não circularem veículos, mas sim a de não serem sufocadas e dominadas por uma inundação de carros e serem mais fáceis de atravessar.

Mesmo com relação às crianças, o problema pode ser menos o de afastar os carros que de reduzir seu predomínio e combater a perda do espaço de lazer nas calçadas provocada por eles. É claro que o ideal seria remover todos os carros das ruas em que as crianças brincam; mas haverá mais problemas se isso significar remover as outras funções utilitárias das calçadas e, junto com elas, a vigilância. Às vezes, também esses planos se anulam automaticamente. Um conjunto habitacional imobiliário de Cincinnati é um exemplo. As casas desse conjunto voltam-se para áreas de pedestres com gramados e calçadas e têm, nos fundos, vielas para carros e entregas. Todo o vaivém normal acontece entre as casas e as vielas e, portanto, funcionalmente, os fundos tornaram-se a frente das casas, e vice-versa. É claro que é nas vielas que as crianças ficam.

Vida atrai vida. Essas soluções não são apreciadas nos locais em que a separação dos pedestres é feita como um capricho desligado da realidade, e muitas atividades não são atendidas ou são suprimidas para que esse capricho dê certo.

Pensar nos problemas de trânsito da cidade em termos tão simplificados, de pedestres contra carros, e fixar como objetivo principal a separação deles é abordar o problema pelo lado errado. Não se pode separar a consideração pelos pedestres nas cidades da consideração pela diversidade, pela vitalidade e pela concentração de usos urbanos. Na ausência da diversidade urbana, as pessoas que vivem em grandes comunidades provavelmente se saem melhor com um carro do que a pé. Vazios urbanos insolúveis não são de forma alguma preferíveis ao trânsito urbano insolúvel.

O problema que está por trás da consideração pelos pedestres, e também por trás de todas as dificuldades do trânsito urbano, é como reduzir o número de veículos nas ruas e fazer com que os restantes trabalhem mais e com mais eficiência. A dependência excessiva dos automóveis particulares e a concentração urbana de usos são incompatíveis. Um ou outro tem de ceder. Na prática, é isso o que acontece. Dependendo de qual das pressões tenha mais sucesso, ocorre um destes dois processos: erosão das cidades pelos automóveis ou redução dos automóveis pelas cidades.

Antes de compreender os prós e contras de quaisquer táticas de trânsito urbano, precisamos entender a natureza desses dois processos e suas implicações. Precisamos também saber que o trânsito nas cidades exerce uma pressão sobre *si mesmo*. Os veículos brigam entre si por espaço e pela conveniência das soluções. Eles também brigam com outros usos por espaço e conveniência.

A erosão das cidades pelos automóveis provoca uma série de consequências tão conhecidas que nem é necessário descrevê-las. A erosão ocorre como se fossem garfadas – primeiro, em pequenas porções, depois uma grande garfada. Por causa do congestionamento de veículos, alarga-se uma rua aqui, outra é retificada ali, uma avenida larga é transformada em via de mão única, instalam-se sistemas de sincronização de semáforos para o trânsito fluir rápido, duplicam-se pontes quando sua capacidade se esgota, abre-se uma via expressa acolá e por fim uma malha de vias expressas. Cada vez mais solo vira estacionamento, para acomodar um número sempre crescente de automóveis quando eles não estão sendo usados.

Nenhuma etapa desse processo é, em si, crucial. Mas o efeito cumulativo é enorme. E cada etapa, que de forma isolada não é crucial, é crucial no sentido de que não só acrescenta seu quinhão à mudança total, mas também acelera o processo. A erosão das cidades pelos automóveis é um exemplo do que é conhecido como "retroalimentação positiva". Na retroalimentação positiva, uma ação produz uma reação que por sua vez intensifica a situação que originou a primeira ação. Isso intensifica a necessidade de repetição da primeira ação, que por sua vez intensifica a reação e assim por diante, *ad infinitum*. É mais ou menos como adquirir um vício pelo hábito.

Uma declaração notável a respeito do processo de retroalimentação positiva do tráfego – ou de parte dele – foi feita por

Victor Gruen em 1955, no contexto de seu plano para Fort Worth. Para compreender a dimensão do problema que enfrentava, Gruen projetou para 1970 o potencial comercial do então pouco desenvolvido e estagnado – mas congestionado – centro de Fort Worth, baseado na previsão da população e na área de comércio. Ele transformou então esse volume de atividade econômica em número de usuários, incluindo trabalhadores, lojistas e visitantes. Depois, usando o índice atual de veículos por frequentadores do centro de Fort Worth, transformou o número de supostos futuros usuários em número de veículos. Em seguida, calculou a quantidade de espaço na rua necessário para atender ao número de veículos que poderiam estar nas ruas ao mesmo tempo.

Gruen chegou a um número impensável de espaço viário necessário: 1.500.000 metros quadrados, sem incluir áreas de estacionamento. Isso em comparação com os 460 mil metros quadrados de leito carroçável que o centro pouco desenvolvido possui hoje. Para ter esse espaço viário, o centro precisaria expandir-se enormemente. Em consequência disso, os usos comerciais ficariam com uma distribuição muito pouco concentrada. Para ir a esses lugares diferentes, as pessoas caminhariam muito menos e dependeriam muito mais dos automóveis. Isso aumentaria a necessidade de mais espaço viário, ou então o congestionamento seria monstruoso. Os usos diferentes, forçosamente muito mais dispersos, estariam tão distantes entre si, que seria imprescindível duplicar o espaço de estacionamento, porque os usos que atrairiam as pessoas em horários diferentes não se encontrariam próximos a ponto de permitir um uso contínuo da mesma infraestrutura[2]. Isso significaria dispersar ainda mais o centro, o que por sua vez exigiria um uso mais intenso de carros, que percorreriam dentro dele distâncias ainda maiores. Bem no início do

2. Essa espécie de desperdício já ocorre com frequência nos centros urbanos onde há um planejamento deliberado de pouco uso. Assim, o novo centro administrativo de Pittsburgh, afastado e isolado na borda do centro, precisa ter um espaço de estacionamento para uso noturno que já existe na área de trabalho do centro e fica vazio de noite. O apoio mútuo de todos os tipos de instalações urbanas, inclusive áreas de estacionamento e de trânsito, assim como parques e lojas, exige um grande adensamento.

processo, o transporte público seria completamente ineficiente, tanto para os passageiros quanto para o proprietário da empresa. Em síntese, não existiria coesão no centro, mas uma mancha grande, esparsa, incapaz de gerar para a população e a economia em questão os recursos, a diversidade e as opções metropolitanas teoricamente possíveis.

Como assinalou Gruen, quanto mais espaço se der aos carros nas cidades, maior se tornará a necessidade do uso dos carros e, consequentemente, de ainda mais espaço para eles.

Na prática, não é possível saltar de repente de 460 mil metros quadrados de espaço viário para 1.500.000 metros quadrados, e assim fica mais difícil perceber as implicações de acomodar mais carros, mais carros e mais carros. Porém, a retroalimentação positiva está atuando, rápida ou lentamente. Rápida ou lentamente, a maior facilidade de acesso com carro é inexoravelmente acompanhada tanto de menor disponibilidade e eficiência do transporte público quanto do escasseamento e da dispersão de usos e, em decorrência disso, da maior necessidade de carros.

O extremo do paradoxo de aumentar a facilidade de acesso com carro e reduzir a intensidade de usuários pode ser constatado em Los Angeles e quase na mesma intensidade em Detroit. Porém, essa relação é igualmente implacável em cidades que estão na etapa inicial do processo de "erosão", onde apenas uma minoria de usuários é atendida pelo aumento do fluxo do trânsito. Manhattan é exemplo disso. Um método aí adotado para atenuar o congestionamento de veículos é aumentar a velocidade do trânsito fazendo as largas avenidas norte-sul fluírem num único sentido. Os ônibus, em vez de rodar nos dois sentidos numa avenida, precisam, é claro, como os outros veículos, andar para o norte numa avenida e para o sul em outra. Isso quase sempre significa para os passageiros uma caminhada forçada de duas quadras longas para pegar o ônibus correto.

Não surpreende que, quando uma avenida passa a fluir num único sentido em Nova York, haja uma redução de passageiros de ônibus. Para onde eles vão? Ninguém sabe, mas a hipótese da companhia de ônibus é que essa parcela de passageiros é formada por pessoas que têm outra opção. Alguns, segundo os funcionários da companhia, ficam entre usar os ônibus ou o carro particular; outros, que viriam de fora do distrito, ficam indecisos entre valer ou não a pena vir ao distrito, e pode haver outras opções, como não viajar de ônibus dentro do distrito. Seja qual for a opção, as vantagens de comodidade foram alteradas a ponto de essas pessoas mudarem de ideia. O que é inquestionável é que o aumento do fluxo de veículos, com seu efeito colateral sobre o transporte público, coloca em jogo um aumento do número de veículos. Ele também reduz a comodidade dos pedestres ao obrigar a uma espera mais longa do que antes nos cruzamentos das avenidas que sofreram mudança.

Com um e outro paliativo, Manhattan possibilitou, no período de oito anos de 1948-56, a entrada diária de mais 36 por cento de veículos, embora isso represente apenas uma pequena parcela das pessoas de fora que vêm a Manhattan, 83 por cento das quais chegam de transporte público. Durante esse mesmo período houve uma queda de 12 por cento no número de passageiros de ônibus vindos de fora, provocando um "déficit" de cerca de 375 mil pessoas de fora por dia. O aumento da facilidade de acesso com carro é *sempre* acompanhado de uma queda no serviço de transporte público. O decréscimo de passageiros de coletivos é sempre maior que o acréscimo de passageiros de carros particulares. Com a maior facilidade de acesso com carros ao distrito, a interação de usos provocada pelas pessoas no distrito invariavelmente diminui, e isso é um problema sério para as cidades, onde uma das mais importantes funções do transporte é permitir e encorajar a interação de usos.

Resultados como esse – acessibilidade maior, intensidade menor – provocam pânico em muita gente. A medida costumeira para enfrentar a queda na intensidade de uso é o aumento ainda maior da acessibilidade com carros – geralmente facilitando-lhes, em primeiro lugar, o estacionamento. Assim, utilizando outro exemplo de Manhattan, uma das medidas veementemente recomendadas pelo diretor de trânsito como paliativo para os magazines é uma série de pátios de estacionamento municipais. Essa medida abocanharia cerca de dez quadras do solo da faixa central de Manhattan, atingindo muitas centenas de pequenos negócios[3].

É assim que a erosão diminui, pouco a pouco, os motivos para se usar um distrito corroído e ao mesmo tempo o torna menos vivo, menos conveniente, menos adensado e menos seguro para aqueles que continuam a ter motivos para frequentá-lo. Quanto maior for a concentração e o genuíno caráter urbano de uma área, maior será o contraste entre o pouco que se ganha e o muito que se perde com o processo de erosão.

Se o trânsito de veículos nas cidades representasse um volume constante de necessidades, a iniciativa de atendê-las produziria uma reação boa e gratificante. Afinal alguma coisa seria solucionada. Porém, como os paliativos fazem aumentar a necessidade de mais veículos, nunca se chega à solução.

Mesmo assim, em algum momento a solução deveria ser pelo menos teoricamente possível – um momento em que a acessibilidade crescente e a intensidade de uso decrescente chegassem a um equilíbrio ou a uma equiparação. Nesse momento, o problema do trânsito deveria estar resolvido, no sentido de que não haveria mais incômodo com a lentidão e a falta de espaço para o estacionamento de veículos. Em face da erosão progressiva, a pressão do trânsito sobre várias partes da cidade deveria equilibrar-se, e então a expansão contínua deveria atender a essa pressão equilibrada. Ao se tornar uma mancha bem homogênea e esparsa, a cidade precisa ter controle sobre o problema do trânsito, seja ele qual for. Um estado de equilíbrio como esse é a única solução possível num processo de retroalimentação positiva como a erosão urbana.

3. Num dos locais de estacionamento recomendado pelo diretor de trânsito – localizado muito "racionalmente" entre um magazine e as pilastras de um viaduto –, contei 129 estabelecimentos, inclusive várias mercearias sem similar que têm fregueses em toda a área metropolitana, algumas galerias de arte, alguns salões de beleza de cães, restaurantes muito bons, uma igreja e grande quantidade de residências, entre elas várias casas antigas recém-reformadas. Esses negócios incluem os que seriam tomados e os que ficam defronte deles, do outro lado da rua, porque formam um conjunto; os negócios que serão mantidos, que fazem frente para uma enorme garagem sem movimento, seriam privados de um grande apoio mútuo e também perderiam o movimento. A Comissão de Planejamento Urbano tem o mérito de se opor, neste exato momento, ao plano das garagens do diretor e pelos motivos corretos: o argumento de que o incentivo a mais veículos será prejudicial para outras coisas importantes.

Nenhuma cidade norte-americana atingiu ainda esse ponto de equilíbrio. Os exemplos reais de cidades grandes que sofreram erosão ilustram, até agora, só o estágio de pressão crescente. Poderia parecer que Los Angeles está chegando ao ponto de equilíbrio porque 95 por cento das viagens dentro dessa cidade são feitas com automóveis particulares. No entanto, mesmo assim, as pressões ainda não estão bem equilibradas, porque 66 por cento das pessoas que vão ao centro erodido e sem vida de Los Angeles ainda usam transporte público. Quando uma greve de funcionários de trânsito de Los Angeles, em 1960, levou às ruas mais carros do que o normal, fotos aéreas mostraram vias expressas e também ruas congestionadas ao máximo, com os carros colados uns aos outros, e os noticiários disseram que houve brigas de socos entre motoristas nervosos com a falta de lugar para estacionar. O sistema de trânsito de Los Angeles, outrora considerado o melhor dos Estados Unidos (alguns especialistas dizem que do mundo), decaiu tanto, que faz lembrar um transporte público lento e inadequado, mas obviamente continua tendo um contingente de usuários para os quais não há espaço nas vias expressas e nos estacionamentos. Além do mais, a pressão por estacionamento continua, no geral, subindo. Há poucos anos, quem se mudava de volta para a "cidade" achava que duas vagas de garagem por apartamento eram mais que suficientes. Hoje, os novos prédios oferecem três vagas por apartamento – uma para o marido, outra para a mulher e uma média de uma vaga por apartamento para outros familiares ou visitantes. Menos que isso, é impossível, numa cidade onde é difícil comprar um maço de cigarros sem usar o automóvel; e, quando alguém dá uma festa, mesmo a cota média de três vagas de garagem por apartamento é insuficiente. E também a pressão dos carros em trânsito ainda não baixou para um estado normal, comum. Como escreveu Harrison Salisbury no *New York Times*:

> É comum o trânsito das vias expressas de Los Angeles parar por causa de acidentes. O problema é tão crônico, que os técnicos têm sugerido que os carros imobilizados sejam retirados com helicóptero. A verdade é que uma charrete a cavalo conseguia atravessar Los

Angeles quase tão rápido em 1900 quanto um automóvel atualmente, às cinco horas da tarde.

O ponto de equilíbrio, onde quer que se encontre, está além do ponto em que são gerados problemas ainda mais graves do que os engarrafamentos de trânsito. Está além do ponto em que as pessoas que andam a pé nas ruas se sentem seguras em relação a outras pessoas. Está além do ponto em que a vida pública urbana é normal. Está bem além do ponto em que há qualquer relação entre investimento e eficiência. Citando Salisbury de novo:

> O ruim é que, quanto mais espaço se dá aos automóveis, a galinha dos ovos de ouro acaba estrangulada. Áreas enormes são retiradas da receita tributária e se tornam imprestáveis para fins economicamente produtivos. Diminui a capacidade da coletividade de pagar os custos sempre crescentes das vias expressas (...). Ao mesmo tempo, o fluxo do trânsito torna-se cada vez mais imprevisível (...). É de Los Angeles que vêm os apelos mais angustiados para sair desse pesadelo sobre rodas. É Los Angeles que ameaça não licenciar carros novos sem equipamentos que evitem a descarga de partículas de hidrocarbonetos responsáveis pela poluição (...). É em Los Angeles que as autoridades responsáveis dizem que o sistema está acabando com os elementos necessários à vida humana – terra, ar e água.

Los Angeles não pretendia cultivar esses problemas, assim como Nova York, Boston, Filadélfia e Pittsburgh, consumindo-se em vias expressas, não pretendem retalhar-se e definhar. É dado um passo supostamente lógico após o outro, cada um deles plausível e aparentemente justificável; e o resultado singular é uma cidade que não é mais fácil de usar e não facilita a locomoção, mas, ao contrário, é mais dispersa, mais incômoda, provoca desperdício de tempo, encarece e dificulta a combinação de usos. Um industrial de Nova York que visita a negócio outras cidades contou-me que precisa do dobro do tempo em Los Angeles, e em São Francisco e Nova York, para fazer um número determinado de visitas e terminar o trabalho. O diretor da filial de Los Angeles de uma firma de consultoria contou-me que precisa ter dois funcionários a mais do que em Chicago para fazer o mesmo número de contatos a mesma distância.

Todavia, embora a erosão não resolva nada e provoque grande ineficiência, nunca há um ponto bom ou óbvio para dar um basta. Isso porque, à medida que o processo avança, depois de um começo trivial e supostamente inócuo, torna-se mais difícil e, pelo menos aparentemente, impossível sustá-lo ou revertê-lo.

As táticas de erosão, que destroem as cidades e não conseguem solucionar coisa alguma, não podem, no entanto, ser culpadas por todos os embaraços e pelas dificuldades e custos crescentes do tráfego urbano. Muitos distritos urbanos sem o benefício de erosão são dispersos e pouco práticos para uso, a não ser com automóveis particulares, e isso sempre ocorreu, mesmo antes dos automóveis.

Todos nós conhecemos a necessidade dos automóveis nos subúrbios. Geralmente as mulheres que moram em subúrbios fazem uma quilometragem diária maior do que seus maridos nas viagens entre o trabalho e a residência. O aumento do espaço de estacionamento também é comum nos subúrbios: as escolas, os supermercados, as igrejas, os *shopping centers*, os postos de saúde, o cinema, todas as residências precisam ter vagas próprias de estacionamento, e todo esse espaço ampliado de estacionamento fica sem uso a maior parte do tempo. Os subúrbios, pelo menos enquanto forem subúrbios, podem manter esse desperdício do solo e esse índice de viagens com automóveis particulares devido à sua falta de concentração. (Aqui se encontra aparentemente aquele enganoso ponto de equilíbrio; no entanto, no momento em que se introduz o trabalho nessa mistura, mesmo num subúrbio, o equilíbrio se desfaz.)

Exatamente a mesma premência, tanto de automóveis como necessidade constante quanto de área de estacionamento ampliada, pode existir nas cidades que não dispõem das condições para gerar diversidade urbana – aí incluída densidade suficientemente alta. "Sou a única na família que viaja de um lado para o outro", diz minha amiga Kostritsky. Os Kostritskys moram na área central de Baltimore, perto do trabalho do marido. Mas ela, que usa o carro (não há jeito mais prático), precisa "viajar" para levar as crianças à escola; para fazer compras grandes, que não sejam só um pão, uma lata de sopa e um pé de alface; para ir à biblioteca, assistir a um espetáculo, ir a encontros. E, como qualquer mãe que ainda more nos subúrbios, também ela, que mora na zona central, precisa ir a um *shopping center* de subúrbio para comprar roupas para os filhos. Não que não existam dessas lojas perto da casa dela, mas as lojas do centro não têm mais uma demanda que justifique manter um estoque variado de roupas infantis. De noite, é perigoso sair se não for de carro. A falta de atrativos no distrito, além do mais, não justifica um transporte coletivo adequado, dentro do próprio distrito ou para outros lugares da cidade, e isso não seria diferente se os automóveis não existissem.

Esse tipo de bairro obriga ao mesmo uso constante de automóveis que um subúrbio. Mas, por outro lado, ao contrário dos subúrbios, a concentração de pessoas é excessivamente alta para a infraestrutura de que um subúrbio dispõe para carros e estacionamento. As densidades intermediárias – excessivamente baixas para cidades e excessivamente altas para subúrbios – são ruins para o transporte assim como para outras atividades econômicas e sociais.

Atualmente, o destino desses distritos é serem abandonados pelas pessoas com poder de escolha, em qualquer caso. Se forem herdados por pessoas muito pobres, as dificuldades de transporte e de uso podem não causar problemas de trânsito sérios, porque os habitantes talvez não tenham dinheiro para comprar carros. Quando tiverem, a tendência será mudar de bairro.

Porém, quando esses distritos são intencionalmente "reurbanizados para atrair de novo a classe média", ou preservados para reter uma população que ainda não foi embora, a necessidade de prover uma infraestrutura para carros torna-se prioritária. A monotonia e a escassez de usos são, assim, reforçadas.

A Grande Praga da Monotonia anda de mãos dadas com a praga do congestionamento de trânsito.

Quanto mais áreas monótonas, *planejadas ou espontâneas*, existirem, maior se torna a pressão do trânsito sobre os distritos movimentados. As pessoas que *precisam* usar automóvel para percorrer a monótona área onde moram na cidade ou sair dela não estão sendo simplesmente caprichosas ao ir de carro a um lugar em que ele é desnecessário, prejudicial e um estorvo para os próprios motoristas.

Devem-se dar às áreas acometidas com a Grande Praga da Monotonia as condições que lhes faltem para gerar diversidade. Essa é sua necessidade básica, a despeito do trânsito. Contudo, é inútil executar essa meta se se encara como prioritária a tarefa de prover infraestrutura para um volume enorme de carros e se relegam a segundo plano outros usos urbanos. Uma estratégia fundada na erosão pelos automóveis não só destrói a intensidade urbana já existente como também se choca com o desenvolvimento de uma intensidade de usos nova ou complementar onde ela seja necessária.

As várias modalidades de usos e interesses urbanos sempre se chocam com o processo de erosão. Um dos motivos de esse processo ocorrer de forma tão progressiva na maioria das cidades é o custo exorbitante da incorporação de tanto solo que já tem outra destinação. Porém, a existência de outros fatores, além das despesas, exerce pressão sobre um fluxo constante de veículos. Um desses fatores de pressão é, por exemplo, o grande número de esquinas onde os pedestres atravessam as ruas.

Para se ter uma ideia clara do conflito entre a pressão para acomodar mais veículos e a pressão exercida por vários outros usos, basta assistir a uma audiência pública sobre alargamento de ruas, traçado de uma via expressa, uma via de acesso para uma ponte, uma rua num parque, conversão do tráfego para mão única, um novo conjunto de estacionamentos públicos ou qualquer outra proposta de erosão defendida pelo governo que exija uma audiência.

Essas audiências revelam um ponto de vista diferente do defendido pelos mentores da erosão. Os munícipes cujo bairro ou propriedade serão atingidos geralmente comparecem para combater o plano, às vezes protestando não só de viva voz ou por meio de petições, como também com manifestações e cartazes[4]. Eles em geral repetem a mesma linha de raciocínio contra a erosão que apresentei, citando Salisbury ou Gruen ou o livro de Wilfred Owens, *Cities in the Motor Age* [As cidades na era do motor], ou os argumentos de Lewis Mumford sobre equilíbrio e variação do tráfego.

No entanto, as generalidades e a filosofia sobre a direção para onde caminham as cidades não são realmente o cerne da argumentação dos habitantes, nem essa observação dá conta das questões mais ardorosas e convincentes que eles defendem.

A verdadeira crítica dos moradores é à destruição *localizada* que será imposta a suas casas, suas ruas, seus negócios, sua comunidade. Quase sempre os funcionários públicos de baixo escalão eleitos por sua área comparecem para reforçar o protesto; se não o fizessem, nunca seriam reeleitos.

Os planejadores, os diretores de trânsito, os funcionários eleitos de alto escalão e outras pessoas desconhecidas do topo da máquina municipal já esperam essa reação. Eles sabem tudo sobre esses manifestantes: pessoas bem-intencionadas, mas, na ordem das coisas, sem conhecimento desses problemas, preocupadas com interesses locais, incapazes de ver "o quadro como um todo".

Mas vale a pena ouvir o que esses moradores têm a dizer. A própria veracidade e objetividade da argumentação deles sobre as consequências concretas e localizadas é, penso eu, a saída para evitar que as cidades sejam destruídas pelo trânsito, questão que abordarei em breve. É também um lembrete de que a erosão é impopular para um número enorme de habitantes, por motivos bastante compreensíveis.

Se os protestos, a necessidade das próprias audiências e as despesas diretas exigidas pelas várias mudanças erosivas representam algumas das formas de pressão que as cidades exercem sobre o processo de erosão, eles não representam a reversão desse processo. Representam, no máximo, um empate.

4. Edmund Bacon, diretor da comissão de planejamento de Filadélfia, contou-me que os habitantes contrários à via expressa que ele defendia apareceram com cartazes em que se lia "Fritem Bacon".

Se, porém, o sucesso de outras pressões sobre o trânsito for levado um pouco adiante, com o fim de *diminuir* o trânsito de veículos, então teremos um exemplo de redução do número de automóveis provocada pelas cidades.

Atualmente, a redução dos automóveis pelas cidades é quase sempre acidental. A redução, ao contrário da erosão, raramente é planejado por alguém nem é reconhecida ou praticada como política. Mesmo assim, ela ocorre.

Muitas de suas manifestações são efêmeras. Por exemplo, quando um teatro experimental foi aberto na esquina de várias ruas estreitas do Greenwich Village, a intensidade de uso nesse local, entre os atos e depois da peça, parou o trânsito. Os espectadores usavam a rua como se fosse um saguão ao ar livre, porque a calçada era muito estreita, e demoravam a abrir caminho para os carros. Uma rua muito mais larga de Nova York costuma ser bloqueada na hora da saída de espetáculos noturnos no Madison Square Garden. A pressão da multidão é tão grande, que as pessoas ignoram a prerrogativa dos motoristas. Elas não respeitam a vez dos carros nos semáforos. O trânsito fica parado por várias quadras. Em qualquer um desses casos, se os motoristas decidirem não vir de carro da próxima vez, estará ocorrendo um enfraquecimento de carros, ainda que passageiro.

Outra forma comum de redução de carros ocorre na zona de comércio de roupas de Nova York, onde é intenso o tráfego de caminhões. Esses caminhões, que brigam por um espaço na rua, mal cumprem o trabalho; são tão numerosos, que tornam precárias as condições de trânsito para qualquer veículo. As pessoas que usam carros particulares já sabem que devem evitar a zona do comércio de roupas. Quando elas tomam a decisão de andar a pé ou usar o metrô para ir aonde querem, está havendo uma redução de carros. A enorme dificuldade de transitar de táxi ou em carro particular nessa zona de comércio de roupas fez com que a maioria das indústrias têxteis de Manhattan, que costumavam instalar-se num bairro tranquilo na parte baixa da ilha, resolvesse mudar-se para a zona do comércio de roupas, aonde seus fregueses podem chegar a pé. Ao mesmo tempo que uma transferência dessas provoca o aumento da concentração e da intensidade do uso do solo, ela reduz o uso de automóveis, constituindo um exemplo de pressão a ponto de diminuir a *necessidade* do uso de carros.

A redução de automóveis pela cidade é tão raramente planejada, que é difícil encontrar exemplos recentes. (O fechamento de ruas para uso exclusivo de pedestres, geralmente acompanhado de uma compensação para os veículos, não significa redução de carros, mas reordenamento do trânsito.) Porém, há o exemplo da proibição de automóveis no Washington Square Park, em Nova York, em vigor desde 1958, e vale a pena examiná-lo.

O Washington Square Park, com cerca de 2,8 hectares, delimita a ponta sul da Quinta Avenida. Todavia, até 1958, ele não delimitava o tráfego norte–sul da Quinta Avenida. Uma via na sequência, originalmente uma rua de parque, levava os veículos através do parque entre o final da Quinta Avenida e outras ruas no sentido norte–sul depois do parque.

Com os anos, é claro que o tráfego aumentou gradativamente nessa rua do parque, o que era sempre um incômodo para as pessoas que costumavam frequentá-lo. Lá pelos anos 1930, Robert Moses, então diretor de parques, tentou acabar com essa rua. Porém, seu plano consistia em compensar isso – muito mais do que compensar – reduzindo a orla do parque para alargar as estreitas ruas perimetrais e, assim, circundar o parque com uma artéria principal de alta velocidade. Esse esquema, batizado pelos moradores de "plano do tapete de banheiro" (referindo-se ao que restaria do parque), foi combatido e derrotado. Impasse.

Depois, em meados dos anos 50, Moses apresentou um novo plano para a erosão. Este consistia numa autopista rebaixada cortando o parque ao meio, uma ligação que comportaria um grande volume de tráfego de alta velocidade entre a faixa central de Manhattan e uma vasta, sonolenta Ville Radieuse e via expressa que Moses tramava construir ao sul do parque.

Primeiramente a maioria dos moradores locais se opôs à proposta da autopista rebaixada, precipitando nada mais que outro impasse. No entanto, duas mulheres ousadas, as senhoras Shirley Hayes e Edith Lyons, tiveram um raciocínio menos conservador. Fizeram um progresso notável ao conceber melhorias para certas atividades urbanas, como lazer de crianças, caminhadas e lazer de adultos, em detrimento do trânsito de veículos. Elas defendiam a extinção da rua do parque, ou seja, fechar o parque ao tráfego de automóveis, mas também, ao mesmo tempo, *não* alargar as ruas perimetrais. Em resumo, propunham o fechamento da rua do parque sem compensação alguma.

A ideia delas ganhou adeptos; as vantagens para quem usava o parque eram evidentes. Além do mais, as cabeças pensantes da comunidade começaram a perceber que dessa vez não havia possibilidade de novo impasse. Isso porque, quando as outras etapas do esquema Ville Radieuse-Via Expressa do diretor Moses fossem desenvolvidas, a rua que atravessava o parque começaria a receber automóveis numa quantidade compatível com uma autopista. Percebeu-se que a velha rua, embora já fosse um incômodo, era usada bem abaixo de sua capacidade, e seria bem diferente e mais insuportável que ela desse vazão a parte do fluxo que se dirigiria à futura via expressa.

Em vez de ficar na defensiva, a opinião majoritária na comunidade passou à ofensiva.

As autoridades municipais insistiram em que, se a rua fosse fechada – medida que eles pareciam considerar absurda –, a única alternativa possível seria alargar as ruas no perímetro do parque, senão elas sofreriam um congestionamento monstruoso e enervante. A Comissão de Planejamento, depois de uma audiência, refutou as propostas de fechamento e aprovou em seu lugar o que seus membros chamaram de "pista de rolamento mínima" através do parque, sob o argumento de que, se a comunidade impusesse sua proposta absurda, todos os cidadãos seriam prejudicados. As ruas à volta do parque, disseram eles, ficariam congestionadas com o trânsito desviado. O diretor de trânsito previu um aumento imediato de milhões de carros por ano nas ruas próximas. Moses prognosticou que, se a comunidade impusesse sua proposta, mais cedo ou mais tarde os cidadãos viriam até ele implorar pela reabertura da rua e pela construção da autopista, e a confusão em que eles se meteriam seria merecida e lhes serviria de lição.

Todas essas previsões calamitosas certamente se tornariam realidade *se* fosse feita a compensação para os carros desviados do parque. No entanto, antes que qualquer esquema alternativo fosse executado – até mesmo um esquema para acelerar o fluxo nas ruas perimetrais existentes –, a comunidade, exercendo repentinamente forte pressão política, conseguiu fechar a rua do parque, primeiro como experiência, depois permanentemente.

Não se confirmou nenhuma das previsões de aumento de trânsito à volta do parque. Nem poderiam confirmar-se, porque essas ruas perimetrais, estreitas, cheias de semáforos, lotada de carros estacionados, com pedestres que as atravessam onde querem, repleta de esquinas difíceis de contornar, já eram um dos percursos mais problemáticos e lentos para os automóveis. O percurso através do parque, aquele que estava sendo fechado, era o melhor e mais rápido no sentido norte–sul.

Todas as contagens de veículos feitas à volta do perímetro do parque desde o fechamento da rua não indicaram aumento algum no trânsito; a maioria das contagens indicou uma pequena redução. Na parte de baixo da Quinta Avenida, o número de veículos caiu de forma substancial; aparentemente, uma parcela considerável desse tráfego devia-se àqueles que atravessavam o parque. Em vez de trazer novos problemas de congestionamento, o obstáculo do parque resultou num pequeno alívio do engarrafamento precedente.

Para onde foram os milhões de veículos por ano do diretor de trânsito?

Essa é a parte mais interessante e significativa da história. Aparentemente, não foram para lugar algum. As avenidas contínuas a leste e a oeste da Quinta Avenida e paralelas a ela, que deveriam receber o impacto do volume de trânsito desviado, parecem não ter recebido carros a mais. Pelo menos não teve alteração o tempo de viagem dos ônibus, um bom parâmetro para aumentos e quedas no volume de tráfego. Nem os motoristas perceberam diferença alguma. (O diretor de trânsito, que dispõe de todos os recursos para fazer contagens na área necessária e estudos de viagens do ponto de saída ao ponto final, mostrou pouco interesse em descobrir para onde se dirigira a profusão de carros desaparecidos. Ele não gosta de tocar no assunto.)

Como os passageiros de ônibus que desapareceram das avenidas de mão única, esses carros – ou *alguns* carros – sumiram sem deixar pistas. Seu sumiço não é mais misterioso nem menos esperado que o dos passageiros de ônibus. Da mesma forma que não existe um número absoluto, imutável, de passageiros de transporte coletivo numa cidade, não existe um número absoluto, imutável, de pessoas que andam em carros particulares; ao contrário, os números variam de acordo com os diferenciais momentâneos de velocidade e de conveniência dos meios de locomoção.

Ocorre uma pressão sobre os automóveis quando se criam condições *menos* favoráveis a eles. A pressão como um processo constante, gradual (coisa que não existe atualmente), provocaria um decréscimo constante do número de pessoas que usam automóveis particulares na cidade. Se executada corretamente – como um fator de estímulo à diversidade e de intensificação do uso urbano –, a pressão diminuiria a necessidade de carros simultaneamente à redução das condições favoráveis a eles, tanto quanto, no caso reverso, a erosão aumenta a necessidade de carros simultaneamente ao aumento das condições favoráveis a eles.

Na vida real, que é bem diferente da vida nas cidades imaginárias, a redução dos automóveis pelas cidades talvez seja a única maneira de reduzir o número total de veículos. É, provavelmente, a única maneira realista de estimular melhor o transporte público e, ao mesmo tempo, promover e prover um uso urbano com maior intensidade e vitalidade.

No entanto, a estratégia de pressão da cidade sobre os automóveis não pode ser arbitrária nem negativa. Além disso, uma política como essa não é capaz de dar resultados espetaculares de uma hora para outra. Embora seus efeitos cumulativos possam ser revolucionários, ela precisa, como qualquer estratégia que vise manter as coisas funcionando, estar inserida num processo evolutivo.

Quais as táticas apropriadas a uma estratégia de pressão da cidade sobre os automóveis pelas cidades? Muitas das táticas ficam óbvias de imediato, desde que entendamos que a questão não é a redução de automóveis *nas* cidades, mas a redução de automóveis *pelas* cidades. Táticas apropriadas são aquelas que dão espaço a outros usos urbanos necessários e desejados, que rivalizam com as necessidades viárias dos automóveis.

Considerem, por exemplo, o problema de atender aos usos que as pessoas tentam dar às calçadas das ruas mais atraentes, de mostruários do comércio a brincadeiras infantis. Para isso, as calçadas largas são imprescindíveis. Além do mais, certas calçadas ficariam muito bem com fileiras duplas de árvores. Um técnico preocupado com a redução de automóveis daria preferência às calçadas que têm uso constante e variado e procuraria alargá-las e intensificar seu uso, tendo por meta o desenvolvimento da vida urbana. Assim, o leito da rua seria automaticamente estreitado.

Quando nossas cidades souberem incentivar deliberadamente os quatro geradores fundamentais de diversidade, surgirão cada vez mais ruas interessantes e atraentes. A ampliação das calçadas deve ser feita tão logo essas ruas o mereçam, pelo seu uso.

De onde viria o dinheiro? Do mesmo lugar que ele vem hoje para ser mal empregado no estreitamento das calçadas[5].

Há muitas variantes para a redução física do leito das ruas em proveito de outros usos já patentes. Os pontos de grande aglomeração, com exceção de escolas, alguns teatros e alguns grupos de lojas, poderiam ganhar espaços externos que avançassem parcialmente sobre o leito da rua, transformando a pressão de efêmera em permanente. Os parques pequenos poderiam avançar sobre as ruas, criando dessa forma becos sem saída. Mesmo assim o trânsito de veículos em qualquer sentido seria permitido, mas se evitaria um fluxo contínuo, exceto em situações de emergência. As ruas de parque poderiam ser fechadas, como na Washington Square, desde que os parques tivessem um uso que o justificasse.

Além dessas e de outras variantes de intromissão no leito da rua, as quadras curtas (e portanto com muitas travessas), sempre necessárias para gerar diversidade, também influem no fluxo de trânsito.

5. Apenas em Manhattan foram alargados 453 leitos de rua nos anos 1955-58, e o diretor dessa região administrativa avisou que isso era só o começo. Um programa de pressão sensato deveria abolir o estreitamento das calçadas; visaria, entre outras coisas, o alargamento das calçadas de pelo menos 453 ruas em quatro anos e consideraria isso só um começo.

No próximo capítulo, sobre ordem visual, farei outras sugestões específicas de táticas que ao mesmo tempo são benéficas para a vida urbana e dificultam o trânsito de automóveis. São infinitas as possibilidades de aumentar o conforto, a intensidade e a vivacidade das ruas, restringindo simultaneamente os automóveis. Hoje excluímos automaticamente, às vezes com pesar, a maioria das comodidades – para não falar nas necessidades funcionais, tais como pontos frequentes e acessíveis para a travessia de pedestres –, porque eles entram em conflito com a voracidade e a insaciabilidade das necessidades dos automóveis. O conflito é real. Não é preciso inventar táticas artificiais.

E também não é preciso impingir essas melhorias onde elas não são esperadas. Elas deveriam ser introduzidas em ruas e distritos onde uma quantidade considerável de pessoas apreciasse e aproveitasse essas mudanças, não em ruas ou distritos em que não se faça uso delas.

É tão próxima, e orgânica, a relação dos distritos urbanos vivos, variados, com a redução do número de veículos que utilizam as ruas, que, a não ser por um impedimento grave, uma boa estratégia de combate poderia basear-se simplesmente no desenvolvimento de distritos vivos e atraentes, sem de forma alguma ignorar os efeitos correlatos sobre o tráfego de automóveis, o qual seria automaticamente reduzido.

A redução deve ser alcançada com certa seletividade. Como mencionei anteriormente neste capítulo, o trânsito exerce pressão sobre *si mesmo*; os veículos competem não só entre si como também com outros usos. Da mesma maneira que os outros usos e o trânsito se adaptam e se ajustam, dando origem, assim, ao processo de erosão da cidade ou de redução de automóveis, os veículos adaptam-se e ajustam-se à presença uns dos outros. Por exemplo, a ineficiência dos caminhões nas cidades é, em boa parte, uma adaptação dos caminhões à competição de tantos veículos. Se a ineficiência tornar-se muito grande, as empresas envolvidas ou se mudam ou fecham, o que é outro aspecto de erosão e dispersão nas cidades. Já dei um exemplo do diferencial de conveniência dos próprios veículos: os efeitos diversos sobre automóveis particulares e sobre os ônibus quando se impõe mão única numa avenida. O que é vantajoso para os automóveis é uma punição para os ônibus.

Uma pressão indiscriminada sobre os veículos poderia significar, em muitas ruas, um desestímulo para os caminhões e os ônibus, e também para os automóveis particulares.

Os caminhões e os ônibus são uma manifestação importante da intensidade e da concentração de uma cidade. E, como mostrarei em breve, se se estimular sua eficiência, o resultado também será uma redução de automóveis, como efeito colateral.

Devo essa linha de pensamento a William McGrath, diretor de trânsito de New Haven, que criou vários instrumentos para utilizar técnicas de trânsito conhecidas para o estímulo ou o desestímulo seletivo de veículos. A própria ideia já é brilhante. McGrath diz que ela lhe ocorreu aos poucos, ao longo de quatro anos de trabalho com os planejadores urbanos de New Haven, período em que ele se deu conta de que as técnicas sobre deslocamento e estacionamento de mais carros e sobre a utilização máxima de cada metro quadrado de leito de rua, que ele aprendera na faculdade, eram a maneira mais insensata de lidar com as ruas.

Uma das metas de McGrath é estimular o aumento da eficiência do transporte público, que atualmente, em New Haven, é sinônimo de ônibus. Para tanto, os ônibus que vão para o centro e o atravessam precisam ser mais rápidos. Isso pode ser feito, sem dúvida, diz McGrath, regulando a frequência dos semáforos para intervalos menores, sem sincronizá-los. Devido aos indispensáveis pontos de parada de ônibus nas esquinas, o intervalo mais curto dos semáforos afeta menos o tempo de viagem dos ônibus do que um intervalo mais prolongado. Esses mesmos intervalos curtos, sem sincronia, contêm e retardam constantemente o transporte particular, que seria assim desestimulado em usar essas ruas específicas. Por outro lado, isso significaria uma interferência menor nos ônibus, que seriam mais rápidos.

McGrath acha que um modo realista de instituir ruas de pedestres nos locais necessários num centro urbano muito movimentado é dificultar o acesso aos carros – principalmente embaralhando o sistema de semáforos –, de modo que "só um motorista de cabeça oca volte a pegar um caminho desses depois de ter tentado uma ou duas vezes", e também proibir estacionar e parar. Depois de uma rua dessas ter atingido o ponto de ser usada apenas por caminhões que recebem ou entregam mercadorias e por outros poucos veículos, sua condição de rua de pedestres pode ser formalizada sem que ninguém se surpreenda e sem a necessidade de compensação, relegando um fluxo intenso e a dificuldade de estacionamento para outra rua. As mudanças de hábito necessárias já terão sido absorvidas por meio da pressão.

Na teoria, as vias expressas urbanas são sempre apresentadas como um instrumento para desviar os carros de outras ruas e, portanto, aliviar o tráfego de outras ruas. Na prática, isso só funciona na eventualidade de as vias expressas terem um fluxo bem abaixo de sua capacidade; esquece-se de levar em conta o provável destino, fora da via expressa, desse fluxo maior de veículos. Em vez de servirem de via de passagem, as vias expressas urbanas servem quase sempre de desaguadouros. No plano proposto por Moses em Manhattan, por exemplo, a via expressa – aquela que afetaria a Washington Square – é sempre apresentada, de forma tentadora, como uma rota rápida entre as pontes do Rio East e os túneis do Rio Hudson para manter o tráfego de passagem fora da cidade. Ainda assim, o plano concreto inclui um emaranhado de rampas de acesso dentro da cidade. Trata-se de um desaguadouro e assim, ao acomodar o tráfego que se dirige para o coração da cidade, ela tenderá na verdade a estrangular o tráfego de passagem, em vez de melhorá-lo.

McGrath entende que, se a função principal das vias expressas é aliviar as ruas da cidade, todas as suas consequências precisam ser consideradas. Em primeiro lugar, não deve haver aumento de espaço para o estacionamento de carros cujo acesso se fizesse por ruas que teoricamente deveriam ter o tráfego reduzido. Nem deveria ser possível, entende McGrath, os motoristas utilizarem rampas de saída para cortar caminho por ruas teoricamente aliviadas. McGrath soluciona essa questão da seguinte maneira: as ruas que poderiam ser usadas como alternativa às artérias quando estas se congestionassem deveriam ser protegidas com a criação judiciosa de becos sem saída; estes não afetariam o uso local das ruas, mas frustrariam a tentativa dos motoristas de colocar essas ruas nos itinerários das artérias e das vias expressas. Com aqueles instrumentos, as vias expressas só serviriam de rotas de passagem.

Certas rampas que dão acesso a cidades densas deveriam ser exclusivas de caminhões e ônibus.

Poder-se-iam também favorecer os caminhões, ampliando ainda mais a ideia básica de McGrath. Os caminhões são vitais para as cidades. Eles representam serviços. Representam empregos. No momento, temos, ao contrário, táticas para impedir o trânsito de caminhões em determinadas ruas. Por exemplo, a Quinta Avenida e a Park Avenue, em Nova York, são proibidas para caminhões, exceto os que fazem entregas.

Trata-se de uma política sensata em algumas ruas, mas, tendo em vista uma estratégia para redução de automóveis, as mesmas táticas podem ser usadas pelo avesso em outras ruas. Assim, nos lugares em que as ruas se estreitam ou estrangulam a ponto de ser necessário decidir que veículos podem usá-las, a prioridade deve ser dos caminhões, dando-se permissão a outros veículos apenas se *eles* estiverem deixando ou pegando passageiros.

Ao mesmo tempo, as pistas mais rápidas das artérias de várias pistas ou de avenidas largas poderiam ser exclusivas de caminhões. Isso nada mais é que o contrário, por exemplo, da estratégia espantosamente leviana de Nova York de planejar a exclusão deliberada dos caminhões nas vias expressas mais rápidas, que atravessam as áreas mais densas da cidade, forçando-os a fazer viagens mais longas para atingir ruas locais.

Favorecidos por uma redução seletiva de veículos, os caminhões fariam entre si uma seleção natural considerável: a maioria dos caminhões com viagens de longa distância usaria as artérias mais rápidas, e as ruas estreitas ou obstruídas seriam utilizadas principalmente para entrega ou recebimento de mercadorias.

Num distrito onde ocorresse uma redução constante e seletiva de automóveis, seria de esperar que a proporção de caminhões no total de veículos fosse maior do que a que se tem hoje. Isso não significa que haveria mais caminhões, mas sim menos automóveis de passageiros. Quanto mais efetiva a pressão sobre os carros particulares, menos onipresentes os caminhões, porque eles não ficariam retidos ou ociosos como ficam atualmente. Além do mais, os caminhões que são usados *para* o trabalho, em vez de usados para ir ao trabalho ou voltar dele, costumam distribuir-se pelo horário de expediente, em lugar de se amontoarem em horários de pico.

Como já ocorre com táxis e automóveis particulares, inadequadas condições de estacionamento favorecem seletivamente os táxis. Essa também poderia ser uma forma útil de seletividade do tráfego, porque os táxis desempenham a mesma função que os carros particulares, mas multiplicada. Quando visitou os Estados Unidos, Kruschev compreendeu rapidamente esse diferencial de eficiência. Depois de observar o trânsito de São Francisco, ele comentou com o prefeito sobre o surpreendente desperdício de espaço, e é claro que ponderou a respeito do que vira, porque ao voltar para Vladivostok ele anunciou que sua política seria incentivar as frotas de táxis nas cidades soviéticas em vez de carros particulares.

No entanto, a seletividade, que deveria integrar uma estratégia bem-sucedida de pressão sobre os veículos, onde quer que a disputa entre eles a justifique, significa muito pouco isoladamente. Ela só terá significação se fizer parte de uma estratégia ampla de reduzir o número total de veículos nas cidades.

Ao avaliar que táticas e princípios de redução são apropriados, vale a pena observar um pouco mais o processo de erosão. A erosão das cidades pelos automóveis, que provoca consequências nada admiráveis, tem princípios que devem ser analisados. Uma coisa tão eficiente deve ter o que ensinar e merece ser respeitada e estudada de sua perspectiva.

As mudanças exigidas ou impostas pela erosão sempre ocorrem aos poucos – de tal forma que podemos chamá-las de insidiosas. Da perspectiva da vida da cidade como um todo, até mesmo as etapas mais drásticas desse processo envolvem mudanças paulatinas. *Portanto, cada mudança é absorvida aos poucos, à medida que ocorre.* Cada mudança "erosiva" requer mudanças nos hábitos das pessoas de se movimentar pela cidade e mudanças na maneira como elas a usam, mas nem todo o mundo precisa mudar de hábitos de uma só vez, nem todo o mundo (a não ser os desalojados) precisa mudar muitos hábitos de uma só vez.

A pressão sobre os automóveis exige mudanças de hábitos e também adequação de usos; assim como no caso da erosão, ela não rompe os hábitos de uma só vez.

A conveniência da pressão paulatina e progressiva tem também relação com a melhora do transporte público. No momento, o transporte público definha, mas não por falta de avanço nos recursos potenciais. Há profusão de recursos engenhosos relegados ao esquecimento porque numa época de erosão urbana não há razão para aplicá-los; não há recursos financeiros para isso; não há interesse nisso. Mesmo que o transporte público aumente pela utilização de táticas de pressão sobre os automóveis, é um sonho esperar que uma melhora revolucionária aconteça abruptamente ou ansiar por ela. O avanço do transporte público no século XX (coisa que nunca tivemos) deve acompanhar um aumento de passageiros e de passageiros previstos, assim como o declínio do transporte público acompanhou um decréscimo de passageiros e uma queda prevista de passageiros.

As mudanças erosivas paulatinas que corroem a cidade cumulativamente não são de forma alguma pensadas de antemão em algum esquema ou plano diretor divino. Se fossem, não seriam tão eficazes. Ocorrem majoritariamente como reações imediatas e reais a problemas imediatos e reais, assim que estes surgem. Dessa maneira, qualquer ação faz diferença; poucas são intenções ou medidas vazias. Essa mesma espécie de oportunismo terá ótimos resultados na pressão sobre os automóveis e também em relação à funcionalidade e ao desenvolvimento urbano. As táticas de pressão sobre os veículos deveriam ser aplicadas onde exista um conflito entre o fluxo de trânsito e outros usos urbanos e à medida que surjam novos conflitos desse tipo.

Por fim, os defensores da erosão urbana sempre abordam de modo positivo os problemas por solucionar. Fala-se, principalmente em círculos teóricos e refinados, em usar as vias expressas com o *objetivo* paralelo de erradicar cortiços. Porém, na prática, ninguém promove ou defende a utilização de vias expressas com o *objetivo* negativo de se livrar de outra coisa. Os objetivos são uma facilidade, uma velocidade ou um acesso maiores, ou supostamente maiores.

Também a pressão sobre os veículos deve ser feita com argumentos positivos, como forma de propiciar melhorias positivas, desejadas e compreensíveis, lançando mão de vários interesses urbanos específicos e palpáveis. Isso é desejável não porque uma abordagem dessas constitua um recurso político e persuasivo mais eficiente (embora seja), mas porque os meios que proporcionam aumento de diversidade, vitalidade e funcionalidade urbana em locais específicos devem ser palpáveis e positivos. Uma política que tivesse por objetivo primordial a exclusão dos veículos, que criasse tabus sobre eles e os multasse, com as crianças gritando "Carros, carros, fora daqui!", seria uma política não só fadada ao fracasso, como também merecidamente fadada ao fracasso. Devemos lembrar que o vazio urbano não é melhor que o trânsito excessivo, e a população tem razão ao suspeitar de programas que não dão nada em troca.

E se fracassássemos em deter a erosão das cidades pelos automóveis? E se não conseguíssemos construir cidades vivas e viáveis porque as ações necessárias conflitam com as ações exigidas pela erosão?

A esperança é a última que morre.

Nessa situação, nós, norte-americanos, nem precisaríamos refletir sobre um mistério que aflige o homem há milênios: Qual é o sentido da vida? Para nós, a resposta será clara, definida e para todos os efeitos indiscutível: O sentido da vida é produzir e consumir automóveis.

Não é difícil entender que a produção e o consumo de automóveis sejam o sentido da vida para a diretoria da General Motors, ou o sejam para outros homens e mulheres muito envolvidos econômica e emocionalmente com essa ocupação. Se eles entendem assim, deveriam ser premiados, em vez de criticados, por essa notável combinação de filosofia e dever diário. É mais difícil entender, porém, por que a produção e o consumo de automóveis devam ser o sentido da vida deste país.

De maneira parecida, é compreensível que as pessoas que eram jovens nos anos 1920 tenham ficado fascinadas com a visão da Ville Radieuse de vias expressas e com a promessa ilusória de que ela seria adequada para a era do automóvel. Pelo menos era, na época, uma ideia nova; para os homens da geração do nova-iorquino Robert Moses, por exemplo, ela era radical e empolgante, numa época em que o raciocínio deles amadurecia e suas ideias se formavam. Alguns homens tendem a apegar-se a velhas paixões intelectuais, do mesmo modo que algumas beldades, quando se tornam senhoras idosas, ainda se apegam a modas e penteados de sua empolgante juventude. Contudo, é mais difícil entender por que essa forma contida de amadurecimento mental deva ser transmitida intacta a sucessivas gerações de planejadores urbanos e engenheiros. Incomoda pensar que os homens que são jovens hoje, os homens que estão estudando hoje para fazer carreira devam aceitar, *sob o argumento de que precisam ter um raciocínio "moderno"*, conceitos sobre as cidades e o trânsito que são não apenas inviáveis, mas que também não receberam nenhuma contribuição significativa desde que os pais deles eram crianças.

19. ORDEM VISUAL: LIMITAÇÕES E POTENCIALIDADES

Ao lidarmos com as cidades, estamos lidando com a vida em seu aspecto mais complexo e intenso. Por isso, há uma limitação estética fundamental no que pode ser feito com as cidades: *uma cidade não pode ser uma obra de arte.*

Precisamos da arte, tanto na organização das cidades quanto em outras esferas da vida, para ajudar a explicar a vida para nós, para mostrar-nos seus significados, esclarecer a interação entre a vida de cada um de nós e a vida ao nosso redor. Talvez precisemos mais da arte para nos reassegurarmos de nossa humanidade. Todavia, embora arte e vida estejam entrelaçadas, elas não são a mesma coisa. A confusão sobre elas é, em parte, a razão de as iniciativas do planejamento urbano serem tão decepcionantes. É importante desfazer essa confusão para obter melhores táticas e estratégias de desenho urbano.

A arte tem formas próprias de ordem, e elas são rigorosas. Os artistas, seja qual for o meio que utilizem, *fazem escolhas* em meio ao abundante material da vida e as organizam em obras que estão sob o controle deles mesmos. Na verdade, o artista tem a sensação de que as exigências da obra (i.e., as escolhas de material feitas por ele) o dominam. O resultado mais surpreendente desse processo – se a escolha, a organização e o domínio forem consistentes – pode ser a arte. Mas a essência desse processo é uma escolha disciplinada, excessivamente discriminada, *a partir* da vida. Em relação à abrangência e à complexidade literalmente infinitas da vida, arte é arbítrio, simbolismo e abstração. Esse é o valor e a origem de uma forma de ordem e coerência toda própria.

Encarar a cidade, ou mesmo um bairro, como se fosse um problema arquitetônico mais amplo, passível de adquirir ordem por meio de sua transformação numa obra de arte disciplinada, é cometer o erro de tentar substituir a vida pela arte.

O resultado de uma confusão tão profunda entre arte e vida não é nem arte nem vida. É taxidermia. Em local condizente, a taxidermia pode ser uma ocupação útil e digna. No entanto, vai-se longe demais quando os espécimes em exposição são cidades mortas, empalhadas.

Como todas as tentativas de fazer arte que se distanciam da verdade e perdem o respeito pelo objeto com que lidam, esse ofício de taxidermia urbana torna-se, nas mãos de seus executores mestres, cada vez mais detalhista e rebuscado. Essa é a única forma de avanço que lhe é possível.

Isso não passa de um mau uso da arte, que aniquila a vida (e aniquila a arte). Os resultados empobrecem a vida, ao invés de enriquecê-la.

Sem dúvida, é possível o processo de criação da arte não ser tão individualista quanto costuma ser em nossa sociedade.

Sob certas circunstâncias, a criação da arte pode ser feita por consenso geral e, na verdade, anônimo. Por exemplo, numa sociedade fechada, numa sociedade tecnologicamente limitada ou numa sociedade reprimida, tanto a necessidade profunda quanto a tradição e os costumes podem impor a todos uma seleção disciplinada de propósitos e materiais, uma disciplina consensual sobre o que esses materiais pedem de seus organizadores e um controle disciplinado das formas assim criadas. Tais sociedades podem produzir vilas e talvez, até, tipos particulares de cidade que no conjunto nos pareçam obras de arte.

Porém, esse não é nosso caso. Para nós, essas sociedades podem ser interessantes para uma análise; e talvez contemplemos sua harmoniosa obra com admiração ou uma espécie de nostalgia e nos perguntemos melancolicamente por que não conseguimos fazer igual.

Não conseguimos fazer igual porque a limitação das potencialidades e a censura aos indivíduos nessas sociedades vão muito além dos materiais e das concepções utilizadas na criação de obras de arte a partir da matéria da vida cotidiana. A limitação e a censura permeiam todos os campos de oportunidades (incluindo a oportunidade intelectual) e as relações entre as próprias pessoas. A limitação e a censura poderiam soar para nós como um embrutecimento da vida desnecessário e intolerável. A despeito de todo o nosso conformismo, somos por demais audaciosos, inquisitivos, egoístas e competitivos para sermos uma sociedade harmoniosa de artistas por consenso e, além do mais, valorizamos excessivamente nossos traços que nos impedem de sê-lo. Nem esse é o uso construtivo que fazemos das cidades ou a razão pela qual as valorizamos: incorporar a tradição ou manifestar (e petrificar) um consenso harmonioso.

Os utópicos do século XIX, com sua rejeição à sociedade urbanizada e a herança da ideia romântica do século XVIII sobre a nobreza e a simplicidade do homem "natural" ou primitivo, eram muito atraídos pela ideia de ambientes simples, que eram obras de arte por consenso harmonioso. O retorno a essa condição foi uma das esperanças incorporadas à nossa tradição da reforma utópica.

Essa esperança fútil (e profundamente reacionária) impregnou também a utopia do movimento urbanístico Cidade-Jardim e, pelo menos ideologicamente, abrandou um pouco a tese predominante de harmonia e ordem impostas e cristalizadas por um planejamento autoritário.

A ânsia por um ambiente simples, eventual, constituído de arte consensual – ou melhor, um vestígio tênue dessa ânsia – continuou pairando sobre a teoria urbanística da Cidade-Jardim quando ela não se deixou contaminar pelo urbanismo da Ville Radieuse e do City Beautiful. Assim, já nos anos 1930, Lewis Mumford, em *The Culture of Cities* [A cultura das cidades], deu destaque – o que seria realmente incompreensível não fosse a tradição – a ocupações como cestaria, cerâmica e serralheria nos núcleos urbanos planejados que ele imaginou para nós. Nos anos 1950, na ocasião em que recebeu a medalha de ouro do Instituto de Arquitetos Norte-Americanos pela contribuição ao progresso da arquitetura, Clarence Stein, principal urbanista norte-americano da Cidade-Jardim, estava à cata de alguma coisa que pudesse ser criada por consenso harmonioso nas comunidades ideais que imaginava. Propôs que se permitisse aos cidadãos a construção de uma escola maternal – claro, com as próprias mãos. Mas o cerne da mensagem de Stein era que, além da concessão da escola maternal, os arquitetos do empreendimento tivessem controle total, absoluto e inquestionável sobre todo o ambiente físico da comunidade e todas as decisões relativas a ele.

Obviamente isso não tem diferença alguma das presunções da Ville Radieuse e da City Beautiful. Elas sempre foram antes de tudo um culto ao projeto arquitetônico, em vez de um culto à reforma social.

Indiretamente, por meio da tradição utópica, e diretamente, por meio da doutrina mais realista da arte por imposição, o planejamento urbano moderno tem-se sobrecarregado desde o início com o objetivo equivocado de converter cidades em obras de arte.

Da mesma maneira que os construtores, que não sabem por onde começar quando pensam no que fazer além de empreendimentos por faixa de renda, ou os engenheiros de tráfego, que não sabem por onde começar quando pensam no que fazer além de acomodar mais carros, os arquitetos que se aventuram no desenho urbano geralmente não sabem por onde começar quando pensam no que fazer para criar uma ordem visual nas cidades, a não ser substituindo a ordem da arte pela ordem da vida, bastante diferente. Eles não sabem fazer muito mais que isso. Não sabem desenvolver táticas diferentes por lhes faltar uma estratégia de projeto adequada às cidades.

Em vez de tentar substituir a vida pela arte, os projetistas urbanos deveriam retomar a estratégia de dignificar tanto a arte quanto a vida: uma estratégia para iluminar e elucidar a vida e contribuir para nos explicar seus significados e sua ordem – nesse caso, contribuindo para esclarecer, elucidar e explicar a ordem das cidades.

Sempre nos contam mentiras banais sobre a ordem nas cidades, em tom de ensinamento, certos de que a duplicação representa ordem. É a coisa mais fácil do mundo pegar algumas formas, dar-lhes uma uniformidade rígida e tentar impor o resultado em nome da ordem. No entanto, a uniformidade rígida, trivial, e os sistemas significativos de ordem funcional raramente são compatíveis na realidade.

É preciso ter compreensão para ver os complexos sistemas de ordem funcional como ordem, e não como caos. As folhas que caem das árvores no outono, a parte interna de um motor de avião, as entranhas de um coelho dissecado, a redação de um jornal – tudo isso parece caótico se não for compreendido. Assim que são compreendidos como sistemas ordenados, eles realmente *são vistos* de modo diferente.

Por usarmos as cidades e, portanto, termos experiência com elas, já temos um bom ponto de partida para compreender e valorizar sua ordem. Parte da nossa dificuldade em compreendê-las e boa parte da desagradável impressão de caos provêm da falta de recursos visuais suficientes para apoiar a ordem visual e, pior ainda, provêm de incoerências visuais evitáveis.

Todavia, é infrutífero procurar por um elemento-chave ou um pivô que, se apresentado com clareza, elucide tudo. Na verdade, não há na cidade um único elemento que seja pivô ou chave. A própria mistura é o elemento fundamental, e a sustentação mútua, a ordem.

Quando urbanistas e planejadores urbanos tentam encontrar um meio de expressar, de modo claro e fácil, o "esqueleto" da estrutura da cidade (as vias expressas e os passeios são os atuais favoritos), o princípio está errado. Uma cidade não pode ser constituída como um mamífero ou um prédio com estrutura de aço – ou mesmo uma colmeia ou um coral. A *estrutura* real das cidades consiste na combinação de usos, e nós nos aproximamos de seus segredos estruturais quando lidamos com as condições que geram a diversidade.

Pelo fato de a própria cidade ser um sistema estrutural, pode-se compreendê-la melhor pelo que ela é, e não por intermédio de outros tipos de organismos ou estruturas. Porém, se o recurso traiçoeiro da analogia ajudar na compreensão, talvez a melhor analogia seja imaginar um campo extenso na escuridão. Nesse campo há muitas fogueiras acesas. São de vários tamanhos, algumas grandes, outras pequenas; algumas distantes, outras espalhadas bem próximo; algumas se avivam, outras se apagam. Cada fogueira, grande ou pequena, lança sua luz nas trevas à sua volta e, assim, cria um espaço. Mas o espaço e sua forma só existem porque a luz do fogo os cria.

As trevas não têm forma nem feitio, a não ser onde a luz as transforma em espaço. Nos locais em que as trevas entre as luzes tornam-se profundas, indefinidas e sem forma, a única maneira de lhes dar forma ou estrutura é acendendo outras fogueiras ou ampliando bastante as existentes.

Só a complexidade e a vitalidade de usos dão às regiões das cidades estrutura e forma adequadas. Kevin Lynch, em seu livro *The Image of the City* [*A imagem da cidade*], menciona o fenômeno das áreas "abandonadas", lugares que as pessoas entrevistadas ignoram inteiramente ou dos quais nem têm lembrança, a não ser que se fale deles, embora esses locais "esquecidos" aparentemente não mereçam o esquecimento e às vezes esses entrevistados tenham acabado de passar por eles na realidade ou na imaginação[1].

Os locais das cidades em que as fogueiras de uso e vitalidade não conseguem crescer, tornam-se escuros, sem forma e sem estrutura urbana. Sem essa luz vital, não adianta procurar dar forma a um lugar urbano com "esqueletos" ou "arcabouços" ou "células".

Essas fogueiras metafóricas que definem espaços são formadas – voltando à realidade concreta – por áreas onde os diversos usos e usuários urbanos dão-se mutuamente apoio concentrado e dinâmico.

Essa é a ordem essencial para a qual o desenho urbano pode contribuir. É necessário tornar clara a extraordinária ordem fun-

1. O professor Lynch comenta um fenômeno parecido a respeito de vias expressas: "Muitos entrevistados [de Los Angeles] tiveram dificuldade em fazer uma relação mental entre a via de alta velocidade e o restante da estrutura urbana, da mesma forma que em Boston. Mentalmente, elas podiam até atravessar a pé a Via Expressa Hollywood como se não se tratasse dela. Uma artéria de alta velocidade pode não ser necessariamente a melhor maneira de delimitar visualmente um distrito central."

cional dessas áreas de vitalidade. À medida que as cidades ganham mais áreas desse tipo, e menos áreas apagadas ou trevas, crescem a necessidade e as oportunidades de tornar clara essa ordem.

O que quer que se faça para explicitar essa ordem, essa vida complexa, deve ser feito principalmente por meio das táticas de ênfase e sugestão.

A sugestão – a parte pelo todo – é um dos principais recursos de comunicação da arte; é por isso que a arte sempre nos diz tanto com tão pouco. Uma das razões de entendermos essa comunicação pela sugestão ou pelo símbolo é que se trata, até certo ponto, da maneira como todos nós vemos a vida e o mundo. Estamos sempre fazendo escolhas sistematizadas do que consideramos relevante e pertinente dentre todas aquelas que nos atingem os sentidos. Refutamos, ou escondemos num nível de consciência secundário, as impressões que não fazem sentido para nossos propósitos no momento – a não ser que essas impressões não pertinentes sejam fortes demais para serem ignoradas. De acordo com nossos propósitos, até variamos a escolha do que preservar e organizar. Nesse sentido, somos todos artistas.

Essa característica da arte e a maneira característica como vemos as coisas são qualidades que o desenho urbano pode aproveitar e transformar em trunfo.

Não é necessário que os projetistas tenham um controle literal sobre todo um campo de visão para dar ordem visual às cidades. É raro a arte ser tão cabalmente literal e, se o for, é uma arte pobre. Um controle estético literal nas cidades é geralmente enfadonho para todos, exceto para os projetistas que o executam, e às vezes, depois de exercido, torna-se enfadonho também para eles. Não dá espaço para a descoberta, a organização ou a participação pessoal de cada um.

As táticas necessárias são sugestões que ajudem as pessoas a construir para si mesmas ordem e sentido, em vez de caos, a partir do que elas veem.

As ruas constituem as principais paisagens das cidades.

Todavia, muitas ruas juntas apresentam diante de nossos olhos uma contradição profunda e desnorteante. Em primeiro plano, elas deixam transparecer todos os tipos de detalhe e atividade. Elas mostram visualmente (o que é muito útil para entendermos a ordem das cidades) que a vida é intensa e se compõe de várias coisas diferentes. Essa demonstração não se deve apenas ao fato de constatarmos a existência da atividade em si, mas também ao fato de enxergarmos evidências estáticas de atividade e diversidade nos vários tipos de edifícios, placas, fachadas de lojas ou outras empresas ou instituições, e assim por diante. No entanto, se nos distanciarmos de uma rua dessas cada vez mais, com a intensidade e a complexidade do primeiro plano aparentemente se desdobrando em infinitas repetições amorfas de si mesmas e por fim se desvanecendo no completo anonimato da distância, nós também teremos uma manifestação visual clara de continuidade.

Em relação à experiência humana, essas duas manifestações – uma de grande intensidade, outra de continuidade – dificilmente se reúnem num todo compreensível.

Ou um ou outro desses conjuntos de impressões deve prevalecer. Quem os capta precisa combater ou tentar suprimir um deles. Seja como for, é difícil não ter a sensação de confusão e desordem. Quanto mais dinâmico e variado for o primeiro plano (quer dizer, quanto melhor for a ordem natural de sua diversidade), mais aguda e, portanto, mais perturbadora a contradição dessas duas manifestações. Se muitas ruas incorporarem esse conflito, se marcarem um bairro ou uma cidade inteira com essa ambiguidade, a impressão geral tende a ser caótica.

Há, é claro, duas maneiras de olhar uma rua dessas. Se se dá prioridade ao olhar a distância, com suas conotações de repetição e continuidade, a perspectiva visual a curta distância e a intensidade que ela transmite parecem supérfluas e desagradáveis. Acho que é assim que muitos observadores formados em arquitetura veem as ruas das cidades, e essa é uma das razões da impaciência, ou até mesmo do desdém, que muitos (não todos) dos que se formaram em arquitetura manifestam para com as evidências concretas de diversidade, liberdade e vitalidade urbana.

Se, por outro lado, a perspectiva em primeiro plano tiver precedência, a repetição e a continuidade infinitas de distâncias confusas, indefinidas, é que se tornam o elemento supérfluo, desagradável e sem sentido. Acho que é assim que a maioria vê as ruas na maior parte do tempo, porque essa é a perspectiva da pessoa cujo propósito é utilizar o que existe na rua, em vez de olhar para ela isoladamente. Ao olhar para a rua dessa maneira, o observador dá significado e ao menos um mínimo de ordem a partir de um olhar íntimo, mas só se considerar o olhar a distância uma confusão deplorável, quando possível apagada da memória.

É preciso abordar essa contradição fundamental das fortes impressões visuais para que haja ao menos um mínimo de ordem visual na maioria dessas ruas – e nos distritos em que elas predominam. Acho que é a isso que as pessoas vindas da Europa se referem ao dizer, quase sempre, que a feiura das nossas cidades se deve ao traçado ortogonal das ruas.

Para que haja uma ordem funcional na cidade, é necessário haver intensidade e diversidade; retirá-las das ruas significa destruir uma ordem funcional, imprescindível. Por outro lado, porém, para que haja ordem na cidade não é necessário haver uma impressão de continuidade; essa impressão pode ser atenuada sem prejuízo da ordem funcional. Na verdade, ao atenuá-la, ressalta-se a qualidade realmente significativa da intensidade.

Portanto, boa parte das ruas (e não todas) precisa de recortes visuais, para romper a indefinição da perspectiva a distância e ao mesmo tempo aumentar e ressaltar a intensidade do uso da rua, fazendo-a parecer um ambiente, um todo.

Isso costuma ocorrer nas zonas antigas das nossas cidades, cujas ruas têm traçado irregular. Todavia, elas têm a desvantagem de possuir um sistema viário difícil de compreender; as pessoas se perdem facilmente e têm enorme dificuldade para construir um mapa mental dessas ruas.

Nos lugares em que o traçado viário predominante é ortogonal, o qual apresenta muitas vantagens, há duas maneiras de introduzir um número adequado de assimetrias e cortes visuais na paisagem urbana.

A primeira é abrir mais ruas nos locais em que as ruas da grade ortogonal são muito distantes entre si, como no West Side de Manhattan, por exemplo – ou seja, onde ruas adicionais são sempre necessárias para ajudar a gerar diversidade.

Se essas ruas forem abertas com parcimônia, levando em conta a preservação dos edifícios mais valiosos, mais bonitos ou mais diferenciados que se encontram em seu traçado previsto, e também com o objetivo de integrar as laterais ou os fundos dos prédios existentes à sua frente onde for possível, então essas ruas raramente serão retas por uma grande extensão. Elas terão curvas e às vezes uma tangente considerável. Mesmo que uma rua reta corte em dois uma quadra que era longa, ela não formará uma linha reta com sua continuação na quadra seguinte e na outra e em outra ainda, indefinidamente. Certamente haverá interseções em T, onde esses segmentos de rua desalinhados se encontram com as ruas transversais em ângulo reto. A simples moderação e a atenção à variação urbana, aliadas à consciência de que nesses casos a irregularidade é vantajosa, podem apontar o melhor caminho dentre vários possíveis para a abertura de novas ruas. Deve-se provocar uma destruição física mínima, juntamente com uma melhora visual máxima; esses dois objetivos não são conflitantes.

Não é difícil compreender uma assimetria auxiliar no traçado ortogonal. Ruas suplementares como essas, abertas entre as ruas ortogonais, poderiam até ser denominadas de acordo com sua posição na malha.

A combinação de um traçado ortogonal, facilmente compreensível, com ruas irregulares, abertas intencionalmente nos locais em que a malha é muito espaçada para o bom funcionamento da cidade, poderia ser, acho eu, uma contribuição norte-americana das mais valiosas e diferenciadas para as táticas do planejamento urbano.

A segunda maneira de introduzir assimetrias e recortes visuais onde eles são insuficientes diz respeito às próprias ruas ortogonais.

São Francisco é uma cidade com muitos recortes visuais naturais em seu traçado de ruas em malha. As ruas de São Francisco compõem, em geral, uma disposição regular ortogonal numa planta bidimensional; no entanto, na topografia tridimensional, elas são obras-primas de recortes visuais. Os vários morros íngremes provocam uma diferenciação constante entre o panorama próximo e o distante, e tanto faz que se olhe ladeira acima ou ladeira abaixo. Essa disposição realça as cenas de rua familiares, próximas, sem prejudicar a clareza da organização em malha.

As cidades que não têm tal topografia não conseguem reproduzir naturalmente esses acidentes felizes. Todavia, elas podem introduzir recortes visuais no padrão retilíneo e regular das ruas sem prejudicar a clareza da organização e da locomoção. As passarelas que conectam dois edifícios pelo alto às vezes desempenham essa função; e o mesmo ocorre com prédios que transpõem uma rua. De vez em quando podem-se colocar edifícios grandes (de preferência de interesse público) em frente a ruas retas no nível do chão. O terminal da Estação Central de Nova York é um exemplo bem conhecido[2].

As ruas retas, "infindáveis", podem ser interrompidas, e a própria rua dividir-se no entorno de uma praça ou esplanada, formando a interrupção; essa praça pode ser ocupada por um edifício. Nos casos em que o trânsito de veículos possa ser impedido nas ruas retas, existe a possibilidade de colocar pequenos parques atravessados de calçada a calçada; o recorte ou a atração visual poderiam ser obtidos aqui com arvoredos ou com equipamentos de parques de pequeno porte (e, esperamos, alegres).

Em outros casos ainda, o elemento de atração visual não precisa cruzar uma rua reta, mas pode ser obtido com um prédio ou um conjunto de prédios avançando no alinhamento das construções, com a calçada correndo por baixo. Outra forma de movimento é uma praça num lado da rua, o que faz o prédio depois dela destacar-se na forma de uma barreira visual.

Pode-se pensar que toda essa diversidade visual na intensidade de uso da rua seja muito opressiva ou mesmo desumana. Mas não é. Os distritos que apresentam vários recortes visuais não costumam intimidar nem oprimir as pessoas na prática; costumam ser caracterizados antes como "amistosos" e ser identificados como distritos. Afinal, é a intensidade da vida humana que está sendo reconhecida e enfatizada e, além do mais, enfatizada no que ela

2. Ele também possui um exemplo de rua adicional, a Avenida Vanderbilt, com términos em T; na ponta norte em T da Vanderbilt há um belo edifício novo, o Union Carbide, que na verdade transpõe a calçada; as quadras curtas entre a Vanderbilt e a Madison ilustram, aliás, a locomoção e a comodidade de pedestres típicas das quadras curtas.

tem de mais inteligível e familiar. É o caráter urbano de continuidade e da repetição que em geral soa opressivo, desumano e ininteligível.

Contudo, pode haver armadilhas no uso dos recortes visuais das ruas.

Primeiro, não há por que usá-los onde não haja indícios visuais de intensidade e detalhe nas ruas. Se a rua mostra, na verdade, uma grande repetição de um tipo de uso, o que implica pouca atividade, um recorte visual não tornará explícito o tipo de ordem existente. A delimitação visual do nada (em termos de intensidade urbana) não passa de um capricho do projeto. Os recortes visuais e as perspectivas, em si, não *implicam* vitalidade e intensidade urbana nem a segurança, o interesse, a vida pública informal e a oportunidade econômica concomitantes. Isso só se obtém com os quatro geradores fundamentais de diversidade.

Segundo, não é necessário, e seria até enfadonho, se todas as ruas tivessem recortes visuais. Afinal, uma cidade grande é um lugar enorme, e não há nada de errado em reconhecer e reafirmar esse fato de vez em quando. (Outra das vantagens dos morros de São Francisco, por exemplo, é que as perspectivas visuais propiciam exatamente isso, ao mesmo tempo que separam o que está distante da vista da rua em primeiro plano.) Uma continuidade ocasional, ou melhor, uma distância focal longa nas ruas proporciona variação. Não se deveriam fazer recortes visuais em algumas ruas que correm ao longo de fronteiras, como cursos de água, *campi* ou quadras de esportes amplas. Não é preciso que esse fato fique patente em todas as ruas limitadas por fronteiras, mas em algumas seria bom, tanto para dar uma visão distante do que é diferente quanto para transmitir uma informação casual sobre a localização da fronteira – um tipo de dica de orientação, aliás, que Lynch descobriu ser muito importante para as pessoas que ele entrevistou em seu estudo sobre a imagem que se constrói da cidade.

Terceiro, os recortes visuais das ruas deveriam ser, funcionalmente, não becos, mas "esquinas". Os recortes físicos concretos do trânsito de pedestres são particularmente prejudiciais nas cidades. Deve haver sempre um caminho em torno ou através dessas interrupções, que se torne óbvio quando a pessoa se aproxima delas e dê um novo panorama da rua. Essa característica tentadora das interrupções visuais projetadas foi resumida com precisão pelo falecido arquiteto Eliel Saarinen, que teria dito, ao explicar as premissas de seus projetos: "Deve haver sempre um término na perspectiva visual, e o término não deve ser o fim."

Quarto, as barreiras visuais ganham força em parte por serem exceções à regra. Muitas barreiras do mesmo tipo podem neutralizar-se. Por exemplo, se houver várias praças ao longo de uma rua, esta perde visualmente a característica de rua, sem falar na perda de funcionalidade. Se houver um grande número de prédios avançados com arcadas embaixo e eles não forem só uma exceção, o efeito é de estreitamento da rua e até de claustrofobia.

Quinto, um recorte visual na rua constitui um chamariz natural, e sua característica tem grande relação com a impressão que se tem do panorama como um todo. Se for banal, vazio ou simplesmente confuso, é melhor que nem exista. Um posto de gasolina, uma série de *outdoors* ou um edifício vazio e abandonado em tal lugar só provocam monotonia, em função de seu tamanho. Uma interrupção visual que também seja bonita é uma maravilha, mas quando procuramos embelezar as cidades com muita solenidade geralmente só conseguimos ostentação. A beleza não anda por aí à toa, mas podemos desejar que os recortes visuais sejam ao menos decentes e até interessantes.

Os pontos de referência, como o nome diz, são essencialmente dicas de orientação. Porém, os bons pontos de referência têm ainda duas outras funções que ajudam a tornar clara a ordem das cidades. Primeiro, enfatizam (e também promovem) a diversidade das cidades; conseguem isso chamando a atenção para o fato de que são diferentes de seus vizinhos e importantes por serem diferentes. Segundo, em certos casos os pontos de referência podem tornar visualmente importantes as áreas urbanas que são funcionalmente importantes, mas cuja importância precisa ser reconhecida e enaltecida visualmente.

Ao apreender essas outras funções, entendemos por que vários usos distintos são vantajosos e proveitosos como pontos de referência urbanos, de acordo com seu contexto na cidade.

Vejamos primeiro o papel dos pontos de referência no aspecto da manifestação e da promoção da diversidade. Um dos motivos de um ponto de referência ser um ponto de referência é, obviamente, o fato de se encontrar num local onde ele se destaca. Mas, além disso, é necessário que essa referência seja característica por si mesma, e é essa particularidade que estamos abordando agora.

Nem todos os pontos de referência urbanos são edifícios. Porém, os edifícios são as principais referências nas cidades, e os princípios que os fazem servir bem ou mal se aplicam também à maioria dos outros tipos de marcos, como monumentos, chafarizes bonitos e assim por diante.

A boa diferenciação na aparência de um edifício quase sempre provém da diferenciação do uso que ele tem, conforme dito no Capítulo 12. Um mesmo prédio pode ser fisicamente diferenciado na sede porque seu uso é diferenciado nesse contexto, mas pode não ser diferenciado em outro local onde seu uso seja a regra e não a exceção. A capacidade de diferenciação de um ponto de referência depende consideravelmente da reciprocidade entre o próprio ponto de referência e seus vizinhos.

Em Nova York, a Igreja da Trindade, na ponta da Wall Street, é um marco famoso e efetivo. Mas a Trindade seria um elemento relativamente apagado do desenho urbano se fosse apenas uma entre uma série de igrejas ou mesmo de outras instituições de aparência simbólica. A distinção física da Trindade, que pode ser tudo menos apagada no local em que se encontra, depende parcialmente de sua boa localização como ponto de referência – num cruzamento em T e sobre uma elevação no chão –, mas também depende bastante da distinção funcional da igreja em meio a um ambiente de edifícios de escritórios. Essa diferença é tão predominante, que a Trindade provoca um clímax satisfatório na paisagem da rua, muito embora ela seja bem mais baixa que seus vizinhos. Um edifício de escritórios desse tamanho (ou de qualquer tamanho) nesse mesmo ponto vantajoso, nesse ambiente, não conseguiria ter essa função nem transmitir esse nível de ordem visual, quanto mais fazê-lo com uma correção tão espontânea e "natural".

Da mesma forma, o prédio da Biblioteca Pública de Nova York, situada na sede comercial da Quinta Avenida com a Rua 42, constitui um excelente ponto de referência, mas não ocorre o mesmo com as bibliotecas públicas de São Francisco, Pittsburgh e Filadélfia, por exemplo. Estas têm a desvantagem de estarem situadas entre instituições que pouco se distinguem delas em função ou, invariavelmente, em aparência.

Voltando ao Capítulo 8, que trata da existência imprescindível de usos principais combinados, abordei o valor funcional da distribuição de prédios municipais importantes pela cidade cotidiana, em vez de reuni-los em conjuntos culturais ou administrativos. Além da inconveniência funcional e do desperdício econômico da diversidade de usos principais que esses projetos ocasionariam, os edifícios reunidos nessas ilhas pomposas são muito mal aproveitados como pontos de referência. Eles se eclipsam mutuamente, embora cada um, sozinho, pudesse provocar enorme efeito e ser um símbolo da diversidade de usos. Isso é terrível porque precisamos desesperadamente de mais e nunca de menos pontos de referência urbanos – marcos grandes e pequenos.

Às vezes se tenta fazer com que um edifício se torne um ponto de referência só por seu tamanho em relação aos vizinhos ou por diferenças de estilo. Geralmente, se o uso de tal edifício for fundamentalmente o mesmo daquele de seus vizinhos, ele não se distinguirá, por mais que se tente. E esse prédio também não serve à função de tornar clara a diversidade de usos e promovê-la. Na verdade, tenta-se dizer com ele que o importante na ordem das cidades são simples diferenças de tamanho ou forma. Exceto em casos muito raros de verdadeiras obras-primas arquitetônicas, essa afirmação de que tamanho ou estilo é tudo tem como resposta dos frequentadores da cidade, que não são idiotas, a afeição e a atenção que merece.

Todavia, é preciso dizer que alguns edifícios que dependem do tamanho para serem notados desempenham bem as funções de ponto de referência e de atração visual para as pessoas que estão *a distância*. Em Nova York, são exemplos o edifício Empire State e a torre Consolidated Edison, com um enorme relógio iluminado. Isso porque, para as pessoas que os veem de perto, esses mesmos prédios, com diferenças irrelevantes em relação aos vizinhos, são pontos de referência irrelevantes. A Câmara Municipal de Filadélfia, com uma torre rematada por uma estátua de William Penn, é um ponto de referência esplêndido de longe; e sua capacidade de diferenciação real, não superficial, em meio à vizinhança na cidade também faz dela um ponto de referência esplêndido de perto. O tamanho às vezes funciona para um ponto de referência distante. Para os pontos de referência próximos, a distinção do uso e a afirmação da importância das diferenças são o que importa.

Esses princípios aplicam-se também aos marcos de pequeno porte. Uma escola primária pode ser um ponto de referência local por ter um uso especial na vizinhança e por ser facilmente reconhecível. Vários usos diferentes podem servir de pontos de referência, desde que sejam diferentes em seu contexto. Por exemplo, moradores de Spokane, Washington, dizem que um ponto de referência bem destacado e bem conceituado é o Hotel Davenport, que também serve, como às vezes é próprio dos hotéis, como local único e principal ponto de encontro e convivência pública. Numa zona essencialmente residencial, os locais de trabalho que sejam bem conceituados podem tornar-se pontos de referência, e quase sempre o fazem.

Alguns espaços ao ar livre que atuam como centros de atração, às vezes chamados de pontos centrais, têm muitas das características de um ponto de referência, e boa parte de seu poder de tornar a ordem mais explícita provém da diferenciação de seu uso, como ocorre com as edificações que são pontos de referência. A praça do Rockefeller Center de Nova York é assim; para as pessoas que estão nas ruas próximas, ela é muito mais um "marco" do que o arranha-céu que fica atrás dela ou os espigões menores que a rodeiam.

Agora vejamos aquela segunda função que os pontos de referência podem exercer para tornar clara a ordem das cidades: sua capacidade de ajudar a manifestar visualmente, explicitamente, que um lugar importante é aquele que, na verdade, tem importância funcional.

Os centros de atividades, para os quais as pessoas convergem e onde se concentram, têm importância tanto econômica quanto social nas cidades. Às vezes são importantes na vida da cidade como um todo; às vezes, para um distrito ou uma vizinhança específica. Mesmo assim, tais centros podem não ter o destaque visual ou a importância que sua função merece. Quando isso acontece, as pessoas recebem uma informação visual contraditória e confusa. Ao se ver atividade e intensidade no uso do solo tem-se a sensação de Importância. A ausência de um clímax visual ou de algo que enobreça remete à sensação de Desimportância.

Pelo fato de o comércio predominar na maioria dos centros urbanos, um ponto de referência efetivo nesse lugar em geral precisa ser nitidamente não comercial.

As pessoas apegam-se aos pontos de referência existentes nos centros de atividade, e nesse aspecto o instinto delas a respeito da ordem urbana se justifica. No Greenwich Village, o antigo Jefferson Market Courthouse, que não funciona mais como Palácio da Justiça, ocupa um local de destaque adjacente a uma das áreas mais movimentadas do lugar. É um prédio vitoriano rebuscado, e as opiniões divergem radicalmente sobre a beleza ou feiura de sua arquitetura. No entanto, é opinião quase unânime, *mesmo entre os que não gostam da arquitetura do edifício*, que ele deve ser preservado e usado para alguma coisa. Os moradores da área e os estudantes de arquitetura que os auxiliam despenderam muito tempo estudando detalhadamente o interior do edifício, seu estado e potencial. Entidades civis gastaram tempo, esforçaram-se e pressionaram para que ele fosse preservado, e uma organização foi criada para financiar a restauração do relógio público da torre e fazê-lo funcionar! Os responsáveis pela Biblioteca Pública, percebendo o valor arquitetônico e econômico do edifício, pediram recentemente ao município recursos para convertê-lo numa grande filial da biblioteca.

Por que todo esse alvoroço em torno de um edifício específico situado no centro, que poderia render muito dinheiro para alguém e alguns impostos a mais para o município se fosse usado para comércio e moradia, como a maioria dos locais à sua volta?

Acontece que, funcionalmente, só essa diferença de uso como biblioteca se faz necessária aqui, para ajudar a vencer a autodestruição da diversidade. Todavia, poucas pessoas têm conhecimento dessa necessidade funcional ou têm consciência de que um prédio desses pode ajudar a firmar a diversidade. Mais precisamente, parece haver um forte consenso popular de que *visualmente* toda a movimentada vizinhança desse ponto de referência perderá sentido – em síntese, sua ordem ficará mais confusa do que clara – se esse ponto for substituído pelos usos que já existem à volta.

Mesmo os marcos visuais naturalmente absurdos num centro de atividades parecem satisfazer os usuários. Por exemplo, em St. Louis há uma alta coluna de concreto no meio de um centro comercial malcuidado num bairro apagado e degradado. Já foi uma caixa-d'água. Há muitos anos, quando a caixa-d'água foi retirada, os moradores conseguiram que a prefeitura mantivesse a coluna, que eles próprios reformaram. Ela ainda dá nome ao distrito, Caixa-d'água, e uma distinção meio patética a ele, que de outra forma dificilmente seria reconhecível como distrito.

Em sua função de explicitar a ordem urbana, os pontos de referência funcionam melhor quando se encontram em meio a seus vizinhos, como nos exemplos que mencionei. Se forem separados e isolados do panorama geral, eles contradizem um aspecto importante das diferenças urbanas, em vez de evidenciá-las e reforçá-las visualmente: o de que elas se apoiam mutuamente. Isso também precisa ficar claro por meio da sugestão.

Os chamarizes, como eu já mencionei ao falar dos recortes visuais nas ruas, têm uma importância desproporcional em relação ao espaço físico que ocupam.

Alguns são chamarizes apenas por *aquilo* que são, mais que pelo *lugar* onde se encontram: um prédio peculiar, por exemplo, ou um grupo reduzido de edifícios que se destaquem por suas características numa vista panorâmica de um parque. Não acho nem necessário nem oportuno tentar criar ou controlar intencionalmente esse tipo de chamariz. Nos lugares onde se gera diversidade, onde há mistura de idades e tipos de edifícios e onde há oportunidade e boa acolhida para os projetos e os gostos de muita gente, sempre surge esse tipo de chamariz, que é mais surpreendente, variado e interessante do que se fosse planejado por qualquer pessoa voltada para o projeto urbano. A verdade é mais invulgar que a ficção.

Porém, outros chamarizes o são pelo *local exato* em que se encontram e devem ser considerados elementos intencionais do projeto urbano. Primeiro, é preciso haver pontos que simplesmente atraiam o olhar – por exemplo, recortes visuais nas ruas. Segundo, tais pontos devem ter alguma valia. Esses pontos bastante visíveis são escassos, raros; são apenas um ou dois em meio a uma profusão de edifícios e locais que constituem a paisagem da rua. Não podemos, portanto, contar com a lei das probabilidades ou só com o acaso para ter um realce visual exatamente nesses pontos de atração naturais. Geralmente, apenas uma boa cor de tinta num prédio já existente (e uma diminuição dos *outdoors*) basta. Às vezes se torna necessário um edifício novo ou um novo uso nesses pontos – ou até um marco. Cuidando-se dos poucos pontos que são chamarizes espontâneos, podem-se dar um caráter, um interesse e um realce muito grandes a toda uma paisagem por meio da sugestão, e com um mínimo de padronização no projeto e um máximo de economia de instrumentos e táticas.

A importância desses lugares e de lhes dar valor são questões bem abordadas em *Planning and Community Appearance* [Planejamento e participação comunitária], libreto elaborado por uma comissão de urbanistas e arquitetos de Nova York formada para investigar os problemas de gestão de projetos municipais. As principais recomendações da comissão foram que os locais cruciais da comunidade no aspecto visual fossem identificados e *o zoneamento desses pequenos pontos exigisse um tratamento especial*. Não se ganharia nada, dizia o parecer da comissão, com a pura e simples inclusão desses chamarizes nos planos genéricos de zoneamento e planejamento[3]. Só a localização deles já dá um significado especial e excepcional às construções desses locais escassos, e ignorar isso significaria desconsiderar uma realidade das mais evidentes.

3. Esse libreto, que pode ser obtido na Associação de Planejamento Regional de Nova York, também fala das exigências legislativas, regulamentares e tributárias necessárias em tal abordagem e, assim, é importante para qualquer pessoa seriamente interessada na ordem visual urbana.

Há certas ruas que, na ausência de bons chamarizes ou mesmo com eles, precisam de outro tipo de contribuição de projeto. Precisam de instrumentos de integração que insinuem que a rua, com toda a sua diversidade, é também um todo.

Mencionei no Capítulo 12 uma tática boa para certas ruas com residências e comércio combinados, cujo fim é evitar que os usos incongruentemente dominantes provoquem uma explosão ou desintegração visual. A tática adequada para a unidade visual dessas ruas, como já explicado, é fazer um zoneamento que limite a extensão da fachada principal de qualquer empreendimento.

Outro conjunto de táticas de unificação da rua poderia explorar o princípio segundo o qual um elemento forte e não obstrutivo do projeto reúna de maneira ordenada boa parte dos detalhes casuais. Essa integração pode funcionar bem nas ruas que tenham uso intenso, sejam muito conhecidas e possuam muitos detalhes sem grande variedade efetiva de usos – ruas quase exclusivamente comerciais, por exemplo.

Uma das mais simples dessas técnicas são árvores ao longo do trecho que se quer integrar, mas árvores plantadas suficientemente próximas de modo a dar ideia de continuidade quando vistas de perto e a tornar o espaço entre elas imperceptível quando observadas a distância. Os pavimentos também podem servir como elemento de unificação; quer dizer, revestimentos de calçadas com um padrão nítido e simples. Também se pode pensar em toldos de cores vivas.

Cada rua que necessite de um desses elementos é um caso e talvez precise de soluções específicas[4]. Os instrumentos de unificação escondem uma armadilha. Uma das razões da força do elemento unificador é ser ele importante para o lugar. O próprio céu, de certa maneira, integra praticamente todas as paisagens, mas sua presença constante faz dele um elemento de unificação ineficaz na maioria das paisagens. Um elemento unificador dá apenas uma sugestão visual de totalidade e ordem; a pessoa que

4. Os efeitos dos vários tipos de elementos unificadores – e também de recortes visuais bons ou ruins, pontos de referência e várias outras coisas – são enfocados e explicados em dois livros excelentes sobre projeto de cidades, vilas e da região rural da Inglaterra: *Outrage* [Afronta] e *Counter Attack* [Contra-ataque], ambos de Gordon Cullen e Ian Nairn.

olha é quem completa a unificação, usando essa sugestão para ajudá-la a organizar aquilo que vê. Se ela vir exatamente o mesmo elemento de unificação em lugares e paisagens distintos, ela inconscientemente os desconsiderará.

Todas essas variadas táticas de obtenção de uma ordem visual urbana dizem respeito a detalhes das cidades – os quais, sem dúvida, se entrelaçam numa estrutura urbana de usos cuja trama seja o mais contínua e fechada possível. Mas a ênfase nos detalhes é fundamental: a cidade é isso – detalhes que se complementam e se sustentam mutuamente.

Talvez tudo isso pareça um grande lugar-comum se comparado com a magnitude e o arrebatamento das autoestradas ou à beleza misteriosa das tendas em forma de colmeia das aldeias tribais sul-africanas. Mas o que temos para falar sobre as nossas cidades não é motivo de zombaria. A ordem complexa que apresentam – manifestação da liberdade de inúmeras pessoas de fazer e levar adiante seus inúmeros projetos – é sob muitos aspectos um grande milagre. Não devemos relutar em tornar mais compreensível esse acervo vivo de usos interdependentes, essa liberdade, essa vida por aquilo que eles são, nem ser inconscientes acerca do que representam.

20. PROJETOS DE REVITALIZAÇÃO

Uma das ideias inconvenientes por trás dos projetos é a própria noção de que eles *são* conjuntos, abstraídos da cidade comum e separados. Pensar em recuperar ou melhorar os projetos *como projetos* é persistir no mesmo erro. O objetivo deveria ser costurar novamente esse projeto, esse retalho da cidade, na trama urbana – e, ao mesmo tempo, fortalecer toda a trama ao redor.

Reintegrar esses projetos à cidade é imprescindível não só para dar vida aos próprios conjuntos perigosos e estagnados. É também imprescindível para o planejamento urbano amplo de distritos. Caso seja fisicamente recortado por grandes projetos habitacionais e suas zonas de fronteira desertas, em desvantagem social e econômica pelo isolamento de coletividades muito pequenas, o distrito urbano não tem condições de ser um distrito de verdade, suficientemente coeso e amplo para ter peso.

Os princípios fundamentais de revitalização do próprio terreno do conjunto e de suas fronteiras que precisam ser reintegradas ao distrito são os mesmos que os princípios do auxílio a qualquer área urbana de baixa vitalidade. Os planejadores urbanos precisam diagnosticar que condições capazes de gerar diversidade estão faltando – se a carência é de usos principais combinados, se as quadras são muito amplas, se existe uma mistura precária de idades e tipos de edifícios, se a concentração de pessoas é suficiente. Então, a condição que estiver faltando deve ser suprida – em geral gradualmente e no momento oportuno – da melhor maneira possível.

No caso dos conjuntos habitacionais, os problemas fundamentais podem ser muito parecidos com os que se apresentam nas áreas apagadas e desvitalizadas e em antigos subúrbios absorvidos. No caso de projetos não residenciais, como centros culturais e administrativos, os problemas fundamentais podem ser muito parecidos com os que se apresentam nas áreas decadentes dos centros urbanos nas quais ocorreu a autodestruição da diversidade.

Contudo, pelo fato de os grandes projetos e seus limites apresentarem obstáculos diferenciados ao preenchimento das condições para gerar diversidade (e às vezes, também, obstáculos especiais ao processo de recuperação de cortiços), a revitalização deles requer táticas diferenciadas.

Atualmente, os projetos que precisam ser revitalizados com mais urgência são os conjuntos habitacionais de baixa renda. Seus insucessos têm efeitos drásticos sobre a vida de muitas pessoas, principalmente crianças. Além do mais, por serem por si sós muito perigosos, degradantes e instáveis, em vários casos é muito difícil manter um nível de civilidade tolerável nas redondezas. Foram feitos investimentos enormes em conjuntos habitacionais financiados pelos governos federal e estadual; esses gastos, além de mal planejados, são vultosos demais para serem amortizados, mesmo num país rico como o nosso. Para fazer jus aos investimentos, os empreendimentos precisam vir a representar as vantagens imaginadas para a vida social e para as cidades[1].

1. A concepção mais absurda de recuperação é construir uma reprodução do primeiro fracasso e transferir as pessoas dele para sua cópia mais dispendiosa, de modo que se possa recuperar o primeiro fracasso! No entanto, é nesse estágio de remoção e duplicação de cortiços que nossas cidades estão entrando. Buffalo, por exemplo, tem um projeto de baixa renda chamado Dante Place, construído com recursos federais em 1954. Dante Place tornou-se rapidamente uma ferida aberta. "Foi um obstáculo ao desenvolvimento das áreas próximas", nas palavras do diretor do Departamento de Habitação. Solução: um novo projeto parecidíssimo com o Dante Place foi construído em outro local da cidade, e os moradores do Dante Place serão transferidos para lá para degradá-lo, de modo que o Dante Place possa ser recuperado – o que quer dizer, de modo que ele seja convertido num projeto de renda média. Esse processo de corrigir erros ampliando-os foi enaltecido em novembro de 1959 pelo secretário de Habitação do estado de Nova York como um avanço que "Pode muito bem ser um modelo para outras autoridades da habitação".

Esses projetos precisam ser recuperados como se faria com qualquer cortiço. Isso significa, entre outras coisas, que eles precisam fazer com que seus moradores neles permaneçam por *livre escolha*. Isso quer dizer que eles devem ser seguros e também viáveis para a vida urbana. Precisam, entre outras coisas, de personagens públicas informais, espaços públicos vivos, bem vigiados e usados com constância, acompanhamento fácil e natural das crianças e inter-relação de usos com as pessoas de fora. Em resumo, na sua reintegração à estrutura urbana, esses projetos precisam adquirir as virtudes de uma estrutura urbana sadia.

A maneira mais fácil de se aproximar mentalmente desse problema é imaginar, em primeiro lugar, que o nível do piso do projeto, junto das ruas que o circundam, tem um pavimento praticamente desobstruído e vazio. Acima dele pairam os prédios de apartamentos, ligados ao solo somente pelas escadas e pelas pilastras dos elevadores. Todo tipo de coisa pode ser feito nesse pavimento praticamente desobstruído.

Sem dúvida, esse pavimento hipoteticamente desobstruído nem sempre será tão desobstruído assim na realidade. Podem existir outros elementos fixos, além de elevadores e escadas, ao nível do piso. Alguns projetos mantêm no andar térreo escolas ou associações comunitárias ou igrejas. De vez em quando há grandes árvores, que devem ser conservadas se possível, e muito ocasionalmente há espaços abertos, cuja funcionalidade e singularidade justificam sua preservação.

O andar térreo dos projetos mais novos – especialmente a maioria daqueles construídos a partir de 1950 – costuma formar um pavimento ao nível do piso, que é, nesse aspecto, muito mais desobstruído que o dos projetos mais antigos. Isso se deve ao fato de que, com o passar do tempo, os empreendimentos habitacionais se transformaram cada vez mais na rotina de fincar arranha-céus cada vez mais altos, em ambientes cada vez mais inexpressivos.

Devem ser projetadas novas ruas nesse pavimento térreo: ruas verdadeiras, que precisam ganhar construções e novos usos, e não "passeios públicos" atravessando "parques" vazios. Essas ruas devem formar quadras pequenas. Sem dúvida, é preciso contar com pequenos parques públicos e áreas de esporte e lazer, mas só em número e em locais onde novas ruas movimentadas e seus usos possam garantir segurança e assegurar a atratividade.

A localização dessas novas ruas será influenciada por duas considerações físicas principais: primeiro, devem ligar-se a ruas além dos limites do projeto, já que a meta fundamental é integrar esse local ao que está à sua volta. (Uma parte importante do problema será replanejar e adicionar usos às próprias ruas laterais ao projeto.) Segundo, as novas ruas devem também ligar-se aos poucos elementos fixos dentro do terreno do projeto. Os prédios de apartamentos, que estamos imaginando como suspensos sobre pilotis, ligados ao chão somente por elevadores e escadas, podem tornar-se prédios de rua, com o andar térreo reprojetado e incorporado aos usos da rua; ou, se a rua não os "tocar", os pontos de acesso podem ser caminhos ou acessos curtos que venham das ruas por entre os novos prédios. As torres existentes agora se elevarão aqui e ali acima das novas ruas, dos novos edifícios, da nova cidade que se estenderá abaixo delas.

Claro, muito provavelmente será impossível projetar ruas que se integrem à cidade, aos elementos fixos e imutáveis do local e sejam ao mesmo tempo retas, com traçado formando uma malha regular dentro do terreno. Como no caso das novas ruas abertas em quadras muito longas, elas deverão ter curvas, cotovelos e interseções em T. Tanto melhor, como sustentei no capítulo anterior.

Quais são os tipos possíveis de usos para as novas ruas e edifícios?

O propósito geral deve ser introduzir usos que não o residencial, porque a falta de usos combinados suficientes é exatamente uma das causas da monotonia, do perigo e da falta de comodidade. Esses usos diferentes podem ocupar por inteiro os novos edifícios de rua, ou somente o andar térreo ou o subsolo dos prédios. Praticamente qualquer tipo de uso de trabalho seria importante; e também usos noturnos e comerciais em geral, particularmente se atraírem boa interação de usos de fora dos antigos limites do conjunto.

É mais fácil falar em gerar diversidade do que tê-la de fato, porque os edifícios de uma rua nova em área projetada têm a séria desvantagem econômica de serem todos construções praticamente recentes, em vez de serem de idades diferentes. É uma desvantagem considerável; não existe uma maneira correta de superá-la – é uma das vantagens que herdamos junto com esses conjuntos. No entanto, há várias maneiras de minimizar essa situação.

Um deles, talvez o mais promissor, é lançar mão de carrinhos ambulantes, que prescindem de edifícios. São, em parte, um substituto dos antigos estabelecimentos comerciais de despesas fixas baixas.

Podem-se elaborar projetos cheios de vida, atraentes e interessantes para os carrinhos ambulantes de rua, já que as bancas de pechinchas estimulam bastante a interação de usos. Além do mais, podem ter ótima aparência. Um arquiteto de Filadélfia, Robert Geddes, projetou uma interessante área de vendedores ambulantes para uma proposta de renovação comercial de uma rua da cidade. No problema apresentado a Geddes, a área de vendedores ambulantes devia ser instalada numa esplanada de feiras livres, do lado da rua oposto a um edifício público; de seu lado da rua, a esplanada era fechada dos dois lados pelas laterais de uma loja e de prédios de apartamentos, mas nada a fechava nos fundos (ela penetrava só até a metade da quadra e limitava-se com um estacionamento). Geddes projetou como fundo um galpão atraente, mas de pequenas proporções, para guardar os carrinhos fora do horário comercial.

Um abrigo de rua para guardar carrinhos poderia ser usado em trechos das ruas dos grandes projetos, numa solução tão boa quanto no desenho da praça.

As vendas de rua seriam excelentes pontos de atração visual se colocadas nas interseções em T e nas curvas das ruas. Vocês devem lembrar que o que se coloque num ponto de atração visual da rua tem uma relação muito grande com o aspecto geral de toda a paisagem. Um dos problemas visuais difíceis na recuperação de projetos é fazê-los transmitir vitalidade e urbanidade convincentes; é difícil apagar a rigidez e a monotonia visual que eles têm.

Outro modo de vencer parcialmente a desvantagem do grande número de construções novas seria utilizar o recurso das moradias de renda garantida. Esses edifícios poderiam ser plantados em ruas planejadas da mesma maneira que em qualquer rua da cidade, conforme descrito no Capítulo 17. Contudo, haveria a possibilidade de projetá-los como casas geminadas ou como sobrados duplos (um sobrado sobre o outro, somando quatro andares). Assim como se mostrou possível converter antigas casas de pedra geminadas em vários tipos diferentes de usos urbanos e combinações de usos, em geral um ou dois edifícios convertidos de uma vez ou até um ou dois andares de uma vez, aqueles edifícios pequenos, muito parecidos com estes, poderiam ter essa facilidade de adaptação. Eles representariam, em princípio, um estoque de conversão de usos.

Outra possibilidade ainda foi imaginada por Perkins & Will, firma de arquitetos de Chicago e White Plains, que, num serviço de utilidade pública, criaram para o Núcleo Comunitário Union, de Nova York, uma série de ideias para projetos de conjuntos habitacionais. Entre as propostas da Perkins & Will havia apartamentos de quatro andares sobre pilotis, para formar um "porão" aberto, com o pavimento do porão tanto ao nível do piso quanto a 1,5 metro abaixo dele; outra proposta visava possibilitar a construção de estruturas baratas para comércio e outros usos. Os porões abaixo do nível do piso fariam com que os apartamentos ficassem apenas meio andar acima do solo, em vez de um andar inteiro; essa solução, além de econômica, proporcionaria uma boa variação na rua, já que as lojas ou oficinas instaladas em porões e alcançadas por uma escada de poucos degraus costumam ser atraentes e muito populares.

Outra possibilidade ainda é construir alguns edifícios de rua baratos e temporários (o que não significa necessariamente que precisem ser feios), com a intenção de manter baixas as despesas fixas numa fase econômica mais difícil e facilitar sua substituição no futuro, quando a melhora econômica permitir. No entanto, esse método não é tão promissor quanto os outros, porque as edificações feitas para durar cinco ou dez anos precisam ser muito bem construídas para durar muito mais. É difícil atribuir a um prédio uma obsolescência programada para fazer uma economia aceitável.

Todos os conjuntos habitacionais com prédios altos têm uma desvantagem particular na vigilância das crianças e, mesmo depois de um trabalho de recuperação, será impossível supervisionar as crianças de um edifício alto, da mesma maneira que são supervisionadas, de janelas de apartamentos ou de casas, as crianças que brincam em calçadas comuns. Esse é um dos motivos por que é tão imperativo ter adultos circulando pelos espaços públicos e bem distribuídos em todos os horários, ter pequenos comerciantes tipicamente propensos a manter a lei e a ordem pública, e contar também com outras figuras e ruas bastante ativas e interessantes, de modo que se possa tomar conta das crianças pelo menos dos três ou quatro primeiros andares dos edifícios, nos quais essa função fica mais fácil.

Uma das ilusões no planejamento de projetos de porte tem sido a ideia de que eles podem fugir ao funcionamento geral da economia urbana. Sem dúvida, ao fazer uso de subsídios e do poder da desapropriação, é possível fugir à necessidade *financeira* de uma boa conjuntura econômica para o comércio urbano e outros usos. Todavia, uma coisa é contornar um problema financeiro, e outra é fugir à atuação econômica básica. É claro que os locais dos conjuntos habitacionais dependem da intensidade de uso tanto quanto outra parte da geografia urbana, e para obtê-la eles precisam ter um bom ambiente econômico. O fato de essa conjuntura econômica ser mais ou menos boa depende em parte de novas soluções e novas combinações de usos no antigo terreno do conjunto habitacional e também da recuperação gradativa de cortiços e da autodiversificação de sua população. No entanto, depende ainda da capacidade das áreas vizinhas de gerar diversidade e usos combinados.

Caso a área como um todo, junto com seus antigos conjuntos habitacionais, se torne viva, desenvolva-se e recupere seus cortiços, os usos não residenciais dos antigos terrenos dos conjuntos habitacionais devem dar um bom retorno. Contudo, um lugar desses costuma ter em princípio tantas deficiências e tantas carências por suprir, que será necessário empregar uma quantia considerável de dinheiro público na recuperação – dinheiro para replanejar e reprojetar o local, o que exigirá tempo e enorme criatividade, porque dessa vez ele não poderá ser construído de acordo com um padrão e por pessoas que não saibam o que e por que estão fazendo; será preciso dinheiro para a construção de ruas e outros espaços públicos; e, provavelmente, dinheiro para subvencionar a construção de pelo menos alguns prédios novos.

Se a propriedade das moradias existentes continuar ou não sendo dos órgãos de habitação, as novas ruas e os novos usos, aí incluídas as novas habitações misturadas a eles, não poderão pertencer a esses órgãos nem ser de sua responsabilidade, pois isso os colocaria numa concorrência politicamente impraticável (e descabida) com os proprietários particulares de edifícios. E também não se deveria atribuir aos órgãos habitacionais a responsabilidade de reintegrar seus antigos domínios à cidade livre, porque eles não estão de maneira alguma preparados para assumi-la. Essa terra foi encampada pelas autoridades públicas por meio de uma prerrogativa governamental. Pode então ser retomada por meio de uma prerrogativa governamental, replanejada, e os lotes para construção, vendidos ou arrendados com contratos de longo prazo. Partes do terreno, é claro, deveriam ficar sob a jurisdição dos departamentos municipais competentes, como o Departamento de Parques ou o Departamento de Vias Públicas.

Fora as melhorias físicas e econômicas ao nível do solo, como essas que mencionei, a recuperação dos conjuntos habitacionais requer outras mudanças.

Os corredores dos edifícios de baixa renda, que geralmente têm muitos andares, são como os corredores que aparecem em pesadelos: pessimamente iluminados, estreitos, malcheirosos, cegos. Parecem arapucas, e são, como também os elevadores que levam a eles. É a essas arapucas que as pessoas se referem ao dizer, vezes sem fim: “Para onde podemos ir? Não para outro conjunto! Tenho crianças. Tenho filhas pequenas.”

Tem-se escrito muito sobre o fato de as crianças urinarem nos elevadores dos conjuntos habitacionais. Sem dúvida é um problema, não só por cheirar mal como por corroer o equipamento. Mas talvez esse seja o mau uso mais inócuo dos elevadores sem ascensorista dos conjuntos habitacionais. Mais grave é o medo que as pessoas sentem neles, e com razão.

A única solução que consigo imaginar para esse problema, e para o problema correlato dos corredores, é colocar ascensoristas. Nada além disso – nem guardas, nem porteiros, nem a "educação dos moradores" – pode dar a esses edifícios um nível tolerável de segurança ou uma segurança tolerável para as pessoas contra os vândalos tanto de fora como de dentro do conjunto.

Isso também exige dinheiro, mas pouco em comparação com os vultosos investimentos que precisam ser recuperados – nada menos de 40 milhões de dólares num único conjunto habitacional. Eu disse 40 milhões de dólares porque foi esse o investimento público nas Frederick Douglass Houses, um novo projeto no Upper West Side de Manhattan, onde ocorreu, junto com todos os pavores corriqueiros, um crime no elevador tão espantosamente selvagem que até virou notícia de jornal.

Em Caracas, Venezuela, onde o ditador deposto deixou um legado enorme de conjuntos habitacionais similares com perigos similares, parece estar funcionando uma experiência de aumento da segurança em elevadores e corredores. As moradoras que podem trabalhar meio período ou período integral são contratadas como ascensoristas de 6 horas da manhã à 1 hora da manhã, quando os elevadores são desligados. Carl Feiss, consultor de planejamento urbano norte-americano, que fez vários trabalhos na Venezuela, contou-me que os condomínios se tornaram mais seguros, e que o relacionamento entre as pessoas também melhorou consideravelmente, porque as ascensoristas passaram a substituir as figuras públicas.

Também nos nossos conjuntos habitacionais poderia dar certo as moradoras trabalharem como ascensoristas durante o dia, quando os principais delitos nos elevadores são extorsão e assédio sexual de crianças menores por crianças de mais idade. Acho que no período noturno, quando os ataques, roubos e assaltos feitos por adultos são um perigo bem maior, os ascensoristas deveriam ser homens. Duvido que a suspensão do serviço noturno funcionasse conosco – primeiro, porque muitos moradores desses conjuntos habitacionais trabalham de noite e, segundo, porque muitas normas arbitrárias, diferentes das que valem para outras pessoas, já fizeram dos conjuntos um caso à parte e alimentam o ressentimento e o rancor dos moradores[2].

Para a recuperação dos conjuntos habitacionais é preciso que eles sejam capazes de segurar as pessoas por sua livre escolha, quando elas têm condições de escolher (o que quer dizer que eles precisam criar apego pelo lugar antes de adquirir poder de escolha), e para isso é necessário executar as modalidades de recuperação interna e externa sugeridas anteriormente. Além disso, no entanto, é preciso que seja permitido que as pessoas fiquem por livre escolha, o que significa eliminar o limite de renda máxima. Não basta aumentar o limite; a dependência entre residência e faixa de renda deve ser totalmente extinta. Se for mantida, não só os mais bem-sucedidos ou afortunados serão inexoravelmente despejados, como também todos os outros se verão psicologicamente como transitórios ou "fracassados" em relação a seu lar.

Os aluguéis deveriam subir de acordo com o aumento da renda, até o ponto em que o aluguel proporcional integral fosse pago, como no proposto sistema de renda garantida, já explicado. O montante do aluguel proporcional deveria incluir a amortização rateada e o dispêndio com juros da dívida, para reinserir o custo investido no cômputo do aluguel.

Nenhuma das sugestões que fiz poderá isoladamente recuperar efetivamente tudo. Todas as três – local reformado e reintegrado à cidade; segurança dentro dos edifícios; extinção do limite de renda máxima – são imprescindíveis. Sem dúvida, podem-se esperar resultados positivos mais rápidos nos conjuntos habitacionais em que a desmoralização e o processo de degradação típico dos cortiços permanentes causaram danos pequenos.

2. Hoje em dia, poucas pessoas moram em conjuntos de baixa renda por livre escolha; mais precisamente, elas foram expulsas do bairro anterior para dar espaço à "renovação urbana" ou a vias expressas e, principalmente se eram pessoas negras e, portanto, sujeitas à discriminação residencial, não tinham outra escolha. Entre as pessoas despejadas, só cerca de 20 por cento (em Filadélfia, Chicago e Nova York, cujos índices foram divulgados) vão para habitações públicas. Das que não vão, há muitas que se enquadrariam, mas preferem não fazê-lo, na tentativa de achar outra saída. Ao descrever a ferrenha obstinação dos que têm a sorte de ter outra opção, uma autoridade do setor de habitação de Nova York citou o caso de 16 famílias despejadas que se enquadravam nas exigências para apartamentos de três dormitórios, os quais estavam à sua disposição num programa habitacional público. "Elas haviam recebido a carta de despejo, mas nenhuma queria ir para uma moradia pública."

Os conjuntos habitacionais de renda média não exigem uma recuperação tão urgente quanto os de baixa renda, mas em certos aspectos são mais desconcertantes.

Ao contrário dos moradores de conjuntos de baixa renda, aqueles dos conjuntos de renda média parecem preferir isolar-se em grupos bem separados de outras pessoas. Minha impressão, que reconheço ser duvidosa, é que os conjuntos habitacionais de renda média, à medida que envelhecem, tendem a abrigar uma quantidade significativa (ou pelo menos bem evidente) de pessoas que receiam o contato fora de sua classe. Não sei dizer se essas tendências são próprias das pessoas que escolheram viver em conjunto segregados e burocráticos ou até que ponto esse sentimento é cultivado ou criado pela vida em Territórios. Conhecidos que moram em vários conjuntos de renda média me contaram que observaram aumento na hostilidade de seus vizinhos em relação à cidade, fora dos muros do conjunto, depois de incidentes desagradáveis nos elevadores e no terreno – incidentes que invariavelmente são atribuídos a pessoas de fora, com ou sem evidências. A disseminação e o fortalecimento da psicologia do Território em função de perigos verdadeiros – ou a concentração de uma quantidade apreciável de pessoas já atacadas de xenofobia, seja qual for – são um problema sério para as cidades.

As pessoas que vivem dentro dos limites dos conjuntos e se sentem alheias e profundamente inseguras em relação à cidade do lado de fora não poderão ajudar muito na eliminação das zonas de fronteira desertas nos distritos, ou mesmo permitir um replanejamento que vise a reintegração delas ao tecido do distrito.

Talvez os distritos que contêm condomínios com uma xenofobia tão acirrada devam simplesmente continuar a desenvolver-se como distritos da melhor forma possível, a despeito dessa desvantagem. Se, entretanto, as ruas externas a esses conjuntos habitacionais passarem a gerar mais segurança, diversidade e vitalidade e obtiverem uma estabilidade maior da população, e se, ao mesmo tempo, dentro dos limites do conjunto habitacional, os perigos resultantes do vazio forem atenuados de modo aceitável para os moradores e para as companhias de seguros, sindicatos, cooperativas e empresários donos desses lugares, talvez com o tempo seja possível reintegrá-los à vida da cidade. Certamente a esperança de que isso aconteça diminui à medida que também o distrito em torno desses conjuntos habitacionais é convertido cada vez mais em conjuntos estereotipados e perigosos.

Com os empreendimentos não residenciais, como centros culturais e centros administrativos municipais, provavelmente só em alguns casos podem ser aplicadas as táticas de replanejamento da área ocupada para reintegrá-los à estrutura urbana. O caso mais promissor é o dos conjuntos localizados nos limites dos centros urbanos, que têm apenas os obstáculos e as zonas de fronteira desertas resultantes de sua presença entre eles e o potencial de usos intensos suplementares. Pelo menos um dos lados do novo centro administrativo de Pittsburgh poderia ser reintegrado ao centro urbano, do qual se encontra atualmente isolado. Algumas partes do centro administrativo de São Francisco poderiam ser reintegradas à cidade com o acréscimo de ruas e de novos usos.

A principal dificuldade com relação aos centros administrativos, principalmente aqueles que têm auditórios e salas de reuniões e provocam grande concentração de pessoas por certo intervalo de tempo, é encontrar outros usos principais que sejam minimamente proporcionais às grandes concentrações de pessoas que esses centros proporcionam em outros horários do dia. Ainda seria preciso haver espaço, em algum lugar, para a variedade e a diversificação que esses usos intensos combinados conseguem comportar; e sem dúvida existe ainda o problema da falta de prédios mais antigos para que a diversidade de usos derivada seja bem variada. Em síntese, o problema é que muitos elementos dos centros administrativos e culturais só fazem sentido como elementos de uso intenso do centro urbano e, já que foram isolados, a tentativa de fazer com que eles tenham essa serventia significa fazer a montanha ir a Maomé.

A maneira mais prática de lidar com a reintegração na maioria dos casos, penso eu, é concentrar-se, de tempos em tempos, no desmembramento desses conjuntos. O desmembramento pode ser feito no momento oportuno e conveniente. Em Filadélfia, por exemplo, ocorreu uma oportunidade dessas na época em que a estação central da Rua Broad e os trilhos da Ferrovia da Pensilvânia foram removidos e projetado em seu lugar o Penn Center, empreendimento de escritórios, transportes e hotel. A Biblioteca Livre de Filadélfia, incrustada no bulevar de um centro cultural, onde seu uso é assustadoramente baixo, estava naquela época precisando de uma grande revitalização. Os funcionários esforçaram-se durante muito tempo para convencer a prefeitura de que, em vez de reformar o velho edifício, seria melhor tirar a biblioteca do centro cultural e transferi-la para o centro urbano, integrando-a ao projeto do Penn Center. Aparentemente nenhuma autoridade competente do governo municipal percebeu que justamente esse tipo de reinserção de instalações culturais básicas no centro da cidade era necessário – tanto para o centro da cidade quanto para a vitalidade das próprias instalações culturais.

Se os componentes das ilhas culturais e administrativas forem desmembrados e deixarem a ilha, um por um, quando oportuno, podem-se colocar em seu lugar usos inteiramente variados – de preferência que não apenas sejam diferentes, mas cujas diferenças complementem o que permanecer no projeto.

Filadélfia, enquanto persiste no velho erro da biblioteca, pelo menos se livrou de cometer outro erro – porque dessa vez a cidade tinha experiência com um centro cultural para não se deixar encantar com a suposta força revitalizadora de um lugar desses. Quando a Academia de Música, que fica no centro, precisou de reforma há poucos anos, quase ninguém levou a sério a ideia de que ela deveria ser transplantada para a ilha cultural. Foi mantida no lugar dela, o centro da cidade. Baltimore, depois de flertar durante anos com um e outro plano de um complexo cultural-administrativo separado e isolado, decidiu construí-lo no centro da cidade, onde essas instalações têm mais valor tanto por seus usos principais quanto como ponto de referência.

Esta é, obviamente, a melhor maneira de revitalizar qualquer tipo de projeto isolado, antes de ele ser efetivamente construído: refletir melhor sobre ele.

21. UNIDADES TERRITORIAIS DE GESTÃO E PLANEJAMENTO

Uma audiência pública numa cidade grande costuma ser um evento interessante, ao mesmo tempo animador e desanimador. Conheço melhor as audiências da prefeitura de Nova York, em quintas-feiras alternadas, sobre medidas que exigem a decisão do principal órgão de governo do município, o Conselho de Orçamento. Os assuntos aparecem na pauta do dia da audiência por pressão, influência e manobra de alguém de dentro ou de fora do governo.

Os cidadãos que quiserem se manifestar dirigem-se ao prefeito, aos cinco diretores das regiões administrativas, ao secretário de Finanças e ao presidente da Câmara Municipal, sentados atrás de uma bancada semicircular elevada numa das pontas de uma sala ampla e bonita, cheia de bancos brancos com encosto alto para o público. Os funcionários públicos, eleitos ou indicados, também se sentam nesses bancos, para atacar ou defender assuntos controversos. Às vezes, as sessões são tranquilas e rápidas, mas geralmente são tumultuadas e tomam não só o dia, como entram noite adentro. Segmentos inteiros da sociedade, problemas de bairros e mais bairros, distritos e mais distritos, desfiles de personalidades de vulto, tudo isso ganha vida na sala. Os membros do Conselho ouvem, aparteiam e às vezes baixam decretos na hora, como dirigentes presidindo o tribunal de um feudo na época medieval.

Fiquei viciada nas sessões do Conselho de Orçamento no papel de participante ferrenha e constante desse tipo de audiência, e não consigo deixar de me envolver quando se apresentam os problemas de um distrito ou se defende a causa de um bairro. Em certo sentido, é tudo muito exasperante. Vários dos problemas não deveriam nem existir. Bastaria que funcionários bem-intencionados das secretarias municipais ou de departamentos competentes conhecessem na intimidade as ruas ou os distritos – e se importassem com eles – tão afetados por seus planos, ou que soubessem um mínimo daquilo que os moradores desses lugares consideram importante em sua vida e por quê. Algumas das divergências nunca teriam ocorrido se os planejadores e outros pretensos especialistas entendessem infimamente o funcionamento da cidade e o levassem em consideração. Outras questões, é evidente, envolvem favoritismo, acordos e medidas administrativas arbitrárias que enfurecem os eleitores, mas não se consegue atribuir sua responsabilidade a ninguém nem desfazê-los. Há também muitos casos (não todos) em que são logradas centenas de pessoas que perderam o salário do dia, ou deixaram os filhos com alguém, ou trouxeram os filhos junto e ficam sentadas horas a fio com os pequenos irrequietos no colo; tudo já havia sido decidido antes que elas fossem ouvidas[1].

Ainda mais desanimador que tudo isso é as pessoas logo perceberem que há problemas que fogem totalmente ao controle. Seus desdobramentos são muito complexos; tipos muito diferentes de problemas, carências e serviços se emaranham em determinado lugar – problemas demais para compreender, quanto mais remediar ou abordar quando os impérios administrativos do governo municipal, descoordenados, os atacam unilateralmente e de longe, um de cada vez. Outra vez são os cegos apalpando o elefante. A impotência e sua companheira, a ineficiência, tornam-se quase palpáveis nessas audiências.

1. Assim, em carta ao *New York Times* sobre a revisão de alvarás, Stanley M. Isaacs, vereador e ex-diretor da região administrativa de Manhattan, escreve: "Eles vão realizar uma audiência? Sem dúvida. Mas nós, com nossa experiência, sabemos o que isso significa. Serão audiências do mesmo tipo das que o Conselho de Orçamento costuma realizar. Primeiro, eles fazem uma reunião executiva"; [as sessões executivas são realizadas às quartas-feiras, um dia antes da audiência pública] "tudo se decide aí; depois a população é recebida com toda a polidez e ouvidos moucos."

Por outro lado, as audiências são animadoras, pela grande vitalidade, seriedade e sensibilidade que muitos dos cidadãos demonstram nessas ocasiões. Pessoas bem comuns, inclusive os pobres, os discriminados, os de pouca instrução, demonstram nesses momentos sua grandeza de espírito, e não estou sendo sarcástica. Falam com sensatez e quase sempre com eloquência de coisas que elas conhecem diretamente, a partir de sua vivência diária. Falam apaixonadamente de preocupações que são circunscritas, mas nunca limitadas. Sem dúvida também se dizem coisas bobas, e inverdades, e coisas claramente ou ligeiramente interesseiras; e isso também é bom para que se constate a repercussão dessas declarações. Acho que nós, ouvintes, raramente somos enganados; nossa reação deixa claro que compreendemos e avaliamos essas opiniões pelo que elas são. A população da cidade tem vivência, responsabilidade e interesse de sobra. Há ceticismo, mas também há confiança, e esta, claro, é o que mais conta.

Os oito dirigentes que se sentam atrás da bancada elevada (não podemos chamá-los de servidores do povo, como é de praxe, porque servidores conheceriam melhor os negócios de governo), esses dirigentes também não são sujeitos deploráveis. A maioria dos presentes, acho, está feliz por ter pelo menos uma chance ínfima, vaga (que raramente se efetiva), de prevalecer sobre eles para defender-se dos simplismos dos especialistas, os cegos que apalpam o elefante. Observamos atentamente os dirigentes, da melhor maneira possível. A energia, a perspicácia e a sensibilidade deles são, em geral, louváveis. Não vejo por que achar mais que isso. Não são garotos diante de um trabalho para homens; são homens diante de um trabalho para super-homens.

O problema é que eles tentam lidar com os detalhes íntimos de uma grande metrópole por intermédio de uma estrutura organizada para apoiá-los, aconselhá-los, informá-los, orientá-los e pressioná-los que se tornou anacrônica. Não há torpeza nessa situação, nem a torpeza de empurrar a responsabilidade para os outros; a torpeza, se se pode chamar assim, é o fracasso bastante compreensível da nossa sociedade em acompanhar as mudanças históricas prementes.

As mudanças históricas pertinentes neste caso são não só o crescimento descomunal das grandes cidades como também o das responsabilidades – de habitação, bem-estar social, saúde, educação, planejamento regulamentar – assumidas pelos governos dos grandes municípios. Não é só Nova York que não consegue enfrentar essas profundas mudanças circunstanciais com mudanças funcionais adequadas na estrutura administrativa e de planejamento. Todas as grandes cidades norte-americanas encontram-se no mesmo dilema.

Quando as questões atingem de fato um novo grau de complexidade, a única saída é engendrar meios de manter as coisas adequadamente nesse novo nível. A alternativa é o que Lewis Mumford chamou apropriadamente de "desconstrução", destino das sociedades que não conseguem manter a complexidade de que se compõem e dependem.

O pseudoplanejamento urbano implacável, simplista, e o pseudodesenho urbano que temos atualmente é uma forma de "desconstruir" cidades. Porém, embora isso tenha sido definido e santificado por teorias reacionárias que na verdade glorificam a "desconstrução" das cidades, hoje em dia a prática e a influência desse tipo de planejamento não se fundam apenas na teoria. Gradativa, imperceptivelmente, quando a organização administrativa urbana não conseguiu desenvolver-se convenientemente junto com o crescimento e a complexidade das cidades, a "desconstrução" urbana tornou-se uma necessidade prejudicial, porém imperativa, para o pessoal de planejamento e outras equipes administrativas, que também têm diante de si um trabalho de super-homens. As soluções rotineiras, implacáveis, desastrosas e simplistas para todos os tipos de necessidades físicas das cidades (sem falar das necessidades sociais e econômicas) *só podem* ser inventadas por máquinas administrativas que perderam o poder de compreender, manejar e avaliar uma infinidade de detalhes vitais, únicos, complexos e interdependentes.

Pensemos um instante nas metas que o planejamento urbano precisa procurar obter, se tiver como objetivo a vitalidade urbana.

O planejamento para a vitalidade deve estimular e catalisar o maior espectro e a maior quantidade possível de diversidade em meio aos usos e às pessoas em cada distrito da cidade grande; esse é o alicerce fundamental da força econômica, da vitalidade social e do magnetismo urbanos. Para obtê-lo, os planejadores devem diagnosticar com precisão, em lugares específicos, o que falta para gerar diversidade e, depois, ter como meta suprir essas lacunas da melhor maneira possível.

O planejamento para a vitalidade deve propiciar uma interpenetração contínua de vizinhanças, cujos usuários e proprietários informais possam dar uma grande contribuição mantendo a segurança dos espaços públicos, lidando com estranhos, de modo que sejam um trunfo e não uma ameaça, garantindo a vigilância informal das crianças nos lugares públicos.

O planejamento para a vitalidade deve combater a existência nociva das zonas de fronteira desertas e deve ajudar a promover a identificação das pessoas com distritos que são extensos, variados e ricos em contatos internos e externos o suficiente para lidar bem com os problemas difíceis, inevitáveis e naturais da vida nas grandes cidades.

O planejamento para a vitalidade deve visar à recuperação de cortiços, criando condições para convencer uma grande porcentagem dos moradores, sejam quais forem, a permanecer por livre escolha, de modo que a diversidade de pessoas aumente sempre, e a comunidade se mantenha, tanto para os antigos residentes quanto para os moradores que se incorporem a ela.

O planejamento para a vitalidade precisa transformar a autodestruição da diversidade e outros usos indiscriminados do dinheiro em forças construtivas, impedindo, por um lado, que haja possibilidade de degradação e, por outro, estimulando um bom ambiente econômico para os projetos pessoais numa área mais ampla da cidade.

O planejamento para a vitalidade deve explicitar a ordem visual das cidades, por meio da promoção e da compreensão da ordem funcional, ao contrário de impedi-la e negá-la.

Sem dúvida, isso não é tão difícil quanto parece, porque todas essas metas estão inter-relacionadas. Seria impossível executar qualquer uma delas sem executar as outras simultaneamente (e, até certo ponto, automaticamente). Entretanto, tais metas não podem ser alcançadas se os responsáveis pelo diagnóstico, pela elaboração de táticas, pela recomendação de medidas não souberem o que estão fazendo. Devem ter a respeito não um conhecimento generalizado, mas um conhecimento detalhado sobre os lugares específicos e únicos da cidade com os quais estão lidando. Eles podem adquirir boa parte das informações de que precisam com ninguém senão os próprios moradores do lugar, pois não há quem saiba mais a respeito.

Nesse tipo de planejamento, não basta que os administradores de várias áreas conheçam *serviços* e *técnicas* específicas. Eles precisam conhecer, e conhecer a fundo, *lugares* específicos.

Só super-homens conseguiriam entender uma cidade grande por inteiro, ou como um grupo de bairros, com o detalhamento necessário para orientar medidas construtivas e evitar medidas impensadas, gratuitas, destrutivas.

Existe hoje a crença generalizada entre muitos especialistas em cidades de que os problemas urbanos que fogem à compreensão e ao controle de planejadores e administradores só podem ser solucionados a contento se forem ampliados os territórios em questão e os problemas a eles vinculados, para que sejam enfrentados mais "amplamente". Isso é escapismo por incapacidade intelectual. "Uma Região", disse alguém com um toque de ironia, "é uma área seguramente maior do que a última cujos problemas não conseguimos solucionar."

Atualmente, o governo de uma cidade grande não passa de um governo de cidade pequena que foi expandido e adaptado de modo bem conservador para lidar com incumbências maiores. Isso tem provocado resultados estranhos e, no fim das contas, desastrosos, porque as cidades grandes apresentam problemas operacionais que são intrinsecamente diferentes dos apresentados pelas cidades pequenas.

Há semelhanças, claro. Como qualquer assentamento, uma cidade grande tem um território para administrar e, em consequência, os diversos serviços que atendem a ele. E, da mesma maneira que nos assentamentos pequenos, é lógico e prático organizar esses serviços verticalmente nas grandes cidades – quer dizer, cada serviço tem sua própria organização como, por exemplo, departamento de parques, departamento de saúde, departamento de trânsito, órgãos habitacionais, departamento de hospitais, departamento de abastecimento de água, departamento de vias públicas, departamento de licenciamento, departamento de polícia, departamento de saneamento e coisas parecidas, que abrangem toda a cidade. De tempos em tempos surgem novos serviços – departamentos para combater a poluição atmosférica, órgãos de reurbanização, órgãos de trânsito e assim por diante.

Todavia, em função da enorme quantidade de trabalho que esses órgãos têm nas grandes cidades, mesmo os mais tradicionais precisam realizar várias divisões internas com o passar do tempo.

Muitas dessas divisões são também verticais: vários órgãos são divididos internamente em setores com incumbências específicas, cada um deles de novo abrangendo toda a cidade. Assim, por exemplo, o departamento de parques costuma ter setores de paisagismo, manutenção, planejamento de áreas de recreação, programas de recreação e assim por diante, todos sob um comando máximo. Os órgãos habitacionais têm setores responsáveis por seleção e planejamento de áreas, manutenção, bem-estar social, triagem de moradores, e assim por diante – cada setor sendo um órgão complexo, e todos sob um comando máximo. O mesmo se aplica aos conselhos de educação, departamentos de bem-estar social, comissões de planejamento e assim por diante.

Além dessas divisões verticais de responsabilidades, muitos órgãos administrativos também possuem divisões horizontais: são divididos em setores *territoriais*, para coletar informações ou executar serviços, ou ambos. Assim temos, por exemplo, distritos policiais, distritos de saúde, distritos de bem-estar social, delegacias de educação e distritos de parques, e assim por diante. Em Nova York, os gabinetes dos cinco diretores das regiões administrativas têm plena responsabilidade por uns poucos serviços, principalmente ruas (mas não trânsito) e diversos serviços de obras civis.

Cada uma das várias divisões internas de atribuições, verticais ou horizontais, tem uma lógica própria, o que significa uma lógica vazia. Se juntarmos todos eles numa grande cidade, o resultado é caótico.

O resultado é naturalmente diferente numa cidade pequena, sejam quais forem as divisões internas dos serviços. Pensemos um instante numa cidade como New Haven, que tem apenas 165 mil habitantes. Nessa escala urbana reduzida, o chefe do órgão administrativo e os membros de sua equipe podem comunicar-se e coordenar-se com facilidade e naturalidade com todos os chefes e as equipes administrativas dos outros serviços, se quiserem. (Se eles têm ou não boas ideias para transmitir e coordenar é, obviamente, outra questão.)

Mais importante ainda, os chefes e as equipes dos órgãos, na escala de uma cidade pequena, podem ser especialistas em dois assuntos simultaneamente: especialistas em sua área e também especialistas na própria New Haven. A única maneira de um administrador (ou qualquer pessoa) conhecer e compreender um lugar é, em parte, por meio de informações e observações diretas ao longo do tempo e, mais ainda, assimilando o que outras pessoas, tanto do governo como de fora dele, conhecem do lugar. Parte dessas informações pode ser mapeada e tabulada; parte, não. Juntando esses recursos, New Haven é compreensível para uma pessoa que tenha uma inteligência normal. Não há outro jeito de os inteligentes e também os néscios conhecerem um local a fundo.

Em síntese, New Haven, como estrutura administrativa, tem coerência interna relativa que se deve a seu tamanho.

A coerência relativa de uma localidade como New Haven é vista como natural, no que diz respeito à administração. Podem existir outras maneiras de melhorar a eficiência administrativa e outras particularidades da atuação, mas certamente ninguém tem a ilusão de que para isso seja necessário reorganizar New Haven, de modo que tenha um oitavo de um departamento de parques, 6,25 distritos de saúde, um terço de um distrito de bem-estar social, um treze avos de uma equipe de planejamento, metade de uma delegacia de educação, um terço de outra delegacia de educação e dois nonos de uma terceira delegacia de educação, 2,5 departamentos de polícia e um tantinho de um diretor de trânsito.

Num esquema desses, muito embora tenha apenas 165 mil habitantes, New Haven não seria compreendida em sã consciência por ninguém. Algumas pessoas veriam só uma parte dela; outras a veriam por inteiro, mas só superficialmente, como uma parte relativamente desligada de uma coisa muito maior. E, num tal esquema, seus serviços, o planejamento inclusive, também não poderiam ser geridos com eficiência e sensatez.

No entanto, é assim que tentamos coletar informações, gerir serviços e fazer o planejamento de lugares dentro das grandes cidades. Evidentemente, os problemas que quase todos querem solucionar, e são passíveis de solução, escapam à compreensão e ao controle de todos.

Multipliquem o fracionamento hipotético que fiz com New Haven por dez ou cinquenta em cidades com uma população de meio milhão a oito milhões (e lembrem-se de que as dificuldades intrínsecas que deverão ser compreendidas e resolvidas crescem não aritmeticamente com a população, mas geometricamente). Depois, subtraiam as diferentes áreas de atuação do emaranhado em que se encontram nas localidades e juntem-nas em grandes impérios departamentais e burocráticos.

Esses impérios extensos e fracionados a esmo relacionam-se por meio de labirintos de coordenação, comunicação e contatos. Esses labirintos têm tantos meandros, que é difícil esquadrinhá-los ou ter acesso a eles, quanto mais que funcionem como vias confiáveis e abertas ao entendimento entre os departamentos, ou canais de informações compartilhadas sobre lugares específicos, ou linhas de ação para executar o que deve ser feito. Os cidadãos e os servidores podem perambular indefinidamente por esses labirintos, transmitindo o que restou de muitas esperanças antigas, mortos de cansaço.

Foi assim que em Baltimore um grupo de cidadãos destacados, que desfrutavam a vantagem do aconselhamento local e não tomavam atitudes precipitadas ou desnecessárias, promoveu reuniões, negociações e uma série de consultas e sanções por um ano inteiro – só para obter permissão para colocar a estátua de um urso num parquinho! Empreendimentos tão simples tornam-se tremendamente difíceis nesses labirintos, e os empreendimentos difíceis, impossíveis.

Vejam esta notícia do *New York Times* de agosto de 1960 sobre um incêndio que deixou seis pessoas feridas num apartamento de propriedade do município. O apartamento, diz o jornal, "havia sido classificado como altamente inseguro em um relatório do Corpo de Bombeiros para o Departamento de Edificações". O diretor de Edificações disse, em defesa de seu departamento, que os fiscais haviam tentado entrar no prédio muitas vezes, mesmo depois de 16 de maio, quando a prefeitura tomou posse do imóvel. A notícia diz o seguinte:

> Na verdade, o Departamento de Imóveis [órgão municipal que possuía o edifício] não notificara o Departamento de Edificações até 1.º de julho de que havia adquirido o imóvel, disse o diretor. E só vinte e cinco dias depois a notificação passou por todas as instâncias entre o Departamento de Edificações, no vigésimo andar da Prefeitura, e o setor de habitação [do Departamento de Edificações], no décimo oitavo andar. Quando a informação chegou ao setor de habitação em 25 de julho, houve um telefonema para o Departamento de Imóveis, pedindo licença para a inspeção. Primeiro o Departamento de Imóveis disse não ter as chaves do edifício, afirmou o diretor [de Edificações]. Começaram os entendimentos (...). Eles ainda se desenrolavam quando ocorreu o incêndio no sábado [13 de agosto]. Foram retomados na segunda-feira seguinte por um funcionário do Departamento de Edificações que não tinha ouvido falar do incêndio (...).

Se é muito desagradável, inútil e entediante acompanhar toda essa absurda falta de comunicação, imaginem quão desagradável, inútil e entediante não é enfrentá-la. As pessoas confiantes, ativas e diligentes que trabalham nesses impérios precisam tornar-se desinteressadas e resignadas para se preservar (não para preservar o emprego, como se costuma pensar, mas para preservar *a si mesmas*).

E, se a transmissão eficiente de informações e a coordenação de ações eficaz são desconcertantes dentro do governo, imaginem quais não seriam a desorientação e a frustração daqueles que precisam lidar com elas pelo lado de fora. Apesar de ser difícil e demorado – e também dispendioso – organizar um grupo de pressão política e exercê-la sobre os servidores eleitos, os cidadãos das cidades grandes acabam descobrindo que essa geralmente é a única maneira de se desvencilharem dos trâmites ainda mais complicados e demorados da burocracia não eleita[2].

A ação e a pressão política serão sempre necessárias, mais ainda numa sociedade que se autogoverna, para enfrentar e desfazer conflitos reais de interesses e opiniões. Outra coisa é descobrir, como ocorre hoje em todas as grandes cidades, que é necessário um esforço enorme – e geralmente vão – só para reunir e tentar interessar os especialistas adequados em vários serviços que necessariamente devem ser contatados para lidar com um único problema ou necessidade de um único lugar. E é ainda mais ridículo que, quando esses "entendimentos para estabelecer uma cooperação" – como se costuma chamá-los na Comissão de Planejamento da Cidade de Nova York – são finalmente conseguidos e formulados, eles tendem a ser uma cooperação entre a ignorância de especialistas e a ignorância de outros especialistas. Só dá para perceber como um bairro de cidade grande é complicado quando se tenta explicá-lo a especialistas de áreas específicas. É como tentar comer com um travesseiro na boca.

Os cidadãos das grandes cidades são sempre censurados por não participarem ativamente do governo. O surpreendente é que eles continuem tentando.

Várias vezes o repórter Harrison Salisbury, em artigos profundos sobre delinquência publicados no *New York Times*, menciona os aparentemente irremovíveis obstáculos ao desenvolvimento impostos pela informação fragmentada, por uma administração fragmentada, por uma responsabilidade fragmentada,

2. Há grupos com interesses especiais que às vezes usam sua "influência" para não terem o mesmo desapontamento – em sua área de interesse, é óbvio – que leva cidadãos comuns a fazer pressão sobre os administradores por meio de servidores eleitos. Um dos escândalos relacionados com a renovação urbana de Nova York eram os pagamentos feitos a Sydney S. Baron (chefe da assessoria de imprensa de Carmine G. DeSapio, líder do Partido Democrata) por seis mentores de empreendimentos de renovação subvencionados pelo governo federal. Um dos mentores declarou, segundo o *New York Post*: "Seria ótimo que eu pudesse dizer que contratamos Baron por outro motivo que não sua influência. Esperaríamos durante meses para ter reuniões com os diretores – da Saúde, do Corpo de Bombeiros e da Polícia, por exemplo –, mas ele tinha como pegar o telefone e fazer as coisas andarem imediatamente." A notícia diz ainda: "Baron negou categoricamente que tivesse sido contratado para 'apressar o processo nos órgãos municipais'. 'Só marquei duas reuniões, uma com a Saúde, outra com o Corpo de Bombeiros', disse ele."

por departamentos fragmentados. "A selva de verdade é no gabinete dos burocratas", escreve ele, citando um pesquisador da delinquência. E o próprio Salisbury resume: "Contradição, confusão, departamentos sobrepostos estão na ordem do dia."

Supõe-se frequentemente que essa obstrução e essa inércia sejam propositais ou no mínimo resultado do lado ruim da administração. "Hipocrisia", "zelo burocrático", "protecionismo do *status quo*", "eles não se importam" são palavras e expressões que surgem em relatos desesperados de cidadãos ao falar de suas frustrações nos meandros dos impérios municipais. Sem dúvida existe esse lado ruim – ele prospera nos círculos em que há muitos para fazer muito pouco em face de tamanha necessidade –, mas nem a maldade nem a baixeza dos indivíduos produzem tal bagunça. Nem santos conseguiriam administrar bem sistemas assim.

A estrutura administrativa em si é falha *porque ela foi adaptada mais do que deveria para funcionar*. É assim que se desenrolam as questões que envolvem o homem. Chega um momento em que o nível de complexidade aumenta tanto, que é necessário inventar.

As cidades lutaram para inventar alguma coisa que enfrentasse esses problemas da administração fragmentada – inventaram a comissão de planejamento.

Na teoria da gestão urbana, as comissões de planejamento são os principais órgãos de coordenação da administração. São um órgão bem recente dos governos municipais norte-americanos, pois a maioria delas foi instituída nos últimos vinte e cinco anos em decorrência do fato óbvio de que os departamentos da gestão urbana eram incapazes de coordenar planos diferentes sobre mudanças físicas nas cidades.

A invenção foi ruim por ter reproduzido e, de certa maneira, reforçado os mesmos erros que deveria evitar.

As comissões de planejamento, como os outros impérios burocráticos, organizam-se fundamentalmente segundo o modelo vertical, com responsabilidade vertical fracionada, e, quando a necessidade e a premência impõem, segundo divisões horizontais descoordenadas aqui e ali (distritos de renovação, áreas de preservação etc.), reunidas sob um comando máximo. Com esse esquema, mantém-se a situação em que ninguém, inclusive a comissão de planejamento, é capaz de compreender lugares da organização urbana a não ser de modo genérico ou fragmentado.

Além do mais, na condição de coordenadoras dos planos de outros órgãos municipais, as comissões de planejamento na maioria das vezes avaliam as propostas só *depois* de os funcionários de outros órgãos terem pelo menos concebido provisoriamente o que querem fazer. Essas propostas vêm de dezenas de lugares diferentes para a comissão de planejamento, que só *depois* deve julgar se elas fazem sentido entre si e de acordo com as informações, os conceitos e as ideias da própria comissão de planejamento. Mas o momento crucial para coordenar as informações é antes e durante o período em que são concebidas as propostas ou as táticas, ainda que provisórias, feitas para qualquer serviço específico em qualquer lugar específico.

Evidentemente, com um sistema tão irreal quanto esse, os coordenadores são incapazes de coordenar até a si mesmos, quanto mais aos outros. A comissão de planejamento de Filadélfia é reconhecida como uma das melhores do país, e talvez até seja. Porém, quando se tenta descobrir por que as criações estéticas prediletas da comissão de planejamento, os "calçadões" Greenway[3], não têm na realidade a aparência que tinham nas plantas dos urbanistas, fica-se sabendo do próprio diretor de planejamento que o departamento de vias públicas não entendeu a ideia ou coisa parecida e não forneceu os pavimentos adequados, que o departamento de parques, o órgão habitacional ou a empreiteira não entenderam a ideia ou coisa parecida e não fizeram corretamente os espaços livres, que os vários departamentos municipais ligados aos equipamentos de rua não entenderam a ideia ou coisa parecida – e, acima de tudo, que os habitantes não entenderam a ideia ou coisa parecida. Todos esses detalhes são tão extenuantes e decepcionantes, que mais vale a pena criar um

3. Que obviamente não têm calçadões.

novo plano do que seria "ideal" para algum outro lugar do que perambular pelos labirintos tentando inutilmente juntar os pedaços do plano do ano passado. Contudo, essas questões são simples em comparação com a coordenação necessária para atacar problemas de planejamento realmente difíceis, como recuperação de cortiços, segurança, aprimoramento da ordem das cidades e um ambiente econômico mais propício à diversidade.

Devido às circunstâncias, as comissões de planejamento tornaram-se não instrumentos eficientes para a compreensão e a coordenação da imprescindível infinidade de detalhes urbanos complexos, mas sim instrumentos destrutivos, mais ou menos eficazes, em "desconstruir" e simplificar as cidades. Como caminham as coisas, não dá para evitar que isso aconteça. As equipes das comissões não sabem, nem podem saber, o suficiente sobre qualquer lugar das cidades para empreender algo diferente, por mais que se esforcem. Mesmo que o ideário do planejamento mudasse das visões da Cidade-Jardim Beautiful Radieuse para o planejamento *urbano*, elas não conseguiriam executar um planejamento urbano. Não têm meios para coletar e compreender as necessárias informações profundas, multifacetadas, em parte em função da sua própria estrutura inadequada para a compreensão das cidades grandes e em parte em função das mesmas inadequações estruturais de outros departamentos.

Vejam uma coisa curiosa sobre a coordenação tanto de informações quanto de ações nas cidades, que é o ponto essencial da questão: a coordenação fundamental necessária resume-se à coordenação de serviços diferentes em lugares específicos. Trata-se ao mesmo tempo do tipo de coordenação mais difícil e mais indispensável. A coordenação ao longo da organização vertical de responsabilidades fracionadas é comparativamente mais fácil e também menos vital. Ainda assim, se a coordenação vertical é facilitada pela estrutura administrativa, todos os outros tipos tornam-se mais difíceis, devido à impossibilidade de coordenação localizada.

Intelectualmente, a importância da coordenação local é pouco reconhecida e valorizada na teoria da gestão urbana. As próprias comissões de planejamento são, mais uma vez, a questão principal. Os planejadores gostam de pensar que lidam globalmente com a cidade em geral e que sua importância é muito grande porque eles "veem o quadro como um todo". Mas a ideia de que são necessários para lidar com a cidade deles "como um todo" é ilusória. Além do planejamento de grandes vias (que é abominável, também porque ninguém entende das localidades afetadas) e a incumbência quase só orçamentária de racionalizar e distribuir verbas para despesas com melhorias essenciais apresentadas em orçamentos provisórios, a máquina das comissões de planejamento e seu pessoal raramente lidam, na realidade, com a cidade grande como um organismo completo.

Na realidade, pela natureza do trabalho, quase todo o planejamento urbano preocupa-se com ações relativamente pequenas e específicas executadas aqui e ali, em ruas, bairros e distritos específicos. Para saber se são bem ou mal executadas – saber, afinal, o que deve ser feito –, é mais importante conhecer aquela localidade específica do que saber quantas coisas da mesma categoria estão implantadas em outros locais e o que está sendo feito com elas. Não há conhecimento que substitua o conhecimento do local no planejamento, não importa se ele é criativo, coordenado ou antecipatório.

É imprescindível não a invenção de um instrumento de coordenação geral, mas sim uma invenção que torne possível a coordenação onde a necessidade é mais premente – em localidades específicas e únicas.

Em poucas palavras, as grandes cidades devem ser divididas em distritos administrativos. Seriam divisões horizontais do governo municipal, mas, em vez de uma horizontalidade descoordenada, estariam ligadas ao governo municipal como um todo. Os distritos administrativos substituiriam as subdivisões primárias, básicas da maioria dos órgãos municipais.

Os funcionários principais dos órgãos, abaixo do diretor-chefe, seriam os administradores distritais. Cada um deles supervisionaria todos os aspectos dos serviços de seu departamento dentro do seu distrito; a equipe que prestaria o serviço à localidade ficaria sob suas ordens. As mesmas fronteiras do distrito seriam iguais para cada departamento que trabalhasse diretamente com a vida e o planejamento do distrito – como tráfego, bem-estar social, escolas, polícia, parques, aplicação do código de obras, saúde, subvenção de moradias, bombeiros, zoneamento, planejamento.

Cada distrito e os serviços nele prestados ficariam a cargo de um administrador distrital. Esse conhecimento duplo não é excessivo para uma pessoa de inteligência normal – especialmente porque os distritos têm outros homens e mulheres que observam o mesmo lugar de ângulos diferentes e são também responsáveis por compreendê-lo e servi-lo.

Esses distritos administrativos teriam de corresponder à realidade, em vez de ser segmentados por um novo esquema. Eles teriam de corresponder aos distritos que funcionam atualmente – ou têm potencial para funcionar –, como entidades sociais e políticas da maneira exposta no Capítulo 6.

Com esse tipo de estrutura de informação e ação de governo prestes a acontecer, poderíamos esperar que as várias agências de prestação de serviços públicos a toda a cidade se adaptassem à administração distrital.

A ideia da administração municipal horizontal não é nova, como dito antes. Há precedentes na horizontalidade descoordenada e desarmônica a que muitas administrações municipais recorreram. Há precedentes também nas denominações hoje corriqueiras, como distritos de renovação e de preservação. Quando Nova York começou a experimentar a preservação de vizinhanças em alguns lugares, os administradores desse programa logo descobriram que não conseguiriam realizar nada de útil, a menos que fizessem acordos especiais e excepcionais pelo menos com o departamento de edificações, o corpo de bombeiros, o departamento de polícia, o departamento de saúde e o departamento de saneamento para que atendessem os membros da equipe responsável especificamente por aquele *lugar*. Isso foi necessário só para coordenar algumas melhorias mais simples. A municipalidade descreve esse esquema de horizontalidade integrada como “um magazine de serviços para o bairro”, reconhecido tanto pela prefeitura quanto pelos cidadãos atingidos como um dos maiores benefícios recebidos por um bairro declarado área de preservação!

Entre os precedentes mais notáveis da administração e da incumbência horizontal estão as associações comunitárias das grandes cidades, que sempre se organizaram tendo por princípio um pedaço de território, em vez de uma profusão de serviços verticais desarticulados. Essa é uma das razões principais de as associações comunitárias serem tão eficazes, de seus membros geralmente conhecerem o lugar tão profundamente quanto o próprio trabalho e de os serviços dessas associações, via de regra, nem se tornarem antiquados nem conflitarem com os outros. Em geral, as associações comunitárias de uma cidade grande trabalham juntas bastante – em levantamento de recursos, procura de pessoal, troca de ideias, pressão por legislação –, e nesse sentido são mais do que organizações horizontais. Na verdade, são ao mesmo tempo horizontais e verticais, mas estruturalmente a coordenação é mais fácil nos pontos em que costuma ser mais difícil.

Além disso, a ideia de distritos administrativos em cidades norte-americanas também não é nova. Tem sido proposta de tempos em tempos por grupos de cidadãos – em Nova York foi sugerida em 1947 pela competente e bem-informada União dos Cidadãos, que chegou até a mapear os distritos administrativos viáveis, baseada em distritos urbanos empíricos. O mapa de distritos da União dos Cidadãos é ainda hoje o mapeamento mais compreensível e lógico da cidade de Nova York.

Geralmente, no entanto, as sugestões sobre administração distrital em grandes cidades enveredam por raciocínios inúteis, e esta, acho eu, é uma das razões de seu fracasso. Às vezes, ela é concebida, por exemplo, como um órgão de "aconselhamento" formal do governo. Mas, na prática, os órgãos consultivos que não têm autoridade nem responsabilidades são mais do que improdutivos na administração municipal. Tomam o tempo de todo o mundo e invariavelmente não obtêm mais sucesso do que qualquer pessoa em atravessar os complicados labirintos dos impérios burocráticos segmentados. E também às vezes os distritos administrativos são concebidos como um "serviço-pivô" único, como planejamento, por exemplo, e também este se mostra ineficaz na solução de coisas mais importantes. Isso porque, para funcionarem como instrumentos de governo, os distritos administrativos precisam abranger as atividades múltiplas de governo. E às vezes se deturpa a ideia com a proposta de se construírem "centros administrativos", de modo que se confunde o valor da ideia com a superficialidade de dar às cidades um novo tipo de enfeite em forma de empreendimento. As repartições da administração distrital teriam de estar dentro do distrito a que pertencem e deveriam estar próximas umas das outras. No entanto, o mérito desse esquema é não ter nada que impressione visual ou fisicamente. A manifestação visível mais importante da administração distrital seria a presença de pessoas conversando sem ter de fazer antes "entendimentos para estabelecer uma cooperação".

A administração distrital, na forma de uma estrutura de governo municipal, é intrinsecamente mais complexa do que a adaptação da estrutura administrativa de cidade pequena que temos atualmente. A gestão urbana precisa ter uma estrutura básica mais complexa para *funcionar* com mais simplicidade. As estruturas atuais, paradoxalmente, são no fundo muito simples.

É preciso entender que a administração distrital em cidades grandes não pode ser "pura" ou dogmática, esquecendo as ligações verticais. Uma cidade grande, embora grande, não deixa de ser uma cidade, com grande interdependência entre seus lugares e suas zonas. Não é uma reunião de cidadezinhas e, se fosse, não existiria como cidade.

A reorganização dogmática do governo sob uma administração horizontal pura teria uma simplicidade tão fatal e uma inviabilidade tão caótica quanto as trapalhadas atuais. Por essa mesma razão ela seria inviável caso a tributação e todo o repasse de verbas precisem ser funções municipais centralizadas. Além disso, algumas das operações urbanas transcendem completamente a administração distrital; grande parte dos detalhes intrínsecos e complexos do conhecimento sobre o distrito é irrelevante para elas, e os detalhes que lhe forem relevantes podem ser rapidamente conhecidos pedindo-se as informações necessárias aos administradores distritais, que conhecem bem o lugar. São exemplos disso o abastecimento de água, o combate à poluição atmosférica, as relações trabalhistas e a administração de museus, zoológicos e prisões. Mesmo dentro de certos departamentos, alguns serviços não fazem sentido como funções distritais, ao passo que outros fazem. Por exemplo, seria absurdo um departamento de licenças dar ao licenciamento de táxis o caráter de uma função distrital, mas vendas de artigos de segunda mão, locais de entretenimento, bancas de vendas, chaveiros, agências de emprego e muitas outras atividades que requerem licenciamento poderiam muito bem ficar a cargo da administração distrital.

Fora isso, as cidades grandes têm condições de manter certos especialistas, que lhes podem ser úteis, mas nenhum distrito administrativo precisaria deles constantemente. Essas pessoas poderiam atuar como técnicos e especialistas itinerantes de determinados serviços, *sob as ordens* do administrador distrital cujo distrito tenha necessidade deles.

Ao ser instituída, a administração distrital deveria tentar que todos os serviços dependentes do conhecimento do distrito adotassem essa nova forma de organização estrutural. Todavia, com relação a alguns serviços e partes deles, seria necessário avaliar seu funcionamento. Poderiam ser feitas várias adaptações. O sistema não precisa obedecer a um esquema de funcionamento rígido, imutável. Na verdade, para colocá-lo em prática e fazer mudanças posteriormente não seria preciso um esforço maior do que o exigido hoje em dia para os serviços que fazem adaptações em sua organização por meio de tentativa e erro. O que seria imprescindível para efetivá-lo é um prefeito decidido, que realmente acreditasse num governo popular (os dois geralmente estão juntos).

Em síntese, os departamentos verticalizados de serviços que abrangem toda a cidade ainda existiriam e trocariam informações e ideias com os distritos. Porém, em quase todos os casos, a organização interna de cada um dos diversos serviços seria racionalizada e se adaptaria automaticamente à de outros serviços, de modo que as atividades entre eles e deles com os distritos fossem realmente funcionais. Quanto ao planejamento, ainda existiria o serviço de planejamento urbano, mas praticamente toda a sua equipe (e esperamos que a mais capaz) atenderia à cidade descentralizadamente, nos distritos administrativos, que são o único âmbito em que o planejamento pela vitalidade pode ser apreendido, coordenado e executado.

Os distritos administrativos de uma cidade grande atuariam logo de início como entidades políticas, porque disporiam de verdadeiros órgãos de informação, aconselhamento, decisão e execução. Essa seria uma das principais vantagens desse sistema.

Os cidadãos das cidades grandes precisam de pontos de apoio para pressionar e fazer com que sejam reconhecidos e respeitados seus desejos e seu conhecimento. Os distritos administrativos teriam de ser esses pontos de apoio. Muitas das lutas travadas atualmente nos labirintos do governo municipal verticalizado – ou decididas à revelia, porque os cidadãos nunca sabem o que os atingiu – seriam transferidas para a arena dos distritos. Isso é indispensável para a autogestão das cidades grandes, mesmo que ela seja vista como um processo criativo ou um processo de supervisão (claro que ela é ambas as coisas). Quanto maior, mais impessoal, mais incompreensível se tornar o governo da cidade grande, e quanto mais indistintos se tornarem as necessidades e os problemas em questões exclusivamente locais, mais ralas e ineficientes se tornarão as ações e a supervisão por parte dos cidadãos. É inútil esperar que os cidadãos ajam com responsabilidade e tenham verve e experiência em questões urbanas abrangentes quando se torna impossível a autogestão de assuntos locais, quase sempre os que mais importam para o povo.

Como entidade política, o distrito administrativo precisaria de um chefe, e certamente o teria, formal ou informalmente. Uma maneira formal – e por escrito seria ainda mais clara – seria indicar um "vice-prefeito", que responderia ao prefeito municipal. No entanto, um funcionário indicado como *chefe* logo seria suplantado por algum servidor eleito, pelo simples motivo de que os grupos de cidadãos sempre pressionarão, se tiverem condições, o servidor que elegeram – e o apoiarão se ele os atender – quando desejarem que a administração veja as coisas como eles veem. Os eleitores, percebendo formas de fazer valer sua influência, têm inteligência suficiente para usar seu poder onde ele tiver sustentação. É quase inevitável que um funcionário público eleito cujo eleitorado corresponda mais ou menos ao distrito venha a se tornar, de fato, uma espécie de "prefeito" local. Isso ocorre hoje nos distritos de cidades grandes que obtêm bons resultados sociais e políticos[4].

Qual é o tamanho adequado de um distrito administrativo?

Geograficamente, os distritos urbanos empíricos que funcionam de modo eficiente raramente ultrapassam cerca de 5,7 quilômetros quadrados; em geral, são menores.

Todavia, existe pelo menos uma exceção notável, que pode ser significativa. O distrito de Back-of-the-Yards de Chicago tem área de 12 quilômetros quadrados, cerca do dobro do tamanho máximo de um distrito eficiente, de acordo com a análise de outros lugares.

Na verdade, o Back-of-the-Yards já funciona como um distrito administrativo, não formal nem teoricamente, mas na prática. No Back-of-the-Yards, o governo local que mais conta não é o governo municipal, genérico, mas sim o Conselho do Back-of--the-Yards, que descrevi resumidamente no Capítulo 16. As decisões que só possam ser tomadas no âmbito formal do governo são transmitidas pelo Conselho ao governo municipal, que é, deve-se dizer, extremamente diligente. Além disso, o próprio Conselho presta alguns serviços que normalmente são prestados pelo governo formal, quando são prestados.

Talvez seja essa capacidade do Back-of-the-Yards de funcionar como uma unidade com força governamental real, embora informal, que lhe possibilite ter uma área geográfica de extensão

4. Os "prefeitos" locais nesse sentido parecem surgir de uma conjunção de dois fatores: serem acessíveis e bem-sucedidos no que lhes pedem e o tamanho de seu eleitorado. Por causa do primeiro fator, as funções que eles desempenham tendem a diferir dentro de uma cidade. Mas o segundo fator também é importante. Assim, embora em muitas cidades os vereadores tenham condições de ser "prefeitos" locais, isso não faria sentido em Nova York, onde o eleitorado de vereadores (cerca de 300 mil pessoas) é grande demais para esse fim; em vez deles, os "prefeitos" locais são com mais frequência os deputados estaduais, que, simplesmente por terem um eleitorado bem menor na cidade (cerca de 115 mil pessoas), normalmente são chamados para negociar com o governo municipal. Em Nova York, os bons deputados estaduais negociam muito mais com o governo municipal, em nome dos cidadãos, do que com o Estado. Eles às vezes se mostram vitais como servidores municipais, embora isso não faça parte de suas responsabilidades na teoria. Isso é resultado de uma política distrital provisória.

incomum. Resumindo, a identidade clara do distrito, cuja base em geral depende quase totalmente da inter-relação de usos interna, é reforçada aqui por uma organização governamental sólida.

Isso poderia ter valor para as áreas das grandes cidades onde o uso residencial é predominante, mas cuja densidade é muito baixa para conciliar uma quantidade apropriada de moradores com a área viável e comum de um distrito. Deve-se fazer com que tais áreas venham a ter, com o tempo, uma concentração de usos urbanos, e pode ser que uma única área geograficamente extensa acabe transformando-se em vários distritos; mas, ao mesmo tempo, se a experiência do Back-of-the-Yards significa o que eu acho que significa, a coesão propiciada pela administração distrital poderá levar essas áreas de baixa densidade a funcionar como distritos do ponto de vista político e social, e também administrativo.

Fora dos centros urbanos ou das áreas de grande concentração de indústrias, o uso residencial é quase sempre um dos usos principais mais presentes no distrito; o tamanho da população, portanto, é importante para o tamanho do distrito. No Capítulo 6, sobre bairros, defini um distrito empiricamente proveitoso como um lugar suficientemente grande (no tocante à população) para ter peso na cidade como um todo, mas suficientemente pequeno para que os bairros não sejam esquecidos ou ignorados. Isso quer dizer que eles podem ter entre 30 mil habitantes, em cidades como Boston e Baltimore, e um mínimo de 100 mil em cidades maiores, com um máximo provável de cerca de 200 mil. Acho que 30 mil é muito pouco para uma administração distrital eficaz; 50 mil seria um número mínimo mais adequado. O máximo de cerca de 200 mil, porém, é adequado para a administração, e também para um distrito considerado como um órgão social e político, pois qualquer número superior àquele excederá a unidade que se possa compreender no todo e em detalhe.

As próprias cidades grandes tornaram-se parte de territórios povoados ainda mais amplos, conhecidos nos dados censitários como Regiões Metropolitanas Padrão. Uma Região Metropolitana Padrão inclui uma cidade grande (às vezes mais de uma, como, por exemplo, as regiões metropolitanas de Nova York–Newark ou São Francisco–Oakland), e também as cidades vizinhas, cidades-satélites, vilas e subúrbios, que ficam fora das fronteiras políticas da cidade maior mas dentro de sua órbita econômica e social. O tamanho de uma Região Metropolitana Padrão, tanto geográfica quanto populacionalmente, teve sem dúvida um crescimento extraordinário nos últimos quinze anos. Isso se deve em parte ao dinheiro que inundou os arredores das cidades e minguou nas próprias cidades, como explicado no Capítulo 16, em parte ao fracasso das cidades em funcionar como *cidades* e em parte à expansão suburbana e semissuburbana em função desses dois motivos, a qual absorveu antigas vilas e pequenas cidades separadas.

Muitos problemas, particularmente os de planejamento, são comuns a esses núcleos urbanos da região metropolitana com governos próprios. Esta, e não a cidade grande, é a unidade mais importante no tocante ao combate à poluição da água, aos grandes problemas de transportes, ao desperdício e mau uso do solo, ou à preservação dos lençóis freáticos, das áreas naturais, dos grandes locais de recreação e de outros recursos.

Já que esses problemas reais e importantes existem e que não temos como solucioná-los administrativamente, foi desenvolvido um conceito chamado "Governo Metropolitano". Sob o Governo Metropolitano, as localidades separadas politicamente continuariam a ter identidade e autonomia política em assuntos exclusivamente locais, mas seriam reunidas sob um governo geral que teria poderes ampliados de planejamento e órgãos administrativos para executar os planos. Uma fatia dos impostos de cada localidade iria para o Governo Metropolitano, ajudando a aliviar parte do ônus financeiro que as cidades carregam, sem compensação, para investir na infraestrutura central utilizada pelas cidades vizinhas. As fronteiras políticas, que constituem barreiras ao planejamento conjunto ou à manutenção mútua da infraestrutura metropolitana comum a todos, seriam, conclui-se, esquecidas.

A ideia do Governo Metropolitano é atraente não só para muitos planejadores; parece ter conquistado muitos importantes homens de negócios, que dizem em vários pronunciamentos que essa é a maneira racional de resolver os "negócios de governo".

Os defensores do Governo Metropolitano têm plantas para comprovar que atualmente o planejamento da região metropolitana é inexequível. Essas plantas são mapas políticos de regiões metropolitanas expandidas. Perto do centro há uma unidade visivelmente grande, nítida, que representa o governo da cidade maior, a metrópole. Fora dela há um emaranhado de governos de cidades, condados, cidadezinhas e distritos que se sobrepõem, se repetem e se estrangulam, juntamente com toda sorte de regiões administrativas especiais, que surgiram por conveniência, alguns deles avançando sobre a cidade grande.

A região metropolitana de Chicago, por exemplo, tem cerca de mil unidades com governo próprio contíguas ou sobrepostas, além do governo municipal de Chicago. Em 1957, nossas 174 regiões metropolitanas continham uma miscelânea de 16.210 unidades de governo distintas.

"Colcha de retalhos dos governos" é a definição que mais se ouve, e é de certa forma correta. A moral da história é que colchas de retalhos como essas não podem funcionar bem; não constituem uma base viável nem para o planejamento nem para a ação metropolitana.

De vez em quando se apresenta aos eleitores a proposta do Governo Metropolitano. Os eleitores recusam-na inexorável e invariavelmente[5].

Os eleitores estão certos, apesar de a ação conjunta e coordenada (e o apoio financeiro) ser muito necessária em vários dos problemas metropolitanos, e ainda mais necessária a coordenação localizada entre as diferentes unidades governamentais da região metropolitana. Os eleitores estão certos porque na prática nos faltam estratégias e táticas para praticar o governo metropolitano e o trabalho de planejamento em ampla escala.

Os mapas que supostamente explicariam a situação verdadeira contêm uma mentira monstruosa. A unidade nítida, clara, que representa o governo "unificado" da metrópole é, obviamente,

5. Com exceção dos eleitores da região metropolitana de Miami. Todavia, para conseguir a aprovação do Governo Metropolitano, os proponentes lhe deram tão poucos poderes que a votação foi apenas simbólica.

uma colcha de retalhos administrativa ainda mais maluca do que a constituída pelos governos fragmentados ao seu redor.

Os eleitores têm a sensatez de recusar-se a integrar um sistema em que a grandiosidade significa desamparo local, planejamento implacável e simplista e caos administrativo – porque é isso que a grandiosidade municipal significa hoje. Como o desamparo diante de planejadores "vitoriosos" pode representar um avanço em relação à falta de planejamento? Como uma administração maior, com labirintos que ninguém consegue compreender ou percorrer, pode ser um avanço em relação à colcha de retalhos de governos suburbanos e distritais?

Já temos unidades governamentais que imploram por estratégias e táticas de gestão e planejamento metropolitanos viáveis, e essas unidades são as próprias cidades grandes. Uma administração metropolitana viável deve ser aprendida e executada, primeiro, *dentro* das grandes cidades, onde não há fronteiras políticas rígidas que a impeçam. É aí que devemos testar métodos para solucionar os grandes problemas comuns, sem, como corolário, dar livre curso a operações violentas em localidades e no processo de autogestão.

Se as grandes cidades podem aprender a administrar, coordenar e planejar no âmbito de regiões administrativas numa escala razoável, podemos vir a ser capazes, como sociedade, de lidar também com aquelas colchas de retalhos de governos e administrações em regiões metropolitanas mais amplas. Hoje não temos essa capacidade. Não temos experiência nem conhecimento para lidar com uma gestão ou um planejamento metropolitano de grandes proporções, a não ser na forma de adaptações cada vez mais inadequadas, a partir de um governo de cidade pequena.

22. O TIPO DE PROBLEMA QUE É A CIDADE

O raciocínio, da mesma maneira que outras atividades, também tem suas estratégias e táticas. Para pensar simplesmente sobre as cidades e chegar a alguma conclusão, uma das coisas principais que se devem saber é que *tipo* de problema as cidades representam, já que todos os problemas não podem ser analisados da mesma maneira. As linhas de raciocínio que possam ser úteis para chegar à verdade dependem não de como nós preferiríamos pensar sobre um assunto, mas sim da natureza do próprio assunto.

Entre as várias mudanças revolucionárias deste século, talvez as mais profundas sejam as mudanças nos métodos de raciocínio que podemos usar para perscrutar o mundo. Não me refiro aos novos cérebros automatizados, mas sim aos métodos de análise e descoberta próprios dos cérebros humanos: as novas estratégias de raciocínio. Eles evoluíram principalmente como métodos científicos. Mas o despertar mental e a ousadia intelectual que representam começam a atingir pouco a pouco outros tipos de investigação. Os enigmas que pareciam insolúveis tornam-se passíveis de análise. Além do mais, a própria natureza de certos enigmas não é mais o que parecia ser.

Para entender que relação essas mudanças nas estratégias de raciocínio têm com as cidades, é preciso conhecer um pouco da história do pensamento científico. Um resumo e uma interpretação esplêndida dessa história constam de um ensaio sobre ciência e complexidade da edição de 1958 do *Annual Report of The Rockefeller Center Foundation* [Relatório Anual da Fundação Rockefeller Center], escrito pelo Dr. Warren Weaver ao se aposentar no cargo de vice-presidente de Ciências Médicas e Naturais. Vou transcrever um longo trecho do ensaio, porque o que o Dr. Weaver diz tem relação direta com a reflexão sobre as cidades. Suas afirmações resumem, indiretamente, quase toda a história do planejamento urbano.

O Dr. Weaver relaciona três etapas de desenvolvimento na história do pensamento científico: (1) capacidade de lidar com problemas de simplicidade elementar; (2) capacidade de lidar com problemas de complexidade desorganizada; e (3) capacidade de lidar com problemas de complexidade organizada.

Os problemas de simplicidade elementar são aqueles que contêm dois fatores que estão diretamente relacionados na atuação – duas variáveis –, e esse *tipo* de problema, ressalta o Dr. Weaver, foi o primeiro que a ciência soube solucionar:

> Por alto, pode-se dizer que os séculos XVII, XVIII e XIX constituíram o período em que a ciência física aprendeu a analisar problemas de duas variáveis. Durante esses trezentos anos, a ciência aprimorou a técnica experimental e a analítica para lidar com problemas em que uma quantidade – digamos, a pressão de um gás – depende fundamentalmente de uma segunda quantidade – digamos, o volume do gás. A característica principal desses problemas é o fato de que (...) a atuação da primeira quantidade pode ser descrita com um grau de precisão satisfatório levando em conta apenas sua dependência da segunda quantidade e ignorando a influência menor de outros fatores.
>
> Esses problemas de duas variáveis têm uma estrutura essencialmente simples (...), e a simplicidade era uma condição necessária para o progresso nesse estágio de desenvolvimento da ciência.
>
> Descobriu-se, além do mais, que teorias e experimentos com essa característica fundamentalmente simples poderiam propiciar um avanço enorme nas ciências físicas (...). Foi essa ciência de duas variáveis que, até 1900, lançou os fundamentos das nossas teorias da luz, do som, do calor e da eletricidade (...) que nos deram o telefone e o rádio, o automóvel e o avião, o fonógrafo e o cinema, a turbina e o motor a diesel e as usinas hidrelétricas modernas (...).

Só depois de 1900 um segundo método de análise de problemas foi criado pelas ciências físicas.

> Algumas mentes criativas [prossegue o Dr. Weaver], em vez de estudar problemas que envolviam duas variáveis ou no máximo três ou quatro, adotaram o extremo oposto, dizendo: "Vamos criar métodos analíticos que envolvam dois bilhões de variáveis." Quer dizer, os cientistas físicos (com os matemáticos com frequência na vanguarda) desenvolveram técnicas eficazes na teoria da probabilidade e na mecânica estatística que conseguem resolver o que podemos chamar de problemas de *complexidade desorganizada* (...).
>
> Pensemos primeiro num exemplo simples para apreender a essência da ideia. A dinâmica clássica do século XIX estava preparada para analisar e predizer o movimento de uma única bola de marfim sobre uma mesa de bilhar (...). Podia-se analisar, mas com surpreendente aumento de dificuldade, o movimento de duas ou até três bolas sobre a mesa de bilhar (...). Porém, assim que se tentasse analisar o movimento de dez ou quinze bolas sobre a mesa ao mesmo tempo, como no jogo, o problema tornava-se insolúvel, não por haver alguma dificuldade teórica, mas só porque era inviável a tarefa de lidar em detalhe com tantas variáveis.
>
> Imaginemos, contudo, uma grande mesa de bilhar com milhões de bolas movimentando-se pela superfície (...). A grande surpresa é que agora o problema se torna mais fácil: já podem ser aplicados os métodos da mecânica estatística. Sem dúvida, não é possível apreender a trajetória detalhada de uma bola específica; mas podem ser respondidas com precisão satisfatória questões importantes como: em média, quantas bolas por segundo chocam-se contra determinado segmento da tabela? Em média, qual o espaço percorrido por uma bola antes de ser atingida por outra bola? (...)
>
> (...) A palavra "desordenada" [aplica-se] à grande mesa de bilhar com muitas bolas (...) porque as bolas estão distribuídas, em suas posições e em suas trajetórias, de modo confuso (...). Mas, apesar dessa atuação confusa ou desconhecida de cada uma das variáveis, o conjunto inteiro tem certas propriedades médias ordenadas e analisáveis (...).
>
> Uma grande variedade de práticas inclui-se sob o rótulo complexidade desorganizada (...). Ela se aplica com precisão inteiramente satisfatória ao funcionamento de uma grande estação telefônica, predizendo a frequência média de chamadas, a probabilidade de chamadas simultâneas para o mesmo número etc. Possibilita a estabilidade fi-

nanceira de uma companhia de seguros (...). O movimento dos átomos que formam toda matéria, assim como o movimento das estrelas que formam o universo, está sob o alcance dessas novas técnicas. Elas analisam as leis fundamentais da hereditariedade. As leis da termodinâmica, que descrevem as tendências básicas e inevitáveis de todos os sistemas físicos, tiram proveito das considerações estatísticas. Toda a estrutura da física moderna (...) funda-se nesses conceitos estatísticos. Na verdade, reconhece-se hoje que toda a questão da evidência, e a maneira como o conhecimento pode ser inferido da evidência, depende dos mesmos princípios (...). Acabamos percebendo ainda que a teoria da comunicação e a teoria da informação também se baseiam, de modo similar, nos princípios da estatística. Pode-se dizer que os conceitos da probabilidade são essenciais para qualquer teoria do conhecimento.

No entanto, de forma alguma todos os problemas podiam ser investigados por esse método de análise. As ciências biológicas, como a biologia e a medicina, são exemplo disso, assinala o Dr. Weaver. Essas ciências também conheceram avanços, mas no geral ainda se encontravam no que o Dr. Weaver chama de etapas preliminares da aplicação da análise; elas se dedicavam à coleta, descrição, classificação e observação de efeitos aparentemente relacionados. Nessa etapa preliminar, entre as diversas coisas úteis que foram aprendidas, estava a de que as ciências biológicas não constituem nem problemas de simplicidade elementar nem problemas de complexidade desorganizada; elas apresentam um tipo diferente de problema, para o qual os métodos de abordagem estavam ainda muito atrasados em 1932, diz o Dr. Weaver.

Ele discorre sobre essa lacuna:

Existe uma tendência à simplificação na afirmação de que a metodologia científica foi de um extremo a outro (...), esquecendo-se da grande região central. A importância dessa região central, além do mais, não está relacionada com o fato de que o número de variáveis presentes é moderado – grande em comparação com duas, mas pequeno em comparação com o número de átomos existentes numa pitada de sal (...). Muito mais importante que o mero número de variáveis é o

> fato de essas variáveis serem inter-relacionadas (...). Esses problemas, diante das situações desordenadas que a estatística consegue resolver, *mostram a característica essencial da organização*. Nós nos referiremos a esse grupo de problemas como *complexidade organizada*.
>
> O que faz a prímula abrir-se à noite? Por que a água salgada não sacia a sede? (...) Qual é a definição bioquímica de envelhecimento? (...) O que é um gene e como a constituição genética inata de um organismo vivo se manifesta nos traços desenvolvidos por um adulto? (...)
>
> Certamente todos esses problemas são complexos. Mas não são problemas de complexidade desorganizada, que os métodos estatísticos conseguem solucionar. São problemas que envolvem uma abordagem simultânea de *um número mensurável de fatores inter-relacionados num todo orgânico*.

Em 1932, quando as ciências biológicas estavam apenas no limiar do desenvolvimento de métodos analíticos efetivos para abordar a complexidade organizada, especulou-se, diz o Dr. Weaver, que, se as ciências biológicas progredissem bastante nesses problemas, "surgiriam oportunidades para empregar essas técnicas, ainda que por analogia, em vastas áreas das ciências sociais e comportamentais".

Um quarto de século depois, as ciências biológicas realmente tiveram um progresso enorme e magnífico. Com extrema rapidez, acumularam uma quantidade de conhecimentos até então desconhecidos. Elas também adquiriram um conjunto de teorias e procedimentos muito mais apurado – suficiente para abrir novos questionamentos de vulto e para mostrar que só se dera um primeiro passo em relação ao que ainda há por conhecer.

Contudo, esse avanço só fora possível porque se reconheceu que as ciências biológicas constituem problemas de complexidade organizada e foram analisadas e abordadas com meios adequados para a compreensão desse *tipo* de problema.

O progresso recente das ciências biológicas revela uma coisa tremendamente importante sobre outros problemas de complexidade organizada: que problemas desse *tipo* podem ser analisados – que só cabe encará-los como passíveis de compreensão, em vez de considerá-los, como afirma o Dr. Weaver, "sinistra e fatidicamente irracionais".

Agora vejamos qual a relação disso com as cidades.

Como as ciências biológicas, as cidades são problemas de complexidade organizada. Elas apresentam "situações em que meia dúzia ou várias dúzias delas variam simultaneamente *e de maneira sutilmente inter-relacionada*". As cidades, mais uma vez como as ciências biológicas, não apresentam *um* problema de complexidade organizada que, se compreendido, é a explicação de tudo. Elas podem ser analisadas sob vários desses problemas ou segmentos que, como nas ciências biológicas, estão também inter-relacionados. As variáveis são diversas, mas não são desordenadas; elas estão "inter-relacionadas num todo orgânico".

Pense de novo, por exemplo, na questão de um parque urbano. Qualquer fator desse parque, isoladamente, é tão fugidio quanto uma enguia; pode significar várias coisas, dependendo da influência de outros fatores e de sua reação a eles. A intensidade de uso do parque depende em parte do próprio traçado do parque. Mas mesmo essa influência parcial do traçado do parque sobre o uso que se faz dele depende, por sua vez, da presença de pessoas para usá-lo e do momento em que o usam, e isto, por sua vez, depende dos usos da cidade à volta do próprio parque. Além disso, a influência desses usos sobre o parque é apenas em parte a questão de como cada um deles afeta o parque independentemente dos outros; é também em parte a questão de como eles afetam o parque conjuntamente, já que certas combinações estimulam o nível de influência deles sobre seus componentes. Por sua vez, esses usos urbanos próximos do parque e suas combinações dependem ainda de outros fatores, como a mistura de idades dos edifícios, o tamanho das quadras nas redondezas, e assim por diante, aí incluída a presença do próprio parque como uso comum e aglutinador nesse contexto. Aumentando consideravelmente o tamanho do parque, ou então mudando seu traçado de modo a afastar e dispersar os usuários das ruas vizinhas, em vez de juntá-los e misturá-los, então todas as correlações se desfazem. Novos grupos de influências entram em jogo, tanto no parque quanto nas redondezas. Isso está muito longe de ser uma questão de índices de áreas livres e índices populacionais. Mas não adianta querer que o problema seja mais simples ou tentar simplificá-lo, porque na prática não se trata de um problema simples. Por mais que se tente fazê-lo, um parque urbano *funciona* como um problema de complexidade organizada, e é isso o que ele é. O mesmo se aplica às outras partes e particularidades das cidades. Embora a inter-relação de seus vários fatores seja complexa, não há nada de acidental ou irracional na maneira como esses fatores se influenciam mutuamente.

Além do mais, nas regiões das cidades que funcionam bem em certos aspectos e mal em outros (como costuma acontecer), não podemos sequer analisar os acertos e os erros, avaliar as dificuldades ou imaginar mudanças produtivas sem enfocá-los como problemas de complexidade organizada. Para dar exemplos simplificados, uma rua pode estar garantindo muito bem a vigilância das crianças e a geração de uma vida pública natural e satisfatória, mas pode estar-se dando mal na solução de outros problemas por não estar ligada a uma comunidade mais ampla, que por sua vez pode ou não existir devido a outros conjuntos de fatores. Ou uma rua pode ter, em si, componentes físicos excelentes para gerar diversidade e um traçado admirável para a vigilância informal dos espaços públicos e ainda assim, por sua proximidade de uma zona de fronteira morta, pode ter tão pouca vida a ponto de ser evitada e temida até por seus moradores. Ou a rua pode ter uma infraestrutura insuficiente para sua funcionalidade e ainda assim estar admiravelmente ligada a um distrito com bom funcionamento e cheio de vida, de modo que essa circunstância seja suficiente para que a rua seja atraente, procurada e tenha funcionalidade suficiente. Podemos desejar que existam análises generalizadas, mais fáceis, e soluções generalizadas, mais simples, mágicas, mas o desejar não faz com que esses problemas se tornem questões mais simples do que a complexidade organizada, por mais que tentemos fugir da realidade e os tratemos como se fossem outra coisa.

Por que as cidades não são percebidas, compreendidas e tratadas como problemas de complexidade organizada há mais tempo? Se as pessoas dedicadas às ciências biológicas tiveram condições de perceber seus problemas como problemas de complexidade organizada, por que os profissionais dedicados às cidades não perceberam o *tipo* de problema que tinham?

A história do pensamento moderno sobre as cidades, infelizmente, é muito diferente da história do pensamento moderno sobre as ciências biológicas. Os teóricos do planejamento urbano moderno convencional têm confundido constantemente os problemas das cidades com problemas de simplicidade elementar e de complexidade desorganizada e têm tentado analisá-las e tratá-las dessa maneira. Sem dúvida essa imitação das ciências físicas não foi consciente. Provavelmente foi fruto, como costumam ser as hipóteses da maioria das linhas de pensamento, do cabedal de sementes intelectuais que germinavam na época. No entanto, entendo que esses equívocos não poderiam ter ocorrido, e certamente não teriam sido perpetuados como foram, sem um grande descaso pelo próprio assunto – as cidades. Esses equívocos interpõem-se em nosso caminho; é preciso desmascará-los, reconhecê-los como estratégias impraticáveis e descartá-los.

A teoria de planejamento da Cidade-Jardim teve origem no final do século XIX, e Ebenezer Howard abordou o problema do planejamento de cidades como um cientista de ciências físicas analisando um problema simples de duas variáveis. As duas variáveis principais na concepção de planejamento da Cidade-Jardim eram a quantidade de moradias (ou população) e o número de empregos. Elas foram consideradas como estando inter-relacionadas de maneira direta e simples, na forma de sistemas relativamente fechados. Por sua vez, as moradias tinham suas variáveis, a elas relacionadas da mesma maneira direta, simples e interdependente: *playgrounds*, áreas livres, escolas, centro comunitário, equipamentos e serviços padronizados. A cidade como um todo era mais uma vez considerada uma entre duas variáveis numa relação simples e direta entre cidade e cinturão verde. Como sistema ordenado, praticamente se resumia a isso. E sobre essa base simples de relações de duas variáveis foi criada uma teoria inteira de cidades autossuficientes com o fim de redistribuir a população das cidades e (esperava-se) realizar o planejamento regional.

Diga-se o que for sobre esse arranjo de cidades isoladas, não há – nem nunca haverá – como reconhecer nas grandes cidades nenhum desses sistemas simples de relações de duas variáveis. Esses sistemas também não poderiam ser reconhecidos numa cidade menor nem mesmo um dia depois de ela ter sido incluída na órbita da metrópole, com sua multiplicidade de opções e sua complexidade de usos cruzados. Porém, apesar desse fato, a teoria do planejamento aplicou persistentemente nas grandes cidades esse *sistema de pensamento e análise* de duas variáveis; e até hoje os planejadores urbanos e os construtores acreditam deter a preciosa verdade sobre o *tipo* de problema que enfrentam ao tentar configurar e reconfigurar os bairros das cidades grandes como versões de sistemas de duas variáveis, com o índice de determinada coisa (como área livre) dependendo direta e simplesmente do índice de outra coisa (como população).

Sem dúvida, enquanto os urbanistas reconheciam que as cidades constituíam um problema simples, teóricos do planejamento e urbanistas não conseguiam deixar de ver que as cidades reais não são de fato assim. Mas eles trataram disso do modo tradicional com que os desatentos (ou os irreverentes) sempre encararam os problemas de complexidade organizada: como se os quebra-cabeças fossem, nas palavras do Dr. Weaver, "sinistra e fatidicamente irracionais"[1].

No fim da década de 1920 na Europa e na de 1930 nos Estados Unidos, a teoria do planejamento urbano começou a assimilar ideias mais novas sobre a teoria da probabilidade desenvolvida pela ciência física. Os planejadores passaram a reproduzir e aplicar essas análises exatamente como se as cidades fossem problemas de complexidade desorganizada, compreensíveis simplesmente por meio da análise estatística, previsíveis por meio da aplicação da probabilidade matemática, controláveis por meio da conversão em conjuntos de médias.

1. Por ex., "casualidade caótica", "caos petrificado" etc.

Essa concepção da cidade como uma coleção de gavetas de arquivo foi, efetivamente, bem adaptada pela visão da Ville Radieuse de Le Corbusier, aquela versão mais verticalizada e centralizada da Cidade-Jardim de duas variáveis. Embora o próprio Le Corbusier só tenha ensaiado uma aproximação com a análise estatística, seu plano assimilou o reordenamento estatístico de um sistema de complexidade desorganizada, solúvel matematicamente; seus arranha-céus num parque eram uma celebração artística do poder da estatística e do triunfo das médias matemáticas.

As novas técnicas de probabilidade e as suposições sobre o *tipo* de problema que justificam a maneira como têm sido usadas no planejamento urbano não foram além da ideia básica da cidade renovada de duas variáveis. Em vez disso, essas novas ideias foram incorporadas. Os sistemas de ordem simples, de duas variáveis, continuavam sendo a meta. Porém, agora eles podiam ter uma organização mais "racional", a partir de um sistema de complexidade desorganizada que se supunha existir. Em resumo, os novos métodos probabilísticos e estatísticos deram mais "precisão", mais alcance, propiciaram uma visão e uma abordagem mais "elevada" do suposto problema da cidade.

Com as técnicas da probabilidade, uma velha meta – estabelecimentos comerciais "adequadamente" inter-relacionados com as moradias vizinhas ou com uma população predeterminada – tornou-se aparentemente factível; surgiram técnicas para o planejamento "científico" de um comércio padronizado – isso, apesar de teóricos do planejamento, como Stein e Bauer, logo terem percebido que os centros comerciais planejados dentro de cidades teriam de ser ou monopolistas ou semimonopolistas, ou então as previsões estatísticas não teriam efeito e a cidade se comportaria de maneira sinistra e fatidicamente irracional.

Com essas técnicas, também passou a ser viável analisar estatisticamente, por grupos de renda e tamanho das famílias, uma quantidade determinada de pessoas despejadas na execução do planejamento, juntar o resultado à probabilidade estatística de substituição de moradias e estimar com precisão a diferença. Assim apareceu a suposta viabilidade da transferência em massa de cidadãos. Na forma de estatísticas, esses cidadãos não pertenciam mais a nenhum núcleo, a não ser a família, e podiam ser tratados racionalmente como grãos de areia ou elétrons ou bolas de bilhar. Quanto maior o número de desalojados, mais fácil se tornava o planejamento com base nas médias matemáticas. Com esse fundamento, era na verdade racionalmente fácil e sensato projetar o esvaziamento de todos os cortiços e a transferência das pessoas em dez anos e não muito mais difícil encarar isso como um trabalho para vinte anos.

Levando a conclusões lógicas a tese de que a cidade, como ela é, constitui um problema de complexidade desorganizada, os construtores e os planejadores – aparentemente impassíveis – chegaram à ideia de que quase toda falha de funcionamento poderia ser corrigida, abrindo-se e enchendo-se outra gaveta do arquivo. Daí vermos textos de projetos políticos como este: "A Lei de Habitação de 1959 (...) deve ser alterada para incluir (...) um programa habitacional para as famílias de renda média cujos rendimentos são muito altos para se adequarem aos programas habitacionais públicos e muito baixos para lhes permitir moradia adequada da iniciativa privada."

Com as técnicas de estatística e probabilidade, também se tornou possível elaborar levantamentos de planejamento urbano monstruosos e impressionantes – levantamentos que são divulgados com trompas e clarins, não são lidos por quase ninguém e caem mansamente no esquecimento, como deveria mesmo acontecer, por não passarem de exercícios rotineiros da mecânica estatística para sistemas de complexidade desorganizada. Tornou-se ainda possível criar mapas de planos diretores para a cidade estatística, e as pessoas levam-nos mais a sério, porque costumamos acreditar que os mapas e a realidade estão necessariamente relacionados ou, se não estiverem, podemos fazer com que estejam, mudando a realidade.

Com essas técnicas, foi possível não só considerar as pessoas, seus rendimentos, suas despesas e sua moradia fundamentalmente como problemas de complexidade desorganizada, passíveis de transformação em problemas de simplicidade elementar, uma vez que os índices e as médias fossem obtidos, mas também considerar o tráfego urbano, a indústria, os parques e até instalações culturais como componentes da complexidade desorganizada, transformáveis em problemas de simplicidade elementar.

Além disso, não era difícil imaginar esquemas "coordenados" de planejamento urbano abrangendo um território ainda mais extenso. Quanto maior o território, e maior a população, mais fácil e racionalmente se poderia tratar de ambos como problemas de complexidade desorganizada, segundo o ponto de vista "elevado". A declaração de que "uma região é uma área seguramente maior do que a última cujos problemas não conseguimos solucionar" não é, naqueles termos, irônica. É um reconhecimento simples de um fato fundamental a respeito da complexidade desorganizada; é quase como dizer que uma grande companhia de seguros é mais bem equipada para obter a média dos riscos do que uma pequena companhia de seguros.

Contudo, enquanto o planejamento urbano se atola nos profundos equívocos sobre a verdadeira natureza do problema com que lida, as ciências biológicas, livres desse erro e avançando à frente com muita rapidez, têm produzido alguns dos conceitos de que o planejamento urbano necessita: além de apresentar a estratégia básica para o reconhecimento de problemas de complexidade organizada, elas deram dicas de como analisar e abordar esse *tipo* de problema. É claro que esses avanços passaram das ciências biológicas para o conhecimento geral; tornaram-se integrantes do cabedal intelectual da nossa época. E, assim, um número crescente de pessoas começou paulatinamente a refletir sobre as cidades como problemas de complexidade organizada – organismos repletos de inter-relações não examinadas, mas obviamente intrincadas, e relações sem dúvida inteligíveis. Este livro é uma manifestação dessa ideia.

Tal ponto de vista ainda tem pouca aceitação entre os próprios urbanistas, os planejadores urbanos ou os homens de negócios e os legisladores que aprendem as lições do planejamento, obviamente, a partir do que está estabelecido e é aceito há muito pelos "especialistas" em planejamento. E tal ponto de vista também não tem grande aceitação nas escolas de urbanismo (talvez menos ainda aí).

O planejamento urbano, como campo de conhecimento, estagnou. Ele se agita, mas não progride. Os planos de hoje apresentam um progresso ínfimo, quando não nenhum, em relação aos planos elaborados há uma geração. Em transportes, sejam interurbanos, sejam locais, não há nada de novo que não tenha sido apresentado e divulgado pela maquete da General Motors da Feira Mundial de Nova York de 1938 e, antes dela, por Le Corbusier. Em certos aspectos, houve um claro retrocesso. Nenhuma das pálidas cópias atuais do Rockefeller Center se equipara ao original, construído há um quarto de século. Mesmo *nos próprios princípios* do planejamento convencional, os empreendimentos habitacionais atuais não são um aprimoramento, mas em geral um retrocesso, em comparação com aqueles dos anos 1930.

Se os planejadores urbanos e os homens de negócios, os credores e os legisladores que aprenderam com os planejadores continuarem aferrados a presunções não comprovadas de que lidam com um problema das ciências físicas, o planejamento urbano não progredirá de maneira alguma. É natural que ele estanque. Falta-lhe o primeiro requisito para uma linha de pensamento prática e progressista: o reconhecimento do tipo de problema em questão. À falta disso, ele encontrou um atalho para um beco sem saída.

O fato de as ciências biológicas e as cidades enunciarem os mesmos *tipos* de problemas não significa que sejam os *mesmos* problemas. Não se podem ver os aglomerados de protoplasmas e os aglomerados de pessoas e empresas no mesmo microscópio.

No entanto, as táticas para compreendê-los são similares, no sentido de que ambos dependem de uma visão microscópica ou detalhada, por assim dizer, e não da visão a olho nu, menos detalhada, própria para os problemas de simplicidade elementar, ou da visão telescópica, distante, própria para os problemas de complexidade desorganizada.

Nas ciências biológicas, lida-se com a complexidade organizada por meio da identificação de um fator ou quantidade específica – como enzimas – e, depois, por meio do estudo exaustivo de suas relações complexas e inter-relacionadas com outros fatores e quantidades. Observa-se tudo isso em termos da atuação (e não da simples presença) de outros fatores e quantidades específicos (e não genéricos). Sem dúvida, também se utilizam as técnicas de análise de duas variáveis e da complexidade desorganizada, mas apenas como métodos secundários.

Em princípio, trata-se de táticas quase idênticas àquelas que precisam ser empregadas para entender e atender as cidades. Quanto à compreensão das cidades, penso que os modos de reflexão mais importantes sejam estes:

1. Refletir sobre os processos;
2. Usar de indução, raciocinando do particular para o genérico, em vez do contrário;
3. Procurar indícios "não médios" que envolvam uma quantidade bem pequena de coisas, as quais revelem como funciona uma quantidade maior e "média".

Se você leu o livro até aqui, não é necessário esmiuçar essas táticas. No entanto, vou resumi-las, para destacar alguns pontos que possam ter ficado apenas implícitos.

Por que refletir sobre os processos? Os elementos das cidades – sejam eles edifícios, ruas, parques, distritos, pontos de referência, ou o que forem – podem ter efeitos inteiramente diferentes, de acordo com as circunstâncias e o contexto em que existam. Assim, por exemplo, nada pode ser entendido ou feito de proveitoso quanto à melhoria das moradias se elas forem consideradas abstratamente como "habitação". As moradias urbanas – existentes ou por existir – são construções *específicas* e particularizadas, *sempre incluídas em processos diversos, específicos*, como recuperação de cortiços, formação de cortiços, geração de diversidade, autodestruição da diversidade[2].

Este livro discorreu sobre as cidades e seus elementos quase sempre na forma de processos, porque o assunto em pauta o exige. Os processos são cruciais para as cidades. Além disso,

2. Por isso, os "construtores" com especialização limitada em "habitação" são um absurdo vocacional. Tal profissão só faria sentido se se admitisse que a "habitação" em si tem efeitos e qualidades importantes e generalizados. Não tem.

quando se pensa em processos urbanos, necessariamente se *deve* pensar nos catalisadores desses processos, os quais são também cruciais.

Os processos que ocorrem nas cidades não são misteriosos, passíveis da compreensão somente por especialistas. Podem ser compreendidos por quase todo o mundo. Várias pessoas comuns já os compreendem; acontece que elas não lhes deram nomes ou levaram em conta que, ao compreender esses esquemas triviais de causa e efeito, podemos também dar-lhes direção, se quisermos.

Por que raciocinar por indução? Porque raciocinar no sentido inverso, a partir de generalizações, acaba levando-nos a absurdos – como o caso do urbanista de Boston que acreditava (a despeito de todas as evidências reais que ele via) que o North End tinha de ser uma zona de cortiços porque as generalizações que fizeram dele um especialista diziam que tinha de ser assim.

Trata-se de uma armadilha clara, porque as generalizações em que o urbanista se apoiava são em si absurdas. No entanto, o raciocínio indutivo é importante exatamente para identificar, compreender e usar construtivamente as forças e os processos que são realmente relevantes para as cidades e, portanto, não são absurdos. Fiz generalizações consideráveis a respeito dessas forças e desses processos, mas que ninguém seja levado a acreditar que essas generalizações possam ser usadas rotineiramente para afirmar qual *é* o significado das particularidades deste ou daquele lugar. Os processos urbanos, na prática, são complexos demais para serem rotineiros; particularizados demais para serem aplicados como abstrações. Eles sempre se compõem de interações entre combinações singulares de peculiaridades, e nada substitui a compreensão das peculiaridades.

Um raciocínio indutivo desse tipo, repito, pode ser praticado por cidadãos comuns, interessados, e, mais uma vez, eles têm mais vantagens que os urbanistas. Estes foram treinados e disciplinados no raciocínio *dedutivo*, como o urbanista de Boston que só foi bom aluno. Talvez por essa formação deficiente, quase sempre os urbanistas parecem estar menos preparados intelectualmente para respeitar e compreender particularidades do que as pessoas comuns, sem especialização, que estão ligadas a um bairro, acostumadas a usá-lo e não tão acostumadas a pensar nele de maneira genérica ou abstrata.

Por que buscar indícios "sem regularidade" que envolvam uma quantidade pequena de coisas? Não há dúvida de que estudos estatísticos abrangentes podem *às vezes* ter utilidade como mensurações abstratas de tamanhos, amplitudes, médias e medianas disto ou daquilo. Feitas de tempos em tempos, as estatísticas podem mostrar também o que tem acontecido com essas quantidades. Contudo, elas quase nada informam a respeito das quantidades que estão funcionando nos sistemas de complexidade organizada.

Para saber como as coisas estão funcionando, precisamos ter indícios precisos. Por exemplo, todos os estudos estatísticos imagináveis sobre o centro do Brooklyn, em Nova York, não conseguem transmitir tanto sobre o problema desse centro e suas causas quanto um único anúncio de jornal de cinco linhas. Esse anúncio, da Malboro, uma cadeia de livrarias, fornece os horários de funcionamento de suas cinco filiais. Três delas (uma perto do Carnegie Hall, em Manhattan; outra perto da Biblioteca Pública, não longe da Times Square; outra no Greenwich Village) ficam abertas até meia-noite. A quarta, na Quinta Avenida com a Rua 59, fica aberta até 22 horas. A quinta, no centro do Brooklyn, fica aberta até 20 horas. Trata-se de uma gerência que mantém suas filiais abertas até tarde se houver movimento. O anúncio nos revela que o centro do Brooklyn fica vazio às 20 horas, o que é verdade. Nenhum levantamento (e certamente nenhuma previsão insensata, mecânica, projetada com base em levantamentos estatísticos, uma balela que costuma ser vista atualmente como "planejamento") pode nos revelar algo tão relevante quanto à composição e às necessidades do centro do Brooklyn quanto aquele indício diminuto mas específico e altamente preciso do *funcionamento* desse centro.

É necessária uma quantidade enorme de regularidades para produzir irregularidades nas cidades. Mas, como assinalei no Capítulo 7, na discussão sobre os geradores de diversidade, a mera presença de grandes quantidades – de pessoas, usos, edificações, atividades de trabalho, parques, ruas, ou de qualquer coisa – não garante uma geração satisfatória de diversidade urbana. Essas quantidades podem estar atuando como elementos de sistemas inertes, de baixa vitalidade, sustentando, no máximo, a si mesmos. Ou podem constituir sistemas inter-relacionados, de grande vitalidade, gerando derivados da irregularidade.

A irregularidade pode ser concreta – como os chamarizes, que são elementos pequenos numa paisagem muito maior, mais "mediana". Pode ser econômica – como os estabelecimentos comerciais únicos – ou cultural – como uma escola ou um teatro incomuns. Pode ser social – como as figuras públicas, os locais de lazer ou os moradores ou frequentadores que financeira, vocacional, racial ou culturalmente não são padronizados.

A quantidade de elementos irregulares, que tende a ser relativamente pequena, é indispensável para as cidades cheias de vida. Todavia, no sentido em que me refiro a elas aqui, as quantidades fora do padrão são também importantes como instrumentos de análise – como indícios. São quase sempre as únicas que transmitem o modo como as diversas quantidades maiores estão interagindo, ou deixando de interagir. Numa analogia simples, podemos pensar nas vitaminas quantitativamente escassas em protoplasmas, ou nos elementos químicos das plantas de um pasto. Essas substâncias são imprescindíveis para o funcionamento adequado dos organismos de que fazem parte; porém, sua utilidade não se restringe a isso, porque elas servem como indícios vitais do *que* está acontecendo nos organismos que compõem.

Qualquer cidadão, repito, pode ter consciência dos indícios irregulares – ou consciência de sua ausência. Os habitantes das cidades, na verdade, em geral são ótimos especialistas informais exatamente nesse assunto. As pessoas comuns da cidade têm uma percepção das quantidades fora do padrão que está bem de acordo com a importância dessas quantidades relativamente pequenas. E, mais uma vez, quem fica para trás são os planejadores. Eles não poderiam deixar de considerar as quantidades irregulares como comparativamente incoerentes, por serem *estatisticamente* incoerentes. Eles foram formados para desconsiderar o que tem mais vida.

Agora precisamos cavar mais fundo no atoleiro dos equívocos intelectuais sobre as cidades em que se meteram os reformadores e os planejadores (e todos nós). Por baixo do profundo descaso dos planejadores urbanos por seu tema, por baixo da crença pueril na irracionalidade "sinistra e fatídica", ou caos urbano, encontra-se um equívoco há muito arraigado sobre a inter-relação das cidades – e, sem dúvida, sobre os homens – com o restante da natureza.

Os seres humanos, é óbvio, fazem parte da natureza, assim como os ursos-pardos e as abelhas e as baleias e a cana-de-açúcar. Sendo produto de uma forma de natureza, as cidades dos seres humanos são tão naturais quanto os locais onde vivem os cachorros-do-mato ou as colônias de ostras. De vez em quando, o botânico Edgar Anderson escreve na revista *Landscape* [Paisagem], com perspicácia e sensibilidade, sobre as cidades como uma forma da natureza. "Na maior parte do mundo", comenta ele, "o homem é visto como uma criatura que ama as cidades." Observar a natureza, ressalta, "é quase tão fácil na cidade como no campo; basta reconhecer que o Homem faz parte da Natureza. Lembre-se de que, como espécime do *Homo sapiens*, você é sem sombra de dúvida mais capaz de encontrar meios efetivos para sua espécie compreender a história natural com mais profundidade".

Aconteceu no século XVIII um fato estranho mas compreensível. Na época, as cidades europeias haviam alcançado bons resultados na relação de seus habitantes com a natureza, a ponto de disseminar-se uma coisa antes rara – a sentimentalização da natureza, ou pelo menos a sentimentalização de um relacionamento singelo ou rude com a natureza. Uma das expressões desse sentimentalismo era, de um lado, Maria Antonieta sendo retratada como ordenhadora. A ideia romântica do "selvagem nobre" era, por outro lado, uma das mais tolas. Daí, nos Estados Unidos, a rejeição de Jefferson às cidades de artesãos e artífices livres e o sonho dele de uma república ideal de pequenos proprietários rurais autoconfiantes – sonho patético para um homem bom e importante cujas terras eram lavradas por escravos.

Na vida real, os incultos (e os lavradores) são os homens menos livres – predestinados pela tradição, oprimidos pelas castas, limitados pelo preconceito, marcados pela suspeita e pelo presságio do inesperado. "O ar da cidade liberta", dizia um mote da Idade Média, quando o ar da cidade literalmente libertava o servo fugido. O ar da cidade ainda liberta os fugitivos das cidades empresariais, das plantações, das usinas, das chácaras de subsistência, das rotas de migração, das vilas de mineiros, dos subúrbios exclusivos.

Devido à reflexão sobre as cidades, tornou-se possível para todos ver a "natureza" como benigna, enobrecedora e pura e, consequentemente, ver da mesma forma o "homem natural" (escolha quão "natural"). Do lado oposto dessa pureza, nobreza e benignidade fictícias, as cidades, que não são tão fictícias, poderiam ser consideradas como centros de malignidade e, obviamente, inimigas da natureza. E, se as pessoas começarem a encarar a natureza como um cão são-bernardo grande e simpático para as crianças, o que seria mais natural do que o desejo de trazer também esse bicho de estimação para a cidade, a fim de que a cidade ganhasse um pouco de nobreza, pureza e benignidade por associação?

A sentimentalização da natureza é perigosa. A maioria das ideias sentimentais envolve, no fundo, um profundo descaso, ainda que inconsciente. Não há coincidência no fato de nós, norte-americanos, talvez os que mais sentimentalizam a natureza em todo o mundo, sermos ao mesmo tempo provavelmente os destruidores mais terríveis e insensíveis da área rural e das matas em todo o mundo.

Não é nem o amor pela natureza nem o respeito pela natureza que levam a essa atitude esquizofrênica. Na verdade, o que leva a isso é um desejo sentimental de se entreter, de modo bem paternalista, com um arremedo da natureza, suburbano, insípido, padronizado – descrendo clara e inteiramente de que nós e nossas cidades, só por existirmos, somos também uma parte genuína da natureza e estamos envolvidos com ela de maneira muito mais profunda e inevitável do que aparar a grama, tomar banho de sol e elevar o espírito pela contemplação. E assim, dia após dia, vários milhares de hectares da nossa zona rural são destruídos por tratores, cobertos de asfalto, pontilhados de novos moradores que mataram aquilo que esperavam descobrir. Nossa herança insubstituível de terras agrícolas de primeira (tesouro raro da natureza na terra) é sacrificada em nome de autoestradas ou estacionamentos de supermercados tão impiedosa e impensadamente quanto se arrancam as árvores das florestas, poluem-se córregos e rios e enche-se o próprio ar com gases de combustíveis (produtos da era das fábricas da natureza), necessários neste grande esforço nacional de se aproximar de uma natureza fictícia e fugir da "antinaturalidade" da cidade.

As confusões dos subúrbios e semissubúrbios que criamos dessa maneira são desprezadas por seus próprios habitantes no dia de amanhã. Falta a essas áreas dispersas, de baixa densidade, um nível aceitável de vitalidade própria, perenidade ou utilidade como núcleos urbanos. Poucas delas – e estas são de regra as mais caras – mantêm o encanto por mais de uma geração; aí elas começam a degradar-se da mesma forma que as áreas urbanas apagadas. Na verdade, grande parte dessas áreas urbanas apagadas, hoje, foi a dispersão de ontem para mais perto da "natureza". Na zona norte de Nova Jersey, por exemplo, metade das construções nos 12 mil hectares de áreas residenciais já degradadas ou em rápida degradação tem menos de quarenta anos. Daqui a trinta anos, teremos acumulado tantos problemas de decadência e degradação em áreas de tal extensão, que os problemas atuais das áreas apagadas das grandes cidades parecerão insignificantes. E isso, apesar de fatal, não é coisa que aconteça acidentalmente ou sem querer. É exatamente o que nós, como sociedade, queríamos que acontecesse.

A natureza, sentimentalizada e considerada antítese das cidades, parece ser vista como constituída de mato, ar fresco e pouca coisa mais, e o descaso absurdo resulta na devastação da natureza mesmo que ela seja formal e publicamente preservada como um objeto de estimação.

Por exemplo, subindo o Rio Hudson, ao norte da cidade de Nova York, há um parque estadual em Croton Point, lugar para fazer piqueniques, jogar bola e olhar para o soberbo (e poluído)

Hudson. No próprio Croton Point há – ou melhor, havia – uma curiosidade geológica: uma praia de cerca de treze metros de extensão onde uma argila cinza-azulada, depositada pela glaciação, mais a ação das correntes do rio e o sol formaram cachorros de argila. São esculturas naturais endurecidas, quase tão densas quanto pedra, e de um tipo dos mais curiosos, com surpreendentes formas arredondadas singelas e sutis e maravilhosas misturas de tons de um esplendor comparável aos das orientais. Há poucos lugares no mundo com esse tipo de escultura natural.

Várias gerações de estudantes de geologia de Nova York e também quem ia lá para fazer piqueniques, jogar bola, e crianças encantadas catavam em meio aos cachorros de argila os seus favoritos e os levavam para casa. E sempre a argila, o rio e o sol voltavam a produzir mais e mais e mais esculturas, incansavelmente, cada qual ímpar.

Ocasionalmente, através dos anos, depois de um professor de geologia ter-me mostrado os cachorros de argila, voltei lá para fazer a minha busca. Poucos anos atrás, meu marido e eu levamos as crianças a Croton Point para que elas achassem algumas esculturas e soubessem como eram feitas. Porém, estávamos com uma estação de atraso em relação àqueles que aperfeiçoam a natureza. O aclive de argila que formava essa praia única havia sido removido. No lugar dele havia um muro de arrimo rústico e uma extensão dos gramados do parque. (O parque fora ampliado... por estatística.) Ao cavar aqui e ali na grama nova – porque nos é dado profanar as profanações do próximo, assim como qualquer um –, achamos pedaços dos cachorros de argila, esmagados pelos tratores, a última prova de um processo natural que talvez tenha sido extinto para sempre.

Quem preferiria essa suburbanização insípida às maravilhas eternas? Que espécie de diretor de parque permitiria um vandalismo desses contra a natureza? É a manifestação de um tipo de mentalidade bastante conhecido: a mentalidade que só vê desordem onde existe a mais complexa e singular das ordens; o mesmo tipo de mentalidade que vê apenas desordem na vida das ruas das cidades e fica ansioso por destruí-la, padronizá-la, transformá-la em subúrbio.

As duas respostas estão relacionadas: as cidades, criadas e usadas pelas criaturas que amam as cidades, são menosprezadas por essas mentes tacanhas por não terem a imagem amena das cidades suburbanizadas. Outros aspectos da natureza são também menosprezados porque não têm a imagem amena da natureza suburbanizada. O sentimentalismo para com a natureza desnatura tudo aquilo que toca.

As grandes cidades e as zonas rurais podem conviver muito bem. As cidades grandes precisam de zonas rurais próximas. E a zona rural – do ponto de vista do homem – precisa das grandes cidades, com todas as suas variadas oportunidades e sua produtividade, de modo que os seres humanos possam ter condições de prezar o restante do mundo natural em vez de amaldiçoá-lo.

O ser humano é, em si, difícil, e portanto todos os tipos de coletividades (exceto as cidades imaginárias) têm problemas. As grandes cidades têm dificuldades em abundância, porque têm pessoas em abundância. Mas as cidades cheias de vida não são impotentes para combater mesmo os problemas mais difíceis. Não são vítimas passivas de uma sucessão de circunstâncias, assim como não são a contrapartida maléfica da natureza.

As cidades vivas têm uma estupenda capacidade natural de compreender, comunicar, planejar e inventar o que for necessário para enfrentar as dificuldades. Talvez o exemplo mais notável dessa capacidade seja a conquista das grandes cidades com relação às doenças. As cidades já foram devastadas por doenças, mas as venceram magnificamente. Todo o aparato da cirurgia, da higiene, da microbiologia, da química, das telecomunicações, das medidas de saúde pública, dos hospitais-escola e de pesquisa, das ambulâncias e similares, de que dependem não só as pessoas das cidades como as de fora delas na guerra sem fim contra a mortalidade prematura, são fundamentalmente conquistas das grandes cidades e seriam inconcebíveis sem elas. A saúde a mais, a produtividade, a soma de talentos, que permitem à sociedade sustentar esses avanços, são produto da nossa organização em cidades e especialmente em cidades grandes e densas.

Pode ser romântico procurar remédios para os males da sociedade nos lugares monótonos e rústicos das cercanias, ou entre pessoas provincianas simplórias, imaculadas, se é que elas existem, mas isso é perda de tempo. Alguém imagina que, na prática, as respostas para quaisquer das grandes questões que nos afligem hoje se encontrem nos núcleos urbanos homogêneos?

As cidades monótonas, inertes, contêm, na verdade, as sementes de sua própria destruição e um pouco mais. Mas as cidades vivas, diversificadas e intensas contêm as sementes de sua própria regeneração, com energia de sobra para os problemas e as necessidades de fora delas.

ÍNDICE REMISSIVO

Este livro foi composto na fonte Times New Roman e impresso pela gráfica Santa Marta, em papel Lux Cream 60 g/m², para a Editora WMF Martins Fontes, em outubro de 2024.